'한국의 섬' 시리즈 1

| 목포과학대학교 |
| 해양레저사업단 |

신안군 **1**

이어도

'한국의 섬' 시리즈 13권을 새로 내면서

섬은 우리의 영토이자 새로운 성장의 동력이다

우리나라는 3,400여 개의 섬을 보유하고 있습니다. 세계에서 네 번째로 섬이 많은 국가입니다. 졸저 '한국의 섬 시리즈 13권'이 '지리와 역사'에서 출간된 이후 우리나라 정부는 섬에 대한 가치와 의미를 더욱 새롭게 인식하면서, 2018년 세계 최초로 "섬의 날"을 제정했습니다. 또 전남 목포시에서는 2019년 8월 8일 제1회 섬의 날 행사가 개최되었습니다. 이 자리에서 정부는 우리나라 섬과 관련한 역사·문화·종교·자연·인물 등을 소개하고, '가고 싶은 섬', '살고 싶은 섬', '지속 가능한 섬'을 주제로 한 섬 발전 정책을 발표하였습니다. 또한 앞으로 섬 지역의 생활환경 개선과 주민의 소득증대 및 복지향상을 위한 '도서종합개발계획'과 8개 부처 합동으로 마련한 '섬발전추진대책'도 본격적으로 추진하겠다고 밝혔습니다. 2021년에는 제2회 '섬의 날' 행사가 경남 통영에서, 2022년 제3회는 전북 군산 선유도에서 개최가 예정되어 있고 올해 8월에는 국립 '한국섬진흥원'이 설립됩니다. 이제 섬은 해양영토 확보와 경제성장을 이끄는 동력이며, 육지와는 다른 이국적 풍경을 지닌 관광명소로 각광받을 뿐만 아니라 삶의 터전으로 중요한 역할을 담당하게 되었습니다. 바야흐로 지금까지와는 다른 섬의 가치를 인식하고 새로운 '섬의 시대'를 열어가고 있는 것입니다.

우리 아이들에게 섬에 대한 새로운 교육이 필요하다

이에 발맞춰 전국 섬의 65%가 집중된 전라남도는 섬을 가장 많이 보유하고 있는 자치단체로서 '제1회 섬의 날' 행사를 유치하여 성공적으로 진행했을 뿐 아니라 '섬발전계획'을 세워 섬사람들의 지혜를 바탕으로 새로운 성장산업 육성을 추진하고 있습니다. 특히 전라남도교육청이 주최한 '2019섬교육혁신포럼'에서는 섬 지역 교육진흥에 관한 조례 제정, 섬 교육 정책의 방향과 교육여건 개선, 국립 섬교육원 설립 요청, 섬 생태와 해양문화 콘텐츠를 활용한 섬 교육의 전국화 등 건설적인 제안이 나왔습니다. 이에 장석웅 전라남도교육감은 자라나는 아이들에게 섬의 정체성, 역사와 가치, 문화적 매력 등을 체계적으로 교육할 수 있는 섬 교육 종합콘텐츠를 구축하고 농산어촌 및 섬 교육 전담팀을 구성 운영하는 등 다양한 계획을 수립하고 시행할 것이라고 밝혔습니다.

섬 교육의 기본 교과서이자 길라잡이 – '한국의 섬' 시리즈 13권

'한국의 섬' 시리즈 13권은 전국의 수많은 학교와 교육기관 그리고 도서관에 보급되었습니다. 30여 년간 직접 등대 1, 2호를 몰고 항해하여 오로지 발로 쓴 탐사항해기록인 '한국의 섬' 시리즈 13권은 섬 교육에 필요한 교과서 역할을 할 수 있을 것이라고 감히 기대해 봅니다.

1991년 12월 저자가 등대1호를 몰고 우리나라 최초로 혼자서 전남 완도군 노화도에서 전남 진도군 조도군도에 이르는 섬들을 탐사 항해한 것이 엊그제 같은데 벌써 30년의 세월이 흘러갔습니다. '한국의 섬' 시리즈 13권 '지리와 역사'판이 어려운 여건 속에서 천신만고 끝에 출판되었는데, 놀랍게도 그 이후에 정부를 비롯한 우리 사회 전반에서 섬에 대한 관심과 새로운 인식이 대두되었습니다. 이 물결은 2021년 4월 다시 '이어도'판을 출판하게 되는 원동력이 되었습니다. 우선 기쁘고, 독자 여러분과 도움주신 분들에게 정성어린 감사의 말씀을 드리고 싶습니다.

'한국의 섬' 시리즈 13권은 출판과정에서 교육부와 포털사이트 NAVER의 재정 지원을 받아 어렵게 세상 밖으로 나왔습니다. NAVER의 도움은 공익적 가치 증진을 위한 좋은 지원활동 사례라 하겠습니다. 이름 없는 독자들의 성원도 큰 힘이 되었습니다. 특히 각 학교와 교육기관 및 자치단체의 도움은 저자에게는 큰 고마움이었습니다. 또한 섬을 사랑하는 많은 사람들이 이 책의 탄생과정을 공감해주었던 것은 실로 감동이었습니다. 서서히 국민 곁으로 다가가는 중이라고 말씀드리고 싶습니다.

전편 '한국의 섬 시리즈 13권'에서 부족했던 부분을 수정 보완하여 이어도출판사에서 새로이 출판하게 되었습니다.

'지리와 역사'판과 '이어도'판을 내면서 도움 주신 고마운 분들이 많습니다. 특히 이 사업의 가치를 강조하시며 응원하고 지도해주신 목포대학교 도서문화연구원장을 역임하신 강봉룡 교수님, 포털 사이트 NAVER 사장님, 출판을 위한 모든 것을 총괄지원 해주신 '지리와 역사' 출판사 주성필 사장님, 바쁜 가운데 암호와 같은 글을 정리하고 출판에 이르기까지 성심으로 지원해 준 최홍길 선생님, 후배 박경식 서기관에게 감사드립니다. 또한 졸저 보급에 큰 도움을 주신 장석웅 전라남도 교육감님과 여러 교육장님, 목포과학대학교 정은채 교수님, 그리고 최종원고를 감수해준 김정희 교감을 비롯한 도움 주신 모든 분들께 감사드립니다.

'지리와 역사'판에서 글과 사진이 미흡한 부분을 정정하고 꼭 넣고 싶은 내용을 추가하여 부분적으로 다듬었고 '항해일기'를 넣었습니다. '한국의 섬' 시리즈 '이어도'판이 부족하나마 섬 교육 교과서 역할과 길라잡이 역할을 조금이나마 할 수 있기를 기대합니다.

평생 동안 저자의 위험한 탐사항해를 저지하지 않고 오로지 고통만을 감내해 온 가족에게 미안함과 고마움을 표하고 싶습니다. 독자들은 저자의 수많은 실패와 고통의 터널이 흥미가 있을지 모르겠지만 저자는 오로지 목숨을 건 항해였음을 감히 밝힙니다.

"독자와 함께 섬으로 향하는 항해는 영원히 행복합니다."

2021년 4월
목포과학대학교 해양레저사업단 섬해양 선임연구원 이 재 언 (필명 이 섬)

차례

압해읍
가란도•5 / 고이도•12 / 마산도•18 / 매화도•24 / 압해도•29 / 황마도•39 / 효지도•43

임자면
대태이도•50 / 대허사도•57 / 부남도•61 / 소허사도•65 / 수도•70 / 임자도•74 / 재원도•90

증도면
대기점도•97 / 도덕도•102 / 병풍도•106 / 소기점도•115 / 소악도•118 / 증도•123 / 화도•136

지도읍
대포작도•144 / 사옥도•149 / 선도•158 / 소포작도•165 / 송도•169 / 어의도•174 / 율도•180 / 지도•185

흑산면
가거도•191 / 다물도•209 / 대둔도•218 / 만재도•228 / 상태도•238 / 영산도•244 / 장도•254 / 중태도•261 / 하태도•265 / 홍도•272 / 흑산도•285

탐사 항해일기•306

압해읍

가란도 佳蘭島

따스한 온기와 자연의 신선함이 어우러진 섬

개요

가란도는 멋진 난이 많이 자란다고 하여 아름다울 가(佳)자와 난초의 난(蘭)자를 쓰고 있다. 대개 지명을 풍수지리설에 따라 동물과 관련한 한자어를 쓰는 다른 섬과는 달라 신선하고 청초한 느낌이다. 이름만으로도 난초의 향기가 느껴지는 것 같다.

압해도의 새끼 섬 가란도는 약 1.6km² 규모의 작은 섬에 주민 132명이 살고 있다. 압해도 숭의선착장까지의 거리는 직선으로 300m 남짓 된다. 나룻배로 5분 정도면 건너갈 수 있었다. 그 사이의 해안은 바다라기보다는 강마을 같은 인상을 갖게 되는 곳이다. 육지와 가깝다보니 날씨에 관계없이 배가 다닐 수 있고, 넓은 갯벌이 있어 살기 좋은 마을이다. 단지 압해도에 가려 사람들의 관심 밖에 있었던 탓에 오히려 아직까지 신선함이 남아 있다.

어미 섬 압해도는 지난 2008년 연륙으로 목포와, 그리고 2013년에는 압해대교 건설로 무안군과 연결됨으로써 비로소 육지섬이 되었다. 그 다음으로 가란도에 목교가 만들어져 압해도와 연결되었다. 2013년 압해도의 분매리와 가란도를 잇는 가란대교의 완공으로 주민들의 숙원이 이루어진 셈이다. 하지만 차량은 다닐 수 없다. 사람과 4륜 오토바이 정도만 다니게 만들어 아쉬움은 여전하다. 수백 년 동안 큰 섬에서 작은 섬으로 겹겹이 단절된 바다를 목교가 연결했다. 다리 중간에는 경관을 조망할 수 있는 시설이 되어 있다. 지나다 보면 중간 중간에 낚시를 즐기는 사람도 보인다. 여유롭다.

이제 다리를 통해 사람들이 드나들고 장흥댐의 식수가 함께 오고 있다. 매년 갈수기만 되면 식수 때문에 하던 고민도 이제는 옛말이 되었다. 육지의 물이 펑펑 쏟아져 들어온다. 그러나 과거의 부족했던 시절을 잊지 않고 아껴 쓴다고 한다. 도회지의 야박한 인심이 들어오는 대신 지금까지 가란도가 가꾸어 온 도타운 정은 계속 이어지고 있는 셈이다. 겸손하게 자리하여 살가운 문화를 만들면 정겨운 사람들이

◀ 금새우난
◀ 소엽풍난
▼ 가란대교

더 많이 찾을 터이다. 이 다리를 지나며 밟고 올라갈 생각 대신 함께 살아갈 여유를 찾는 공간이 되었으면 한다. 인심이 오가고 여유를 찾을 때 비로소 이 조그만 섬에 들인 예산이 제대로 쓰이는 게 아니겠는가.

나그네는 여전히 의문이 남는다. 그들은 연결의 시점에 단절의 한을 어떻게 떠나보낼 수 있었을까. 혹 연결로 인해 아쉬움은 없었을까. 그 단절을 소중하게 여길 그들만의 문화는 무엇이었을까. 그들은 스스로의 문화정체성을 어떻게 정리했을까. 이제 다리를 통해 또 무엇이 오갈지 자못 궁금해지기까지 하다. 단절의 상징이던 섬을 연결하던 도선은 사라졌다. 변화 속에서 낯익던 것들이 하나둘 사라져 간다. 육지의 자동차 문화가 과거 수천 년을 지속해 왔던 정착적인 삶을 순식간에 바꾸어 버렸듯이, 이 작은 다리 하나가 가란도 주민들의 삶을 어떻게 바꾸어 갈지 기대와 걱정이 반반이다.

외부적 교류의 단절을 긍정으로 보면 장점도 있다. 그것은 외부의 영향으로 인한 변화를 막아 준다. 물

목교낚시▲

가란도 포구의 야경▲

가란도 관문 포구. 좌측은 숭의선착장▼

▲ 목교가 건설되기 전 섬 주민들의 발이었던 도선

압해초등학교 가란분교 ▲

론 긍정적인 소통과 편리함이 방해받기도 하지만 현대의 부정적인 문화의 침해를 견디게 해 준 방파제 역할도 없지 않다. 그들만의 고유한 문화를 이끌어 올 수 있게 지탱해 주었던 것도 역설적이지만 바다로 인함이었다.

목교로 인한 제한된 소통이 부디 긍정의 가교가 되기를 기원한다. 지금까지 넉넉지 않는 예산 속에서 도선 운행을 위한 보조금을 지원해야만 했던 행정기관이나 운영비를 부담하던 주민들에게는 축하할 일이나 정작 주민들은 목교를 통해 어떤 새로운 가치 창출을 위해 고민을 하고 있을지 궁금하다. 단지 돈만을 위함이 아니기를 빌어 본다. 여유로운 걸음의 다리를 통해 서로의 다름을 인정하고 존중하는 가운데 그들만이 가졌던 긍정적인 문화를 나누는 소중한 공간이 되었으면 좋겠다. 그래서 오는 나그네를 존중하고 사는 그들이 복되기를 기원해 본다. 자동차의 스침이 아닌 걸음을 통한 멈춤은 더 많은 긍정의 가치를 불러올지도 모를 일이다.

| 둘러보기

가란도는 1.6km² 규모의 크지도 작지도 않는 섬에 68가구 132명이 오순도순 살고 있다. 하얀 페인트를 칠한 아름다운 분교 건물이 그림처럼 시야에 들어온다. 지금은 3명이 공부를 하고 있지만 이 학생들의 졸업을 마지막으로 폐교가 된다 하니 무척 섭섭한 마음이 들었다. 요즘 방문하는 섬마다 군데군데 남아 있는 폐교는 가슴을 아프게 한다. 고등학교 시절 프랑스 작가 알퐁스 도데의 '마지막 수업'을 인상 깊게 읽었는데 수많은 추억을 뒤로하고 문을 닫는 이 분교의 올해 마지막 수업이 그처럼 감동적이지 않을까 한다. 방문하는 섬마다 군데군데 남아 있는 폐교는 그야말로 우리 섬마을의 실태를 단적으로 말해주고 있다. 지금도 아담한 학교 건물과 교실은 남아 있는데 아이

짝짓기 나무 ▲

▲ 갯벌에서 낙지를 잡는 어민

낙지잡이 배 ▲

들은 다 떠나고 이순신장군 동상만이 외롭게 서 있다. 새로운 세대가 자라나 이곳을 든든히 지켜 줄 것을 희망하면서 해변가에 있는 짝짓기 나무를 둘러보고 마을로 돌아왔다.

70대 김판술 이장은 40년째 가란도 이장을 하고 있다. 그는 '살아도 압해도와 연류이요, 죽어도 연류인데 이제 그 숙원이 이뤄지고 있고, 내가 살아서 이 일을 마무리 짓고 가야 후손들에게 떳떳하고 욕을 먹지 않을 텐데'라고 하면서 하얀 이를 드러내며 웃음을 지어 보였다.

가란도는 축복받은 섬이다. 육지와 가깝고 물사정도 좋아졌으며 농사를 주업으로 하면서 김양식, 낙지잡이, 감태와 굴 채취 등 광활한 갯벌에서 상당한 소득을 올리는 마을이다.

1971년부터 김양식을 하여 암태도, 당사도 등과 함께 부자섬으로 불리우기도 했으나 2001년부터 사양길로 접어들어 이제 양식을 하는 집은 없다고 한다. 그 대신 14척의 배가 가란도 주위 바다에서 낙지를 잡아 고소득을 올린다. 뿐만 아니라 이곳 갯지렁이는 낚시 미끼용으로 kg당 4만5천 원가량에 팔려 어민들은 하루 10만 원 정도의 수입을 올린다. 가란도는 갯벌이 자기네 섬의 땅보다 5배나 더 넓지만 이제는 주민들의 노령화로 낙지 주낙을 하는 집이 점점 줄어들고 있다. 손으로 낙지를 잡는 아주머니는 3명뿐이다. 해조류인 감태가 깔려 푸른 초원의 모습을 띠고 있는 개펄 위에는 짱뚱어가 뛰어다니고 수많은 농게와 칠게가 먹이를 먹느라 바빴다. 개펄의 육지 쪽에는 담수가 흘러드는 모래질이라 갯벌에서만 볼 수 있는 염생식물인 갯잔디가 펼쳐져 있어, 훼손되지 않은 갯벌의 모습을 잘 보여 주고 있다.

그런데 가란도 근처에 이 황금갯벌 일부를 매립해 대규모 조선단지인 '신안조선타운' 건설을 추진해 논

갯벌에서 잡은 농게 ▲

▲ 가란도 포구에 정박한 소형어선들

란이 일고 있다. 해양수산부의 조사 결과 갯지렁이, 조개 등 저서생물이 다량으로 살고 있기 때문에 '가란도와 압해도 지역은 습지보호지역 지정 때 우선적으로 고려해야 한다'는 결론을 내리기도 했다.

역사

가란도에 처음 사람이 들어온 시기는 약 250여 년 전으로 울산 김씨가 들어와 살았다고 전해진다. 그 후에 인동 장씨, 한양 조씨 등이 이어 들어와 마을을 형성하였다고 한다.

이 섬 가란도에는 열녀 오씨 할매 행적*烈女吳氏行蹟*이 있는데, 이렇게 적혀 있었다. 열녀 오씨 할머니의 본관은 금성金城이고 안주목사 한성좌윤 한상漢相의 7세손인 중유重瑜의 장녀로 시댁이 곤란하여 1667년 3월 경기도 수원 마정면 항절도로 이주하여 생활하시다 4년 후 1671년 1월 17일 남편이 신병으로 운명하시니 시신을 부여안고 통곡하다 이웃 노파들의 위로를 받는 중에 '나는 죄 많은 여인으로서 남편을 보내고 천리타향에서 젖먹이 어린 것과 살고자 하오나 강폭한 음욕자들의 침범이 두려우니 정절을 지키기 위해 남편과 같은 무덤에 묻히기를 원할 따름입니다'라고 한 뒤, 노파들이 흩어져 돌아간 후 '이 어린 젖먹이를 길러 주실 분이 계시면 눈을 감고 저 세상에 가겠소'라는 유서를 남긴 채 염수를 마시고 남편 시신을 껴안은 채로 운명하였다.

가상한 이 사실이 세상에 알려지면서 숙종 4년1678 경기도 암행어사 이철보가 그 정절을 조정에 보고하고, 조정에서는 다시 경기감사 이진순에게 현지답사하여 조사하게 한 후에 그가 옛날 살았던 이곳 전남 무안 가란에 정문旌門을 건립하도록 하여 그 정절을 세상에 알리게 하였다.

추억

가란도는 목교가 건설되기 이전에 육지인 압해도 숭의선착장에서 나룻배 가란호1.2톤를 타고 약 5분 정도면 도착하는 거리다. 바다 건너 섬이라기보다는 차라리 강 건너 작은 농촌마을이라 부르는 것이 더 어울렸다. 육지와 지척이어서 접근하기도 쉽고, 따스함과 오염되지 않는 자연의 신선함이 지친 육체의 피로를 말끔하게 풀어 주는 아름다운 섬이다.

그런데 놀라운 일은 과거 압해도 숭의선착장과 불과 300m 거리를 매일 나룻배가 새벽 6시부터 저녁 6시까지 30분 간격으로 총 24번을 다녔다고 한다. 시간을 정해 놓았으나 숭의선착장에 도착한 사람이 나룻배가 보이지 않으면 무조건 붉은 깃발을 꽂는다. 그러면 정박해 있던 통통배가 건너온다. 70년대에 있을 법한 원시적인 모습을 상상해 보니 웃음이 절로 나왔다.

인구가 많이 사는 것도 아니고 2~3시간 간격으로 다녀도 되는데 장방원 나룻배 선장이 수고를 많이 하였다. 목포-가란행 정기 여객선 면허를 받아 8년간 운행을 하기도 하였다. 이렇게 주민을 위한 봉사 정신이 투철한 분이었다.

필자는 2010년에 가란도를 방문하여 장방원 선장을 만났다. 다음 해 3월 낙지철에 꼭 다시 방문해 달라는 그분의 간곡한 부탁을 받으며 가란도를 떠나왔었다. 2012년 가을 가란도 방문은 세 번째였는데 도선 선장 장방원씨는 암 투병 중에도 열심히 일을 하고 있었다. 그해에 목교가 설치되었을 때는 고인이 되어 그분을 더 이상 볼 수 없었다. 행복한 마음으로 다리의 완공을 볼 것이라 생각했었는데 너무나 안타까웠다. 그분의 바람대로 목교는 보지 못했지만, 이제 많은 사람들의 노력으로 가란도는 더 이상 단절된 섬이 아니라 육지로 편입된 섬 아닌 섬이 되었다.

가란대교▲

고이도 古耳島

왕성이 있었던 사연이 담긴 섬

개요

면적 5.54km², 해안선 길이 21.4km인 고이도에는 네 곳에 마을이 있다. 1973년 226호 1,436명(초등학생 318명)의 주민이 살고 있었으나 지금은 겨우 138가구, 257명2013년 기준이 살고 있다.

고이도는 신안군 압해읍에 속해 있지만 압해도와는 전혀 다른 생활권이다. 무안군 운남면 신월항까지는 700m로 뱃길로 5분 거리이기에 지척이라 거기를 중심으로 생활한다. 바로 이웃 섬 선도처럼 행정과 생활이 일치하지 않는 대표적인 섬이다. 그래서 고이도와 선도 주민들은 육지인 무안군에 편입되기를 바랐으나 늘 외면을 당했다고 불평을 한다. 이러한 민원으로 미운 털이 박혀 신안군으로부터 섬 발전에 대한 불이익을 당하고 있다고 생각한다.

압해읍 고이도와 지도읍 선도 주민들은 신안군청이나 읍에 갈 때면 먼저 배를 타고 무안군 운남면 신월리로 건너간다. 거기서 다시 버스를 타고 3개의 면을 넘어 먼 길을 가야만 하는데도 관의 주도하에 행정적으로 경계를 만들어 놓아 주민들은 대단한 불편을 겪고 있다.

고이도는 건너편 육지인 신월리선착장과 가깝다. 하루에 12번 도선이 다닌다. 섬치고는 매우 교통이 좋은 곳이다. 그러나 섬이기 때문에 육지와 아무리 가까워도 저녁에는 도선이 끊기고 섬은 적막감에 휩싸인다.

주업은 대부분 농사이고 김양식은 3가구가 하고 있다. 김공장이 1개 있었는데 지금은 폐쇄된 상태이다. 대부분 낙지잡이로 소득을 올린다. 이곳 고이도는 탄도만 입구에 있기 때문에 낙지잡이 하는 세대가 9가구이고, 염전은 타지 사람이 12만 평 정도를 운영한다.

고이도는 섬 전체가 완만한 구릉지로 최고봉은 65.3m이며 주위를 둘러싸고 있는 갯벌이 넓어 제방을 쌓아서 염전이나 농경지로 이용하고 있다. 고이도 주민들은 예로부터 어업보다는 농업에 종사하는 사람들이 더 많은 농도農島로 유명한 곳이다. 그러나 지금은 비옥했던 대부분의 농경지가 휴경休耕으로 묵혀 있고 전체의 절반밖에 되지 않는 100ha가량만 경작되고 있다.

대부분의 전답들은 농로가 없어서 절반 정도가 묵혀 있는 실정이다. 주민들은 농업용 경운기를 2대씩 소유하고 있는데, 농사지을 땅이 많아서가 아니라 섬

◀ 간만의 차가 심하여 길게 뻗어있는 부교
▼ 고이도에서 본 신월항

▲ 고이도선착장

안에 농로가 없어서 경운기가 필요한 논이나 밭에 각각의 경운기를 세워 두고 농사를 짓기 때문이다.

논과 밭이 있는 이곳은 주로 마늘과 대파를 경작하고 있고 고추밭도 더러 있다. 전체가구의 80% 정도가 전업농가이다. 토지이용은 논 61ha, 밭 139ha, 임야 331ha로 임야가 대부분이다.

일제강점기 말까지도 왕도라 부르다가 그 후 고이도로 개칭하였는데 그 배경으로 두 설이 전해진다. 하나는 고려 태조 왕건의 숙부인 왕망이 고려 왕조의 전복을 꾀하며 왕이라 자칭하고 살았던 곳이라 하여 옛 도시의 옛 古 자를, 섬의 모양이 귀와 비슷하다 하여 귀 耳 자를 써서 고이도라 하였다고 한다. 또 하나는 섬의 형태가 고양이 귀처럼 생겼다고 해서 고이도라 했다고도 전해 온다.

역사

왕성이 있었던 역사의 섬 고이도는 압해도·지도와 일직선상에 놓여 있으며, 무안반도가 건너다보인다. 고이도에 있는 왕산성의 축조 시기는 정확히 밝혀지지 않았다. 다만, 고려 왕건과 관련된 기록과 전설이 전해 온다.

고이도는 바닷길의 요충지로 알려진 곳이다. 옛날에는 거대한 나주평야의 곡식들이 영산강을 거쳐 이 섬 앞을 지나 칠산 바다와 서해 바다를 거쳐서 한강으로 올라갔다. 목포와 거리가 가깝고 지리상 요충지이기 때문에 신라 말기 후백제의 견훤이 이 섬을 요새로 삼았다가 궁예의 장수로 있던 왕건의 침략을 받아 큰 전쟁이 났던 곳이라고 전해지고 있다. 성을 쌓은 사람은 지금부터 약 1100여 년 전, 고려를 창건한 태조 왕건의 작은아버지인 왕망이란 사람에 의해서이다. 왕망은 왕건을 위해 최선을 다한 자신의 공을 왕건이 무시한다고 생각해 추가 전복順覆을 기도하게 된다. 그러나 거사가 있기도 전에 탄로가 나 도망쳐 온 곳이 바로 압해읍 고이도였다.

왕망은 이곳 고이도에 성을 쌓고 근거지로 삼았다. 언젠가는 고려왕실에 도전하기 위해 고이도 근해를 지나던 세곡선을 붙잡아 식량을 빼앗았으며 선원들을 자기 부하로 만들었으나 나중에 발각되어 죽음을 당하고 말았다. 왕망은 자기의 뜻을 이루지 못하고 죽었으나 그가 살던 흔적은 이곳에 남아 있다.

성터는 1km 정도 남아 있으며 왕이 살았다는 집터도 있다. 고이도 큰 산을 왕산이라 부르고, 음력 정월 보름날이면 부정이 없는 사람을 선발해 이곳에서 제를 지냄으로써 풍년과 행운을 불러오고 병마를 막아낸다고 믿었다.

일제 말 우리나라 지도에 이 섬이 왕도라 적혀 있었다고 한다. 예전의 성터는 그대로 보존되어 신안군의 기념물로 지정되었다.

수달장군 능창 전설에 등장하는 섬이자 군사적인 요충지로 알려졌기 때문에 많은 기대를 가지고 고이도 답사에 나섰다. 하지만 평범하고 작은 섬마을이라

왕망의 성터 ▲

놀라움과 실망이 교차되었다. 그러나 막상 섬 안에 들어가서 고이도의 최고봉 왕산(높이 65.3m)에 올라 보니 필자의 예상이 빗나갔음을 알았다. 왕산 정상에서 바라다보이는 바닷길은 해로海路의 요충지임을 단번에 알 수 있었다.

왕산성의 정상 유적지 근처에는 기와편과 도기편이 수도 없이 많이 널려 있었다. 전문가는 아니지만 이곳에 무엇인가 숨어 있는 것 같았고, 도대체 천 년 전에 이 작은 섬에 무슨 일이 일어났었는지 궁금했다.

장보고 대사와 연관이 깊은 일본 스님 엔닌圓仁이 중국에서 유학을 마치고 귀향길 기록에 고이도가 등장한다. 엔닌의 『입당구법순례행기』에 보면 '846년 9월 4일 밤 10시가 가까워질 무렵 고이도古移島에 이르러 정박했다'는 기록이 있다. 이 해역의 중요성 때문에 조선 왕조는 이 섬 건너 내륙부 연안에 다경多慶만호진을 설치했다. 이 섬은 한때 망운목장 속장터로 쓰이기도 했다.

1750년경에는 보성 선씨 선만권이 과거에 여러 번 낙방하고 실의에 빠져 방황하다가 섬에 들어와 정착한 바 있다고 한다.

고이도 왕산성지 : 고이도의 왕산에 있는 산성이다. 왕산성은 대체로 고려 이전의 삼한시대 또는 후삼국 시대 성으로 추정되고 있다. 둘레 500m 정도의 왕산성은 바다에 면한 동남쪽은 능선을 따라 축성되었고 서북쪽은 왕산 하단 및 중북부에 축성되어 있다. 형태는 부정형으로 계곡을 포용한 포용식 산성이며 성벽은 1m 내외의 자연석과 50×20cm 정도의 잡석을 이용, 협축법夾築法에 의해 결구축성結構築城하였다. 남

아 있는 성축은 높이 1.5m, 폭 3m 정도로 대부분 붕괴된 상태이다. 왕산의 산세는 낮고 평평한 구릉이 이어지다가 정상부에 이르러 갑자기 급경사를 이룬 형국으로 전체적으로 바위산이다. 이곳 왕산에서는 무안의 내륙지역 및 병풍도, 매화도, 마산도는 물론 지도읍 선도리 등이 한눈에 들어온다.

둘러보기

이곳은 왕산성 외에 섬 북쪽에 있는 큰 마을을 대촌이라 하는데 장터가 있어 사람들이 많이 살았다. 그 외에 독족골, 불무청, 불당골, 덜리, 중석골, 장안 등과 암자터가 있다. 주민들은 대촌, 사동, 고장, 칠동에 집중하여 분포되어 있다. 칠동마을은 선창이 있는 밥섬과 통사골, 세제이, 윗동네, 아랫동네, 모갑골, 안꼬네 등 일곱 마을이 합쳐진 이름이다. 사동은 뒷산에 절이 있어 붙여진 이름으로 고이도의 관문이다. 여객선과 나룻배가 드나들고 선착장, 출장소, 보건소, 분교 등이 있다.

신월항에서 나룻배를 타고 방문한 고이도는 선착장 좌우로 해안길이 나 있는데 오른쪽은 비포장도로로 창고가 있는 곳이고 마을로 가는 길은 왼쪽이다. 선착장 앞 바다에는 상당한 수의 작은 고깃배들이 있다. 부교가 길게 이어져 있는 것으로 보아 이곳 역시 물이 빠지면 길게 갯벌이 형성되는 곳으로 보인다. 해안길을 걸어 마을 쪽으로 가면 입구에 가게가 있고 마을 중심에 압해면 고이도출장소가 자리잡고 있다. 이곳을 지나 조금 더 가면 길이 갈리는 가운데에 쌈지공원이 있다. 남쪽으로 이어지는 길은 왕산길로 대촌마을 가는 길이고, 다른 길은 고장마을과 사동마을로 가는 길이다. 갈림길 입구 오른쪽에 학교가 있다.

압해초등학교 고이분교장이다. 제법 넓은 운동장은 학생들이 있어서인지 아직은 잡초가 무성하지 않다. 1977년에 만들어진 스탠드 뒤로 길게 이어진 단층짜리 교사에서는 현재 2명의 여교사가 모두 6명의 학생들을 가르치고 있다. 선착장이 있는 고이초등학교 분교 일대가 섬의 중심지이다. 학교에서 조금 더 가면 경로당, 고이도의 연혁과 함께 2000년에 준공되었다는 표지석이 있다. 그리고 바로 옆에 목포경찰서 관할 고이도치안센터와 보건진료소가 있다. 세 개의 기관이 나란히 들어선 셈이다. 이곳에서 조금 더 가면 갈림길이 나온다. 오른쪽에 두 기의 비석이 있는데 유허비와 영세불망비다.

사동마을은 전형적인 농촌의 모습이다. 고이도에는 교회가 2개 있는데, 60년이 넘은 고이교회와 1981년에 개척된 칠대교회가 있다.

고장마을을 지나 더 가면 염전터가 나온다. 시원스럽게 잘 뚫려 있는 고이길. 계속 이어지는 밭의 연속

◀ 주민들을 수송하는 도선

이다. 오옴덕골을 끼고 돌아 어느 정도 가면 염전이 나타난다. 길은 일정섬을 통과하게 된다. 일정섬은 고이도와 방조제로 연결되어 하나의 섬이 된 곳이다.

고이도는 주변의 작은 섬을 연결하여 면적을 크게 넓혔다. 일정섬 앞과 섬의 북쪽 그리고 대촌마을 앞 바다를 메운 것이 대표적이다. 연결한 부분에는 염전을 만들었다. 고이도에는 일정염전, 고이염전, 태성염전이 있었는데 지금은 고이염전만 소금을 생산하고 있다. 염전은 한때 호황을 누린 적도 있으나 지금은 사양길로 접어들어 섬 전체가 활기를 잃은 느낌이다.

염전을 새우 양식장으로 바꿔 놓은 곳이 눈에 띄었다. 여기저기 새우 양식장 도구가 널려 있다. 왼쪽은 새우 양식장이고 오른쪽 해안은 갯벌이다. 왼쪽으로 선도가 보이고 오른쪽으로는 신월리의 낮은 평지가 눈에 들어온다. 이곳에 몇 채의 집이 보이는데 한 집만 사람이 사는 집이다. 승용차나 경운기 한 대는 거뜬히 지날 수 있는 방조제를 건너면 또 다른 선착장이다.

고이도▼

마산도 馬山島

노둣길로 세 섬이 하나로 연결된 섬

개요

마산도, 세대수 33, 인구수 60명이 살아간다. 마산도와 황마도는 두 개의 섬이지만 노둣길을 높여서 둑길을 만들어 연결되었다. 노둣길은 갯벌 위에 돌을 쌓아 만든 길로 물이 빠지면 이용할 수 있는 도로를 말한다. 황마도에서는 다시 노둣길로 매화도까지 건너갈 수 있다. 이 3개 섬은 물이 빠지면 하나가 된다. 매화도는 약간 큰 섬으로 사람들이 좀 살지만, 마산도와 황마도는 섬이 너무 작고 인구도 많지 않아 사람들이 쉽게 기억하지 못하는 섬이다. 마산도와 황마도는 매화리에 속하지만, 매화리에는 선거 때 투표를 하러 가거나 출장소나 보건소에 갈 때 외에는 가는 일이 별로 없다. 농사가 주업인 마산도에는 방앗간이 없는데 방아를 찧으러 갈 때도 매화도로 가는 것이 아니라 앞에 있는 선도로 간다. 매화도보다 가깝고 방앗간 주인이 경운기를 가지고 나오는 등 서비스를 잘해 주기 때문이다. 지금은 마산도에서 황마도를 거쳐 매화리까지 시멘트 노둣길로 연결되어 교통이 자유롭기 때문에 예전보다는 왕래가 많다고 한다.

사람이 처음 섬에 들어온 시기는 1710년경으로 나주에 살던 정봉언이 살 곳을 찾던 중 태풍으로 이 섬에 정착하였다고 전해 온다.

1973년 내무부에서 나온 『도서지』에 보면, 마산도 인구는 31가구 193명, 장마도 10가구 66명, 노대도 18

▶ 옛노둣길
▼ 황마도와 어미섬 매화도를 이어주는 노둣길

▲ 갯벌에서 낙지를 잡고 있는 어민
▲ 짱뚱어와 칠게
◀ 바닷물에 잠기기 직전의 노두

가구 88명이며, 이 3개 섬에 초등학생이 72명이었다. 지금은 마산도로 통합되었다. 목포에서 뱃길로 두 시간 반 거리인 신안군 압해면 마산도는 목포 북서쪽 20km, 무안 신월리와 5km, 매화도 북쪽 2km 지점에 위치한다. 섬의 면적 0.91km2, 해안선 길이 4.8km, 세대수 33, 인구수 60명으로 아주 작은 섬이다.

마산도馬山島는 섬의 생김새가 말과 같다 하여 붙여진 이름이다. 원래 마산도는 하나의 섬이 아니었으나 세 개의 섬을 방조제로 연결하고 그 안을 간척하여 하나의 섬으로 만들었다. 노대도, 장마도, 마산도 3개의 섬이 방조제로 각각 연결되어 멀리서 바라보면 가히 환상적인 모습이다. 마산도에는 육지와 연결하는 작은 선착장이 있다. 필자는 이곳을 수차례 답사했는데, 3번째 방문 당시 만조시간대여서 둑으로 연결된 노두가 바닷물에 잠기기 직전이었다. 매화도까지의 노둣길은 물 흐름이 자유로워서 생태계 파괴에 별로 영향을 미치지 않지만, 마산도와 황마도는 그렇지 않기에 낙지와 김양식 소득에도 영향을 미칠 것이다.

마산도 선창 앞과 선도 사이에는 거대한 강처럼 생긴 바다가 있는데 이곳에서 낙지잡이와 김양식을 한다. 1980년대까지만 해도 농사와 함께 마을경제를 끌어갔던 것은 김양식이었다. 물발이 거세고 주변의 많은 섬들이 파도를 막아 주기 때문에 김양식을 하는 데 적지였다. 그때는 김양식이 주민들의 수입원이 되었지만 대일수출의 중단과 생산의 자동화 시설로 김이 과잉생산되면서 값이 하락하여 어려움은 시작되었다. 지금은 두 집만 김양식을 할 정도로 사양길에 접어들었다. 김공장 세 개는 5년 전에 문을 닫았다.

현재의 주업은 밭농사로 보리와 콩이 주산물이다. 밭농사는 최고 1백 마지기를 기계로 경작할 정도로 많이 한다. 과거에는 많은 사람들이 거주해 자기네 땅을 가지고 조금씩 농사를 지었지만 지금은 대부분의 사람들이 육지로 이주한 상태라서 여력이 있으면 그 사람들 것까지 농사를 지을 수 있기 때문에 넓은 땅을 경작할 수 있다.

일부 섬 주민들은 1톤 미만의 작은 배로 낙지와 고기를 잡는다. 동네에는 그런 배가 4척이나 된다. 농사를 짓거나 김양식을 해도 소득이 시원치 않은 이 열악한 섬에서 농사나 김양식보다 더 많은 소득을 올릴 수 있는 것은 낙지잡이다. 이곳은 예로부터 갯벌에서 나는 어종으로 낙지, 짱뚱어, 망둥어, 숭어, 농어 등이 있다. 특히 다른 곳의 낙지에 비해 빛깔과 맛이 전혀 다르다. 이곳의 갯벌낙지는 뻘낙지라고 하는데 빛깔이 꼭 갯벌을 닮았고 육질은 부드러우며 담백하다. 올해도 낙지가 많이 잡혀서 이곳 주민들의 얼굴에 웃음이 가득하기를 바란다.

2006년도에 마산도 분교가 폐교되었다. 1973년도에 최고 72명까지 학생이 공부했다지만, 방치된 지금의 폐교 운동장에는 억새풀만 사람 키 높이로 자라나 보는 사람의 마음을 슬프게 한다.

학교가 없기 때문에 이 마을에 사는 마산교회 박승호 목사의 두 어린이가 이웃 섬 병풍도까지 여객선을 타고 초등학교와 유치원을 다닌다. 10년 전에 이곳에 정착한 마산교회 박승호46세 목사는 아들과 딸을 이곳에서 낳아 이웃 섬 병풍도 학교에 보낸다. 요한이는 올해 7살로 1학년, 여동생 수아는 6살로 유치원생이다. 이 아이들의 가장 큰 고통은 아침 9시에 더존페리호를 타고 30분 정도 가서 병풍도분교의 유치원 아이들과 어울려 공부를 하다가 저녁 4시에 마산도로 오는 여객선을 타고 집으로 돌아온다는 것이다. 작년까지는 요한이가 혼자서 학교를 다녔는데 이제는 동생 수아가 유치원에 가기 때문에 두 형제가 서로 의지하면서 배를 타는 것은 참 다행이다. 우리가 보기에는 낭만적이고 추억거리가 될 것 같지만, 문명의 혜택을 받지 못하는 섬의 특수성 때문에 당사자와 부모들은

차도선(더존페리호)▲

가슴 아파할 것같아 아쉬움이 남는다.

어미섬 매화도는 출장소와 경찰지서, 보건소 등이 있다. 이곳 주민들은 행정적인 일이 있을 때는 매화도로 가야 한다. 노둣길이 멀고 항상 일정한 시간에 바다가 열리는 것이 아니기 때문에 그 밖의 일로는 잘 가지 않는다고 한다. 그러나 우편집배원은 물이 빠지면 이 노둣길을 따라 오토바이로 우편물을 배달한다.

둘러보기

제법 긴 방파제 끝은 온통 갯벌이다. 신안군에 속해 있는 압해면은 우리나라 섬 중에 가장 풍성한 갯벌을 두르고 있는 곳이다. 갯벌이 주는 혜택도 대단하다.

방파제를 나오면 갈림길이다. 왼쪽으로는 노두가 있고 그 노두 바로 옆에 황마도가 있는데 썰물이 되면 두 섬은 노두로 연결이 된다. 지금은 방조제를 쌓아 통행은 원활하지만, 물길을 막는다는 것은 바다 생태계의 교란을 일으킨다. 물의 흐름을 차단하면 갯벌이 죽고 주변의 생물들도 살아갈 수 없기 때문이다.

▲ 표지석

　선착장에서 조금만 올라가면 가운데 높은 동산에 압해면 마산도 마을 표지석이 세워져 있다. 그 옆에 정자인 쉼터가 함께 자리를 잡고 있다. 경로당과 함께 화장실 건물이 따로 있다. 이곳 화장실은 여느 섬과는 달리 문을 열고 들어서면 아름다운 선율이 흘러나온다. 도시에서나 볼 수 있는 비데가 달린 첨단 화장실이다. 음악도 피아노 연주곡이라 절로 미소가 나왔다.

　마을은 3개 섬에 각각 분포하며 섬 중심지는 마산도 북서쪽에 위치한 마산마을이다. 선착장에서 마을로 가는 진입로 주변은 온통 황토색, 나지막한 평지로 비포장도로이다. 조금 더 들어가면 몇 채의 집이 있다. 다른 마을처럼 집들이 군락을 이루지 않고 한 채 두 채 뚝뚝 떨어져 있다. 바다는 물이 빠져 온통 갯벌이다.

　대부분의 섬들은 임야로 이루어졌지만 마산도에서는 임야를 거의 볼 수 없고 밭으로만 이루어져 드넓은 들녘에는 따스한 햇볕에 푸른 보릿대가 한창 자라고 있었다. 섬의 최고 높이는 31m이며 대부분 평지다. 농경지가 섬 전체 면적의 2분의 1 정도로 주민들은 주로 농업에 종사한다. 주요 농산물은 쌀, 고구마이고 고추, 마늘, 보리 등도 소량 생산된다. 몇 년 전까지만 해도 마산도 사람들은 보리를 많이 심었지만 판매가 어려워 현재는 주로 밀을 재배하고 있다. 우리밀 살리기 사업단에서 전량을 수매하기로 계약 재배하고 있다. 넓은 밀밭을 구경하며 가다 보면 갈림길이 나타나는데 약간의 오르내림이 있는 시골길이 나온다. 길게 이어진 시골길. 오른쪽 끝자락에는 마늘밭과 고추밭이 있고, 그 아래로는 방조제가 있다. 앞바다는 갯벌지대이다. 해안에는 간석지가 넓게 펼쳐져 있으며, 일부는 간척되어 염전과 농경지로 이용하고 있다.

　한참 걸어가면 오른쪽으로 몇 채의 집이 보인다. 창고와 닭을 키우는 축사가 있고 경운기 등도 있지만 정작 어구들은 찾기가 힘들었다.

　방조제를 건너면 폐가가 한 채 보인다. 이곳에서 조금 더 가면 오른쪽으로 농기계 보관창고가 있고 그 주위로 몇 채의 집들이 보인다. 10여 채 이상은 족히 될 듯하나 절반 가까이는 폐가로 보인다. 이곳이 큰 마을이라고 한다.

　해수담화 시설 너머 바닷가에 작은 무인도 덕개섬이 보인다. 농로를 따라 계속 남쪽으로 가다 보면 방조제가 나타난다. 왼쪽은 임야로, 일부는 쓸모없는 땅이지만 대부분 밭이고 오른쪽으로는 갯벌이다. 임야 중간에 하천이 있다. 이 물이 수문을 통해 바다로 흘러들어 간다. 이곳도 예전에는 하나의 섬이었다. 도끼섬이라는 작은 섬이었는데 방조제로 인해 마산도와 합쳐졌다.

　방조제 끝에서 길은 왼쪽으로 꺾어 들어간다. 이 길을 따라가다 보면 오른쪽에 들판이 보인다. 이곳이 너머들이다. 가운데 숲이 있고 그 둘레에 경사진 척박한 밭이 있다. 밭을 지나 언덕으로 올라가 보면 해안가에 건물 두 채가 보이고 바다는 온통 갯벌이다.

　농로를 따라 어느 정도 가면 집이 몇 채 보이고 그 주변은 모두 넓은 들판으로 보리와 밀밭이다. 집은 어느 정도 높은 지대에, 밭은 낮은 곳에 형성되어 있다.

이곳을 지나며 나오는 내리막길에도 들판이 있는데, 이 들판이 새원안 들이다. 들판을 지나면 1981년에 세워진 마산교회가 있다. 이곳에서 해안길 가는 길이 보인다. 이어 나타나는 것은 방조제이다. 오른쪽 갯벌 위로 원형의 노두가 있고 이 노둣길을 따라 5분 정도 걸어가면 황마도에 닿는다.

섬과 물

마을을 지나 언덕 끝에 철조망이 둘러져 있는 곳이 있다. 안내판이 세워져 있다. 2005년에 설치된 '미네랄 용수 해수 담수화 시설'이라고 적혀 있다. 마산도는 다른 섬들과 달리 산이 거의 없고 세 개 섬이 연결되었으며 지하수가 나오지 않는다. 그런 연유로 정부에서 해수 담수화 시설을 해 주어서 아쉬운 대로 물을 쓰고 있다. 그러나 마산도의 해수담수화 시설로 물문제는 해결되었으나 그에 따른 전기료 부담이 커 주민들의 물사용을 어렵게 하고 있다. 한 달에 20만 원가량 들어가는 전기료에 대한 지원이 시급하다고 섬 주민들은 입을 모은다. 이곳에서는 농업용수로 비를 웅덩이에 저장해 두었다가 사용한다. 마을에 우물이 있지만 겨울가뭄에 시달리고 여름에는 물을 많이 써 흙탕물이 나오기 때문에 식수로 사용하기는 어렵다. 해마다 반복되는 가뭄은 섬사람들에게는 재앙이다. 섬 지역의 경우, 육지로부터 운반해온 물에 의존해 산다. 가뭄이 들면 밭이 메말라 파종을 끝낸 각종 작물이 바싹 타들어가도 달리 방법이 없다. 이 같은 식수와 용수를 확보하기 위해서는 무엇보다 안정적인 수자원 확보가 절실히 요구되고 있는 실정이다. 사방이 물로 둘러싸여 있는 섬에서 정작 물걱정을 하고 있다고 하면 의아해 할 수도 있으나, 정작 이런 섬에서 살다보면 민물을 왜 단물이라고 부르는지 그 이유를 알 것 같다.

▼ 마을에서 만난 주민

매화도 梅花島

매화꽃 피는 섬

개요

목포 북항에서 배를 타면 매화도까지 1시간 30분 정도 가야 한다. 그러나 이제는 압해 송공항에서 40분이면 갈 수 있다. 차도선도 하루에 3회 운항하고, 또한 무안군 신월항에서는 1일 2회 여객선이 들어온다.

매화도, 총면적 8.510㎢, 해안선 26.1km 세대수 121, 인구수 206명이 살아간다. 주민들은 주로 농업에 종사한다. 어업은 부업에 불과하다. 주요 농산물은 쌀, 보리, 고구마, 파, 마늘, 고추 등이다. 주요 수산물은 낙지와 꽃게, 민꽃게, 소금 등이다. 근해에서는 낙지, 숭어, 농어 등이 잡히고, 김양식도 하는 곳이다.

매화도는 이웃 섬들에 비교해서 큰 편이다. 이 섬에 속한 바다와 갯벌의 광활함 때문에 돌아오는 혜택도 많다. 농사를 겸하여 갯벌에서 낙지도 잡고 겨울에는 학동마을과 마산도 사이의 갯벌에서 감태를 생산한다. 감태는 오염되지 않은 좋은 갯벌에서 잘 자란다. 낙지잡이와 감태 그리고 김양식을 많이 한다. 이곳의 김양식 기법은 부류식 양식^{지주가 없이 부표를 이용하는 방법으로 깊은 바다에서 대량의 양식에 적합}보다 수확량도 현저히 떨어지고 가공도 어려운 지주식 양식^{바다에 김양식용 그물을 고정할 지주를 설치하여 거기에 그물을 달아 두고 양식하는 방법으로 얕은 바다에서 주로 이용}을 하고 있다. 이 방법으로 양식한 김이 맛이 좋아 높은 값을 받을 수 있기 때문에 선호한다. 김양식을 대량으로 하는 완도나 해남은 지주식에서 지금처럼 부류식으로 전환했다. 손으로 일일이 뜯지 않고 기계로 자동 채취하여 김 가공공장에 넘기기만 하면 된다. 김양식 전성기에는 마을 내에 여러 개의 김 가공공장이 있었지만 지금은 단 1개만 이용되고 있다.

요즘에는 완도에서 김양식에 성공한 사람들이 새로운 양식장을 찾아 서해 해역으로 올라가고 있다. 지구 온난화로 수온이 계속 상승하여 양식장이 점차 북쪽으로 이동하기 때문이라고 한다. 자연이 주는 혜택을 누리며 살던 우리 인간에게 지구의 온난화는 구체적인 삶의 방법과 사람들의 일터마저 바뀌게 하고 있다.

매화도는 바다와 관련된 개발이 비교적 덜된 섬이지만 일주도로도 잘 나 있고 육지와 가까워 교통도 편리하다. 주업인 농업도 김양식도 전망이 어두워 섬을 떠나는 상황이 지속되고 있지만, 폐교활용과 염전개발, 개매기 체험 그리고 세 개의 섬을 연결하는 노둣길 등을 관광자원으로 활용함으로써 새로운 가치를 만들어갈 수 있을 것이다.

필자는 매화도를 다섯 번 방문했는데, 두 번은 기섬선착장을 통하여 들어가고 한 번은 청돌포구, 두 번은 신월항에서 마산도까지 가서 좀 멀다 싶었지만 노둣길을 걸어서 매화도에 들어갔다. 다시 말해서 매화도에 들어가는 방법은 기섬선착장, 청돌선착장, 마산도에서 황마도를 거쳐 매화도로 가는 노둣길 등 모두 3곳이 있다.

섬 이름은 매화꽃이 피어 있는 형상이어서 매화도라 했다. 신안군은 이 섬 이름과 어울리는 매화섬을 조성해 아름다운 경관과 테마가 있는 관광휴양지

▼민꽃게

▲ 매화

로 개발할 계획이다. 2014년까지 10.4km의 해안선과 매화도 주봉인 매화산 인근 공한지空閑地를 이용하여 5,000여 주의 매화나무를 식재한다는 것이다. 특히 2014년까지 10ha 규모의 매실농원을 우선적으로 조성해 체험농장과 사이버 농장으로 운영할 계획을 갖고 있다. 천사섬 공원화를 위한 자연경관 조성과 병행하여 새로운 관광농업 모델을 제시해 농가소득원 개발과 함께 상품의 부가가치를 향상시킬 계획인 것이다.

이곳은 덕석할멈 설화가 구전으로 전해온다.

둘러보기

매화도는 2시간 30분만 걸으면 섬 전체를 한 바퀴 다 돌아볼 수 있을 만큼 작은 섬이다. 필자가 매화도 서쪽에 위치한 청돌선착장에 탐사선 등대호를 정박시키고 답사를 시작하려 하자 목포에서 온 차도선 더존페리호가 도착하였다. 매화도에는 노란색 스타렉스 버스가 대기 중이었다. 이 버스는 천사의 섬 스티커가 붙어 있는 신안군 공영버스다. 섬을 일일이 걸어다닐 수 없어서 신안군에서 섬 주민을 위하여 편의를 제공하고 있다. 선착장 입구에는 하얀 조립식 건물인 대합실이 있다.

1710년경 밀양 박씨 박계원이 들어와 마을이 형성되었다고 전해지는 청돌마을을 지나 오른쪽 해안도로를 따라가면 우측에 청석마을이 있고 조금 더 가면 삼거리가 나온다. 해안길과 대동마을 가는 길로 갈라지는 곳이다. 매화리 대동마을은 매화산 남동방향 계곡의 어귀에 위치한 마을로 학교와 출장소, 보건지소, 지서, 교회 등이 있다. 주민들은 대동마을, 청석마을, 산두마을, 사해마을, 학동마을에 살고 있다.

매화도에서 가장 큰 마을인 대동마을은 1610년경에 전주 이씨 이하춘이 함평에서 봇짐장사를 하던 중에 이곳에 왔다가 정착했다 한다. 마을은 해안도로 안쪽에 있고 바깥쪽으로는 논이 있다. 남쪽으로 방조제가 보이는데 이곳도 간척을 통해 농지를 만든 것이다. 마을 옆과 뒤로는 밭이 있다. 마을 뒤로 보이는 높은 산이 섬 최고 높이 238m의 매화산이다. 섬 서부와 동부는 산지이고 중앙부에 비교적 넓은 경작지가 펼쳐져 있다. 마을 뒤로는 대형 저수지가 있어 농사를 겸하기 좋은 섬이다.

매화교회 옆 골목길로 계속 가면 학교가 나오는데 얼마 전에 폐교가 되었다. 압해초등학교 매화분교장이었던 학교는 운동장이 제법 넓다. 넓은 운동장에는 잡초가 듬성듬성 나 있어 폐교의 현실을 보여 주고 있

▼ 게를 잡는 매화도 주민

었다. 조형물 이승복 상과 책 읽는 소녀 상에 입혀진 하얀색 칠이 바래져가고 있었다. 교무실과 교실은 마치 지금 사용하고 있는 듯 깨끗했다. 교사는 두 개의 건물로 이어져 있고, 교사 뒤로 부속건물이 몇 채 있다.

2009년에 방문했을 때는 학생수가 총 8명이었다. 1학년과 5학년은 없고 2~3학년 3명이 한 학급, 4·6학년 5명이 한 학급이었다. 비 오는 날이면 운동장에 배수 시설이 잘 안되어 신발이 진흙에 빠졌다. 배수 시설을 제대로 하고 모래를 다시 깔고 싶어도 학교예산으로는 어림도 없기에 그냥 이렇게 수십 년 동안 지내야 했던 곳이다. 2011년에 다시 이곳을 방문했다. 학교는 폐교 상태였고 건물은 방치된 채 녹슬고 있었다. 이런 좋은 시설은 버려둘 것이 아니라 섬 주민을 위한 교육 또는 문화의 장으로 활용하면 더 좋을 것이라는 생각이 들었다.

매화도에는 원래 청돌과 기섬 두 개의 선착장이 있다. 기섬은 매화도와 방조제로 연결된 조그마한 섬으로 매화도와 하나가 된 섬이나 이 선착장은 거의 사용하지 않는다고 한다. 바로 앞에 보이는 큰 섬이 압해도이다. 선착장 뒷산에는 벙커로 된 초소가 있다. 선착장 앞에는 하얀색의 대합실이 있고 옆에는 색이 바래서 누렇게 된 창고가 나란히 보인다. 그 옆으로 해안길이 길게 이어져 있다.

대동마을 매화출장소를 지나 작은 고랑들을 지나도 주위에는 마을이 없다. 실제로 매화도는 가운데가 높은 산으로 되어 있고 마을은 해안에 형성되어 있는데 북쪽, 남쪽, 서쪽에만 있고 동쪽에는 없다. 대신 동쪽으로는 길게 갯벌이 형성되어 있다. 해안 일대에는 넓은 간석지干潟地가 있다. 남동해안과 북쪽 해안의 만 입구에는 방조제를 쌓아 농경지와 염전으로 이용하고 있다.

해안길을 따라 북쪽으로 계속 가다보면 오른쪽으로 몇 개의 들판이 있다. 그 첫 번째가 담너머들로 이곳을 지나면 압원장들이 있다. 압원장들 주변에 몇 채의 집들이 있는 작은 마을이 나오는데 이곳이 매화3리로 학동마을이다.

서쪽으로 이어진 길을 따라 계속 가면 산두리마을이다. 이 마을을 막 지나면 해안 갯벌 위로 제법 넓은 독살지대가 나타난다. 독살이란 바닷물이 드나드는 해안에 쌓은 돌담이다. 독살은, 밀물 때 들어온 고기들이 썰물 때 빠져나가지 못하고 돌담 안에 남아 있

▶ 매화도 보리밭
▼ 해안가에 있는 독살지대

는 고기를 잡는 전통적인 고기잡이를 말한다. 돌로 담을 쌓기 때문에 한자어로 석방렴石防簾이라 부르고 서해안 지역에서는 독살 외에 돌살, 독장, 쑤기담 등으로 부르며 제주도에서는 원담이라고도 한다.

즉 돌담이 그물역할을 하는 돌살은 어구분류법에 의하면 함정어구에 속한다. 담장을 쌓아서 만든 함정어구이므로 세부적인 구분으로는 장벽함정어구라고 할 수 있다. 조선시대에는 어살漁箭이라고 기록되어 있다. 서해안과 제주도 일대에 아직도 많은 돌살이 남아 있다. 그리고 돌살 어업을 하는 어민들은 때를 맞추어 고사를 지낸다. 고사에서 모시는 신은 도깨비 또는 물참봉이라고 불린다. 도깨비는 고기를 많이 몰아다 준다고 한다. 도깨비가 심술이 나면 고기가 잘 들지 않는다고 해서 도깨비가 좋아하는 메밀 범벅을 고사 제물로 바치고 풍어를 빈다.

학동마을에서 북쪽으로 올라가면 황마도와 매화도를 잇는 노둣길이 나타난다. 오른쪽으로 길게 이어진 방조제. 이곳이 신원장들이라는 들판 농경지다. 그 앞으로 길게 이어진 갯벌에는 아주 작은 섬과 연결된 노두가 있다. 이 섬에는 백로와 왜가리들이 서식을 한다.

그곳에는 양쪽 바닷물이 드나들 수 있는 수로가 있다. 이곳 노두 역시 원래의 노두가 아닌 새로 만든 노두인데, 바로 옆에 원래의 노두가 있다. 현재의 노두는 길게 이어진 직선형이지만 원래의 노두는 S자형으로 이루어져 있다. 노두의 높낮이가 달라진 것은 갯벌의 가장 높은 곳을 따라 노두를 만드느라 휘어져 있었던 것이다.

필자에게는 원래의 노둣길이 훨씬 더 운치 있게 느껴졌다. 마치 자연의 일부인 양 바다 속에 들어갔다가 물이 빠지면 모습을 드러내는 것도 신비스럽고, 일직선이 아니라 꼬부라진 것도 조형미가 있었다. 노두 입구의 작은 섬은 몇 십 그루의 소나무 숲에 백로와 왜가리 무리들이 서식하고 있는 새들의 섬이다. 원래의 노둣길은 이 앞을 지나고 있다.

▶ 중백로
왜가리
매화도 청돌선착장 앞섬 백로, 왜가리 서식지 ▼

압해도 押海島

신해양도시를 꿈꾸는 행정 중심지의 섬

개요

섬의 지세가 삼면으로 퍼져 바다를 누르고 있는 형태라서 압해도押海島라 불렀다 하며, 낙지가 발을 펴고 바다를 누르고 있는 형상이라서 그렇게 불렀다고도 한다.

압해도, 총면적 48.840㎢, 해안선 81.9㎞, 세대수 2,684 인구수 5,992명이 살아간다. 압해도는 목포 북항에서 손에 잡힐 듯이 가까운 거리에 있는 섬이다. 그동안 육지와 단절되어 있었던 압해도는 지난 2008년 6월, 8년 만의 공사 끝에 목포시 연산동과 압해면 신장리 사이 1,840m가 교량으로 이어졌다. "제가 국회의원이 되면 책임지고 돈 끌어다가 목포까지 다리를 놓아불겠습니다." 국회의원들은 해방 이후 1대부터 19대까지 단 한 사람도 빠지지 않고 연륙교 공약을 했었다. 공약公約은 공약空約이 되고 말았는데, 새로운 천 년이 시작된 해인 2000년 5월 어느 날 압해도가 발칵 뒤집어졌다. 압해도라는 섬이 생긴 이래 최고의 경사가 일어난 것이다. 바로 연륙에 대한 소식이었다. 그날 이후로 압해도 사람들의 오래 묵은 꿈이 8년 만에 이루어져 드디어 목포와 압해도를 잇는 압해대교의 기공식이 있었다.

사실 이 다리는 우선순위를 놓고 볼 때, 진작 놓여야 했을 다리였다. 진도나 거제도는 두 개의 다리가 놓였고, 압해도보다 더 먼 육지와 섬, 섬과 섬들 사이에는 거리가 멀어도 대부분 다리가 놓였다. 실상, 섬의 크기로 보나 인구로 보나 비중 있는 징검다리 역할을 할 압해도는 이상하게도 늘 다음으로 밀렸다. 그동안 비금도와 도초도, 안좌도와 팔금도, 자은도와 암태도가 연결되었다. 그리고 지금은 압해도와 암태

▼ 압해도 송공항에서 바라본 천사대교

▲ 압해대교
▲ 압해대교의 일몰

도를 잇는 새천년대교 공사가 한창이다. 그러나 모순되게도, 목포시에서 가장 가까우며 신안군의 요충지인 압해도와 육지를 연결하는 연륙교는 늦어도 너무 늦은 셈이다.

압해대교는 군 소재지인 압해도가 교통의 중심지가 되는 데 큰 역할을 하고 있다. 중심부에 케이블로 경사지게 교량을 연결하는 닐센아치교 형태로 설계하여 조형미를 살린 연륙교이다. 국도 2호선으로 총길이는 3,563m이다. 이 가운데 해상교량이 1,420m이고 육상교량이 420m이며 접속도로가 1,720m이다.

압해도는 이제 배를 타고 가지 않아도 갈 수 있는 섬이 되었다. 신안군민들의 숙원사업인 압해대교 건립을 두고 '신안군 발전의 호기를 맞았다'며 주민들은 크게 반기고 있다. 다리공사가 착공되면서부터 압해도는 부동산값이 치솟고 지역경제가 여러 형태로 변화하는 것을 실감할 수 있었다. 목포에서 가장 가까운 섬 압해도, 북항에서 뱃길로 10여 분이면 닿는 압해도는 이제 뱃길이 의미가 없게 되었다. 주민들의 말처럼 앞에 있으니 압해도란 말이 실감났다. 섬사람들에게 압해대교는 발전을 성큼 앞당기는 매개이자 신안군이 예전에 미처 경험하지 못한 미래를 예고하는 상징이 됐다.

지금은 연도교連島橋로 이어져 있는 여러 개의 섬들을 향하여 차도선에 차를 실어서 가고 싶은 대로 섬의 명소를 찾아갈 수 있다. 그동안 대부분 목포항에서 홍도와 흑산도, 제주도로 출발을 했고, 또 하나 새롭게 개발된 목포 뒷개의 북항에서 신안군의 대표적인 섬 비금도, 도초도, 안좌도 등 연안 섬들로 배를 타고 들어간다. 북항에서는 새벽 6시부터 수많은 차들이 줄을 서서 섬으로 가는 배에 차근차근 오른다. 목포항과 목포 북항 외에 또 하나 주목받는 항구가 최근에 생겼는데, 그 항구가 바로 압해도 끝에 있는 송공항이다.

송공항에서 출발하는 배가 신안군의 암태도 오도항으로 들어가면, 다리로 이어진 자은도, 암태도, 팔금도, 안좌도, 추포도, 박지도, 반월도, 부소도 등 8개 섬들을 승용차로 돌아볼 수 있다.

압해도에 딸린 섬인 매화도와 병풍도, 소·대기점도의 많은 주민들이 이 송공항을 이용해 뭍으로 드나들고 있다. 새로운 해상교통의 관문이 된 이곳에서 배를 타면 시간절약과 요금절감 효과가 있다.

압해대교가 생기고 나서 그동안 목포시 북항과 압해도의 남쪽 끝에 있던 장감리 선착장 사이를 쉴 새 없이 운항했던 철부선들은 사라졌다. 대신, 압해도의 서남쪽 끝에 있는 송공항으로 옮겨가게 되어 송공항은 다른 섬으로 가는 관문이 되었다.

　제 기능을 상실한 압해도 장감리 선착장에서 보면 목포를 상징하는 유달산과 목포대교가 한눈에 들어온다. 주변 섬 주민들이 뭍으로 나들이할 때 목포항보다 압해도 송공항을 이용하면, 목포 시내까지 진입하는 시간을 절약할 수 있다. 이전에는 목포까지 가는 뱃길이 최대 1시간 20분 이상 소요됐었는데, 송공항에서 자동차를 이용해 압해대교를 경유하면 목포 시내까지 20분이면 닿는다. 압해대교만 건너면, 좌로는 서해안 고속도로, 우로는 최근에 개통된 목포대교로 연결된다. 뿐만 아니라, 송공항에서 신안군 숙원사업인 압해도와 암태도 간 새천년대교 건설도 진행되고 있다. 총길이 16km 가운데 순수 해상교량만 7km인 새천년대교는 압해도, 암태도, 자은도, 팔금도, 안좌도, 하의도, 장산도, 비금도, 도초도, 신의도 등 이른바 다이아몬드 제도를 잇는 교량이 될 것이다. 그야말로 압해도는 징검다리 섬이며 보배의 섬으로 거듭나고 있다.

　선착장, 물양장物揚場 등 중형 선박접안 시설을 갖춘 송공항은 연안항으로 지정되어 신안의 전진기지 역할을 하고 있다. 서해안 시대에 따르는 서남권 항만 수요 폭증에 대비하여 압해면 서쪽 끝에 위치한 송공항이 연안항으로 지정되면서 안벽공사, 물양장, 선박접안 시설 등 각종 항만 기본시설 공사가 국고지원으로 추진된다.

　신안군 암태도, 자은도, 팔금도, 안좌도, 비금도, 도초도 등 6개 면내 3만여 명의 주민들이 송공항을 이용함으로써 농수산물의 신속한 수송과 운항시간 단축으로 교통의 불편함을 덜고 경비를 절감할 수 있게 되었다. 송공항에는 선착장과 어판장을 비롯한 수산물 물류단지, 각종 어항 관련시설이 들어서 현재 목포 북항의 역할을 일부 대체하게 될 것이다. 송공항 개발로 압해도는 모름지기 신안군 섬지역의 관문역할을 톡톡히 할 것으로 기대된다. 송공항은 신안군의 중심항이다 보니 늘 많은 사람들과 승용차들이 왕래해 대단히 북적대는 곳이다.

　송공항 근처에 자리한 송공산은 높이 230m로 섬에서 가장 높은 곳이다. 산의 정상부분에는 고려시대 이전에 축성된 산성의 흔적이 있다. 송공산의 정상은 동서남북의 수많은 섬들을 조망할 수 있는 신안군 제1의 다도해 전망대이다.

　압해도는 국도 77호선과 국도 2호선이 교차 통과하는 지점으로 압해대교에 이어 2013년 12월 27일

◀ 새천년대교 공사현장
◀ 복룡선착장에서 본 일몰

▲ 송공산성터

무안군 운남~압해간 다리가 개통되었으며 다리 명칭을 놓고 무안군과 신안군이 팽팽이 맞서다가 결국 '김대중대교'로 명명되었다. 2번 국도인 압해로를 따라 면 소재지로 가다가 길이 갈리어 우측 길로 접어들면 77번 국도다. 이 길을 따라 계속 북쪽으로 가면 더 이상 길은 없어지는 선착장이 나타난다. 바로 복룡선착장이다. 원래 이름은 나룻가선착장이었다. 강으로 인식되어서 그런 이름이 붙여지지 않았나 짐작이 된다. 압해도의 북동쪽 끄트머리인 이곳 복룡리 일대는 과수농가가 밀집한 곳이다. 한적한 이곳이 무안의 운남과 연결되는 다리가 건설되어 주민들의 생활이 더욱 편리해졌다.

이 대교는 서해안고속도로 및 광주-무안고속도로와 직접 연결되면서 목포와 신안 도서지역 간 교통의 요지가 될 것으로 보인다. 현재의 무안공항과 목포권의 거리를 17km 단축하는 효과가 있을 것으로 기대되고 있다. 또 목포와 연륙된 압해도는 압해-암태 간 새천년대교가 2018년 완공되면 압해도 송공항이 암태와 안좌, 자은, 팔금 등 신안 중부권 도시의 관문항으로 자리잡으면서 교통요지로 급부상할 것이다.

섬사람들의 희망

섬사람들의 가장 큰 소원은 육지와 다리로 연륙되는 것이다. 연륙교의 바람은 육지 사람들은 상상할 수 없을 정도로 간절하다. 그들에게 다리란 생활의 개념을 넘어 생존의 문제이다. 섬사람들은 위급한 환자가 밤에 발생하거나 바람이 많이 불 때, 높은 파도 앞에서 절망해야 했던 안타까운 경험이 많다. 그래서 응급 환자가 숨지고 부모의 임종도, 결혼식도 참석하지 못하는 경우가 허다하였다. 여객선에서 아기를 낳기도 하고, 풍랑주의보에 2~3일씩 붙잡혀 계획에 차질을 빚어야 했던 것이 섬사람들이 겪는 애환이다. 위험한 풍랑 속에 선박사고로 수많은 사람들이 목숨을 잃은 일도 허다한 곳이 섬이다.

섬에 사는 대부분의 사람들은 131 기상 정보에 신경을 쓰며 산다. 그리고 저녁 뉴스 다음에 나오는 텔레비전의 일기예보에 촉각을 곤두세운다. 명절날 고향이 섬인 귀성객들은 날씨에 가장 많은 신경을 쓴다. 그래서 일기예보를 들어보고 가슴을 조이며 고향을 찾곤 하는 것이다.

행정의 중심섬

현재 목포와 다리로 연결되어 다도해의 관문역할

압해도와 가란도를 잇는 목교▼

을 하는 압해도는 최근 신청사가 들어섬으로써 새로운 행정중심지로 떠오르고 있다. 군청이 들어선 신장리는 한때 휑뎅그렁한 지역이었지만 지금은 섬의 중심지로 발돋움하고 있다. 군 청사가 들어섬으로써 신장리는 신도시가 되었다.

그리고 2012년 1월 1일자로 면에서 '읍'으로 승격되었다. 면이 읍으로 승격되면서 신안군 행정구역체제는 1읍 13면에서 지도읍을 포함한 2읍 12면 체제로 개편되었다. 사람이 살고 있는 72개 섬을 포함해 모두 828개의 섬으로 이루어진 신안군은 1969년 무안군에서 분리된 후, 육지인 목포에서 타향살이를 해 왔다. 실로 43년 만에 명실상부하게 행정구역 내에 보금자리를 마련했다.

박우량 신안군수는 "군 청사가 남의 동네에 있다 보니 군민들이 일체감을 갖지 못해 정체성이 떨어졌는데, 이 같은 문제가 해결되었다"고 말했다.

역사

압해도 지명으로는 드물게 누를 압押 자에 바다 해海 자를 쓰고 있다. 읍사무소가 있는 곳을 중심으로 낙지다리가 세 방향으로 뻗어 나가면서 바다와 갯벌을 누르고 있는 형상이라 압해도라 부르게 됐다는 것이다. 압해의 또 다른 의미는 '바다를 제압한다'는 의미로써, '맑은 바다의 고장'이라는 의미의 청해淸海와 '바다를 진호한다'는 의미의 진해鎭海처럼 붙여진 이름이다. 청해는 9세기에 동아시아 해상을 제패한 장보고가 그의 근거지였던 완도를 스스로 그렇게 불렀고, 진해는 16세기 말에 침략세력인 일본 수군을 격퇴한 이순신이 머물렀던 여수의 좌수영을 진해루鎭海樓라 칭했던 사례에서 근거한다. 이런 맥락에서 볼 때, 압해도는 장보고의 청해 및 이순신의 진해와 유비類比되는 한국 해양사의 대표명소라 할 만하다. 가히 목포 앞바다 갯벌의 한가운데 떠 있는 이 섬에 어울리는 지명이다. 그런데 이름이 특이해서인지 외지 사람들은 목포 앞에 있는 섬이라 앞에도가 변해서 압해도가 된 것 아니냐며 가벼운 상상력을 펼치기도 한다.

한편 압해도는 선사시대부터 현대까지 역사를 한눈에 볼 수 있는 지역이다. 목교리 등 섬 곳곳에 산재돼 있는 40여 기의 고인돌을 비롯해 거석문화를 대표하는 선돌은 지금도 볼 수 있다. 동서리 선돌과 대천리 광립 조개무지 그리고 여러 곳의 지석묘군 등 선사유적지가 남아 있다. 그리고 복룡리 갯가에는 작은 돌멩이로 담을 쌓아 밀물에 휩쓸려 들어왔다가 다시

▼ 신안군청

복룡리 원형독살 ▼

▲ 금산사

썰물에 빠져나가지 못한 고기를 주워담는 석기시대 유물 독살이 남아 있다.

압해押海 정丁씨의 선산과 시조묘도 있다. 가룡리의 야산자락에 자리잡고 있는 시조인 대양군의 묘는 남으로 멀리 남해 바다를 안고 있고 북쪽으로는 승달산의 기운을 받고 있는 압해도 최고의 명혈名穴로 손꼽힌다. 이 명당 덕택에 정씨 후손들이 번창해 금성, 영성, 의성 등의 본관으로 세분되며 오늘날까지 그 위세를 떨치고 있다는 것이다.

그 밖에도 압해도에는 역사와 문화유적이 많이 남아 있다. 동서리 도창마을에는 높이 4.5m, 둘레 3m의 대형 선돌이 남아 있는데, 연대는 알 수 없으며 송장수지팡이 또는 선돌이라 불리고 있다. 옛날에 송장수가 무술을 연마하던 중 휘하에 있는 한 병사가 죽어 석관에 그의 시신과 무기를 넣고 매장한 뒤 그 위치를 표시하기 위해 이 선돌을 세웠다고 전해 오고 있다. 구비口碑로 전승되는 설화와 전설도 많다. 벼락바위, 역도, 압해도와 기씨, 송공산 도둑골, 벼락바위와 변덕샘, 범바위 설화가 전해 내려온다. 가룡리에는 신안의 전통사찰 금산사가 있다.

인물

압해도는 현재 섬 중의 섬으로 떠오르면서 조명을 받고 있지만, 사실 역사 속 압해도 역시 예전부터 시대마다 주목을 받아 온 섬이다. 목포대 도서문화연구원 원장이자 역사문화학부 강봉룡 교수는 '압해도와 수달장군 능창'에 대하여 다음과 같이 이야기하고 있다.

목포 앞 영산강이 흘러가는 길목 바다에 압해도가 있다. 압해押海란 '바다를 눌러 진호한다'란 뜻으로 진해鎭海나 청해淸海란 말과 의미가 통한다. 여수 진해루에 이순신이 있었고, 완도 청해진에 장보고가 있었다면 압해도엔 능창이 있었으니, 여수와 완도와 압해도는 한 시대 바다를 석권한 해양영웅들이 활동한 현장이라는 공통점이 있다. 능창은 장보고가 비운의 암살을 당한 지 반 세기 만에 압해도에서 일어나 장보고의 꿈을 재현하고자 했던 해양영웅이었다. 그러나 그는 당대 최고의 해양영웅 왕건에 의해 생포당하여 꿈을 실현하지 못한 역사의 패배자로 전락하였기에 잘 알려져 있지 않을 뿐이다.

『고려사』에 의하면, 능창의 위세는 대단한 것으로 나타난다. 몇 구절을 인용해 보면 다음과 같다.

"압해현 도적의 우두머리 능창은 섬 출신으로 수전에 능하여 수달水獺이라고 불렀다… 태조가 말하기를 '능창이 이미 내가 올 것을 알고서 반드시 도적과 함께 변란을 꾀할 것이니 도적의 무리가 비록 소수라 하더라도 승부는 알 수 없는 노릇이다'라 하였다."

당대 최고의 영웅 왕건도 능창과 정면대결하면 승부를 장담할 수 없을 정도로 그의 위세는 대단하였다. 『고려사』에서 능창은 '도적의 우두머리'나 '도적의 무리'라 표현되고 있으나, 이는 왕건과 고려왕조의 입장에서 패배자를 비칭卑稱한 것일 뿐, 능창의 입장에서 볼 때 그는 분명 장보고를 잇는 서남해 지역의 유력한 해양세력, 해양영웅이었다. 그의 해전능력은 물개의 일종인 수달이라 별칭될 정도였다니 미루어 짐작할 만하다.

당시 서남해의 호족들은 대세에 편승하여 대거 왕건에게 스스로 귀부歸附해버렸다. 왕건의 둘째 부인 장화왕후의 생부인 다련군 오씨가 그 대표적 인물이었다. 그럼에도 불구하고 능창은 마지막까지 서남해 해양세력을 결집하여 왕건에 저항하였다. 서남해 해양패권을 장악하여 장보고의 꿈을 재현하고자 하는 열망 때문이었으리라. 그러나 그는 결국 왕건의 작전에 말려들어 생포돼 당시 왕건의 주군이던 궁예에게 끌려가 참수당하고 말았다.

송공산성

압해도에 송공산성이 있다. 신라 말 능창의 근거지였을 것이다. 고려 말 몽고군이 고려의 바닷길을 차단하기 위해서 압해도를 총공격한 적이 있었는데, 압해도민들은 침략군을 패퇴시켰다. 송공산성은 그때의 근거지로도 활용되었을 것이다.

더욱이 능창의 별명으로 알려진 수달은 1~2급수에서만 사는 바다동물이다. 지금도 압해도와 영산강 유역에 오염의 위협을 감수하면서 힘겹게 살아가는 수달의 흔적이 발견되고 있다고 한다. 그렇다면 능창은 송공산성 및 수달과 함께 서남해 해양세력의 기개와 청정 해양생태를 상징하는 존재로 오늘날에도 우리 곁에 살아 숨 쉬고 있는 셈일까?

이런 역사의 현장인 압해도에 압해대교에 이어 또 하나의 다리가 생긴다니 늦은감이 있다 해도 다행한 일이다.

특산물

압해도가 다른 섬들에 비해서 경제적으로도 풍요로운 것은 광활한 황금갯벌에서 낙지를 비롯하여 김과 감태, 굴(석화) 등 다양한 수산물을 풍요롭게 채취할 수 있어서이다. 1982년 영산강 하구 둑 공사가 시작되기 전만 해도 압해도의 주 수입원은 김양식이었다. 그러나 대량생산에 따라 가격 폭락으로 김양식이 사양길에 접어들자 일본으로 수출하는 갯지렁이가 그 자리를 대신하였다. 섬사람들은 갯지렁이를 잡아 집도 사고 자식들을 가르치기도 한다.

요즘 압해도의 명품은 세발낙지이다. 갯벌에서만 사는 낙지는 청정해역을 가진 신안군의 효자 특산물이다. 낮에 물이 빠지면 낙지구멍을 찾아 삽으로 깊게 파서 잡고, 밤에는 물이 들어온 개펄 위에 배를 띄워 칠게를 미끼로 단 주낙으로 낙지를 잡아 올린다. 해마다 가격이 다르지만 세발낙지는 보통 한 접[20마리]에 5만 원 정도 받는다.

이곳 주민들은 갯벌에서 한 해 35~40억 원의 소득을 올리고 있어 농사짓는 것보다 낫다고 한다. 특히 이곳에서는 우럭이라는 조개가 나오는데, 이 조개는 기름기가 있는 곳에서는 잠시도 살지 못하는 특성을 지녔다고 한다. 압해도는 아직까지 바다가 오염되지

▼두토막눈썹참갯지렁이

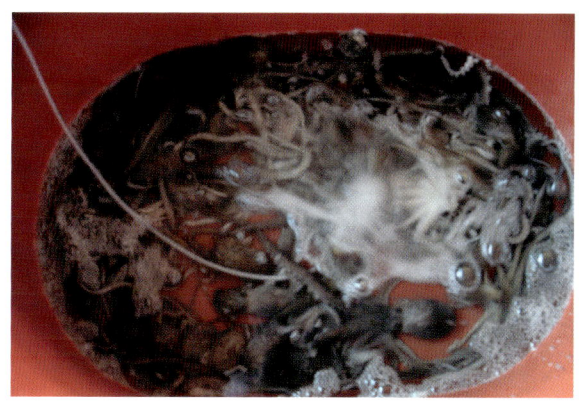
▲ 세발낙지

압해도를 떠나면서

섬으로만 이루어진 신안군의 중심지는 압해도이다. 송공항은 자은도, 암태도, 안좌도, 팔금도를 연결하는 중심 항구로서 자리잡아 가고 있다.

2008년 압해대교가 놓이면서 목포와 연결되었고, 신안군 새 청사도 이곳 압해도로 이전했다. 2013년에는 무안 운남과 압해도 복룡마을이 다리로 연결되어 중부권 신안군 주민들의 생활이 한층 편리해졌다. 앞으로 2018년 압해도와 암태도 간의 새천년대교가 완공되면 압해도는 그야말로 명실상부한 서남해안의 중심지로 부상할 것이다. 신안군은 바다와 섬의 자산을 잘 활용하여 독특하고 차별화된 경영전략을 발휘해 우리나라 섬 행정의 모델을 제시하고 있다.

230m의 송공산에 올라 보면 신안군의 올망졸망한 섬들이 한눈에 들어온다. 자연경관을 살린 분재공원과 한국화전시관, 수석전시관이 잇달아 들어서 섬에 예술의 향기가 피어나고 있다. 2009년 4월 문을 연 천사섬 분재공원은 4년간 50여 만 명이 찾았을 정도로 유명한 곳이다. 이제 압해도는 섬의 굴레를 벗어

않은 청정해역임을 입증하고 있다. 우럭이 오래오래 사는 환경이 유지되기를 기원해 본다.

압해도의 해안은 대부분 사질이며, 동서남쪽에 큰 만이 형성되어 있다. 해안에는 만과 곶이 많아서 굴곡이 심하지만 간척공사로 해안선이 단조로워지고, 작은 섬들은 이웃에 있는 섬들과 이어져 논과 염전이 조성되었다.

압해도에는 바닷물을 햇볕과 바람에 말려 흰 빛깔의 결정체인 소금들을 생산하는 염전 8곳이 곳곳에 자리잡고 있었다. 그러나 지금은 천일염을 생산하는 염전은 3개뿐이다. 값싼 중국소금 때문이다. 평야지대에는 원예 시설 재배가 많아 농산물이 풍부하다. 배, 사과, 포도, 양다래, 무화과 등의 과일은 그 맛이 뛰어나 대부분 높은 가격에 수출을 하고 있다. 수산업은 돌김양식업이 주종을 이루고 있다. 또한 압해도는 황토와 기후 조건의 조화로 이곳에서 나는 배, 포도, 단감, 수박 등은 당도가 매우 높고, 고구마, 감자, 마늘, 양다래 등도 이곳의 특산물로 떠오르고 있는데 인기가 높다고 한다.

압해도 김대중 대교▼

나 우리나라 서남권의 명품 휴식 장소가 되어 사시사철 손님맞이에 바쁜 섬으로 거듭났다.

관광명소

금산사 : 임진왜란 이전의 기록은 모두 소실되어 『삼국유사』나 『삼국사기』등을 인용하여 사적지가 만들어졌다. 금산사의 창건은 599년 백제 법흥왕 1년에 왕의 자복사찰로 세워진 것이라 하나 확실하지는 않다. 지금까지 전하는 바로는 진표가 762년 신라 경덕왕 21년부터 766년 신라 혜공왕 2년까지 4년에 걸쳐 중건하였으며, 1069년 문종 23년 혜덕왕사가 대가람으로 재청하고, 그 남쪽에 광교원이라는 대사구를 증설하여 창건 이래 가장 큰 규모의 대도량이 되었다.

동서리 선돌 : 연대는 알 수 없으며 송장수지팡이 또는 선돌이라 불리고 있다. 옛날 송장수가 무술을 연마하던 중 휘하에 있는 한 병사가 죽어 석관에 그의 시신과 무기를 넣고 매장한 뒤, 그 위치를 표시하기 위해 이 선돌을 세웠다고 전해지고 있다.

송공산성 : 송공산 정상에 축조된 석성이다. 지금은 거의 형체를 알아볼 수 없을 정도로 심하게 훼손됐으나 일부는 원형에 가깝게 보존된 곳도 있다. 축조 시기는 고려 이전이었을 것으로 전해 오나 정확한 연대는 알 수 없다. 정상에 소형 석루와 우물 1기가 있다. 구전□傳에 의하면, 송공산성은 삼한 이전에 설치된 산성지라고 전해 온다. 1255년 몽고군이 내습했을 때 이 성에 터를 잡고 몽고에 대항했다는 기록이 『동국병감』에 기록되어 있다.

용과 관련된 지명들 : 신장리 선착장에서 우측으로 1.4km 전방에 보이는 섬이 용섬이다. 이 무인도서는 바위굴이 하나 있는데 용이 나와 하늘로 올라갔다고 해서 용출도, 용난섬이라고도 부른다. 압해도는 섬의 생김새가 무안반도의 연안을 따라 마치 용과 같은 형상을 띠고 있어서 그런지 유난히 '龍(용)'자가 들어가는 지명이 많다. 압해도의 북쪽이 용 머리에 해당하는 것으로 좌우에 駕龍(가룡)과 伏龍(복룡)이 있다. 가룡과 복룡에서 남으로 조금 더 내려오면 會龍(회룡)이 있으며, 남쪽에는 新龍(신룡)과 居龍(거룡) 등이 눈에 띤다. 또한 용의 꼬리를 닮은 곳이 하룡마을, 용정마을이며 학교 이름까지도 쌍용분교가 있을 정도다.

▼ 동서리 도창마을 앞 들판에 서 있는 선돌

황마도 黃馬島

말발굽처럼 생긴 황토흙의 작은 섬

개요

황마도는 세대수 5, 인구수 8명이 살아가며, 면적 0.16km², 해안선 길이 2.8km인 꼬마섬이다. 작다란 섬의 네 곳에 고만고만한 집들이 서너 채 모여 있다. 면 소재지인 압해도와 9km, 목포와는 24km 떨어진 거리에 있다. 마산도와 이어지는 시멘트로 포장된 노두 앞에도 마을이 있다. 1840년경에 마산도에 살던 김홍언이 농토를 경작하기 위해 처음 들어와 정착하였다고 한다. 또 다른 얘기로는 약 300여 년 전에 정씨가 처음으로 들어와 살게 되었다고도 전해 온다.

인근 해역에서는 낙지와 꽃게가 많이 잡힌다. 황마도 남단 지역도 매립하여 농경지로 조성하였지만 이 논들은 더 이상 경작하지 않는 듯 보인다. 노동력 부족 때문일 것이다. 비포장도로를 포장하여 길을 확장하는 공사가 진행 중이다. 이곳에서부터 제법 넓은 노두가 이어지는데 그 옆에는 새우 양식장이 4개가 있다. 자동차 한 대는 거뜬하게 지나다닐 수 있는 그런 노둣길이다.

황마도의 장점은 폭풍이 와도 주위의 섬들이 겹겹이 둘러싸여 있어 항상 안전하게 다닐 수 있는 바다라는 점이다. 북적이는 인파와 차량체증, 주차전쟁, 바가지 요금 등으로 짜증나는 여행길보다 한적한 3개 섬(마산도, 매화도, 황마도)으로 이어지는 노둣길을 느긋하게 거닐며 스스로를 성찰할 수 있는 좋은 여행지가 될 것 같다는 생각이 든다.

압해도는 효지도, 가란도, 고이도, 매화도, 마산도, 황마도 등 6개 섬의 모섬이다. 이 섬들의 이름이 재미있다. 압해면 소재지에서 북서쪽에 있는 매화도는 섬의 형상이 매화꽃이 피어 있는 것 같다고 하여 명명됐고, 매화리의 학동마을은 학이 알을 품고 있는 형상이라는 뜻이며, 산두마을은 지형이 장군봉에서 내려온 산줄기의 머리 부분에 형성됐다는 뜻이다. 마산도는 지형이 말과 같이 생겼다는 뜻으로, 황마도는 토질이 황토이고 지형이 말굽처럼 생겼다 하여 붙여진 지명이다.

◀ 황마도 새우양식장
▼ 밤게
▼ 꽃게

▲ 가리맛조개
◀ 쏙
◀ 갯가재

황마도 역시 마산도처럼 북포와 무안군 신월항을 통하여 육지로 나간다. 이곳의 특이사항은 선착장이 없다는 것이다. 선착장이 없으면 물론 배도 없을 것이다. 섬의 향기를 느끼려면 고기잡이배들이 들락거리면서 비린내를 물씬 풍겨야 하는데, 몇몇 섬들을 제외하면 전국의 많은 섬들이 섬의 냄새를 잃어가고 있는 것이다. 이곳 황마도도 마찬가지이다. 배와 섬이 만나는 부둣가는 그 섬의 발전상과 경제력 등 현황을 가장 숨김없이 말하고 있는 곳이다. 부둣가의 바쁜 일손들은 섬이 풍요롭다는 상징이며, 고동소리가 요란하지 않은 부둣가는 퇴락의 기운을 보여 주고 있다는 증거일 것이다. 선착장이 없는 이곳에서는 마산도를 통하여 목포를, 무안군 신월항을 이용하여 육지 나들이를 한다. 예전에는 마산도에 선착장이 없어서 목포를 오고 갈 때 반드시 황마도 선착장에서 여객선을 타고 내렸다. 지금은 반대로 황마도가 선착장이 없어지고 마산도 선착장을 통하여 육지 나들이를 한다.

둘러보기

황마도와 마산도는 두 개의 노두로 이어졌다. 마산도 선착장에서 옆으로 이어지는 시멘트로 포장된 노두 외에 지금은 사용하지 않는 원형의 노두가 황마도를 마산도와 이어진 섬으로 만들었다.

정작 두 섬을 연결한 둑방은 바닷물의 흐름을 막아 버렸다. 당시에는 둑방 연결이 바다의 생태계를 파괴시킨다는 것을 몰랐을 것이다. 미래의 환경을 생각했더라면 갯벌이 죽지 않고 생물들이 살 수 있도록 둑방 밑으로 물이 흐르도록 환경을 생각하는 다리를 만들었어야 했다.

황마도는 다시 매화도와도 노둣길로 이어지는데, 환경을 생각하는 형태의 길이 되지 못한 것이 아쉽다. 황마도는 매화도와 썰물 때 노두로 연결되어 차량통행이 가능하다. 이곳 역시 모세의 기적이 매일 두 차례씩 연출되는 곳이다. 하루 2번씩 드러나는 수십만 평 갯벌이 장관을 이루며, 섬 주변이 갯벌로 드러나 있다. 오염되지 않은 갯벌에서는 각종 조개류들과 고둥류들, 그리고 낙지와 농게, 칠게, 쏙 등과 짱뚱어가 지천으로 널려 있는 곳이다.

마산도에서 둑방길을 건너 포장길을 중심으로 오른쪽에 마을이 형성되어 있다. 나지막한 언덕을 넘으면 몇 채의 집이 있을 뿐, 역시 이곳에도 사람들이 별로 살지 않는다.

황마도에는 신안군 섬지역으로 연결되는 높은 철탑이 있다. 육지와 섬으로 송전 라인을 연결하는 데 중요한 거점역할을 하고 있는 것이다.

하 황마도, 상 마산도 ▲

효지도 孝地島

간척사업으로 논과 밭을 만든 섬

개요

섬의 형태가 소처럼 생겼다 하여 우관도牛串島라 부르다가 최근에 효지도孝地島로 개명하였다. 입도시기는 1627년 장성에서 밀양 박씨가 섬에 들어와 살았다고 전해지고 있다.

압해도 부속섬인 효지도는 복룡마을 앞에 있는 아주 작은 섬이다. 예전에는 목포에서 압해도까지 배로 건너온 다음, 다시 버스를 타고 복룡마을로 가서 나룻배를 타고 이 섬에 들어갔는데 지금은 압해대교의 건설로 복룡마을에서 나룻배를 한 번만 타면 된다. 효지도는 압해대교의 혜택으로 육지로의 나들이가 편리해졌는데 이제는 바로 옆에 김대중대교의 건설로 압해도에서 육로를 통해 무안과 광주로 직행할 수 있다. 압해도 복룡리와 효지도는 불과 500m 거리밖에 되지 않아 바로 이웃 섬 가란도와 반월도, 박지도처럼 그리고 여수의 여자도와 송여자도처럼 나무다리를 놓아 주었으면 하는 것이 섬 주민들의 숙원이다. 그렇게 되면 효지도는 또 하나의 명품 섬이 될 것이다.

효지도에는 21가구 39명이 살고 있다. 1973년도에 최고 35세대 231명까지 살 때도 있었는데 당시 분교 학생수가 53명이었다. 제도가 바뀌어 학생수가 50명이 넘으면 교육청에서 여러 가지 혜택을 주었는데, 효지도는 그 후에 48명 이상을 채우지 못하고 1994년도에 폐교되었다.

학교가 있었던 자리는 아예 흔적도 없다. 효지도의 문화센터로 사용하던 학교건물이 철거되고 측백나무가 그 터를 둘러싸고 있다. 운동장에는 잡초들이 아이들 키만큼 자라 있었다. 다만 기둥 하나만이 남아 있을 뿐이다. 잡초들을 밟고 뛰놀던 그 아이들은 다들 어디로 갔는지 중학생만 되면 목포로 나가서 영영 돌아오지 않고 젊은이들은 너도나도 도시로 나가 섬의 인구가 점점 줄어들다 보니 노인들만 남게 되자 어린이들이 사라지고 결국은 폐교에 이른 것이다. 해마다 가을, 그것도 꼭 추석 무렵 운동회를 하였다. 햇빛 쏟아지는 하늘 아래 얼굴이 까맣게 그을리도록 운동회 연습을 하고 또 해서 추석 무렵 운동회가 열리면 동네 어르신들까지 모두 운동장에 나와서 아이들의 축제를 함께 즐겼다. 운동회는 학교를 중심으로 한 마을의 축제의 장이기도 했다. 그런데 이제 그 추억의 학교 운동장에는 잡초만이 무성하게 자라 있다.

▼ 부류식 김양식장

지주식 김양식장 ▼

효지도 농경지는 섬 전체 면적의 78%나 된다. 그래서 섬 주민들은 농업을 주업으로 하고 어로활동은 미약한 편이다. 그래도 한때는 주변의 간석지와 얕은 바다를 이용한 김양식이 주업이었던 적도 있었다. 30년 전에는 지주식 김양식이 매우 활발하여 10~20때^{김양식장의 단위로 가로 약 40m 세로 2m 정도의 양식 그물을 말함} 정도 하다가 본격적으로 김 가공기계가 보급되면서부터는 100때까지도 했다. 그러나 부류식 양식이 대량으로 보급되면서 서서히 사양길로 접어들어 결국은 철수하고 말았다. 그 무렵 마을사람들은 염전으로 눈을 돌려 농사와 함께 김양식을 하거나 염전에서 일하며 생활을 했다. 효지도는 작지만 염전을 네 개나 가지고 있었고, 가장 큰 것은 8정보의 넓이를 가진 큰 염전이었지만 지금은 폐염전으로 남아 있다.

둘러보기

압해도 복룡선착장에서 채 5분도 걸리지 않는 거리의 섬인 효지도. 이곳 사람들의 교통수단인 도선은 하루에 다섯 차례 마을주민이 돌아가면서 직접 운항하고 있다.

압해 도선장에서 복룡 나루터까지의 거리는 약 22km쯤 된다. 복룡 나루터에서 500m 정도를 건너야 효지도에 도착하는데 나룻배는 날마다 마을주민들이 교대로 운행하고 있다.

필자가 방문했던 때는 2010년 설날이있는데, 이날은 마을에서 가장 숙련된 박재홍^{당시 79세} 할아버지가 나룻배 키를 잡고 있었다. 79세이면 상노인측에 들어가는데 명절이라 평소보다 더 많은 횟수를 운행하는데도 피곤한 기색 없이 배를 타고 손님을 실어 나르고 있었다.

나룻배에는 수많은 사연과 섬사람들의 희로애락이 담겨 있었을 것이다. 이를 보듬는 효지도 나룻배가 언제까지 운행할지는 모른다. 섬사람들이 소원하는 나무다리가 만들어지면 사라질 나룻배라 남다른 감회를 안고 도선하였다.

나룻배에서 내리니 선착장 오른쪽으로 길게 갯벌이 형성되어 있다. 그러나 그다지 넓은 갯벌은 아니다. 선착장 입구의 하얀색 건물은 대합실이 아닌 다른 용도로 사용되고 있었다. 여기에서 길은 북쪽으로 이어지는데 이 길이 이곳의 유일한 도로이다.

조금 더 들어가면 창고형 건물이 한 채 있다. 오른쪽으로 방조제가 있는데, 이 섬 역시 갯벌을 매립해 농경지로 이용하고 있다. 원래는 압해도로 향한 남서쪽에 큰 만입^{灣入}이 있고 북동쪽에 날카로운 갑각^{岬角}

효지도 선착장 전경 ▼

▲ 효지도와 압해도 복룡항을 운항하는 도선

효지도 농경지 안에 있는 수로▲

이 있었으나 이곳에 방조제를 쌓아 내부를 간척하였다. 선착장은 섬의 서쪽에 있다. 선착장에서 오른쪽으로 방조제가 시작되는 지점에 해안으로 내려가는 계단이 있고 그 옆에 마을 표지석이 있는데 부속섬이라 복룡 5구로 표기되어 있다.

이곳에서 길은 직진, 북쪽 방향으로 이어지다가 오른쪽으로 꺾어 들어간다. 남동쪽은 낮은 구릉이 있으나 대체로 평탄하며 섬 가운데에 마을이 있다. 마을로 들어가는 길목 왼쪽에 1961년 개척된 큰 교회건물이 들어서 있다.

교회 앞에서부터 마을이 시작되나 집들은 산재해 있다. 왼쪽으로 난 오르막길을 어느 정도 오르면 밭 한가운데에 붉은색의 지붕을 한 깨끗한 집이 한 채 있다. 박 이장이 살고 있는 집으로 위치가 아주 절묘하다. 마을이 다 보이고 집 뒤로는 바다가 보이는 별장 같은 집이다. 섬은 조망이 좋은 집을 가질 수 있어 좋은 것 같다. 여기서 마주 보이는 곳이 바로 무안군 운남면, 수시로 드나드는 배들의 모습을 볼 수 있다. 이 주위는 고추밭인데 텃밭의 개념이 아니라 농촌의 정경이다.

마을의 능선길을 따라가면 경로당. 밭 한가운데 있어서 마을과는 동떨어진 지점에 위치한 건물로 주변에 철제난간을 두른 붉은 벽돌의 단층집이다. 길을 따라 언덕을 넘어서면 오른쪽으로 농로가 계속 이어

▼ 효지도 백년초 재배지

효지도 마을에 있는 효자비▲

지는데 주변 역시 고추밭이 대부분이다.

농경지에서 습지인 억새밭을 지나면 다시 바닷가이다. 섬의 동쪽은 모래해변이고 그 뒤로는 갯벌이 펼쳐진다. 여기서 마주 보이는 선착장이 압해도 복룡 선착장이다. 복룡 선착장은 목포항에서 뱃길로는 12km, 압해도의 북쪽 끝 지점에 있으며 무안군 운남면과 신안군 압해면 사이의 좁은 해협에 자리잡고 있다. 인근해역은 'S'자 모양으로 휘어진 압해도와 무안군에 둘러싸여 해도상으로 볼 때 바다라기보다는 호수와 같은 형태다. 그 안에 토도, 대미섬, 가란도, 우도, 내태도 등이 있다.

효지도 박천재씨가 운영하는 농어촌체험장▲

교회 앞길은 마을의 중심도로로 이어진다. 이 마을은 유난히 폐가들이 많다. 아예 쓰레기장으로 변해버린 집도 있고 파괴된 흙담장도 흉물스럽다. 골목 사이에는 잡초 속에 방치된 경운기도 보인다. 앞으로 길게 하천이 흐르는데 농수로인 것 같다.

효지도는 큰 섬은 아니지만 두 곳의 작은 마을이 있다. 이곳과 약 50여 미터 정도 떨어진 동쪽 끝자락에 있다. 각 마을마다 10채의 집도 되지 않을 규모로 이 두 곳을 합치면 20여 호 정도라 한다. 마을과 마을 사이에 비석군이 있다. 두 기의 비석을 세워 놓은 비각 옆에는 선덕비가 세워져 있다. 이 주위로 몇 기의 비석군이 보이고 주변의 잡초 속에 몇 기가 더 있다.

여기서 조금 더 가면 보이는 동쪽 마을이 조금 더 큰 마을이다. 골목길로 들어서면 사람들은 보이지 않지만 사람의 흔적을 느낄 수 있다. 뒤쪽으로 언덕을 기댄 집들을 뒤로 하고 내리막길로 내려오면 압해효지길이다. 길에서는 나무들로 인해 집들이 제대로 확인이 되지 않는다.

마을 끝으로 길이 나 있다. 비닐하우스가 몇 동 있고 집들이 띄엄띄엄 있다. 사람이 잘 다니지 않는 길이어서인지 길을 제대로 분간할 수 없을 정도다. 험한 길을 따라 들어가면 동쪽 끝자락에 방조제가 있다. 오른쪽으로 난 방조제 길을 따라 곧장 가면 바로 선착장에 닿는다.

원형독살▼

왼쪽으로 독살이 보인다. 움푹 들어간 해안에 원형 독살을 만들었다. 독살 안쪽은 질퍽한 갯벌지대. 이곳을 지나 북쪽으로 가면 모래해변이 나타난다. 바로 앞에 조그마한 무인도와 갯벌로 연결되어 있다. 해안가로 난 길을 더 가면 효지도 북동쪽 해안과 만나게 된다. 이곳에는 2013년 서울생활을 접고 귀농한, 박진우 이장의 아들인 박천재 씨가 농어촌체험장을 설립하여 가보고 싶은 섬을 만들려고 열심히 노력하고 있었다.

추억

효지도는 필자와 인연이 많은 섬이다. 1992년 11월 9일 나룻배를 타고 들어가 방문한 효지도 교회는 신학대 재학 중인 박의배 전도사가 1년 전에 부임해 와 있었다. 당시 분교 학생이 3명이었고 다음 해에 폐교를 앞두고 있었다. 이 교회의 박재홍 장로를 만나 정담을 나누던 중에 혹시 누가 성가의 반주를 하느냐고 물었다. 그 당시 박재율57세 남자 집사가 독학으로 피아노를 배워 반주를 한다고 하였다. 피아노가 낡아서 건반 두 개가 소리가 나지 않아 도시 교회로부터 피아노 수리를 받은 일이 있었다. 20년이 지난 2012년 6월

▼ 탐사선 등대호

7일 저녁에 효지도 바로 앞 나루터 근처에서 필자의 탐사선 등대호가 갯벌에 걸려 그만 침몰당하는 커다란 사고가 있었다. 이러한 시련은 하나의 추억으로 생각하고 지금은 훌훌 털어 버리고 다시 배를 몰고 다니고 있다. 이 두 가지 일로 인하여 평생 동안 효지도를 잊지 못한다. 20년 만에 다시 찾은 효지도교회는 박재율 집사는 장로가 되어 여전히 찬송가 반주를 맡아 봉사를 하고 있었다.

효지도를 떠나면서

효지도는 복룡선착장과 거리가 가까워 이웃 섬 가란도처럼 목교가 놓아졌으면 하는 희망과 나룻배에 고정된 선장이 있었으면 좋겠다는 바람을 가지고 배에 올랐다. 배는 신안군에서 지원해 주고 운항은 주민들이 돌아가면서 하는데 주로 70대 노인들이다. 평온한 날에는 괜찮지만 바람이 많이 불거나 추운 날은 여간 고생이 아니다. 예전에는 집집마다 하루씩 돌아가면서 나룻배를 몰다가 이도 현상으로 주민이 줄어 이틀씩으로 바뀌었다. 이제는 인구가 적어 하루에 3~4회 정도 하지만 일손이 부족한 농사철에는 부담스러운 일이 아닐 수 없다. 신안군의 지원으로 나룻배를 고정적으로 운항해 줄 선장이 있었으면 하는 마음이 이곳 주민들의 바람이다.

주민들은 그동안 대중교통이나 다름없는 도선 운항을 위해 운영비를 모금하는 등 재정적 부담이 컸다. 실제로 효지도의 경우 13가구 주민들이 해마다 2천만 원을 모아 수리비, 유류대, 운영비 등 대부분 섬 주민 부담으로 도선을 운영하고 있는 상태였다.

신안군은 '섬으로 구성된 군의 도선이 육지와 연결하는 유일한 교통수단이지만 법과 제도가 마련되지 않아 사실상 뱃길 지원이 미미한 상태였다'면서 '정

부차원의 지원을 강력하게 요청해 놓고 우선 군에서 도선 지원을 시작했다'고 밝혔다. 가란도, 선도, 수치도, 흑산도, 고이도, 반월도, 어의도 도선은 이미 오래 전부터 한 사람이 맡아서 하는데 효지도는 섬이 작고 이용하는 사람이 적어서 그런지 나룻배를 운행하는 방법이 좀 색다른 마을이다. 그래도 효지도는 주민들이 직접 나루질을 하는 전통적인 모습이 아름답다. 그래서 효지도를 더 사랑하고 더 관심을 갖는다.

효지도 앞에 있는 김대중대교 ▼

대태이도 大台耳島

임자면

목포는 몰라도 타리섬을 아는 일본 어부들

개요

임자도의 명소인 30리 백사장 대광해수욕장 앞바다에 작은 섬 대태이도가 있다. 임자도 모래사장에서 훌쩍 뛰면 대태이도 모래사장으로 건너갈 수 있을 것만 같은 느낌이 드는 곳에 있다. 그만큼 가까이 있는 섬이다.

섬의 형태가 큰 귀처럼 생겼다 하여 대태이도라 부르는 이 곳이 수백 년 동안 타리파시로 유명했던 중심 무대이다. 일본의 나이든 어부들은 전라도와 목포는 몰라도 타리섬은 알 정도로 타리파시는 일제시대부터 이름난 곳이다. 그래서 대태이도는 주로 타리섬이라고 더 알려져 있다.

대태이도는 전국 제일의 민어 어장이다. 목포로부터 서북쪽으로 45km 정도 떨어진 곳에 있다. 1925년경에는 어선 한 척의 1년 어획고가 당시의 화폐가치로 30만 원 정도의 실로 엄청난 소득을 올렸다고 하니 얼마나 풍요로운 섬이었는지를 짐작해 볼 수 있다.

타리파시는 1611년 허상옥이란 사람이 타리어장을 개척하면서 시작됐다고 한다. 얼마 후에 그가 살던 임자도 하우리로 타리파시를 확대 발전시켰으며, 타리섬과 함께 임자도를 최고의 어장으로 만든 사람이다.

대태이도는 어미섬인 임자도에서 불과 500여 미터 떨어진 거리에 있다. 워낙 가까이 있다 보니 임자도 나박바구라는 곳에서 큰 소리로 사람을 부르면 대태이도 사람이 작은 배를 갖다 대어 왕래했다 한다.

일제강점기를 지나 타리파시가 바로 이웃 섬 재원도로 옮겨 갔으나, 타리섬은 1980년까지 명맥을 유지하다가 1991년도에 무인도가 되었다. 이곳에 사람이 들어와 거주한 시기는 70여 년 전에 영일 정씨가 처음으로 들어왔다 한다. 1973년 내무부에서 펴낸 도서지에 의하면, 무인도가 되기 전에 8가구 49명이 거주한 것으로 기록돼 있다.

임자도 도구渡口 뒤편 타리 쪽을 타리 또는 나박바구라 한다. 타리라는 지명은 섬을 뜻하는 아시아 태평양 지역의 옛말이다. 인도네시아의 수마트라도 수마섬+트라타리라는 합성어라 한다. 타리에는 정유재란 이후 어항이 들어섰다. 타리어장에서는 민어와 가오리, 부세, 농어, 숭어가 많이 잡혔다.

1970년대에 대광리에서 바라본 대태이도의 타리파시 ▼

물타리 전경 ▲
임자도 하우리 앞바다에서 본 대태이도 ▶
옛 영광이 사라진 타리항 ▶

타리항으로부터 약 45km 떨어진 지점에 있는 타리어장은 전국 제일의 민어 어장이다. 민어잡이의 전진기지인 타리항에는 어선 500척가량이 정박할 수 있었다. 타리항 앞에는 물타리와 섬타리(대태이도)가 있어 서해안에서 몰려오는 바람을 막아 주어 비교적 양호한 항구의 조건을 갖추고 있다. 타리항 앞바다에는 수십 킬로미터에 이르는 긴 모랫등이 있다. 법성포에서부터 타리 앞바다를 지나 해남까지 이어지는 이 모랫등은 해수면 아래 생긴 모래 산맥으로 수면 1m 정도 아래에 길게 드리워져 있다. 그곳에는 항상 흰 바다거품이 일고 있다. 썰물 때에는 지나가던 배 밑바닥이 걸려 오도 가도 못하게 되어 뱃사람들이 이곳을 지나갈 때에는 항상 주의하여야 했다.

타리어장에서 나는 민어를 타리민어라고 부른다. 이는 품질 면에서 동북아 최고로 평가받았다. 타리민어의 특징은 말린 후 방망이로 두드리면 부러지는 민어와는 달리 고기의 육질이 솜처럼 부풀어 오른다. 이렇게 솜처럼 부풀어 오른 민어포는 최고의 맥주안주로 인정받았다.

타리는 민어잡이 철에 들어서면 파시波市가 열렸다. 타리민어는 파시를 통해 전 조선과 일본에 팔려 나갔다. 300여 년 전부터 시작된 파시는 매년 6월 상순에서 10월 하순까지 약 5개월간 열리며 최대의 성어기는 8월이었다. 따라서 타리파시도 8월이 되면 최고로 흥청거렸다.

타리는 파시가 열리기 전에는 몇 채의 집밖에 없는

민어 ▼

모래사장과 언덕에 불과하다가 매년 6월 상순이 되면 상인들은 모래밭에 듬성듬성 기둥을 세우고 벽과 지붕을 마람으로 엮은 초막草幕을 지어 고기를 사러 온 어상들과 어부들을 상대로 장사를 시작하였다. 타리 일대는 뭍타리 앞에서 하우리까지 잇대어 지어진 수백 호의 초막과 항구에 정박한 발전선에서 끌어온 어선들의 전깃불로 불야성을 이루었다. 타리항에는 고기를 팔러 들어온 배, 사러 온 배, 수천 명의 어부와 민어를 사러 온 상인, 관광객들로 붐비고 들끓었다.

상인들은 봄이면 장사를 나왔다가 늦가을 파시가 끝나면 고향으로 돌아갔다. 한철 장사를 잘하면 큰돈을 쉽게 벌었다. 임자도 주민들도 파시에 나가 장사를 하거나 부업으로 파시촌에 한주汗酒를 공급하였다. 한주 한 되 값은 보리 한 말 값 정도였다. 보리 한 말로 한주를 내리면 보통 한주 세 되를 내릴 수 있어 파시를 상대로 한 한주 제조는 당시 임자도 농가의 주요 부수입이 되었다.

파시에는 많은 사람이 몰려들다 보니 편싸움 등 별의별 사건이 발생하였다. 임자도의 어부들은 타리파시의 무질서 상태를 스스로 바로잡기 위하여 1925년 8월 3일 도구포 박종화, 정경남 등 어민 100여 명은 정경남의 집에서 모임을 갖고 도구포 어업자 친목회를 결성하였다. 1925년 7월 타리에는 166척의 어선이 조업 중이었고 선원들은 모두 684명이었다. 타리 파시는 전국적으로 유명하여 산업시찰의 대상지가 되었다.

백과사전에도 타리파시가 등장한다. 더불어, 타리파시의 기생들에 대한 부가설명까지 있다. 임자도 출

1936년도 타리파시 아가씨▶
1936년도 타리파시 아가씨▶
1930년대 타리 모래사장에 설치한 천막들▶

신 김영회의 저서 『섬으로 가는 역사』에 이들에 대한 아픈 기억을 기록해 두었다.

요릿집의 그녀들은 미모에 문장실력도 좋고 창과 춤에 능하며 손님접대까지 잘하여 타리기생이라는 별칭을 얻었다. 조선기생뿐만 아니라 일본의 게이샤들도 이곳을 찾아들었다.

타리섬에는 조선기생과 일본 게이샤를 모두 합하여 1백여 명이 넘게 일하고 있었다. 그리하여 이곳에서는 조선기생의 양산도 가락이 장구소리에 실려 왔고 '조센 도 시나 도노아 노사가이'하는 샤미센三味線 섞인 게이샤들의 소리도 끊이질 않았다. 시와 노래와 술과 춤이 외진 서해의 바닷가에서 어우러지던 곳, 그곳이 타리파시였다.

한일합방 직후 일본인 한 무리가 타리파시에 들러 조선기생들을 불렀다. 그들은 놀다 말고 장고를 치며 창을 하던 조선기생들에게 훈도시 차림으로 잠자리를 요구하였다. 이에 대해 기생들은 '창이나 글이라면 모르나 조선여인인 우리가 당신들에게 몸을 허할 수는 없소' 하며 잠자리를 거절하였다. 술에 취하였던 일본인 한 명이 기생의 당돌한 거절에 격분하여 곁에 놓아두었던 칼집에서 칼을 뽑아 추켜들더니 그녀를 후려 베고 말았다.

파시 기생들이 일어났다. 뱃사람들도 들고일어났다. 파시장터에 있던 조선사람 모두가 들고일어나 바닷가에는 큰 난리가 일어났다. 나라를 잃은 그때 백성들은 물론 기생까지도 의분에 싸여 있었다. 그러나 나라 없는 한 아녀자의 억울한 죽음에 대해 가해자인 일본인들에게 어떠한 응당한 조치도 하지 못했다니 왜 나라가 소중한지를 이 먼 섬에서 다시 깨닫는다. 그들이 유유히 웃으며 임자도를 떠나던 날, 타리파시 50여 명의 기생 모두는 모랫바닥에 퍼질러 앉아 울어댔다.

종일 울다 목이 잠긴 그녀들은 그날 저녁 함께 머리기생의 초막에 모여들었다. 그녀들은 일본인들의 횡포에 항의하는 뜻으로 양잿물을 마시고 숨을 끊고 말았고, 그녀들의 죽음은 파시의 뱃사람들에 의해 수습되어 하우리 쪽 모래밭에 함께 매장되었다. 모래무덤은 서해에서 불어오는 바람에 의해 조금씩 날아가 흔적도 없이 사라지고 말았다. 그녀들의 이름도 남겨지지 않았다.

파시가 번성했던 시절에는 칠월 칠석이면 풍어를 기원하는 고사도 지내고 활쏘기대회와 노래자랑도 했다. 어부나 상인들뿐만 아니라 각처에서 이곳을 찾는 사람들로 들끓었다. 타리섬 언덕에는 파출소와 보건소가 있었지만, 마지막 모래사장쪽 상가는 여름철 두세 달 동안 성시를 이루다 사라지는 신기루 같았다.

일본의 수산물 수집선도 100여 척이 다녔고, 일본 큐슈 지방에서 온 어선들도 많았다. 일본에서 온 상선들은 조선과 일본의 어선들이 잡은 민어를 일본으로 공수하여 고급 어묵의 재료로 썼다고 한다.

이 조그마한 섬이 민어파시로 유명하게 된 것은 당시 범선 즉 돛단배의 늦은 속력과 저장시설이 부족한 연유로 인함이었다. 당시로서는 돛 달고 노를 저어 멀

풍선(돛단배)▼

리 다니는 것이 힘들 뿐 아니라 위험하고 시간이 많이 걸렸다. 이런 상황에 따라 임시 어장이 필요하게 되었는데 민어 어장과 가장 가까운 섬 대태이도와 소태이도 앞 임자도 모래사장이 파시 장소로는 적격이었다. 그래서 이 작고 보잘것없는 곳에 수백 년 동안 민어파시가 열리게 되었던 것이다. 지금은 타리섬과 가장 가까운 임자도 하우리에 민어잡이 배 몇 척이 그 명맥을 유지하고 있다.

둘러보기

필자는 2012년 12월 임자도 하우리 포구에서 갈도 출신 권일봉씨 소유의 우승호를 타고 10분 정도 달려 대태이도에 도착하였다. 이미 선착장은 무너지고 흔적만 남아 있어 대태이도 남쪽에 배를 댔다. 설탕 같은 고운 모래가 깔려 있는 주위의 숲은 한 발자국도 들어갈 수 없을 만큼 울창하였다. 사람들의 발길이 닿지 않아 여름철이면 많은 야생화들과 해당화가 만발하여 원시적 공간을 연출하는 섬이다.

백사장 주위에 널려 있는 천막과 흉물스러운 건물의 잔해를 보며, 수많은 초막과 인파가 북적거리며 파시를 이루었을 옛 시절을 회상해 보았다. 상상이 어려울 만큼 폐허가 된 곳이지만 해변의 백사장, 가장 좋은 장소에 지어 놓은 학교는 아직 그대로 남아 있다. 학교에는 1971년도에 지었다는 표지석이 있었다.

어려운 발걸음을 한 터라 울창한 숲을 뚫고 산으로

남쪽 바위해안 ▼

향했다. 빽빽이 자란 시누대를 헤치며 숲을 지나가는데, 길이 너무 험해서 정상까지 가지는 못하고 도중에서 멈춰 섰다. 굽이굽이 들고 난 해안과 모래사장이 어우러진 절경이 한눈에 들어왔다.

이곳 대태이도에서 태어나 20살에 임자도 하우리로 시집와서 50년을 살고 있는 나봉임 할머니의 말에 의하면, 일제강점기에는 '타리섬의 타리파시가 민어파시로 유명했지만 어릴 적에 이미 쇠퇴하였다'고 하였다. "당시 15가구 정도 살았제. 가장 어려웠던 일은 타리섬에 물이 귀해서 임자도로 배를 타고 가서 물동이로 물을 길어 오는 것이었당게."

작은 모래섬의 물문제는 어쩌면 당연했을 것이다. 타리파시로 호황을 누렸던 섬치고는 물도 부족하고, 비좁은 백사장 면적 등…. 과연 이곳이 그 유명한 타리파시의 본고장이었을까라는 생각이 들 정도여서 도저히 실감이 나지 않는 곳이다.

상상도 할 수 없는 일들이 지금부터 80여 년 전에 있었다. 그때 오늘날 같은 동력선과 고속도로가 있었다면 아마도 많은 소득을 올렸을 것이다. 그러나 이제는 그런 시절은 오지 않을지도 모른다. 그 이유는 대규모 간척으로 어류 산란장이 파괴되고, 어선의 현대화와 어류탐지기 등 어업의 기술 발달로 인한 남획으로 수산자원이 고갈 상태에 빠졌기 때문이다. 이제부터라도 어장과 어류보호의 묘안은 없는지 우리 모두가 고민해 볼 때이다.

▲ 이곳에서 50년을 살았다는 나봉임 할머니

대허사도 大許沙島

군사시설로 무인도가 되어버린 섬

개요

대허사도는 1876년 병자년까지 사람이 살고 있었는데 그해 역사상 유례없는 흉년이 들어 무인도가 되었다. 40~50년간 사람이 살지 않다가 1920년대 함평에 살던 정창현이 섬에 들어와 살기 시작한 이후로 대여섯 가구의 주민이 이주해 유인도가 되었다.

단 한 가구의 주민만이 거주하던 1971년 10월 대허사도 옆 소허사도에 상륙한 무장간첩을 소탕하기 위해 군의 작전이 벌어지자 그 주민마저 섬을 떠나고 말았다. 1973년 내무부의 도서지에 보면 이때 인구가 1가구 2명으로 나온다. 마지막까지 거주한 주민은 전봉덕씨라 한다. 그러나 현재는 무인도다.

둘러보기

대허사도는 신안군의 최북단, 영광군과의 경계에 위치하고 있다. 과거에 부남군도에 속해 있는 여러 섬을 탐사하던 중에도 대허사도까지 답사하기는 정말 어려워 몇 번을 포기했다. 가도 가도 망망대해에 사나운 파도와 바람뿐이었다. 그러나 목적이 있기에 위험을 무릅쓰고 세 번째 대허사도 탐사를 시도했다.

21년 전에 서해안 섬들을 돌아보면서 한 번, 2012년 봄 재원도에서 일박 후에 부남군도 섬들을 다시 탐사하였고 2013년에 세 번째 방문을 하였다. 재원도에서 출발하여 노록도, 갈도, 굴도, 입모도, 부남도 등 크고 작은 섬들이 다정하게 모여 있는 부남군도를 한 시간쯤 달려 망망대해를 항해하다 보니 안개 속에 숨어 있는 대허사도와 소허사도가 희미하게 그 모습을 드러냈다. 사람의 발길이 닿지 않아 때 묻지 않은 섬, 태곳적 신비로움이 섬을 휘돌고 있었다.

막상 도착해 보니 배를 정박할 수 있는 지형이고 아름다운 해수욕장이 있어서 낚시터와 관광지로서 손색이 없을 것 같은 섬이라는 인상을 받았다. 다시

해수욕장▶
달랑게▼
넓적콩게▼

가고 싶은 마음이 들 정도로 어느 해수욕장보다도 모래가 아름다운 잊지 못할 섬이다.

봄이 오면 대허사도 모래해변은 변신을 한다. 수심이 얕은 간조가 되면 모래집에서 나온 염낭게와 달랑게가 부지런히 모래를 주워 먹는다. 일반적으로 마른 모래 쪽에는 집게발의 크기가 다르면서 매우 민첩하게 움직이는 달랑게가 있고 물가 쪽 젖은 모래에는 염낭게와 넓적콩게가 살고 있다. 달랑게가 이 구멍에서 저 구멍으로 재빨리 옮겨 다니는 모습과 구멍 주변에서 작은 집게다리를 이용하여 모래를 입에 넣고 규조류만 골라먹은 뒤 모래는 덩어리를 만들어 버리는 섭식활동을 하며 모래해변을 깨끗하게 정화시키는 모습을 볼 수 있다.

대허사도는 양쪽으로 길게 뻗어 나온 U자 형태의 만 사이로 넓은 모래해변을 품고 있다. '모래를 허락한 섬'이라는 이름이 맞아떨어지는 정경이었다.

선착장 시설이 없는 이곳은 갯바위 위로 하선해야 한다. 작은 생명체들의 치열한 생존공간인 갯바위는 바다 위의 돌덩이에 불과하지만 육상과 해상이 만나는 생태의 보고寶庫다. 갯바위에 의지해 살아가는 연체동물 군부, 암수동체인 따개비, 꽃잎 같은 화려한 촉수를 자랑하는 꽃갯지렁이 등 갯바위에 사는 생물들은 다양하다. 평생을 갯바위에서 살아가는 생명체들은 파도가 밀려올 때를 기다린다. 물이 들어와야 먹이활동과 생식활동을 할 수 있기 때문이다. 따개비는 바닷물이 들어오는 것을 이용해 상대 따개비에게 교미침을 뻗는다. 꽃갯지렁이는 바닷물이 들어오면 화려한 촉수를 뻗어 먹이를 잡는다. 오랜 세월 갯바위에 적응한 생명체들의 독특한 생존방법이다. 거센 파도가 만든 조수 웅덩이는 갯바위 사이사이에 발견된다. 조수 웅덩이는 수온변화도 심하며 해양생태계의 축소판이라 할 만큼 다양한 생명체가 살고 있다.

염낭게집 주변의 모래덩이 ▶
염낭게 ▶
광활한 모래사장 ▼

임자면

갯바위 해안에 뿌리내리는 해조류는 연근해 어류의 먹이가 될 뿐만 아니라 해양생물의 보금자리가 되기도 한다. 해조류 한 더미를 들춰 보면 고둥류, 갯민숭달팽이 등을 볼 수 있다. 갯바위 해안의 생물 분포를 살펴보면 해안의 상단 부분에는 총알고둥, 갈고둥, 조무래기 따개비 등이 서식하고, 해안 중단 부분에는 군부, 바위게, 따개비 등이, 해안의 하단 부분에는 진주담치, 성게, 말미잘, 해조류 등이 서식한다. 이들은 모두 하루 두 번의 밀물과 썰물의 영향 속에서 자기들만의 생존법을 터득하며, 자연에 순응하며 살아가고 있다. 고둥들은 햇볕 때문에 갯바위 수분이 없어지면 그늘진 곳으로 이동해 뭉쳐서 수분이 없어지는 것을 최대한 방어하며 대비한다. 이렇듯 모든 생명체들은 환경에 적응하며 살아가고 있다.

갯바위에 철제로 된 다리에 이어 해안길이 길게 조성되어 있다. 가는 파이프로 된 철제 받침대에 바닥은 철조망에 사용되는 철망이 깔려 있었는데 지지대가 없어서 위험해 보였다. 섬 안으로 들어가는 입구에 국방과학연구소장과 목포해양경찰서장 명의로 된 경고판이 설치돼 있었다. 사격훈련이 실시되는 지역이므로 사전허락 없이 접안과 상륙을 금지한다는 내용이 적혀 있었다. 이 섬은 국산 미사일 발사실험의 탄착점이라는 것이다. 보이는 건물도 국방용이라 경직되고 차가운 느낌이 들었다. 현재 진행 중인 굴도 관광지 개발에 이어 이 섬을 주목하면 좋을 것 같다.

철제구조물로 된 해안길▼

부남도 扶南島

부남군도 중심섬

개요

부남도 부근에는 크고 작은 섬이 몇 개가 어우러져 있다. 대부분 바위에 불과한 섬이지만 이들 섬 무리를 묶어 부남군도扶南群島라 한다. 부남군도는 부남도를 비롯하여 입모도, 굴도, 갈도, 대사삼도, 소사삼도, 동현덕, 서현덕 등의 유·무인도로 이루어져 있다. 섬들이 서로 마주하고 모여 있는 지형으로 부남도는 이 군도의 중심 섬이다.

부남군도는 전체 면적이 1.5km² 미만이다. 이 가운데 가장 큰 섬인 부남도의 면적이 0.47km²에 지나지 않으니, 얼마나 작은 섬들이 모여 있는지 알 수 있다. 부남군도 대부분의 섬들이 수직에 가까운 급경사를 이루는 해식애 해안이 대부분이라 아름다운 기암괴석이 해안을 두르고 있다.

수심 5m 전후의 암반 조하대에는 여러 종의 연체동물들을 볼 수 있다. 몸통은 전체적으로 파랑색 바탕에 황백색의 긴 줄무늬가 보이고 몸통의 가장자리에도 같은 색의 띠가 형성되어 있는 파랑갯민숭달팽이는 바위 표면을 기어 다니며 단각류와 같은 소형 갑각류나 이끼벌레, 히드라 등을 잡아먹는 몸통길이 2.5cm 전후의 육식성 연체동물이다. 이 외에도 다양한 유사종들이 서식한다. 또한 암반 조간대에서부터 수심 약 1~2m 정도의 조하대에서 강한 밀집분포현상을 보이는 암반 조간대의 대표적 조개류인 굵은줄격판담치는 부유물 여과 섭식자이다. 강한 파도에 탈락되지 않도록 족사를 이용하여 암반 표면에 단단히 부착해 있으며, 이들 족사로 뒤엉켜 있는 담치 군락 아래에는 많은 유기물과 함께 중·소형의 다양한 저서생물들이 서식하고 있다. 직접 외해로 노출된 파도가 강한 지역에서는 암반 표면을 거의 덮고 있는 경우도 흔히 볼 수 있다. 굴이나 따개비류와 함께 암반 조간대에 서식하는 육식성 고둥류의 주된 먹이가 된다.

육지와 멀리 떨어져 있어 외로운 섬 부남도는 큰 바다로 나가기 전에 있는 섬이라 밀려드는 파도를 온몸으로 막는 천혜의 방파제 역할을 한다. 인공적으로 쌓아 놓은 방파제나 선창은 전혀 없지만, 파도가 높을 때는 배들이 이곳 부남도에서 잠시 파도가 잔잔해지기를 기다린다.

조업을 하던 어선들이 한숨을 돌리기 위해 그물을 고치거나 쉬면서 만선의 꿈을 꾸는 섬이기도 하다. 필자가 2004년 방문할 당시에도 4척의 배가 밤에 조업을 나가려고 기다리며 휴식을 취하고 있었다.

예로부터 중국으로 가는 뱃길이었던지라 부남군도 남쪽 해역에서 송·원대의 유물이 많이 인양된 바 있다. 이곳에서 인양된 유물들은 뱃길이 험해서 작고 느린 풍선들이 파선을 당했던 흔적이다.

이 섬에 처음 사람이 들어온 것은 140여 년 전 안동 권씨라고 전해온다.

이곳은 정기적으로 운항하는 여객선이 없어 따로 배편을 마련하여 들러야 한다. 21년 전, 그리고 2004년에 부남도에 왔을 때는 아무도 만나지 못했지만, 2012년에는 마을 앞에 정박해 있는 권종필씨의 배 부일호와 어

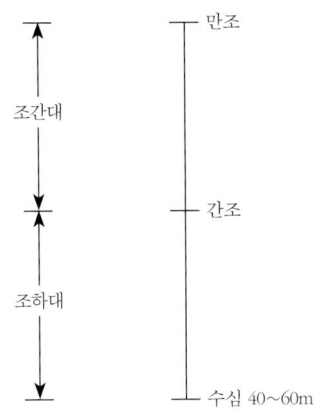

▼ 조간대와 조하대

그물을 손질하는 어민들 ▲

획물 운반선을 보게 되었다. 2013년 5월에 비로소 마을 앞 조그만 자갈밭에서 그물을 손질하는 분들의 모습을 볼 수 있었다. 권종필 선장은 이 섬 출신으로 5명의 어부들과 함께 고기잡이를 하고 있다.

이 섬에 최고 5가구가 살았으며 폐교된 분교가 아직도 건재한 모습으로 남아 있었다. 발전기를 돌려서 저녁에 불을 밝히는 부남도는 돌담과 집터의 흔적이 있는 폐가가 몇 채 있었고 아직도 70년대의 모습 그대로였다.

이곳의 특산물은 해초와 민어, 병어, 새우, 꽃게 등이다.

둘러보기

부남도에는 별도의 선착장 시설이 없어 적당한 곳을 찾아 배를 대야 한다. 필자는 마을 근처의 바위해안에 배를 정박시키고 마을로 향했다. 사는 길 주변은 큰 나무가 몇 그루 있는 숲길이다. 그 길은 해안으로 가는 내리막길로 이어지는데 거의 시누대가 터널을 이루고 있을 만큼 무성하였다. 해변의 입구에 물탱크가 있고 널브러진 각종 어구들이 즐비하게 쌓여 있었다.

굵은 자갈로 이루어진 모래해변을 따라 걷다 보면 마을로 가는 길을 만나게 된다. 이 길로 접어들면 오르막이다. 갈림길에서 섬의 서쪽 방향으로 난 산길을 택했다. 길은 왼편의 해안을 끼고 돌게 되어 있다. 왼편에 펼쳐진 바다 위로 옹기종기 모여 있는 군도들이 평화롭게 떠 있다. 험한 풍파 속에도 섬과 섬이 가족처럼 모여 서로를 지키고 있는 형태가 우리가 살고 있는 마을의 모습과 닮아 있다.

섬 안쪽은 해발고도가 100m 내외라 낮은 구릉지를 이루고 있어 험하지 않았다. 어장철에는 어부들이 조립식 건물에서 생활한다. 이 부남군도의 중심 섬인 부남도는 평지가 적은 곳이라 척박하지만, 육지로부터 멀리 떨어져 있는데다가 지리적으로 큰 바다로 나가기 직전에 위치하기 때문에 군사 작전상 또는 어선들의 긴급 피란처로서 큰 몫을 한다.

　마치 로빈슨 크루소가 표류했던 섬처럼 이 작은 섬은 사람이 살기에 적절한 곳이 아니다. 교통수단도 여의치 않을 뿐더러 전기와 물사정도 나쁘다. 여객선과 우체부도 찾지 않을 정도로 고립되어 있다. 아직도 유인도로 남아 있는 것은 이 섬에 첫 발을 디뎠던 안동 권씨 후손인 권씨 형제가 어선 2척씩 모두 4척을 가지고 이곳을 중심으로 조업을 하고 있기 때문이다. 현재는 목포에 집을 가지고 있으면서 어장철에는 이곳에서 생활을 한다. 그분들은 어릴 때부터 이곳의 바다사정과 지형지물을 잘 알고 있기 때문에 어려움 없이 어업에 종사하면서 살고 있는 것이다. 신안군에서는 이주비를 지원하여 더 큰 섬이나 육지로 이사 나올 것을 권유하고 있지만, 이곳에서 어업으로 얻는 소득이 매우 높아서 육지로의 이주를 거부하고 있다.

부남도 탐방객들▼

소허사도 小許沙島

간첩사건으로 무인도가 된 섬

개요

임자도 대광리 해수욕장 앞에는 탁 트인 서해바다가 한눈에 들어온다. 그 가운데 가장 멀리 보이는 커다란 섬이 하나 있는데 그 섬이 대허사도이고, 그 뒤에 숨어 있는 섬이 바로 소허사도이다. 이름만 보면 소허사도가 대허사도보다 작은 섬일 것 같지만 실제 면적이 0.38km²로 두 섬의 크기가 비슷하다. 임자도에서 직선거리로 15km, 망망대해를 건너 먼 바다에 떠 있는 소허사도는 멀리서 보면 마치 녹색 고깔모자를 쓴 것 같다.

섬 전체가 요새를 방불케 하리만큼 깎아지른 절벽, 길쭉한 바위들이 둘러싸고 있어 함부로 들어서면 안 될 것 같은 위협이 느껴진다. 서로 다른 성격의 바위들을 콜라주collage해 놓은 듯 형형색색에 모양도 갖가지라 가까이 다가갈수록 탄성이 절로 나온다.

변산반도의 채석강과 견줄 만하고 거문도, 백도, 홍도 못지않은 신비로운 섬이다. 수만 권의 책과 장방형의 벽돌을 차곡차곡 쌓아 놓은 듯한 벼랑이 병풍처럼 이어지고, 북쪽 절벽엔 공룡알 화석을 닮은 둥근 돌도 수십 개나 박혀 있는 아름다운 섬이다.

천연 요새와 같은 이 섬의 ㄷ자 모양의 바위 절벽 안쪽에는 놀랍게도 백사장이 펼쳐져 있다. 길이 500m에 폭이 200m인 모래사장을 품고 있는 섬의 지형은 가히 '모래를 허락한 섬'이란 뜻으로 지은 이름 소허사도라는 지명에 무릎을 치게 만든다.

SBS TV 드라마 '불량커플'에 이곳 소허사도가 배경으로 담겨 있다. TV 드라마, 광고 및 영화 제작사에는 로케이션 헌팅의 전문가들이 있다. 그들이 집어낸 촬영지는 잘 알려지지 않은 명소가 많다. 소허사도 역시 전문가들의 눈에 들어온 명소의 반열에 설 만한 섬이다.

소허사도의 북쪽 능선은 순백의 찔레꽃으로 발 디딜 틈이 없다. 한약재로 쓰이는 좀딱취와 30cm쯤 자란 달래, 그리고 잎이 손바닥만큼 큰 취나물이 지천으로 널려 있다. 고사목으로 변한 해송과 보리수나무도 보였다. 커다란 바위에 길이 가로막혀 백사장으로 길을 잡았다. 죽은 나뭇가지와 칡덩굴이 보행을 방해

깎아지른 듯한 절벽해안 ▼

곱고 부드러운 모래해수욕장 ▲

하고 찔레가시가 발을 붙잡는다. 울창한 수풀을 헤치며 30분쯤 헤맸을까? 돔형의 남쪽 능선과 넓은 백사장이 밤바다의 등대처럼 반갑게 맞이했다.

갯바위와 백사장은 온갖 바다생명들의 보고다. 조개와 고둥들이 다닥다닥 붙어 있는 갯바위를 조심스럽게 내려가자 구멍이 숭숭 뚫린 백사장에서 달랑게들이 고개를 내밀더니 인기척에 놀라 황급히 숨는다. 한때 사람이 살았다는 대숲 아래 바위틈은 게들의 놀이터. 수만 마리의 게들이 우루루 몰려다니는 모습이 장관이다 못해 공포심마저 불러일으킨다.

백사장을 가로질러 그림같이 아름다운 남쪽 능선으로 향했다. 남쪽 능선은 북쪽 능선과 달리 후박나무 군락을 제외하곤 인동초, 찔레꽃 등 키 작은 난대

성 식물들로 군락을 이루고 있다. 바위엔 마르지 않은 염소똥도 있다. 인기척에 놀란 녀석들이 이미 절벽 밑으로 숨었는지 그림자조차 보이지 않는다.

남쪽 능선엔 시야를 가리는 키다리 나무가 없어 대허사도와 부남군도의 절경이 한눈에 들어온다. 깎아지른 벼랑 아래서 하얀 포말을 일으키는 파도가 금방이라도 작은 섬을 삼킬 듯 으르렁거린다.

외톨이 바위는 높은 능선에서 내려다볼 때 훨씬 장엄하다. 바위와 소허사도 틈새로 멀리 어선 한 척이 떠 있고 그 위로 붉은 해가 환상의 저녁노을을 만들며 바다 속으로 가라앉는다. 소허사도는 가슴 벅찬 낙조를 아찔한 절벽에 올라야만 볼 수 있도록 꼭꼭 숨겨놓았다. 소허사도 중턱쯤에서 바라보면, 삼면을

둘러친 기암괴석이 한 면의 모래사장과 어우러져 절경을 이룬다. 가히 신이 만든 걸작이라 할 수밖에….

소허사도 근해는 어선들이 전혀 보이질 않는다. 아스라이 보이는 화물선 한 척이 이곳 무인도처럼 외롭게 항해하고 있을 뿐이었다.

21년 전에 서해안을 따라 인천으로 올라가면서 탐사했고 2011년 목포대학교 무인도 자료 조사팀과 이 섬에 상륙할 수 있었다. 약 1시간 정도 소허사도 남쪽의 바위산 곳곳을 돌아다니며 아름다운 섬과 바다의 경치를 감상하였다. 대허사도보다 훨씬 아름다운 소허사도의 풍광에 흠뻑 취해 시간이 가는 줄 몰랐었다.

간첩사건의 뒷이야기

40년을 넘게 무인도가 된 소허사도에 1971년 10월 30일 간첩사건이 일어났다. 필자는 당시 현장에 있었을 섬사람을 찾아 경험담을 듣고 싶었다. 지금은 임자도에 살고 있는 나○○71세 할머니를 어렵게 만나 사건의 내막을 들을 수 있었다. 할머니의 삼촌이 간첩과 맞닥뜨린 사람인데, 그는 소허사도에 살던 박들독이라는 주민으로 무학無學이었다고 한다. 이 섬에 낯선 배가 들어와 삼촌을 데리고 주위의 섬들을 다니며 안내를 받던 중인데, 삼촌의 아들 박○○이 제사를 지내려고 섬에 들어왔다가 그 간첩선을 이용하여 임자도 하우리까지 돌아오는 신세를 지게 되었다. 헤어질 때 '동무 잘 가시오'라는 말이 결정적 단서가 되었다. 배도 우리네 것과 달리 두 개의 엔진이라는 점에 의아해 했던 터라 신고를 하였다. 출동한 경찰은 소허사도 산으로 도주하는 간첩 4명을 발견, 교전 끝에 전원 사살하고 간첩선을 나포하였다. 당시 무장간첩을 섬멸하기 위해 군인들이 집중포화를 퍼부었던 절벽 이곳저곳에는 그때의 상처인 포탄구멍이 뚫려 있어 교전의 처참함을 짐작할 수 있다. 증도 대초리 출신인 박동출당시 28세 경찰이 전사하였다.

그 당시 간첩을 알아채지 못했던 순진한 그 주민은 중앙정보부로부터 심한 고초를 겪었다고 한다. 그는 임자면 하우리로 이주하여 얼마 동안 살다가 사망하였다. 신고한 그 아들 박○○씨는 4명의 간첩과 간첩선이 노획되어 거액의 보상금이 나올 줄 알았는데 그 액수가 미미하여 본인과 그의 친척들은 억울해 하였

소허사도의 기암괴석들 ▼

▲ 고래바위

모래사장 ▲

다고 한다. 결국 모두 사살된 간첩단 사건으로 언론에 보도된 이후 거주하던 단 한 가구의 주민마저 철수하게 되어 소허사도 역시 무인도가 되었다.

소허사도는 끝나지 않은 분단의 아픔이자 질곡桎梏의 현대사 한 페이지를 이렇게 기록한 것이다. 지금은 대허사도와 함께 소허사도는 군사지역으로 묶여서 출입금지구역이 되었으니 아름다운 자태를 수많은 사람들에게 드러내지 못하고 영원히 잠들게 되어 안타까운 생각이 들었다. 홍도처럼 아름다운 섬 소허사도를 떠나기가 아쉬워 자꾸만 뒤를 돌아보면서 이곳을 떠났다.

수도 水島

산을 배경으로 바다가 마당인 아담한 섬마을

개요

지명의 유래는 임자도에 사는 봉씨가 나이 30이 넘도록 장가를 못 가고 있었는데, 하늘에서 선녀들이 한해에 두 번씩 이 섬에 목욕을 하러 온다는 이야기를 듣고 이 섬으로 건너와 2년을 기다렸으나 선녀가 오지 않아 기다리던 섬이라 하여 우도宇島라 하였다고도 한다.

수도는 섬 안에 물이 맑고 풍부하여 붙여진 이름이다. 지도읍 서쪽 7km, 임자도 동쪽 1km 해상에 위치한 수도는, 지금은 육지화된 지도와 임자도 사이의 징검다리 섬이다.

20년 전에 목포에서 영광군 낙월도로 가는 여객선 세종호를 타고 약 3시간 정도 지나 수도를 통과한 적이 있었다. 세종호는 목포에서 오후 2시에 출발하여 수도를 지나 오후 7시 30분에 종점인 낙월도에 도착한다. 이 배는 새벽 5시 30분에 낙월도를 출발하여 11시 30분에 목포에 도착하며 다시 오후 2시에 낙월도를 향해 출발한다. 수도 사람들은 목포에서 네 시간 정도 걸리는 이 뱃길을 즐겨 이용하였으며 생활권이 주로 목포였다. 지금은 무안군 해제-신안군 지도 간의 연륙교가 개통됐고 점암과 임자도 사이를 차도선이 운항하면서 육지와 가까운 섬이 되었다. 생활권도 목포와 광주, 지도읍으로 바뀌었다. 차도선이 점암에서 임자도를 갈 때는 반드시 수도를 지나가기 때문에 수도는 비록 작은 섬이지만 임자도가 갖는 교통의 혜택을 함께 나누고 있어 편리한 편이다.

면적 1.45km², 해안선 길이 8km, 세대수 19, 인구 33명이 살아간다. 섬 중앙의 가장 높은 수도산은 171m이며 낮은 구릉들이 군데군데 솟아 있다. 남쪽 해안 만입부 연안에 평지가 이루어져 농경지와 마을이 이곳에 있다. 산 밑은 주로 밭이고, 해변가의 낮은 곳에는 논도 조금 있다.

수도 주민들은 김양식 외에 틈틈이 바다에 나가 민어, 병어, 부서, 낙지, 꽃게, 농어, 우럭 등을 잡는다. 소박하고 아름다운 마음씨를 가진 전형적인 농어촌 사람들로 마을 사람들끼리 아주 재미있게 살아가고 있다. 한겨울 추운 바다에서 김양식을 하는 이들에게도 입가에 웃음이 떠나지 않기를 바라는 마음이다.

둘러보기

수도 선착장은 작은 섬의 규모에 맞게 아담한 편이다. 왼쪽으로 길게 방조제가 있지만 별도로 배를 보호하기 위한 시설인 방파제는 없다. 그러나 철부선이 닿을 수 있도록 경사진 접안 시설과 작은 배들을 위한 접안 시설이 하나 있다.

방조제 쪽 앞바다는 온통 갯벌이고 갯벌 뒤로 작은 배들이 옹기종기 모여 있다. 이곳의 갯벌에는 길게와 칠게가 떼 지어 일제히 집게발을 들었다 내렸다 하는 집단 군무를 볼 수 있다. 이밖에도 흔치는

차도선

않지만 밤처럼 생긴 밤게와 그물무늬금게, 쏙 등이 가끔씩 모습을 보인다. 이렇게 수도의 갯벌에 서식하는 갑각류나 패류들로 인해 갯벌이 살아 있음을 보여 주고 있다.

대합실 앞쪽에 '자율관리어업공동체 영어조합법인' 지정을 알리는 알림판이 세워져 있었다. 2005년에 해양수산부에 의해 지정되었음이 적혀 있었다.

마을 입구에 교회와 예전의 초소, 창고 등이 이어져 있고 김공장도 하나 있다. 수작업으로 생산했던 김양식은 1980년 중반까지 전성기를 누리다가 사양길에 접어들자 김양식업에 종사하던 40여 호가 절반으로 줄어들었다. 지금은 대량생산으로 근근이 버티고 있는 중이다.

김 공장에서 계속 길을 따라가면 좌우로 밭과 논이고, 이어 나오는 갈림길에서 마을로 가는 길을 택했다. 마을에는 현재 21가구 36명 정도가 산다. 30년 전에는 40가구에 500여 명이 살았고 학생들만도 75명이었다.

이 섬은 6·25 전쟁 당시에 사상적 대립으로 인한 참극으로 69명이 죽고 죽이는 비극을 낳아서 지금까지 미묘한 후유증을 앓고 있는 곳이라고 한다. 동족상잔이라는 우리 민족 최대의 비극 때문에 작은 섬에까지 상처가 구석구석 남아 지금껏 사라지지 않고 있는 것이다.

육지나 큰 섬이 가까워 이곳에 전기가 들어온 것은 30년 전이라 비교적 빠른 편이다. 저수지가 많이 있어 물이 맑고 풍부하다. 그래서 물사정이 좋은 편이다.

경지면적률이 27%로 섬치고는 농사를 상당하게 짓는 곳이다. 논과 밭의 비율이 15:85이며 전형적인 농

어촌이자 섬마을이다. 이곳에서는 김을 대량으로 생산해 왔지만 1985년 김양식에 실패한 주민 4명이 빚에 견디지 못하고 자살하는 비극이 일어나기도 했다. 수도는 신안군 내의 북쪽에 위치하여 날씨가 더 춥고 물살이 세어서 군 내에서는 최고의 김맛을 자랑한다. 또한 마을공동으로 김공장을 운영하여 모범 어촌계로 지정을 받아 해수부로부터 1억의 상금을 받기도

김 채취선 ▶
김 가공 공장 ▶
김을 가공하는 모습 ▶

하였다. 그러나 최근 들어 수온상승과 오염 등 이상기후 현상으로 김 생산량은 전보다 30% 이상 감소하여 섬 경제에 큰 타격을 주고 있다.

마을 뒷산 중턱에 신당이 있는데, 이곳에서 해마다 정월 대보름날 제를 지내고 섬의 평안과 풍년을 비는 풍습이 이어져왔으나 지금은 제를 지내지 않는다.

마을 끝자락에 학교터가 있다. 예전에 임자초등학교 수도분교였던 이곳을 마을에서 창고로 사용하고 있다. 벽돌이 적나라하게 드러난 교실과 잡초가 무성한 운동장이 공허할 따름이다. 그 옆으로 노인정이 위치하고, 좀 떨어진 곳에 마을이 있다. 10여 채 이상은 돼 보이는데, 정작 사람이 사는 집은 많지 않다. 마을 앞 남쪽 바다에는 선착장이 있는데, 주변이 온통 김양식 도구들뿐이다. 해안선은 단조로우며 대부분이 암석해안이다.

▎한국에서 가장 맛있는 수도의 김

수도선착장은 작은 섬의 규모에 맞게 아담한 편이다. 왼쪽으로 길게 방조제가 있지만 별도로 배를 보호하기 위한 시설인 방파제는 없다. 그러나 철부선이 닿을 수 있도록 경사진 접안시설과 작은 배들을 위한 접안시설이 하나 있다. 방조제 쪽 앞바다는 온통 갯벌이고 갯벌 뒤로 작은 배들이 옹기종기 모여 있다. 대합실 앞쪽에 '자율관리어업공동체 영어조합법인'지정을 알리는 알림판이 세워져 있었다.

그러나 최근 들어 수온상승과 오염 등 이상기후 현상으로 김 생산량이 감소하여 섬 경제에 타격을 주고 있음에도 불구하고 2010년 12월에는 수도의 영어법인에서 생산되는 김이 전국 최고 명품 김으로 평가받았다. 전라남도가 개최한 '제1회 김 품평회'에서 수도 영어법인(대표 이옥현) 김이 대상을 받았다. 이 품평회에는 전국에서 자신 있다고 하는 마른 김 업체 등이 참여하는 명실상부한 김 품평회였다고 한다. 전국에서 가장 많은 김을 생산하는 전남을 비롯한 전북, 충남, 경기, 경남, 부산 등 22개 업체에서 마른 김 1천 40속속당 100장을 출품하여 김 업체의 광택, 김 특유의 맛과 향, 이물질 포함 여부 등 엄격한 기준에 따라 평가를 했다고 한다. 사정위원 5명이 색택과 형태, 향미, 협잡물, 청태 혼입의 5개 부문을 심사한 이후 6명의 판정위원이 참석하여, 품질마다 특징과 결함을 찾아 판정했는데 그 결과 임자산 수도의 돌김이 영예의 대상을 차지한 것이다. 전북 부안 낙원수산(대표 김종환), 해남 동원수산(대표 최기준), 고흥 은혜수산(대표 이성민) 김이 각각 우수상, 해남 감로수산(대표 정경섭) 김이 장려상을 받았다. 대상을 받은 수도 영어법인 김은 김의 원초 맛을 그대로 살려 향이 좋고 맛과 질감이 우수한 것으로 평가됐다.

수도리 어민들 6명과 수도영어법인을 설립해 100ha, 900책에서 연간 6만속 정도의 친환경 무공해 김을 생산해 내고 있다. 이곳은 조류가 매우 빠르고 부류식을 노출시키는 방안을 연구 개발해 수시로 바다에서 햇빛을 볼 수 있도록 하여 자연산 같은 김을 생산할 수 있게 되었다고 한다. 그저 얻어진 결과는 아니다. 고민하고 연구하여 그 결과를 현장에서 시험하여 실패를 이겨낸 열매였다고 한다. 미래는 이런 사람들에게 길을 열어 준다. 환경 탓만 하지 말고 생각하고 고민하여 앞으로 나아갈 일이다. 그들에게 축복이 있기를 기원하여 나그네의 바랑을 챙긴다.

임자도 荏子島

천혜의 비경과 가장 긴 모래사장을 간직한 섬

개요

광주로부터 90km, 목포와의 거리는 66.6km, 지도읍 점암 선착장에서 배를 타면 채 20분도 안 되어 임자도의 진리 선착장에 도착할 수 있기에 마음만 먹는다면 당일 코스로 다녀올 수 있는 가까운 섬이 되었다.

임자도는 총면적 40.870㎢, 해안선 81km, 세대수 1,682, 인구 3,345명이 살아간다. 임자도를 가려면 반드시 거쳐야 하는 곳이 지도이다. 무안반도의 최남단에 위치한 신안군 지도는 1975년 2월 무안군 해제면과 연륙됨으로써 육지와 다름없는 곳이 되었다.

임자도는 신안군에서 자은도 다음으로 큰 섬이며 3,436여 명에 달하는 주민이 살고 있다.

임자도는 전체 면적의 절반가량이 해수면 아래에 있었지만 섬 주민들이 지게에 돌을 지고와 섬과 섬 사이 바다에 둑을 쌓아 만들어진 섬이다. 150년 동안 각고의 노력 끝에 흩어져 있던 6개 섬이 하나로 합쳐졌다. 조상들의 피나는 노력으로 자연과 싸워 새로운 땅을 만들어 오늘날 풍요로운 임자도를 건설하였다. 임자도를 여행하는 여행객들이 이러한 일련의 과정을 통하여 마침내 오늘의 임자도가 탄생하였다는 내력을 알면 임자도를 더욱 더 깊이 이해하고 관심을

▼ 상공에서 본 면소재지 일대 전경

▲ 임자도 유래석
◀ 대광해수욕장

갖게 될 것이다.

임자도라는 이름이 섬 전체가 모래언덕으로 되어 있어 깨를 쏟아 놓은 것 같아 붙인 지명인지는 모르지만, 실제로 임자도 토질은 사질토라 들깨가 많이 생산된다. 그래서 들깨의 한자어인 임자荏子를 섬 이름에 붙였다. 지도상으로 보면, 임자도가 주변 섬들과 어우러진 모습이 마치 바다 위에 깨를 뿌린 듯 보여 임자도라 칭했다고 전해지기도 한다. 예전에는 임자도가 여섯 개의 섬으로 이루어져 있어서 육섬이라고도 불리었다.

본래 임자도에 있는 대둔산320m, 삼학산164m, 불갑산224m, 조무산, 괘길도 등의 산이 섬처럼 해수면 위에 떠 있었다. 현재의 임자도 전체 면적의 절반 정도가 당시에는 네덜란드처럼 해수면 밑에 있었던 것이다. 깨알같이 분산돼 있는 여러 곳을 매립과 간척으로 만들어낸 섬인 것이다. 신안군 대부분의 섬이 이러한 대규모 간척사업으로 면적을 넓힌 것은 국토개발의 역사라고 할 수 있다.

임자도의 특징은 모래이다. 한국의 유일한 사막이라 불릴 만큼 섬 전체가 모래이다시피 한 임자도에는 모래해변이 30리나 되는 대광해수욕장을 위시하여 수많은 모래언덕 및 사질토인 들에 물치 또는 모래치라 불리는 오아시스가 있다. 오아시스에는 항시 물을 지니고 있어 가뭄에도 물걱정을 하지 않으므로 이곳의 농사는 오아시스 농업 형태를 띠고 있다. 또한 갯벌과 바다 속 모래에 산란하고 성장하는 특성을 가진 중국젓새우, 둥근돗대기새우 등이 많이 잡히는 임자도는 우리나라 최대 새우젓 산지이다.

임자도는 삼국시대에 백제의 고록지현에 속했다가 통일신라시대에는 압해군의 영속인 염해현에 속하였다. 고려시대에는 임치현에 소속되었다가 조선시대 초기에는 영광군에 편입되었고 후기에는 나주목으로 이속되었다. 1711년 임자진의 설치와 함께 임자목장이 개설되어 말 175마리를 길렀던 적이 있었다. 1896년에는 지도군에, 1914년에는 무안군에 이속되었다가, 1969년 신안군이 분리되면서 신안군에 포함되어 오늘에 이르렀다.

임자도의 면 소재지인 진리에는 1500년경 김해 김

▲ 백화새우(중국젓새우)

씨, 광산 김씨, 밀양 박씨, 탐진 최씨, 강화 봉씨, 현풍 곽씨 등이 터를 잡고 마을을 형성하였다고 한다. 임자도에 최초로 들어온 사람이 강화 봉씨라 전해오고 있으나, 기록이 없어 그 내력을 알 수가 없다.

300여 년 전부터 임자도 하우리와 대태이도(타리섬)에서는 부서파시가 열렸으며 전장포 새우는 지금도 전국적으로 제일 유명하다. 1980년대까지만 해도 새우파시로 홍청거릴 만큼 이름을 날렸던 임자 전장포. 옛 명성 못지않게 음력 오뉴월이면 북새통을 이룬다. 포구에 새우잡이 배들로 가득하고 모래처럼 희고 고운 백화새우(둥근돗대기새우)가 많이 잡히기 때문에 좋은 새우를 구하러 사람들이 몰려든다.

새우잡이는 멍텅구리배 외에 옆치기배와 꽁댕이배, 닻배를 사용했다. 지금은 사라졌지만 무동력선인 30톤짜리 멍텅구리배는 돈을 많이 벌어서 돈배라고 불렀다. 이런 배를 한 척 가지고 있으면 100명이 먹고 살 정도로 수입이 좋았지만, 태풍 때 파손이 많아 없어졌고 이 배를 대신하여 주로 닻배가 새우를 잡는다.

전장포의 고운 모래를 딛고 사는 백화새우는 그 몸집과 빛깔이 곱디고운 모래처럼 뽀얗다. 임자도는 '젓갈의 섬'답게 대부분의 생선들로 젓갈을 담근다. 예전에 비해 어획량이 크게 줄어들어 생기를 잃긴 했지만, 아직도 새우젓을 비롯하여 밴댕이젓, 병어젓, 꼴뚜기젓, 황석어젓 등 젓갈을 파는 집들이 여러 곳 남아 있다. "돈 없으면 전장포에 가 새우젓이나 먹지" 하는 얘기가 이곳에서는 통했다.

임자도 인근 해역이 새우 서식지이긴 하지만 새우를 1년 내내 잡는 건 아니다. 3~7월과 10~12월에만 잡을 수 있다. 특히 8월 한 달은 금어기로 어획이 금지되며 겨울철 역시 새우잡이가 안 된다. 봄에는 김치공장에 납품되는 새우젓 중 저급의 데뜨기·조대가 잡히고, 6~7월엔 가격이 가장 비싼 오젓과 육젓이 잡힌다. 새우젓은 육젓을 최고로 친다. 음력 6월에 잡

새우 조형물 ▼

은 돗대기새우는 꼬리가 동백꽃처럼 붉고 살이 통통하며 껍질이 얇고 육질이 단단하다. 그 새우로 담근 육젓은 탱글탱글한 데다 감칠맛이 난다. 추젓 1통 2kg에 2만5천 원인 데 반해 육젓 1통 2kg은 5만 원에 판매된다.

신안군에는 현재 184 어가에서 연간 약 15,000톤, 전국의 60%에 달하는 새우젓을 생산하여 300여 억 원의 소득을 올리고 있다. 신안군은 2011년에 새우젓 생산 어업인을 주축으로 한 어업회사법인 신안새우젓을 발족시킨 바 있으며 100억 원의 사업비를 투자하여 젓갈타운을 조성하는 등 천일염과 함께 발효식품의 메카로 육성해 나갈 계획이다.

선착장 경사제 입구에 시비詩碑가 있다. 앉은뱅이 섬들의 한과 사랑을 품고 있는 전장포 앞바다를 시인 특유의 감성으로 표현한 곽재구 시인의 시 '전장포 아리랑'이 새겨 있는 시비이다. 또한 판석으로 꾸며진 조형물 기단과 황동 브론즈로 제작한 새우 조형물이 세워져 있다. 이 고장을 상징하는 새우 조형물은 전장포의 풍요와 번영을 상징하는 의미를 갖는 황금빛을 띠고 있다.

임자도는 민어와 병어의 주산지로, 산란철인 5~6월부터 잡히며 맛이 담백하고 고소하다. 모래땅에서는 대파와 양파가 많이 재배되는데, 특히 대파는 진도대파와 함께 특산물로 꼽히고 있다.

임자도는 매년 15만여 명의 관광객이 찾아오는 섬이다. 지도와의 연륙으로 많은 시간이 소요되는 뱃길보다는 차량으로 이동할 수 있는 편리함은 연륙교의 힘이라 할 수 있다. 국내 최장의 백사장으로 이루어진 대광해수욕장이 가장 큰 매력이자 강점이다. 임자도는 관광의 섬으로 발전할 요소를 충분히 가진 섬이다.

대광해수욕장에서 진리로 가는 길 양쪽에 염전이 있다. 진리에서 전장포 가는 길목에도 염전이 있다. 이곳이 해방직후에 만들어진 최초의 염전으로 임자도 소금밭의 역사를 말해주는 서울염전이다. 1950~60년대 임자도를 대표하던 천일염은 청정해역의 미네랄을 품고 재래방식으로 생산되고 있어, 지금까지도 주산물의 자리를 차지하고 있다. 임자도에서 생산되는 천일염의 생산시기는 4월에서 10월까지이지만 장마가

◀ 서울염전
▼ 임자도 천일염

▲ 새우젓 토굴 내부

전장포 새우젓 토굴 ▲

들기 전인 5~6월까지 전체의 60% 정도가 생산된다. 이 중에서도 강한 햇살을 받아 응결된 6월 소금을 최고로 친다.

보배와 같은 섬 임자도는 육지와 매우 근접해 있으며 전장포 새우젓, 우리나라에서 가장 넓은 대광리 해수욕장, 사라진 타리파시와 멍텅구리배, 염전 등이 임자도를 찾는 사람들에게 풍성한 먹거리와 함께 이야깃거리를 제공해 줄 것이다. 특히, 전국에서 가장 길고 단단한 백사장을 보유한 대광해수욕장은 해변 승마를 즐길 수 있는 명소로 떠오르고 있다.

더불어서, 모래섬 임자도를 둘러보며 안타까움을 느끼지 않을 수 없었던 것은 섬의 모래가 수난을 겪고 있다는 사실이었다. 유리 제조업자들과 건설업체들의 무리한 모래채취가 계속되고 한약재로 사용하기 위해 해당화를 뿌리째 뽑아 가는 상황이 반복되고 있다고 한다. 그로 인하여 많은 모래언덕들이 사라지고 해안의 방풍림이 훼손되는 등 재앙이 일어나고 있다. 그나마 지금의 모래밭이 남아 있는 것은 사태의 심각성을 자각한 주민들이 모래 지키기 운동과 해당화 심기 운동을 벌인 끝에 조금씩 회복되고 있기 때문이다. 섬을 지키려는 노력이 섬 주민들뿐만 아니라 온 국민의 의식으로 확대되어야 할 것이다.

둘러보기

임자도에서 가장 먼저 찾은 곳은 섬 북서쪽 끝에 있는 전장포였다. 임자도 전장포는 대표적인 새우젓 집산지이다. 전장포 물양장(物揚場)은 어구들로 가득 차 있다. 선착장은 지도읍이 마주 보이는 동남향이다. 양 옆에 방파제가 있고 그 사이에 배들이 접안되어 있다. 서쪽으로는 길게 이어진 방조제가 있다. 간척지에 세워진 이 마을은 괘길리이다. 물양장 중앙에 수산물 판매장이 있다.

마을 앞에 넓게 퍼진 들판 '벗우게들' 앞에 '전장포 새우젓 토굴 가는 길'이라는 표지석이 있다. 방파제 가는 길이 솔개산과 암벽지대를 가르는 곳, 암반에 네 개의 토굴을 만들어 두어 젓갈을 숙성시키고 있다. 상당히 넓고 긴 인공동굴이다. 길이 102m, 높이 2.4m, 넓이 3.5m의 말굽모양을 한 토굴들인데, 이 중 한 개는 전시홍보 시설로 활용하고 있다. 전장포 뒤에 위치한 모래해변은 반달 모양이다. 활처럼 길게 휜 모래밭이 임자도답다. 이곳에서 북쪽으로 바라보면 저 멀리 희미하게 두 개의 섬이 나란히 보인다. 왼쪽이 하낙월도이고 오른쪽이 상낙월도이다. 임자도는 신안군의 최북단에 위치하여 영광군에 속하는 낙월도가 가까이 있다.

전장포와 하우리는 임자도 어선어업을 대표하는 마을이다. 임자도 24개 마을 중에 전장포, 하우리 마을만 어업을 한다. 주민의 80%는 벼농사와 대파, 양파 등 농사를 짓는다.

대광해수욕장 도로를 따라가면 하우리가 나온다. 하우리 입구에 '민어, 병어, 꽃게, 새우의 본고장 하우리'라고 쓰여 있는 마을 표지석이 있다. 해수욕장에서 약 3km 떨어진 하우리는 재원도가 바라보이는 곳에 자리한 작은 갯마을로 민어와 병어의 주산지이기도 하다. 과거에는 바로 500m 거리에 있는 섬 타리와 함께 전국 제일의 민어파시, 전라도 3대 파시로 명성을 날렸던 곳이다. 길게 이어진 물양장만이 이곳이 한때 파시였던 곳임을 드러낼 뿐 별다른 것은 찾을 수가 없다. 제법 넓은 계류장이지만 많은 고깃배는 보기 힘들다. 현재는 하우리에 10여 척의 어선이 조업 중이다. 그래도 전장포와 함께 임자도에서 가장 분주한 선창이다.

염전이 드문드문 계속되는 길을 따라 남쪽으로 가면, 두 개의 해수욕장이 남쪽 해변에 자리한다. 어머리해수욕장과 은동해수욕장이다.

어머리해수욕장에서는 물이 빠지면 용이 나서 승천했다는 전설이 전해지는 용난굴까지 걸어갈 수 있

2021. 3. 19 개통된 임자대교▼

어머리 용난굴 ▲

다. 규모는 크지 않지만 특이한 모양의 아름다운 굴이다. 입구는 웅장한데 들어갈수록 점점 좁아진다. 바닥에 고인 물의 폭 1m쯤, 높이가 7~8m되는 비좁고 축축한 굴을 따라 들어가면, 그 끝에서 눈부시게 열리는 바다를 보게 된다. 이 신선한 느낌이란! 굴을 직접 찾아본 사람이 아니고서는 표현하기 어려울 것 같다.

용난굴 옆에 있는 은동해수욕장은 일부러 모래를 뭉쳐 놓은 듯 엽낭게가 만들어 놓은 모래뭉치가 가득하다. 바다 앞으로 작은 섬이 희미하게 드러나는 해변이다. 그밖에도 임자도에는 대둔산 성지와 무산단, 삼두리 패총, 화산단華山壇, 도림단, 지석묘군 등이 있다. 그리고 박장군 설화와 들노래·상어소리 등의 민요가 구전돼 온다. 매년 정월 대보름날 당제를 모셨다고 하나 지금은 볼 수 없다.

선착장에서 조금 떨어진 곳에 해양경찰서 임자출장소가 있고 이곳을 지나면 바로 해안길이 나오는데 동북쪽으로 뻗어 있는 전장포길이다. 길 옆 바다 쪽으로 모래밭과 갯벌이 이어진다. 바다와 반대편인 길 왼쪽은 전형적인 시골집이 띄엄띄엄 보이지만 폐가가 섞여 있다. 얼마 안 가서 돌을 쌓고 그 위에 시멘트로 포장을 한 아주 오래된 방파제가 있는데 지금은 바스러져 형태만 유지하고 있다. 그 옛날에 목선들이 접안했을 항구라는 상상을 해 본다.

여기서부터 임자도 가장 끝지점으로 북동쪽까지 갯벌이 형성되어 있다. 길의 안쪽은 삼봉마을의 삼봉들이라는 대파밭이다. 왼쪽은 푸른색의 대파이고, 오른쪽은 검은색의 갯벌이다. 도로를 기준으로 재미있는 색의 대비를 이룬다. 마을은 지붕의 숫자가 열 손가락에 꼽힐 정도로 그다지 많지 않다. 이곳에는 나지막한 세 개의 봉우리가 있고 언덕 너머에 상수원으로 사용되는 저수지가 있다. 저수지 위쪽에 대형 물탱크와 함께 정수처리 시설이 있다.

전장포길을 따라 마을 안으로 들어가면 전형적인 집들이 산만하게 들어서 있다. 폐가도 많은 골목길을 빙빙 돌아서 나오면 다시 만나게 된다. 마을 끝으로 가면 북쪽은 모래해변이고 남쪽은 전장포항으로 남북이 바다에 연해 있는 형세이다. 1980년 전후하여 전장포 새우파시가 성행했던 때는 250여 가구에 2,100여 명이 거주했던 적이 있었지만 지금은 100여 가구에

은동해수욕장 ▼

전장포 일대 전경 ▶

230여 명의 주민과 어선 48척이 있다.

임자도 관문 진리에서 전장포로 가는 길목에도 큰 염전들이 있다. 임자도에서 생산되는 천일염의 생산 시기는 4월에서 10월까지이지만 장마가 들기 전인 5~6월까지 전체의 60% 정도가 생산된다. 이 중에서도 강한 햇살을 받아 응결된 6월 소금을 최고로 친다.

이곳에는 규모가 큰 염전과 함께 소규모 염전도 많다. 그들은 염판 한 뙈기의 염전 몇 곳을 임대해서 소금을 생산하는데 운영자의 상당수는 외지인들이다. 임자도는 염전 외에도 토질이 좋아서 파, 양파 농사로 적잖은 소득을 올리기 때문에 이곳 토박이들은 힘든 염전일을 기피한다고 한다. 뙤약볕에서 힘든 노동 끝에 소금을 얻게 되는 순간을 '소금이 온다'고 표현한다. 이곳 염전에 오면 그 말의 뜻이 더 진하게 느껴진다.

임자도 하우리 역사

2012년 2월에 목포대 도서문화연구원과 일본 상민문화연구소에서 한국 서남해 섬에 대한 한일 공동조사를 했다. 76년 만에 다시 섬 탐사를 실시한 것이다. 1936년에 처음 시도했던 다도해 학술조사의 과거 코스를 따라 조사를 하였다. 목포대 도서문화연구원 강봉룡 원장과 일본 가나가와대 상민문화연구소 사노겐지 소장은 35명의 공동조사단을 구성하고, 2012년 2월 13일부터 15일까지 신안군 임자해역 섬들에 대한 공동조사를 실시했다. 도서문화연구원은 한국을 대표하는 섬 관련 전문연구소이고, 상민문화연구소는 민중생활사에 관한 연구로 국제적 명성을 얻고 있다.

공동조사는 "조선다도해여행각서朝鮮多島海旅行覺書"라는 기록이 매개체가 되었다. 이는 문화인류학의 선구자인 시부사와 케이조, 아키바 다케시 등이 1936년 여름 신안군 임자도, 증도, 수도, 영광 낙월도 등을 탐방하고 기록을 남긴 것이다. 이것은 한국의 섬에 대한 최초 학술조사보고 사례로 평가된다. 특히 영상기록비디오와 사진까지 그대로 보존되어 있는데 생활상, 농어업 풍경 그리고 민어로 유명한 임자도 타리 파시의 생생한 모습이 담겨 있다.

기록에 있었던 한국의 섬을 76년 만에 다시 탐방하여, 경관변화 양상과 문화상을 살피고자 기획되었다. 역사, 민속, 생태, 인류학 등 다양한 분야의 학자들이 참가하였다. 먼저 13일에는 목포대에서 '동아시아 도서해역에 대한 학술검토회'가 열렸다. 연구 방법론, 자료 활용방안 등에 대한 열띤 토론이 있었다. 14일과 15일에는 섬 현지조사가 진행되었다. 76년 전의 탐방코스가 그대로 재현되었다. 신안군에서 행정선 등을 지원하고, 후원해 주었다.

14일 목포항에서 출발하여 신안 수도, 임자도 하우리, 타리섬, 영광 낙월도 등을 탐방하였다. 영상 속 장소를 찾아가고, 변화된 문화상을 살펴보았다. 하낙월도에서는 요즘은 보기 힘든 초분이 발견되기도 하였다. 사노겐지 소장은 '독특한 장례풍습이 인상적'이

하우리 마을▼

라며 '섬사람들의 고유문화에서 강한 생명력이 느껴진다'는 소감을 피력하였다. 1936년 상낙월과 하낙월 두 개의 섬이었던 곳이 지금은 제방으로 연결되어 하나의 섬이 되어 있었다.

저녁에는 신안군 임자면사무소에서 1936년에 촬영한 영상이 상영되었다. 영상의 전체 내용이 공개된 것은 이번이 처음이었다. 면사무소를 가득 매운 주민들의 열기는 뜨거웠다. 상영시간 내내 탄성소리, 웃음소리, 한숨소리가 터져 나왔다. 상영이 끝나고 주민들과 대화시간이 진행되었다. 주민들은 타리파시에 대한 기억을 비롯하여 다양한 회고담을 들려주었다. 성치풍 임자면장은 "이런 자료가 보존되어 있다는 점이 놀랍다"며 "주민들에 대한 기록이므로 임자도에도 자료가 기증되기를 희망한다"고 말했다. 자료 기증은 향후 두 연구기관이 협력을 통해 해결하기로 의견을 모았다.

조사의 하이라이트는 15일 아침이었다. 임자도 하우리마을 조사과정에서 영상 속의 한 여인이 현재 전장포에 사는 박차규77세씨의 어머니 같다는 증언을 듣게 되었다. 조사단은 박씨를 찾아가, 어머니가 맞는지 확인하였다. 영상 속에는 보리마당에서 일하고 있는 한 여인이 나오는데, 그분은 박씨의 어머니 주우엽씨였다. 더 놀라운 것은 보존 사진자료 중 주우엽씨가 박차규 씨당시 2살를 품에 안고 찍은 사진을 발견한 것이었다. 자신을 품에 안고 있는 어머니 모습을 본 박씨는 울음을 터뜨렸다. 박씨는 "영상을 보니 생전에 활동적이던 어머니를 다시 만난 것 같다"고 말했다. 기록이 잊혀 버린 추억을 되살려 내고, 76년 전의 과거를 현재와 연결시켜 주는 순간이었다. 조사자들 모두가 보람과 큰 감동을 받았다.

이번 조사는 많은 시사점과 연구 과제를 남겼다. 조사과정에서 '10년 전에만 이런 조사가 이루어졌더

▲ 초분

▲ 모래해변축제

▲ 대광해수욕장에서 보는 낙조

라면 더 많은 증언과 경관확인이 가능했을 것'이라는 아쉬움을 많은 조사자들이 토로했다. 76년은 그리 길지 않은 세월이지만, 현존하는 사람들의 기억 속에서조차 이미 사라져 버린 경관과 문화가 많았다. 생활사 연구의 필요성과 자료의 중요함을 재인식하는 계기가 되었고, 한·일 간 공동연구, 자료공유 등을 위

대광해수욕장▲

해 지속적인 협력이 필요하다는 점도 공감하였다. 이렇게 하우리는 임자도에서 역사적으로 의미가 깊은 마을로 남아 있다.

한국에서 가장 긴 명사 삼십리 대광해수욕장 : 토굴에서 서쪽으로 10여 분쯤 가면 대광해수욕장 최북단 지점에 이른다. 임자도 최북서단인 이곳의 언덕을 중심으로 하여 양쪽에 드넓은 모래해변이 펼쳐져 있다. 서해안의 해수욕장 대부분이 그렇듯 모래가 단단해 시속 100km의 속도로 달려도 자동차 바퀴가 모래에 빠지지 않는다. 활시위처럼 휘어진 해변의 끝머리를 돌아서면 다시 드넓은 모래해변이 펼쳐진다.

이곳 대광해수욕장은 대한민국 해수욕장의 대명사이다. 완도 명사십리보다 3배나 더 긴 모래사장이라 명사 삼십리 해수욕장으로 불리다 1990년부터 대광해수욕장으로 이름을 바꿨다. 대광이라는 이름은 해수욕장이 크다는 뜻도 있지만 인근마을 대기리와 광산리의 앞글자를 따서 붙인 것이다.

이곳은 비금도의 명사십리, 암태도의 추포, 도초도의 시목해수욕장과 함께 신안의 4대 해수욕장으로 꼽힌다. 대한민국에서 가장 큰 백사장으로 12km에 달하는 길이에 물이 빠지면 드러나는 백사장의 폭이 350m 정도이니 그 크기가 어마어마하다. 특히 해가 지는 서쪽에 위치하여 아름다운 낙조가 장관이다.

길이가 12km나 되다 보니, 중간쯤에 벼락바위가 뾰죽 고개를 내밀고 있다. 8개 마을에 걸쳐 있는 백사장을 끝에서 끝까지 걸어서 가자면 2~3시간은 족히 걸린다. 대광해수욕장 앞바다에는 대태이도, 소태이도, 혈도, 고깔섬, 어유미섬, 바람막이섬 등 이름도 아름다운 수많은 크고 작은 유·무인도가 있어서 풍광을 더욱 아름답게 만들어 주고 파도도 막아 준다. 그래서 대광해수욕장은 더욱 천혜의 관광조건을 갖추게 되었다.

해송으로 병풍처럼 둘러싸인 해수욕장 뒤편 모래 언덕에는 신안군의 군화(郡花)이기도 한 해당화가 대규모로 자생하고 해수욕장으로 들어가는 입구에도 길게 분포되어 있다. 68,000m²로 조성된 신안 튤립공원은 전국 최대규모를 자랑한다. 이제 튤립은 임자도를 대표하는 관광상품으로 자리잡았다. 튤립꽃으로 만든 풍차전망대 앞에는 구릿빛 나신의 조각상이 서 있다. 튤립축제 외에도 다양한 축제가 이곳에서 열린다. 2007년 대광해수욕장 모래해변을 국제해변승마장으로 개장한 이래, 전국 각지에서 승마동호인의 발길이 이어지고 유소년승마대회도 열린다. 모래해변에서 즐기는 승마는 임자도만이 갖는 독특한 매력이다.

임자도 박장군 전설

400년 전 임자면 이흑암리 은동에서 성양 박씨인 박민호의 처가 아들을 낳았다. 태어난 지 3일된 아이가 말을 하므로, 문중에서는 이를 불길한 징조로 보고 아이에게 돌을 달아 바다에 익사시켰다 한다. 그러자 갑자기 천지가 진동하며 우렛소리와 함께 마을 뒤 명산 대둔산에서 용마가 울고는 다시 말봉산으로 돌아갔다고 한다. 당시 마을 원로들은 이 아이가 살아서 성장하였더라면 대장이 될 인물이었다며 지금까지 회자되고 있다.

▼ 튤립축제

박종현朴宗鉉 : 박종현은 임자도 주민들에게 항일의식을 고취시키고 사리에 맞는 삶을 살 수 있도록 깨우치게 했던 조선 말기 유학자였다. 바른 행동규범을 보여 주민들의 존경을 받는 인물로 일제강점기였던 당시에 일본인학교 한문선생직을 끝내 거절했다고 한다.

임자도 관광

대광해수욕장 : 대광해수욕장은 우리나라에서 가장 길고 넓고 깨끗한 해수욕장이다. 백사장의 길이는 12km나 되고, 폭이 350m가 넘는다. 해수욕장 끝에서 반대편 끝까지 가려면 걸어서는 2~3시간, 자전거로도 30분이나 걸리는 광활한 백사장이다. 모래밭 한가운데 갯벌지대가 따로 있다. 썰물 때 폭 350m의 모래밭과 갯벌이 모습을 드러낸다. 넓은 백사장 너머로 보이는 수평선 또한 서정적이고 아름답기 그지없다. 영화 '목포는 항구다'의 마지막 장면 촬영지로, 스크린을 통해 영화팬들의 시선을 사로잡은 곳이기도 하다.

어머리해수욕장과 은동해수욕장 : 서남쪽 해안에 있는 해수욕장이다. 규모는 대광해수욕장에 비해 작지만 잘 알려지지 않아 한적한 해수욕장이다.

화산 고인돌 : 지석묘 3기가 있다. 일명 개구리돌이라고 불리는 상석은 6·25전쟁 당시에 깨졌다고 하는데 흔적을 확인할 수가 없다. 상석의 크기는 장축 400cm, 단축 250cm, 두께 100cm이고 타원형으로 이루어졌다.

대둔산 성지 : 대둔산 정상 320m에 위치한 퇴뫼식 산성이다. 대둔산성은 대체로 숙종 37년[1711] 임자진이 설진될 당시에 처음 축조된 것으로 추정된다. 대둔산성의 서쪽으로 재원도, 동쪽으로는 지도, 남쪽으로는 바다, 북동쪽으로는 진리진도가 위치하고 있는데 대둔산 정상에서는 이 섬들이 한눈에 조망된다.

하우리 바닷가

화산단 : 섬지방의 유림 인사들은 외세침탈 등 국가적 위기의 해결방안으로 위정척사衛正斥邪를 주장하였다. 특히 임자도의 유림들은 화산 산록의 바위에 위정척사라는 명문을 새겨 강렬한 척사의지를 천명하고, 당시 임자의 대표적 유림 인사들이었던 김두후, 이학재, 임행재, 박종현은 1916년 화산 산록에 단을 설치하였다.

조희룡 적거지 : 조희룡은 1851년 조정의 예송논쟁에 개입하였다가 임자도에 3년 동안 유배조치되었다. 그는 유배지 오두막집에 만구음관萬鷗吟館, 즉 만마리의 갈매기가 우는 집이라는 편액을 붙이고 그 속에서 칩거하면서 집필과 작품활동을 계속하였다. 당호가 있는 그의 그림 19점 중 8점이 이때 나올 정도로 활발한 작품활동을 하였다. 묵죽법과 괴석도 그림에 일가를 이룸은 물론 중국 송나라의 대가 곽희가 만든 산수화 개념조차 수정하여 조선 산수화 특유의 감각미를 강조하였다. 유배시기 조희룡은 이론의 정립과 기량의 완숙으로 절정의 경지에 올랐다. 2005년 3월에는 '조희룡의 흔적을 찾는 사람들'이라는 모임에서 '조선 문인화의 영수 조희룡'이라는 기념비를 임자도 흑암 마을에 세우기도 했다.

용 낳은 굴 : 천년 묵은 이무기가 용으로 변해 승천했다고 해서 용난굴이라 한다. 용난굴 옆에 서 있는 바위를 망향석이라 부르는데, 용난굴과 망향석에서 소원을 빌면 이뤄진다는 전설이 있다.

열두(12) 문턱 : 광산마을의 병산 허리에 성인이 어렵게 들어갈 수 있는 높이 2m, 너비 1m의 장방형 동굴이 있다. 좁은 입구를 지나 안으로 들어가면 전방에 오르막 계단이 있는데, 만조가 되었을 때는 바닷물의 출렁거림 소리를 들을 수 있으며, 12문턱이 있다고 한다. 12문턱은 무타리도 앞의 용둠벙과 연결돼 있다는 설이 있다.

대둔산 정상▲
하우리 항▲
조희룡 기념비▲

임자도를 떠나면서

▲ 임자도와 목포를 운항했던 일륜호(1963년)

임자도는 필자가 다녀 본 섬 중에 으뜸인 보배섬이었다. 넓은 땅덩어리가 육지와 매우 근접해 있으며 전장포 새우젓, 우리나라에서 가장 넓은 대광리해수욕장, 사라진 타리파시와 멍텅구리배, 염전 등이 임자도를 찾는 사람들에게 풍성한 이야깃거리를 제공해 줄 것이다. 특히 전국에서 가장 긴 백사장을 보유한 대광해수욕장이 해변 승마의 명소로 떠오르고 있다. 임자도의 특색을 살려 모래사장, 물가, 장애물 등으로 특별 설계된 2km의 코스를 한 사람씩 말을 타고 달려 순위를 겨루는 국내 유일의 승마 크로스컨트리 경기다. 한편 임자도 대광해변에서는 매년 8월 15일까지 누구나 무료로 해변승마를 즐길 수 있는 해변승마 체험장이 운영되고 있어 휴가철 해변을 찾는 관광객에게 즐거운 추억을 선사하고 있다.

재원도 在遠島

민어와 부서파시가 그리운 섬, 아직도 백화새우 섬

개요

목포에서 북서쪽으로 45km, 면소재지인 임자도에서 서쪽으로 1.1km 해상에 자리잡고 있는 재원도는 비금도, 자은도 등과 함께 서남해의 큰 바다와 접해 있기 때문에 뱃길로는 매우 중요한 섬이다. 재원도는 넓이 5km², 해안선 길이 11km의 작은 섬이다. 이런 조그마한 섬에도 무려 200명 안팎의 사람들이 삶의 터전을 이루며 살고 있지만 외지인들이 찾지 않는 고적한 섬이기도 하다.

재원도는 서쪽으로 트인 만 주변부와 동쪽 해안 저지를 제외한 대부분의 지역이 산지로 되어 있다. 남·북쪽에는 산괴山塊가 있고, 중앙부의 동·서쪽에 해안 저지대가 있어 동쪽 해안에 재원리, 서쪽 해안에 예미마을이 들어섰다. 농사라 해야 마을 뒷산을 개간하고 사람이 살다 떠난 집터를 일궈 고추, 상추 등 밭농사를 짓는 것이 전부다. 예전에는 높은 구릉지까지 농사를 지었지만 지금은 모두 묵히고 있으며 대부분의 주민이 어업에 종사한다.

재원도는 신안군 지도읍 점암에서 배를 타고 임자도를 거쳐 1시간여 걸려 도착하는 작은 섬이다. 행정구역으로는 임자면에 속하지만, 임자면 진리 선착장에서도 뱃길로 40여 분이나 걸린다.

재원도는 옛날부터 중국으로 가는 중요한 항로에 위치한 섬이다. 이곳에서 서북쪽으로 계속 항해하면 중국 상해가 나온다. 고려 말 남송으로 가기 위해서는 개성과 당황포를 출발하여 서해를 따라 내려와 이곳을 들르게 되었다. 압해도와 우이도, 흑산도, 홍도, 가거도를 차례로 들러 남중국해로 항해를 했다. 그 중요한 길목에 위치한 섬이다. 풍랑이 심해 항해가 어려운 동절기에는 날씨가 풀리는 3~4월에 수송하기 위해 이곳에다 양곡을 보관하던 장소였다. 그래서 섬 이름을 재원도財源島라 불렀다. 그 후 임자도 본섬에서 멀리 떨어져 있다고 하여 재원도在遠島로 이름을 바꾸어 불렀다고 한다.

사람의 입도시기는 약 270여 년 전, 여량 진씨가 처음 거주하기 시작했다고 전해 온다. 여느 섬이나 마찬가지이듯 재원도 역시 농사지을 땅이 없는 곳이다. 일제강점기에는 범선 안강망 배가 있었지만, 이곳의 바다가 워낙 험하고 물살이 거세어 어획에 실패

▲마을앞에 있는 고목(팽나무)
▼재원도의 관문 점암 선착장

한 후부터 어선은 사라졌다고 한다. 그러다 보니, 쌀밥과 고깃국은 명절과 제사 때에만 구경하고 보리밥과 고구마로 끼니를 때우던 가난한 섬마을이었다.

그래도 섬사람들이 이렇듯 가난한 섬에서 떠나지 못하는 이유는 미역과 톳, 우뭇가사리, 뜸부기, 전복 등 자연에서 얻는 혜택 때문이었다. 해안에 정박하고 있는 고깃배에 찾아가서 뱃사람들에게 생필품인 나무와 물, 김치, 술 등을 팔거나 생선과 물물교환을 하면서 살아왔다.

낙후된 재원도 주민들이 고기 잡는 기술을 익히기 시작한 것은 1980년대 파시가 사라질 무렵이었다. 젊은이들이 다른 지역의 고기 잡는 배를 타면서 어획기술을 익힌 덕이었다. 1977년경에 진성인, 강대율, 함택산 세 사람이 낭장망으로 어장을 시작하여 오늘에 이르고 있다.

재원도의 가구 수는 73가구이고 선박은 45척에 이르지만, 실제로 배를 가지고 있는 호수는 20여 호에 불과하기 때문에 호당 두세 척의 배를 가지고 있는 셈이다. 그 대부분이 닻배라고 한다. 임자도 전장포와 재원도 닻배들에 의해서 많은 새우를 잡는다. 중국젓새우, 돗대기새우, 둥근돗대기새우 등이 주로 많이 잡힌다. 5월에 잡은 새우로 담근 젓갈 오젓과 6월에 잡은 새우로 담근 젓갈 육젓은 그 빛깔이 하얗고 고와 백화새우, 또는 둥근돗대기새우라고 불린다.

둘러보기

선착장에서 북쪽 끝자락을 보면 조그마한 섬이 있

우뭇가사리 ▶
돗대기새우 ▶
둥근돗대기새우 ▶
중국젓새우 ▶

는데 바로 상항월도上項越島라는 무인도가 연결되어 있다. 돌을 쌓은 징검다리로 연결되어 육계도陸繫島처럼 되어 있는 것이다. 해안의 조그마한 방파제 옆으로 작은 모래해변이 이어진다. 산중턱에 산책로 비슷한 길이 섬을 두르고 있는 듯이 보이지만 중간에 사라진다. 섬의 가장 남쪽 지점이 톡 튀어나왔는데, 중간 부분은 말안장처럼 움푹 들어간 지형으로 초원지대다.

마을 뒤 산길을 따라가면 중간에 예미재가 나오고 그 고개를 넘으면 바로 모래해안으로 이어진다. 배를 타고 이 부근을 지나면서 보니 예전에 있었던 예미 마을은 흔적도 없이 사라졌다. 북부와 북서부 및 여러 곳에 해식애가 발달했는데 암석절벽 군데군데 붉은색 벽옥碧玉이 맥脈을 드러내고 있다. 마을이라고 해봐야 북쪽 뒷산(244m)에 올라가면 한눈에도 누가 어디로 가는지를 확인할 정도로 아담하다.

마을에서 슈퍼마켓도 볼 수 있었는데, 식당과 만물상을 겸하고 있었다. 마을의 가장 북쪽 지점에 마당이 넓은 보건진료소와 슬라브 지붕을 인 경로당이 있다. 북쪽 방파제 앞은 온통 갯벌이다. 북쪽 방파제가 오른쪽으로 꺾어 들어가는 그 지점까지 갯벌이다. 방파제 밖이 바다이고 안쪽은 갯벌인 셈이다. 이 방파제 옆은 모래밭과 갯벌이 혼재해 있다.

재원도는 민어와 부서파시로 유명한 섬으로 우리나라에서 파시의 모습이 가장 늦게까지 남아 있었던 곳이다. 재원도는 작고 한적한 섬이지만 과거에는 수많은 사람들로 북적이던 시절이 있었다. 재원도 파시는 1989년경에 막을 내려 이제는 과거형이 되고 말았으나, 1960년대부터 병어와 부서 그리고 민어의 큰

상공에서 본 예미해수욕장 일대 ▼

파시가 형성되었던 곳이다. 재원도는 거센 파도를 막아 주는 천혜의 항구를 갖고 있어 5월부터 8월까지 파시를 위해 전국에서 몰려든 300여 척의 배로 대단한 호황을 누렸다고 한다. 파시波市는 조기나 민어, 고등어, 삼치가 한창 많이 잡히는 때에 섬이나 포구에서 어선과 상선 사이의 일시적인 직거래와 그 주변지역의 상거래까지를 아울러 이르는 말이다.

조선시대는 이를 파시평波市坪 또는 파시전波市田이라 하였고, 위와 같은 정경을 파시풍波市風이라 하였다. 파시라는 말이 처음 소개된 기록은 『조선왕조실록』 세종 때였다. 파시가 열리는 시기이면 배에 필요한 선구와 생필품을 파는 가게들, 술집, 여인숙들이 북적거렸다. 1970년대 재원파시가 한창일 때, 수백 척의 배들이 재원도에서 임자도 목섬까지 꽉 들어찼다고 한다. 무역선이 잡은 고기를 손질하여 일본으로 수출했다. 당시만 해도 꽤 번창하던 포구였다고 하나 이제 그 흔적을 찾기는 힘들다.

"여름 산란기가 되면 알을 낳으러 몰려든 민어가 '꺽꺽' 우는 소리에 잠을 못 잘 정도였어." "배들이 두 섬 사이에 꽉 차서 배만 밟고 임자도까지 건너간다 그랬지." 이곳 출신이자 파시를 경험한 함근산(78세) 주민의 회고담이다. 그는 이어서 80년대 중반까지 파시가 성행할 때에는 술집과 다방이 20여 곳이나 될 정도로 북적거렸다고 했다. 흑산도에서 술집과 다방을 열어 장사하던 유흥업자들은 5월이면 고기가 북상하기 때문에 어류의 북상에 따라 흑산도에서 비금도 송치로, 자은 사월포와 중도 상월포로, 다시 임자도 전장포와 재원도로 이동했다. 그들은 전북 위도까지 올라가 장사를 하다가 겨울을 지낸 후 다시 흑산도에 모여드는 등 철새처럼 파시를 따라 이동했다.

◀ 재원도 선착장
◀ 병어잡이배
▼ 재원도 포구 전경

바다 위에서 고기를 잡는 일은 단조롭고 위험하다. 그래서 뱃사람들의 마음에는 흙과 김치, 여자와 술이 그리워 재원도 항을 외면할 수가 없었다. 험한 바다에서 고기를 잡다가 재원도에 입항하면 뱃사람들은 밤새도록 술을 마시고 여자를 찾았다. 고단하고 단조로운 배에서의 삶이 반복되다가 육지에서의 평온함에 긴장이 풀리고 동료들끼리 한 잔의 술로 회포를 풀기 위함이었다.

자기 배를 소유한 사람은 이 섬마을 처녀와 결혼도 했지만 대부분의 선원들은 선불금을 받아 유흥비로 탕진하였다. 옛날이나 지금이나 수많은 선원들이 이런 환경에서 벗어나지 못하고 있다. 힘들고 위험한 고기 잡는 일은 3D 업종 중에서도 가장 열악하기 때문에 내국인들은 기피한다. 요즈음은 외국인 선원들을 고용하고 있다. 또한 젊은 어부는 없고 늙은 어부들만 있어 한국 어업의 미래가 어둡기만 하다. 근래에 와서는 어업기술의 발달과 남획으로 어족자원이 고갈되면서 재원도 부서는 사라지고 말았다. 그러나 다행스럽게도 인근의 서해바다에서 병어, 민어, 새우 등 고급 어종들이 많이 잡힌다.

재원도는 1980년대 후반까지만 해도 민어파시가 지속되었다. 결과적으로 재원도 파시는 서남해안에서 가장 늦게까지 버텨 온 파시였다.

재원도 출어고사

예로부터 바다에 나가 풍랑이나 빠른 조류와 싸워야 하는 사람들은 늘 위험을 감수해야 하기에 무엇인가 의지하는 신앙심이 필요하였다. 그래서 자연스럽게 생겨난 것이 뱃고사라는 전통 제사인데 이곳 재원도에서도 빼놓을 수 없는 중요한 의식이리 하겠다. 뱃고사의 종류로 출어고사, 명절고사, 배내리기^{진수} 고사가 있다. 출어고사는 출어 시 지내는 제사로 열무날, 서무날 밀물이 들어와 조류가 잔잔해졌을 때에 거행되고, 명절고사는 상원^{上元}, 추석 등 세시^{歲時}에 지내는 고사이다. 또 배내리기 고사는 배를 새로 샀거나 건조하여 진수할 때 지내는 고사이다. 요즈음은 건조된 선박을 가까운 조선소에서 사 가지고 오기 때문에 진수고사는 사라졌다.

출어고사는 열무날, 서무날에 가장 많이 하는 것으로 선주가 고사를 주관하는 것이 원칙이다. 만약 선주에 부정이 끼었을 경우에는 신장 또는 선원 중 윗사람이 주관한다. 어획이 지나치게 적거나 사고가 잦을 때는 무당을 데리고 와 고사를 지내는 경우도 간혹 있다. 제주^{祭主}가 될 선주의 그날 일진이 나쁘면, 선장이나 선원 중 윗사람의 일진을 보고 그를 제주로 선정한다. 제주의 자격은 까다롭다. 제주로 결정된 사람은 그 후부터 가정에 초상이나 출산이 없어야 하고 심지어 가족원 중 생리하는 여자가 없어야 하는 등 온갖 부정이 없도록 각별히 신경을 써야 한다.

이때 제물로 쓰이는 어물은 최근 출어 시 첫 어획에서 잡힌 크고 귀한 것을 선택해야 한다. 선택한 어물은 배에서 말리거나 소금에 절인다. 상서로운 고기인 조기는 반드시 제물로 마련해 둔다. 반면, 비늘이 없는 갈치, 장어, 홍어, 간재미 등은 형태가 비정상적이고 보기 흉하다고 생각되어 절대 제물로 올리지 않는다. 특히, 갈치와 장어는 몸체가 길어 뱀을 연상시킨다 하여 기피했다.

고사는 뱃서낭^{배의 수호신} 앞에 상을 차리고, 고물^{배의 뒤편}·이물^{배의 앞편} 순의 상차림으로 시작한다. 그러고 나서 제주가 상마다 술을 한 잔씩 붓고 재배를 한다. 마지막으로는 상에 놓인 음식 중 일부를 떼서 바가지에 넣고, 고루 섞어 바다에 뿌린다. 이는 용왕에게 헌식을 하는 의식이다. 헌식 시에는 '사고 없이 잘 지내

▲ 재원도 출어고사

게 해 주십시오'라는 기원을 한다.

　재원도를 여러 차례 방문하다 보니 재원도는 임자면 중에서도 마을 전통을 충실히 이어 온 곳임을 잘 알 수 있었다. 2008년도 설에 방문했을 때는 수십 년 동안 시행하던 농악이 경연자가 부족해서 중단되었다고 한다. 이 섬만의 사정이 아니라 모든 섬에서 일어나는 현상이라 안타까움이 컸던 기억이 있다. 재원도는 다른 섬보다 탐사선 등대호를 타고 2012년에 2박, 2013년에도 2박을 하면서 주위 섬들을 돌아본 잊지 못할 섬이다.

증도면

대기점도 大奇鮎島

기묘한 점 모양의 섬

개요

대기점도는 어미섬 병풍도와 소기점도, 소악도와 밀접한 관계를 가지고 있다. 거리가 가깝고 물이 빠지면 노두로 하나가 되기 때문이다. 이 섬들의 크기도 육지의 어느 농장 크기만해서 아담하다. 섬의 북쪽에는 병풍도, 남쪽에는 소기점도, 동쪽에는 마산도, 서쪽에는 화도가 있다. 총면적 0.360㎢, 해안선 9.3㎞ 36세대, 인구 72명이 살아가는 대기점도는 목포에서 북서쪽으로 25㎞ 떨어진 해상에 있다. 대기점도는 남해안 쪽에 약간의 평야가 있고, 북쪽과 남쪽 해안에 넓은 간석지가 전개되어 있다. 최고 높이는 89m로 섬 전체가 낮은 구릉지를 이룬다.

마을은 북쪽과 남쪽 해안가에 집중되어 분포하고 있으며 주민들은 대부분 농업과 어업을 겸한다. 농산물로는 쌀과 보리, 콩, 고구마, 참깨, 마늘 등이 생산된다. 연안에서는 김양식과 소금 생산이 활발하다.

지명의 유래는 여러 설이 있다. 섬의 모양이 마치 점을 찍어 놓은 듯 '기묘한 점 모양의 섬'이라서 기점도라 했다고 전해지는가 하면, 또 하나는 밀양 박씨 4가족이 이 섬을 비롯하여 주위의 섬에 살고 있다가 매년 음력 8월 15일을 기해 이곳에서 만나 차례를 지낸다고 하여 대기점도라 불렀다고도 한다.

이곳에 처음 사람이 들어온 시기는 1750년경으로 해주 오씨가 영광에서 이주하여 정착하였다는 설이 있는 반면, 1690년경 밀양 박씨가 먼저 들어왔다고도 전해 오고 있다.

대기점도에서 김흥용씨75세를 만났다. 이분은 병풍초등학교 3회 졸업생인데 대기점도에는 학교가 없어서 노둣길을 물때에 따라 새벽에 건너가기도 하고 공부를 마치고 캄캄한 밤에 건너오기도 했다고 한다. 지금과 같은 노두가 아니라 건너뛸 정도로 조그만 돌

▼ 대기점도 필립의 집

▲ 지주식 김양식장
◀ 소기점도와 이어지는 노둣길

들을 놓고 다녔는데 시간이 지날수록 돌에 굴들이 붙어서 발에 상처가 많이 났다고 했다. 옛날에는 신이 없어서 짚신을 신고 다녔다. 가난하여 굶기를 밥먹듯이 하였고, 학교에 갔다 오면 공부는 뒷전이요 일에 매달려야 했다. 어떤 때는 바닷물이 들어와 책보따리를 머리에 이고 위험하게 건널 때도 많았다.

새마을운동으로 가장 큰 혜택을 본 것은 지붕개량이고 그 다음이 길내기였다. 그 당시에는 리어카나 경운기가 없었던 시절이어서 길내기에 필요한 돌이나 흙을 남자들은 바지게에 지고, 여자들은 머리에 이고 날랐다. 김홍용씨는 대기점도와 병풍도의 노둣길이 점차 진화되더니 마침내 포장되어 차가 다닐 수 있는 도로가 된 것이 가장 큰 감회였다고 회고한다. 이곳에 사는 주민들은 면 소재지인 증도나 목포를 한번 나가려면 반드시 병풍도를 거쳐야 하기 때문에 대기점도 사람들은 병풍도 사람들을 부러워하기도 하였다. 지금은 세상이 너무 많이 변하여 목포에서 차도선이 들어오고, 노둣길이 포장되어 차가 들어올 뿐만 아니라 면 소재지인 증도가 육지와 연륙되어 상상도 못할 일들이 일어났다며 '어두운 세상에 태어나 밝은 세상에 죽게 되어 아쉽다'고들 했다.

대기점도에는 각시바위가 있다. 아주 옛날 이곳에 금슬이 좋은 부부가 살고 있었는데 고기잡이 나간 남편이 돌아오지 않아 기다리다가 지쳐서 바위로 변하였다는 전설이 있으나 지금은 파손되어 아랫부분 형체만 남아 있다.

이곳은 일명 고양이 천국이다. 목포에서 배로 2시간 거리에 있는 작은 섬, 대기점도. 그 섬의 주인은 사람이 아니라고 한다. 섬의 집집마다 부엌과 마루를 차지하고 있는 것은 바로 고양이. 약 30여 가구의 주민들과 300~400마리에 이르는 고양이들이 말 그대로 동거 중이다. 30년 전에 마을이 들쥐로 인해 극심한 피해를 입게 되자 쥐를 없애기 위해 고양이를 섬으로 들여와 키우기 시작한 것이 이 섬에 고양이들이 살게 된 동기이다. 그 후 쥐로 인한 피해는 많이 줄어들었지만, 섬에 살던 개들이 천적인 고양이들을 가만 놔두지 않자 마을 사람들은 다시 논의하여 섬의 모든 개들을 밖으로 내보냈다고 한다. 그 후로 약 30년간 개는 한 마리도 없고 그야말로 고양이들의 천국이 된 것이다.

▲ 그물로 숭어를 잡는 모습

그러나 들쥐가 거의 사라지자 고양이들은 '부뚜막에 먼저 오르는 고양이'로 타락하기에 이르렀다. 볕에 말리는 생선과 양식장 새우까지도 잡아먹었다. 그러자 섬사람들은 '고양이 잡는 개'를 다시 들이기로 의견을 모았다. 다만, 그간 고양이들의 헌신을 감안하여 '고양이를 해친 개는 퇴출시킨다'는 전제를 달았다. 대기점도에 모두 6마리의 개가 다시 들어왔다. 그래도 여전히 고양이는 많다. 이 섬의 주민은 70여 명, 고양이는 야생을 포함해 300~400마리라고 하니 생태계의 질서를 인위적으로 교란시킨 사례가 아닐 수 없다.

간척으로 농토를 넓혀 쌀, 보리, 콩, 고구마, 참깨, 마늘 등을 생산한다. 연안에서는 김양식과 소금 생산이 활발하다.

둘러보기

여객선을 타고 이곳의 관문인 선착장에 내렸다. 마침 물이 빠진 갯벌에서 부부가 팔딱거리는 커다란 숭어를 잡고 있었다. 대기점도에는 북촌마을 18가구, 남촌마을에 19가구가 있는데, 두 마을 합해서 71명이 살고 있다. 북촌마을은 바로 앞에 있는 병풍도와 노두로 연결되어 있다. 병풍도에서 노둣길로 건너오면, 대기점도 입구에 작은 동산이 있다. 그곳에 몇 그루의 소나무와 함께 비석 한 기가 있다. 비석에는 '해주 오씨 병풍도세거비'라 쓰여 있었다.

북촌마을은 조그마한 마을이다. 마을 입구에서 오르막길을 따라가면 비닐하우스와 경운기가 있는 집이 드문드문 있다. 계속 올라가면 해안길로 이어진다.

마을 안 골목길로 들어서면 교회건물 바로 앞에 기점노인정이 있다. 박정근씨가 기증한 것으로 문패처럼 기증자 명단이 새겨져 있다. 마을은 상당히 좁은 편으로 옹기종기 모여 있는 형국이다. 맞은편 바다는 온통 갯벌이고 한쪽으로 노두가 끝없이 이어진다. 바닷물이 빠지면 노두가 모습을 드러내어 병풍도로 건너가는 길이 열린다. 이 노두를 지나가는 주민들의 모습을 먼 곳에서 바라보면 신비롭기 그지없는 풍경을 연출한다.

남촌마을은 북풍을 피할 수 있는 아늑한 곳에 자리잡고 있었다. 여기서 조금만 가면 소기점도로 가는 길목이다. 아늑한 숲 속에 위치한 증도초등학교 기점분교장. 그러나 이 분교장은 2010년에 폐교되었다. 교사는 두 채 정도의 부속건물을 갖고 있는데 굳게 닫혀 있다. 소악도분교처럼 바다가 잘 보이는 쪽에 위치해 있었더라면 진즉 누군가가 사들였을 텐데 그대로 방치되어 있었다.

해안길을 따라가다가 꺾어 들어가면 몇 개의 저

수지 비슷한 곳이 나타난다. 염전이라기보다는 새우 양식장으로 보인다. 그 뒤로 저수지가 있고 양식장 옆으로 논이 있는데, 이곳이 버답해들이다. 언덕 너머에도 너른 들판이 펼쳐져 있다. 간척한 곳으로 대부분 농토로 활용되고 있다. 그 길을 따라 가면 역시 새우 양식장, 그 끝으로 그리 길지 않은 방조제가 보인다.

노두를 걸어가는 우체부 아저씨를 만났다. 우체부는 병풍도에서 우편물을 받아서 노둣길을 따라 우편물을 전한다. 노둣길이 나기 전에는 배를 타고 우편물을 전해 주었지만, 지금은 노둣길을 오토바이로 간다고 한다. 몇 년 전에 대기점도와 병풍도 사이만 포장이 되어 대기점도까지 오토바이로 갔다가 소기점도와 소악도는 걸어서 배달하러 간다. 이 역시 이곳 섬에서만 볼 수 있는 흥미로운 풍경이 아닐 수 없다.

물때가 맞으면 마산도, 황마도, 매화도 그리고 여객선을 타고 대기점도로 건너가서 소악도, 소기점도, 병풍도, 보기섬, 신추도 등 9개 섬을 노둣길을 따라 돌아볼 수 있다. 자전거로 가는 것이 아마도 가장 이상적일 것이다.

▲ 폐교된 기점분교

아름다운 마을 전경 ▲

증도면 101

도덕도 道德島

보물선이 난파된 곳

개요

도덕도는 증도의 아주 작은 새끼섬으로 무인도다. 바로 이 섬 근처에서 700년 전의 송원대 유물선이 발견되어 증도와 함께 유명한 섬이 되었다.

도덕도는 본래 해적들이 숨어 있던 곳으로 해적섬이라고 불리던 곳이다. 해적들과 도적들의 삶의 고뇌를 품었을 도덕도에 발을 디디면, 눈에 들어오는 것이 아무것도 없다. 아무리 둘러보아도 배 한 척 없고 해적들의 모습 또한 보이지 않는 섬. 무심한 파도만 요란스럽게 부딪치고 있는 곳이다.

해저유물발굴기념비가 있는 검산마을은 마을 입구에 방액석이 아직도 남아 있다. 병자호란^{1636년} 때 역병^{돌림병}으로 많은 사람들이 죽고, 그 후에도 계속해서 병이 나돌자 임신년^{1692년} 정월 스님의 제안에 따라 설치한 것인데, 지금껏 남아 있다.

일주도로를 따라 조금 더 가다가 검산리 산허리에서 바다를 내려다보면 도덕도와 대섬 등 작은 섬이 그림처럼 펼쳐진다. 방축리 서북쪽 마을을 에워싼 도덕도와 대섬 사이로 수백 년 동안 대규모 파시가 성행했던 곳이 바로 이곳이다. 이곳의 하트 모양 해변을 상월포라고 하며 목넹기라고도 부른다. 이곳은 자은도의 사월포 파시, 재원도 파시와 함께 부서파시가 형성됐던 곳이다. 아직도 이곳에는 바닷가에 여러 개의 집터들이 있어 그 흔적을 찾아볼 수 있었다.

해안길을 따라서 계속 가다 보면 방축리가 나오고 조금만 더 가면 수많은 고깃배들이 드나들었다던 방축리 나룻구지 포구가 나온다. 목포에서 손님을 싣고 온 여객선이 이곳 나룻구지까지 와서 정박하고 도덕도 앞바다에서 닻을 내리고 있다가 다음날 목포로 가곤 하던 곳이다. 나룻구지는 이제 분주함은 사라지고 김양식을 하는 배 몇 척만 쓸쓸히 정박해 있다.

▲ 해저유물발굴 기념비

▲ 검산마을에 있는 방액석

▮ 둘러보기

나룻구지 포구에서 김양식하는 배를 빌려 타고 5분 정도 걸려 도덕도에 들어갔다. 작은 해수욕장으로도 손색이 없는 아담한 백사장이 증도를 향해 있고, 그 주위에 폐교였던 학교터 건물이 철거된 흔적만 남아 있었다. 아직도 멀쩡한 집과 조립식 건물 2개가 있는데, 이 집은 양도천 목사가 이곳에서 금욕생활을 하면서 집회를 하던 곳이었다. 2001년까지 집회를 했던 플래카드가 그대로 방치되어 있었다.

섬은 나무와 숲이 우거질 대로 우거져서 도저히 돌아볼 수 없을 정도로 원시의 섬이 되어 있었다. 뒤쪽으로 돌아가 보니 움푹 들어간 U자 모양의 해안이 모습을 드러냈다. 1973년도에 내무부에서 나온 도서지에 따르면, 도덕도에는 7가구 주민 43명, 분교생 25명으로 나와 있다. 도덕도는 최고 11가구가 살았고 학교까지 있었지만 지금은 무인도로 변해버린 곳이다.

증도에서 도덕도까지 이제는 배를 타지 않고 섬에 들어갈 수 있다고 한다. 그 사유는 지주식 김발을 많이 설치하는 바람에 조류의 흐름이 약해져서 갯벌이 증도와 도덕도 사이에 있는 바다를 조금씩 메워갔다는 것이다. 썰물 때면 드러나는 갯벌에 푹푹 빠지면서 바다를 건너갈 수 있다고 한다.

이 도덕도 앞바다는 사적 274호로 지정된 곳이다. 이 근처 바다에서 약 700년 전 수장되었던 청자·백자 20,661점, 동전 28t 등 국보급 유물이 9년 동안 발굴되었기 때문이다. 바다에서 매년 수천 점씩 건져 올려 세계적으로 알려지게 되었던 그 바다가 도덕도 앞바다이다.

증도면 방축리 도덕도 일원에 민자투자가 대규모

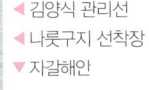

◀ 김양식 관리선
◀ 나룻구지 선착장
▼ 자갈해안

유물이 발굴된 해역 ▲

로 이루어질 전망이다. 비치 리조트, 유물 전시관, 수상가옥, 음식타운 등을 도덕도에 조성함으로써 슬로시티 보물섬으로 알려진 증도를 도덕도와 연계하여 자연과 공존하는 친환경 테마섬으로 개발할 계획을 갖고 있다고 한다. 아름다운 섬 도덕도는 증도, 화도와 함께 관광섬으로 연계발전할 계획선상에 놓여 있는 것이다.

병풍도 屏風島

병풍바위로 널리 알려진 섬

개요

증도면에 속한 병풍도는 면적 2.5km², 해안선 길이 10.7km, 최고 높이는 74m, 세대수 115, 인구수 246명이 살아간다. 목포에서 서북쪽으로 26km 떨어진 해상에 위치해 있다. 구릉지를 제외하면 대부분 평지다. 해안에는 간석지가 넓게 분포되어 있으며, 일부 지역은 방조제를 쌓아 농경지와 염전으로 이용하고 있다.

이 섬의 지명 유래는 마을 서북쪽의 산이 병풍처럼 보인다 하여 병암이라고 부르다가 섬 북쪽 끝 해안선 절벽병풍바위가 병풍과 유사하다 하여 병풍도라고 섬의 이름을 바꾸었다. 병풍바위가 어찌나 아름다운지 신선이 이곳에 내려와 살게 되었으며, 그 신선이 병풍도라는 이름을 하사하였다고도 전해 오고 있다.

섬에 처음 사람이 들어온 시기는 숙종 14년[1688]에 해주 오씨가 들어와 살았다는 설과 19세기 초반에 밀양 박씨가 들어왔으며, 그 후에 한양 조씨가 들어와 정착하였다는 설이 있으나 국립해양문화재연구소의 현지 조사 결과 해주 오씨가 17세기에 입도하였다는 것으로 확인됐다. 과거에는 지도군 선도면 지역이었으나 1914년 행정구역 개편 때 무안군 선도면에 편입되었다가 1917년 지도면에 편입, 1969년 무안군에서 신안군이 분리되면서 신안군 증도면에 편입되었다.

병풍도의 가장 큰 특징은 보기섬과 신추도가 방조제로 연결되어 하나의 섬이 되었을 뿐만 아니라 썰물 때에는 대기점도, 소기점도, 소악도와 노두露頭로 연결된다는 것이다. 병풍리1구 병풍도 본섬, 병풍도2구 대기점도, 병풍도3구 소기점도, 소악도 등 4개 섬을 합쳐서 병풍리라고 부른다.

병풍도에서 대기점도까지 노둣길은 975m, 대기점도에서 소기점도까지 217m, 소기점도에서 소악도까지는 337m로 총길이 1,529m이며 병풍도에서 신추도까지는 210m이다. 이 노두는 차들이 마음대로 드나들 수 있다. 이 섬들의 노두 길이가 1,739m로 우리나라에서 가장 길다. 이곳은 물이 빠지면 어디든 자유롭게 이동할 수 있는 곳이다. 노두가 포장도로로 완성된 후에 차량들의 왕래로 섬들 간의 교통이 편리해지면서 대기점도, 소기점도, 소악도 주민들의 생활권도 목포와 무안군으로 확대되었다.

이곳의 옛 노둣길은 백 년이 지난 바닷길로서 섬 주민들의 이동로이다. 하루에 두 번씩 드러나지만 그 시간은 길지 않다. 썰물 때에는 갯벌이 드러나 나룻배가 다닐 수 없어서 섬 주민들은 발이 푹푹 빠지는

◀ 병풍바위를 보러 하선하는 관광객들

◀ 병풍바위 관광선

▲ 병풍도와 노둣길로 이어진 신추도 전경

이 갯벌을 건너다녔다.

　이러한 불편을 해결하기 위하여 큰 호박만한 돌들을 힘들게 날라다가 갯벌에 놓아 징검다리 길을 만든 것이다. 이 노둣길을 통하여 통학도 하고, 이웃 섬을 방문하기도 했으며 생필품을 운반할 수 있었다. 옛날에는 병풍도 사람들이 대기점도와 소기점도로 땔감을 하러 다니기도 했다. 시집가는 새색시 꽃가마도, 북망산천 향하여 가는 꽃상여도 이 노둣길을 지나다녀야 했다. 물이 들어오는 시간이 매일 1시간 정도 늦어지기 때문에, 어두운 새벽이나 컴컴한 밤중에도 물때에 맞춰 이 노둣길을 왕래한 것이다.

　그런데 돌에 물이끼나 파래 등 해초가 붙으면 미끄러워지기 때문에 정기적으로 이를 제거하는 작업을 마을 공동으로 벌이곤 했다. 마을주민 모두 모여 일년에 한 번씩 돌을 뒤집고 해초 제거작업을 했다. 이 날은 힘든 작업을 공동으로 수행하고 나서 잔치를 벌이는 마을의 축제날이자 공동체 화합의 날로 자리잡고 있었다.

　애환도 사연도 많았을 것 같은 이 바닷길 징검다리는 차츰차츰 그 높이를 더하다가 마침내 시멘트 포장길이 되었다. 그렇다고 완전히 둑으로 막아 바닷물의 교류를 차단한 것이 아니라, 물이 들어오면 자연스럽게 잠기고 물이 빠지면 일시적으로 드러나는 자연친화적인 노둣길로 만들었다.

　어미섬 병풍도를 중심으로 뻗어 나가는 5개의 노둣길과 6개의 섬을 잇는 이 길은 잘 알려지지 않은 명품길로 사계절 호젓한 산책길로도 그만이다. 썰물 때 드러나는 갯벌 위에 돌을 놓아 건너다녔던 길로 갯벌이 넓게 펼쳐진 신안군 섬들 간에는 이런 노두가 많이 있다. 배를 이용하지 않아도 바다를 건너갈 수 있도록 만든 노둣길은 병풍도가 갖는 재미있는 풍경이다.

▲ 6개의 노둣길로 이어지는 7개의 섬

병풍도 최대의 재산은 갯벌이다. 오염되지 않는 갯벌에서 낙지, 게, 고둥, 조개 등이 서식하고 있으며 증도와 대기점도 병풍도 일대에 31.3km²의 광활한 갯벌이 있다. 섬의 특수성 때문에 농토가 부족한 병풍도는 일제강점기부터 풍요로운 삶의 터전을 만들기 위하여 인근에 위치한 작은 섬들을 방조제로 연결하여 만들어진 간척지를 염전과 농경지로 이용하고 있다. 지금은 광활한 갯벌이 유네스코 생물 보존 지역으로 지정되어 보존의 가치가 더욱 높아진 곳이다.

해안에서는 김양식과 소금 생산이 활발하다. 간척지의 70%가 염전이며 총 11가구가 보통 3~4정보씩 소금농사를 지으며 육지에서 한두 명 정도 사람을 고용하여 일을 시키고 있다. 봄에는 연안에서 숭어와 뻘낙지가 주로 잡히고, 여름에는 병어, 민어, 새우가 잡히며 가을에는 농어가 잡힌다. 농산물로는 감자, 쌀, 고구마, 두류 등이 생산된다.

둘러보기

병풍도는 여객선으로 두 번, 탐사선으로 세 번 답사를 했다. 병풍도 선착장은 다른 섬에 비하여 제법 길다. 그만큼 간만의 차가 크다는 의미이다. 큰 간만의 차이에도 광활한 갯벌에 배가 24시간 자유롭게 드나들려면 썰물 때를 기준으로 삼아 선착장을 만들어야 할 것이다. 제법 넓은 방파제 끝에 경사진 선착장이 있다. 방파제 끝에 있는 대합실 안에는 타일이 붙은 벽에 벤치 하나만 덩그러니 놓여 있고, 바깥쪽에는 오토바이가 몇 대 놓여 있었다. 섬에 1톤 트럭도 몇 대 보이지만, 주 교통수단은 오토바이이다. 방파제를 벗어나 마을로 접어드는 길은 약간 경사져 있어 주변경관을 둘러볼 수 있다. 여기에서 주변바다를 바라보면 온통 갯벌이다. 마을로 들어가는 입구 오른쪽 전신주에는 도로명 주소표지판이 세워져 있는데, 병풍1길이라고 적혀 있다. 도로를 따라 안으로 들어서면 마을로 가는 길이다. 왼쪽으로 난 비포장도로를

▲ 간만의 차가 심하여 길게 뻗어나온 선착장
▲ 병풍도 최대의 자산인 광활한 갯벌

상이 우뚝 서 있다. 제법 높은 스탠드 뒤로 교사가 있고, 학교 뒤에 부속건물이 제법 많다. 이곳에는 8명의 초등학생, 4명의 유치원생이 있다. 학교 뒤로는 바다가 바라다보이는 언덕이라 조망하기 좋은 곳이다.

병풍부녀회관이 자리잡고 있는 주변 집들은 대부분 폐가들이다. 돌담만은 잘 둘러쳐 있어 인상적이었다. 논의 끝자락에 하나로마트를 겸하는 북신안농협 뒤로 경로회관이 있다.

마을을 지나 한참을 가다 보면 쌈지공원이 나오고 내리막길로 접어들며 S자형으로 이어진다. 섬 주위에는 간석지가 넓게 발달해 있으며 근처의 작은 섬을 방조제로 연결한 간척지를 염전과 농경지로 사용하고 있다. 어느 정도 가면 오른쪽으로 새우 양식장이 나타난다. 그 옆으로 이어지는 제법 많은 고추밭. 조금 더 가면 왼쪽으로 염전이 보이고 창고에는 하얀 소금들이 가득하다. 오른쪽은 밭이고 왼쪽은 온통 염전이 있는 풍광은 독특하다. 염전마다 소금을 운반하는 수레들도 제법 보이고 더러는 레일을 깔고 소금을 운반하는 장치까지 만들어 두었다. 조금 더 가 저수지를 벗어나면 보기마을이다. 섬의 가장 북쪽인 곳인데, 예전에는 보기섬이라는 별개의 섬이었다고 한다. 이곳은 대부분이 파농사나 염전을 일군다. 병풍도와 딴섬 그리고 서남섬과 함께 보기섬을 연결하여 만든 보기염전이 이곳에 있다.

중간에 오른쪽으로 난 샛길을 따라 안으로 들어가면 해안과 만난다. 바로 신추도가 있는 해안이다. 신추도 역시 나지막한 언덕의 산이다. 해안은 제법 넓게 갯벌이 형성되어 있고 이곳에도 노둣길이 있다. 차 한 대는 거뜬하게 다닐 수 있는 시멘트로 만들어진 길이다. 노둣길을 건너면 비포장도로가 시작된다. 신추염전에 도착하여 뒤돌아보니 노둣길은 짧았지만 S자로 휘어진 모양 때문에 아름다워 보였다. 길을 막

따라 가면 밭이 이어지며 조금 더 가면 염전지대로 이어진다.

방파제 옆으로는 갯벌이 길게 형성되어 있다. 마을 중심에 있는 보건진료소에서 조금 더 가면 증도면 병풍도출장소가 보인다. 바로 이어지는 조립식 건물은 병풍체육회관. 목재로 만든 건물인데 실제로는 마을회관이다. 그 앞으로 하천이 있고 양쪽으로 논이 있다. 이 하천은 상수원이라 섬의 물사정은 나쁘지 않을 것 같다.

여기서 조금 더 가면 증도초등학교 병풍도분교다. 학교 가는 골목 중간에 교장선생님 기념비가 세워져 있는 것도 특이한 모습이다. 학교정문 뒤로는 이승복

병풍도 염전지대 ▲

지나면 커다란 염전이 펼쳐진다. 소악도, 소기점도, 대기점도, 병풍도 다음은 병풍도와 하나가 된 보기섬이다. 노둣길은 보기섬에서 신추도로 연결되었다. 즉 맨 아래 섬이 소악도라면 제일 위에 있는 섬은 신추도이다.

신추도에 있는 염전 규모는 보통이지만 일반 염전과는 달리 첫인상이 깔끔하게 보였다. 파란 하늘 밑에 초록색을 칠한 소금창고 지붕이 매우 인상적이었다. 염전에 깨끗한 장판을 깔고 수로 사이 바닥은 깔끔한 천으로 덮어서 흙이 드러나지 않도록 하였다. 무인도인 이 섬을 통째로 사들여 염전을 공원처럼 꾸미고 있는 신추염전의 박두월 사장은 '경쟁력을 갖추고 깨끗한 소금을 생산하기 위해 염전을 깔끔하게 단장하고 있다'고 했다. 염전을 공원화시키고 삶에 지친 도시인들을 위하여 100평의 땅을 무료로 기증하면 기증받은 사람이 집을 짓고 여기서 친환경 농사와 고기잡이, 염전 체험을 할 수 있도록 하였다. 신추염전은 통로에 나무판을 널찍하게 깔아 놓았고, 커다란 나무 화분을 염전 곳곳에 두고 꽃나무를 심어서 오는 손님을 친절히 맞이하고 있었다.

병풍도에서 가장 많은 소득을 올리는 것은 천일염이며 그 다음은 김양식이다. 이곳의 염전은 1940년대부터 시작하였다고 한다. 그 전에는 불로 구워 소금을 만들었는데 병풍도에서 제일 먼저 화렴을 만들어 낸 사람이 이개동이다. 그 다음 염전은 앞염전으로 마을 앞 남쪽에 있고 뒷염전은 마을 서쪽에 있는 병

▲ 소금생산
▲ 소금생산(신추도 염전 박두월 사장)
▲ 소금생산(필자 이재언)

암염전이다. 초창기에는 간석지에 둑을 2m정도 쌓고 염전을 조성하였으나 자주 둑이 무너져서 보수하는 데 노동력이 많이 들어갔다.

그 당시에는 장비와 기술이 부족하여 바다를 막는다는 것은 쉬운 일이 아니었다. 물이 가장 많이 빠지는 날 재빨리 돌로 둑을 쌓아 원둑을 만들었다. 사람의 힘으로 만든 둑은 견고하지 못하여 태풍과 해일이 오면 쉽게 무너지기 일쑤였다. 특히 1959년 사라호 태풍 때 모든 도서지역이 큰 피해를 입었다. 1970년대부터 국토건설이라는 정부 정책으로 방조제를 만들어 주기 시작하여 둑을 수리하는 일은 없게 되었다. 다행히 1986년도에는 도서개발촉진법에 의하여 제방의 관리와 보수, 수리가 국가로 이관되어 지역 주민의 소득 증대와 복지 향상을 촉진하는 계기를 마련하였다. 1990년도 초에 중국산 소금이 수입되면서 수지가 맞지 않아 폐염전이 속출하였고 2008년도에 비로소 공업용에서 식품으로 허가가 되면서 소금 생산이 활발해지게 되었다. 현재는 21개의 염전이 있다. 염전 1판이 1만 평 정도이며 병풍도에서 가장 많은 염전을 소유하고 있는 사람은 6판(6만 평)을 소유한 이명식[74세]씨다.

선착장에서 마을로 들어오면 맨 먼저 김공장을 만난다. 병풍도의 주업은 소금 생산과 김양식 그리고 농사이다. 2010년까지 병풍도에는 8개의 김공장을 운영할 정도로 김 생산이 활발했으나 지금은 한 곳만 운영하고 있다. 김양식은 1970년대 완도지역 사람들이 들어와 기술을 전해 주었다고 한다. 초창기에는 이명석, 김영우 등이 시작하여 가장 번창할 때인 1980년대에 병풍도 전체 160가구 중 40여 가구가, 대기점도, 소기점도, 소악도 등 60여 가구가 김양식을 하였다. 현재는 조용문[50세], 김양운[50세] 등이 김양식을 하는데 물김을 생산하여 외지 공장에 팔고 있다.

병풍바위 조각과 해상절리 ▲

　염전과 김양식, 농사 이외에는 부업으로 질이 좋은 갯벌에서 반찬거리를 건져 올린다. 이것이 개매기와 등삼마이, 개다리, 낙지잡이다. 개매기는 지형이 굴곡진 곳이나 갯고랑에 설치한다. 갯벌에 말뚝을 박고 그물을 둘러쳐 놓으면 물이 들었다가 빠지면서 썰물에 고기가 잡힌다. 낙지잡이는 사방에 펼쳐 있는 갯벌에 나가서 삽으로 잡고, 야간에는 횃불을 이용하여 잡는다. 이렇게 잡은 낙지를 팔아서 광주나 목포에 아파트를 산 사람이 여러 명이 된다고 하나 지금은 어족자원의 고갈과 노령화로 인하여 극소수만이 낙지잡이를 한다.

　병풍도에는 300여 명 남짓의 주민이 살고 있다. 이곳은 주민 80% 이상이 기독교신자인 독특한 섬이다. 그 배경에는 섬 선교의 어머니 문준경 전도사가 있었다. 그녀는 6·25사변 전에 돛단배를 얻어 타고 가난한 섬마을을 다니면서 우체부와 짐꾼 노릇을 마다하지 않았고 반신불수자나 가난한 사람들, 전염병으로 버림받은 사람들을 돌보는 일에 앞장섰다. 일 년에 고무신 아홉 켤레가 떨어질 정도로 봉사와 헌신을 한 결과 한 알의 밀알이 되어, 무속 신앙이 강한 섬에 기독교가 뿌리를 내리고 오늘날 성결교단으로 발전하는 기틀을 마련했다.

아름다운 해상절리 병풍바위

병풍도 서북쪽은 깎아지른 듯한 바위로 둘러져 있다. 병풍을 치듯 둘러진 이 바위 이름으로 인해 섬 이름까지 병풍섬으로 불리게 된 곳이다.

병풍바위에 가까이 다가가니 변산반도의 채석강 못지않게 아름다운 절경이 둘러져 있었다. 열두 폭의 동양화 병풍처럼 펼쳐진 절벽의 생김새가 경이로워 입을 다물지 못했다. 이곳 병풍바위는 우리나라 최대의 해상절리가 아닌가 싶다. 북쪽에서 세차게 불어오는 바람에 의하여 절리조각들이 회오리처럼 모인 멋있는 문양 등도 보는 사람들을 황홀경으로 빠져들게 한다. 가히 바람과 바다가 만들어낸 걸작품이라 할 수밖에….

병풍도는 관광지로 개발되지 않은 섬이다. 그러나 해마다 백만여 명의 관광객들이 찾는 증도와 연계하여 병풍도와 노둣길로 연결된 6개의 섬을 묶어 관광 코스를 개발한다면 좋을 것 같다. 접근성이 좋아 1일 여행도 가능할 것으로 생각된다.

하루 두 번씩 드러나는 광활한 갯벌을 체험해 볼 수 있는 것과 염전 체험도 아름다운 추억이 되지 않을까 하는 생각을 해 본다. 폐교를 리모델링하여 숙박 시설을 만들면 저렴한 비용으로 1박 2일의 웰빙 여행도 가능할 것이다. 해송과 백사장도 잘 갖춰져 있고 낚시하기도 좋은 곳이다.

병풍도의 아름다운 낙조 ▼

소기점도 小奇鮎島

섬의 형태가 기묘한 점 모양의 섬

개요

소기점도는 목포항에서 북서쪽으로 24km 떨어진 해상에 자리잡고 있으며, 신안군 증도면 병풍리에 딸린 섬이다. 면적 0.350km², 해안선 길이 3.4km, 10세대 14명이 거주하고있다. 북쪽에 대기점도, 동쪽에 매화도, 남쪽에 소악도가 있다.

대기점도에 살았던 밀양 박씨가 분가해 이곳에 정착했다고 전해 오고 있다. 이곳에는 7가구 13명의 주민이 대기점도와 가까운 북동부에 살고 있다. 해안선은 굴곡이 심하고 간석지가 넓으며 남쪽에는 염전이 개발되어 있다.

섬의 생김새가 새의 깃 모양같이 생겼다 해서 소기점도, 대기점도 인근에 있는 섬이라 해서 소기점도라 부르게 되었다고도 하며 작은기섬으로 불리기도 한다.

주민들은 쌀과 보리를 비롯하여 콩, 고구마 등을 재배하고 인근 바다에서 지주식 김양식을 하면서 생활하였지만, 지금은 주민들의 고령화로 거의 손을 놓고 있다고 한다. 한 가구만 김공장을 갖고 대량의 김양식을 하고, 나머지 노인들은 약간의 농사만 짓고 있다. 소기점도는 소악도, 대기점도, 병풍도 등과 연결되어 있는데, 그중 가장 인구가 적고 산업이 뒤떨어진 섬으로 노인네들만이 사는 외로운 섬이다.

예전에 소기점도는 소악도와 함께 식수와 연료 때문에 많은 고생을 하였다. 샘을 파도 염분이 많은 물이 나와 식수로 사용할 수 없어서 배를 타고 여기저기 다니며 물을 얻어다 먹었다. 특히 가뭄 때에는 노둣길로 이웃 섬에서 물을 길어 와야 했지만 지금은 상수도가 들어와서 식수 걱정은 없어졌다.

둘러보기

대기점도에서 소기점도로 건너가는 노둣길은 217m에 불과하다. 노두를 건너면 바로 해안길이 나온다. 왼쪽은 넓은 갯벌이고 오른쪽은 낮은 산이다. 해안도로 옆으로 작은 저수지가 두 개나 있고 이어 들판이 나타난다.

계속 가면 방파제가 나오고 이어서 특별한 시설물이 없는 소기점선착장이 있다. 예전에는 이곳에 여객선이 오갔지만 이동 인구가 적고 노둣길이 있어 그럴 필요가 없어졌다. 조금 더 걸어가면 집이 나오는데 마당에서 마늘을 건조시키고 있는 장면이 눈에 들어왔다. 오른쪽으로 길게 이어진 갯벌 옆에는 방조제가

◀ 소악도와 이어지는 노둣길

◀ 간석지

있는데 길은 흙길이다. 이 주변은 지형으로 보아 온통 간척으로 만들어진 땅이다. 길 양 옆으로는 널찍하게 논이 펼쳐져 있다.

소기점도는 주변 섬들 중 섬의 크기도 작고 인구도 적을 뿐만 아니라 문화적 혜택도 누리지 못하고 있다. 너무 적적한 탓인지 외지인인 필자를 반갑게 맞이해 주었다. 어느 곳에서도 느낄 수 없었던 깊은 따스함과 평온함이 섬사람들에게 깃들어 있었다.

섬에서 만나는 순수함과 생명력은 언제나 나를 설레게 하지만 소기점도에서 느끼는 사람들과 자연은 또 특별하다. 때 묻지 않은 자연 속에 어우러져 있는 농가의 모습은 동화 속에서 툭 튀어나온 것처럼 마냥 아름답다. 비탈길을 따라가다 보니 아직 산딸기 넝쿨이 제 기운을 발휘하지 못한 채 햇빛을 받느라 여념이 없었다. 오른쪽 바다 가운데에 있는 섬이 꼭두도라는 섬인데 개인이 반을 사서 개발 중이라고 한다. 그 앞으로 미역 양식장이 있다.

2010년 방문 시에는 소기점도와 대기점도 사이를 이어 주는 노두가 아직은 비포장도로였지만, 2012년에는 모든 노두가 시멘트로 잘 포장되어 있었다. 이제 이 노두를 따라서 소악도, 대기점도, 병풍도를 마음 놓고 갈 수 있다. 경운기를 자가용 삼아 병풍도로의 왕래가 편리해져 보다 만족스러운 삶의 질을 누릴 수 있을 것이다. 그러나 섬은 이제 곧 노령화로 인해 노인들만 남거나 무인도가 될 날이 머지않은 듯하여 안타까웠다.

해안가 마을의 저녁노을 ▼

소악도 小岳島

낙도라는 이유로 최소한의 기본생활마저 힘든 섬

개요

▲ 물이 차오르는 노둣길

목포와는 서북쪽으로 20km 떨어져 있으며 면적 0.45km², 해안선 길이 6.75km인 이 작은 섬 안에 17가구, 34명이 해안선을 따라서 뿔뿔이 흩어져 살고 있다. 바닷물이 들면 세 개의 섬이, 바닷물이 빠지면 한 개의 섬이 되는 아주 작은 섬 소악도. 면 소재지인 증도와 9km, 소기점도와는 불과 0.3km 떨어진 위치에 있다.

지명의 유래는 섬 사이를 지나는 물소리가 크다 하여 소악도라 하였다고도 하고, 작은 섬에 높은 산이 있어 소악도라 부르게 되었다고도 한다. 18세기 말, 압해도에 사는 김해 김씨와 무안군 해제면에 사는 조씨가 대기점도 앞바다에서 고기를 잡다 폭풍으로 이 섬에 표류하여 정착하였다고 한다.

연륙된 압해도 송공항에서 더존페리호를 타고 매화도를 들러 1시간 정도 가면 신안군 증도면 소악도에 도착한다. 썰물 때는 어미격인 병풍도와 대기점도, 소기점도, 소악도, 신추도 등 5개 섬이 노둣길을 따라 하나로 이어진다. 하지만 물이 들면 섬과 섬을 잇는 노둣길이 바다로 잠수하여 다시 5개의 섬으로 변하는 신비한 곳이다.

소악도는 해안선이 복잡하고 주변에 간석지가 많아 김양식 조건이 좋은 섬이다. 섬의 최고 높이는 40m. 이곳은 임야와 밭이 많고, 약간의 논도 있다. 경지면적은 논 0.104km², 밭 0.122km²로 총면적의 50%가 농경지이다. 이곳에는 가게조차 없으며 해마다 물사정이 최악이라 식수부족으로 인해 많은 고통을 받는다.

소악도의 섬 크기는 작지만 주민들의 취락분포는 세 군데로 나누어져 있다. 선착장 입구에 김공장을 하는 곳에 2집이 있고, 학교와 교회가 위치한 가운데 마을에는 4집이, 가장 아래쪽 마을에는 3집이 농사를 주업으로 하며 살고 있다. 주민등록상으로는 17가구 34명이지만, 실제는 차이가 많이 있다.

▶ 호수와 같은 바다에 떠있는 소형 어선들

둘러보기

선착장 경사제 앞에는 세 척의 작은 FRP선이 정박해 있고, 그 뒤 갯벌 쪽으로 몇 척의 작은 어선이 나뒹굴고 있었다. 이곳에는 별도의 대합실이 없다. 제대로 된 물양장도 확보되지 않았고, 오른쪽으로 해안길만 있을 뿐이다. 이곳에서 큰 섬인 매화도 청돌선착장이 마주 보인다.

이곳 소악도는 비록 작은 섬이지만 벌써 다섯 번째 방문이었다. 올 때마다 정다운 느낌을 받았다. 여기서부터 여러 개의 섬들을 걸어서 갈 수 있는 길목이다.

여객선에서 내려 소악도 선착장에서 마을 입구에 들어서면 김 유기산 처리제가 여러 통 쌓인 것을 볼 수 있다. 조그마한 섬에 김공장이 두 개나 있다. 주민들이 대량으로 지주식 김양식을 해서 김을 직접 채취한 것을 김공장에서 가공한다. 가공공장에 4명, 바다에서 채취하는 인부가 3명, 총 7명이 종사한다. 그런데 생산원가에 비해 김값은 계속 하락한다고 하니 이래저래 고통당하는 어민들은 가슴 아파한다.

먼저 소악도 선착장에 있는, 토박이 김양운씨가 운영하는 김공장에 들렀다. 예전에는 물가와 유류비가 오르지 않아 수입이 좋았다. 70~80년대에는 산지 도매가가 한 톳당 7,000~8,000원이었는데, 지금은 4,000~5,000원 한다. 물가는 수십 배 올랐지만 김값은 더 떨어졌다.

소악도 출신인 김양운씨는 대를 이어 김양식과 가공으로 소득을 올려 생활과 자녀 교육을 시킨다. 병풍도, 소기점도, 대기점도, 소악도를 통틀어 김을 양식하는 집은 모두 12가구 정도. 김공장은 소악도에 2개, 대기점도에 1개, 병풍도에 1개소가 운영되고 있다. 여러 원인으로 수익이 떨어져 사양길로 접어든 지 오래되었다는 것이다. '친환경 김양식'으로 새로운 활로를 개척해 보았지만 쉽지가 않았다. 힘은 들고, 인건비는 올라가는데 소득은 크게 줄었다. 힘겨운 싸움을 하고 있는 이들에게 해줄 것이 없어 안타까웠다.

이곳은 집들이 산재해 있는 것이 특징이다. 이곳 역시 바다를 메운 간척사업으로 농경지가 된 곳이라 농막農幕이 몇 채 보일 뿐, 집들은 그리 많아 보이지 않았다.

길게 이어진 갯벌을 바라보며 해안길을 걸어 북쪽으로 가면 길이 꺾인다. 이어지는 길은 노둣길. 오른쪽 갯벌 위에도 여러 척의 작은 배들이 갯벌 위에 나뒹굴고 있었다. 섬의 가구 수에 비해 제법 많은 배들이다. 북쪽으로 이어지는 노두를 걸어가면 또 하나의

▼ 선착장

김 가공공장 ▼

▲ 김양식 그물을 정리하고 있는 어민
▲ 선창 주위의 갯벌
▲ 소악도의 일출

채의 집과 그 뒤로 교회가 보인다. 그리 멀지 않은 거리에 학교가 있다. 학교로 가는 길목 입구에 붉은 벽돌로 된 건물 옆으로 학교 가는 계단이 있다. 지금도 운영되고 있는 분교다.

증도초등학교 소악분교는 교사 한 명에 학생 한 명뿐인 초미니 학교다. 학교는 아주 깨끗했다. 정문에 당당하게 학교이름이 새겨져 있는 이 학교는 아름다운 바다가 한눈에 조망되는 최고의 명당에 자리잡고 있었다.

교문에 들어서니 아담한 운동장이 보이고, 계단식 화단 위에 심어진 동백과 철쭉, 목서나무 등이 눈에 띈다. 그렇게 넓지 않은 운동장이었지만 주변에 예쁜 화단도 만들었다. 김현우라는 학생의 이름이 새겨져 있는 입학기념 표지석도 눈에 들어온다. 2004년에 방송되었던 그 학생의 이름. 그때도 유일한 학생이었다고 한다. 한 명의 학생과 한 명의 선생님이 공부하는 모습이 TV화면을 통해 방영되었던 것이다.

김현우 이후로 학교는 폐교가 될 위기에서 다시 생명을 이어갔다. 소악분교의 유일한 나홀로 학생인 여자아이 에덴이는 현우가 졸업하던 해인 2006년 홀로 입학했다. 교사와 학생이 1대 1로 수업을 하니, 에덴이의 담임선생님은 선생님이기도 하지만 엄마, 친구 역할까지 담당하는 셈이었다. 1대 1로 수업을 하다 보니 에덴이는 모든 과목에서 우수한 성적을 보였다. 그러나 사람에 대한 그리움은 이곳 학생들의 전통처럼 여전한 갈증으로 남는 듯했다.

슬픈 이야기도 있다. 얼마 전 소악교회 전도사님이신 에덴이 아버지가 급성 백혈병으로 39세의 일기로 하나님의 부름을 받았다. 뜻하지 않는 급성 백혈병으로 1년여 투병생활을 하다 호전되는 듯했으나 결국 앞서 가셨다.

소악도는 너무 조용하다 못해 슬픈 마을이었다. 분

섬이 나온다. 실은 소악도 역시 두 개의 섬으로 이루어졌다. 선착장이 있는 남쪽 섬 서쪽에도 두 개의 섬이 갯벌로 이어지고 본도인 소악도 역시 동쪽의 작은 섬을 간척해서 하나의 섬으로 만들었다. 노두를 지나면 바로 소악도 본도. 길을 따라 안으로 들어가면 몇

아래부터 대기점도, 소기점도, 소악도 ▲
소악분교 정문(사진제공 김선규) ▲
증도초등학교 소악분교 ▶

교도 하나, 학생도 하나, 선생님도 한 분인 섬에 교회도 하나 있는데, 이 소악교회 전도사님의 딸 에덴이의 어머니가 아버지를 대신하여 이 교회 전도사님이 되셨다. 그래서 에덴이는 이 섬을 떠나지 못하고 혼자 외롭게 공부를 하고 있다. 잠시 이 아이를 만나고 학교를 나서려니, 차마 발걸음이 떨어지지 않았다. 에덴이가 교문까지 나와 손을 흔들어 주었다.

화도

증도 曾島

해저유물 보물섬, 생태체험 관광단지

개요

증도라는 지명이 증도의 어제와 오늘을 상징하는 듯해 재미있다. 증도는 물이 귀하여 물이 '밑 빠진 시루'처럼 스르르 새어 나가 버린다는 의미의 시루섬이었다. 한자로는 시루 증甑 자를 써서 증도甑島라 하였다.

원래는 앞시루섬과 뒷시루섬 그리고 우전도라는 3개의 섬이었으나 앞시루섬과 우전도가 간척으로 합해져서 전증도가 되고 뒷시루섬이 후증도가 되어 2개의 섬이 되었다. 그러다가 이 두 섬 사이를 간척하여 하나의 섬으로 합쳐지면서 오늘날 '더한 섬, 늘어난 섬'이라는 뜻의 증도曾島가 된 것이다.

증도는 총면적 27.590㎢, 해안선 48.3㎞ 세대수 875, 인구 1,640명이 거주하고 있다.

조선시대에는 영광군에 속하였다가 나중에 나주목에 편입되었다. 숙종 8년1682에는 지도진에 속하여 목장이 설치되었다. 그 후 고종 32년1895 신설된 지도군에 이속되었고, 1914년에 무안군 지도면에 편입되었다가 다시 신안군에 편입되어 1983년 증도면으로 승격되어 오늘에 이른다. 예전에는 대초리를 후증도 앞에 있는 마을이라 하여 앞실이라 불렀다. 그 후 마을에 대추나무가 많이 자란다 하여 대치동이라 부르다가 다시 대초리라고 개칭하였다. 대초리는 대초, 덕정, 돌마지, 화도, 등선, 버지, 장고, 사동을 합한 지명이다.

우전리라는 지명은 기러기떼가 한겨울을 지내고 간다 하여 깃밭이라 부르다가 그 후에 우전으로 개칭하였다. 실제로 이곳에서는 저어새, 노랑부리저어새, 쇠기러기, 큰기러기 등 겨울철새들이 찾아오는 것을 볼 수 있다. 최근에는 태평염전 저류지에서 국제적 보호종인 저어새 9마리와 노랑부리저어새 4마리

▲ 천연기념물인 저어새
▲ 쇠기러기
▲ 큰기러기

가 관찰되었고 해마다 그 수가 늘어나고 있다. 저어새와 노랑부리저어새는 대형 조류로 소형 어류나 새우 등을 잡아먹는다. 증도는 광활하고 오염되지 않은

갯벌과 염전 등의 습지가 존재하여 국제적으로 람사르습지, 유네스코 생물권보전지역으로 지정되어 있으며 국내적으로는 습지보호지역 및 도립공원으로 관리되고 있다. 증도 갯벌습지의 저어새 증가는 그동안의 체계적인 갯벌과 습지 보호정책의 결실이다. 이는 앞으로도 안정적인 서식지 제공과 지속적인 보호를 해야 할 필요성을 말해 주고 있다.

최초로 이 섬에 들어온 사람은 한양 조씨 조도홍으로 지도 태천에서 들어와 살았다고 한다. 이후 김해 김씨가 1618년에, 밀양 박씨가 1638년에 이주해 와 마을이 형성되었다.

증도에 가려면 4개의 다리를 건너야 된다. 먼저 전남 무안군 해제에서 지도로 가는 다리를 건너면 지도읍, 그리고 지도에서 다시 다리를 지나가면 서남해안 최대의 수산물 어판장 송도, 송도에서 다리를 건너면 사옥도, 마지막으로 사옥도에서 증도로 건너가는 증도대교를 건너야 증도를 갈 수 있다.

증도는 육지와 그리 멀지 않은 거리에 있지만 교통수단 때문에 고초가 많았던 섬이다. 60년대 전후 증도 사람들은 배를 타고 걷고, 다시 배를 타고 걷기를 서너 번 반복해야 육지로 갈 수 있는 가장 더딘 섬이었다. 즉, 증도 진번나루터에서 사옥도 지신개선착장까지 나룻배로 노를 저어 가고, 거기서 사옥도의 탑선나루터까지 3km를 걸어간다. 탑선나루터에서 다시 나룻배를 타고 지도까지, 거기서 다시 5km 정도를 걸어가서 다시 나룻배를 타고 육지인 무안 해제로 건너갔으니, 증도 사람들이 뭍으로 건너가기까지 모두 여섯 시간 정도 걸렸다고 한다.

연륙이 되기 전, 증도 사람들에게는 나룻배와 연계된 육로편보다 선편이 더 유리했다. 목포까지 3시간이면 갈 수 있고, 지도읍 송도 선착장에서 증도 버지선착장까지 철부도선이 운항하게 되면서 차를 싣고

▲ 예전에 증도를 운항했던 차도선(증도호)
▲ 버지선착장

드나들 수 있었다. 증도는 섬이 커서 소금 생산과 논 농사를 많이 하지만, 유통이 큰 문제였는데 차도선車渡船이 대형차들을 싣고 와 소금과 벼를 수송한 것이다. 이는 일종의 혁신이었다. 철부선이 섬에 미치는 영향력이 어디 이 섬뿐일까마는 증도는 특히 다른 섬들보다 기쁨이 더하였다.

증도가 알려지기 시작한 것도 이때부터이다. 관광객들의 차가 들어오면서부터 보물섬으로서의 진가를 보여 줄 수 있는 관광의 섬으로 발돋움을 한 것이다. 2004년에는 지도대교 사옥대교가 완공되어, 사옥도 지신개선착장에서 증도 버지선착장까지만 배를 타면 되었다. 특히, 야간운항을 하면서 증도를 찾는 관광객들이 크게 늘어났고 지역소득도 높아지게 되었다.

따라서 증도 사람들의 연륙교 혜택은 상상할 수 없을 정도로 컸다. 그들에게 증도와 사옥도가 연륙되었다는 것은 절박한 생존의 문제도 해결할 수 있게 되었다는 의미이다. 위급한 환자를 수송해야 하는데 바람이 많이 불거나 높은 파도 앞에서 절망해야 했던 일, 부모의 임종이나 결혼식도 참석하지 못하는 경우 등 안타까운 경험이 수도 없이 많았다. 사옥도와 연륙이 되면서 사옥도 지신개선착장과 증도 버지선착장을 연결하던 철부선 증도호는 2008년 3월 30일을 마지막으로 사라졌다.

증도에서는 1980년대 이전까지는 농업에 종사하는 인구가 대부분이었으나, 주변 바다에 어족이 다양하고 풍부하고 수요가 증가해서 현재는 전체가구의 26%가 어업에 종사한다. 특히, 간척으로 인한 염전이 크게 자리잡아 염전업을 운영하거나 종사하는 인구 또한 적지 않다.

대초리를 지나면 장고마을, 마을 앞 역시 온통 들판이다. 이곳이 우전해수욕장이라는 명소가 있는 우전리이다. 우전해수욕장은 백사장을 따라 10만 그루의 해송이 빼곡히 들어찬 '한반도 해송숲'이 감싸고 있다. 숲 전체의 모양이 한반도 형상을 한 이 숲은 제10회 아름다운 숲 전국대회에서 우수상을 수상한 명품숲이다. 원래는 우전해수욕장의 모래바람이 주변 농가와 논밭으로 날리는 것을 막기 위한 방풍, 방사림으로 조성됐다고 한다. 증도면사무소 뒷산에서 내려다보면 숲이 한반도를 닮았다고 한다. 이 해송숲 속에도 산책로가 있는데 모두 4개 코스로 나누어져 있다. 특히, 갯벌생태전시관을 출발해 한반도 해송숲을 가로지른 뒤 우전해수욕장을 거쳐 짱뚱어다리를 건너는 3코스 '천년의 숲길'은 산책로의 하이라이트 구간이다.

이 숲을 지나면 바로 해변이 나타난다. 4.2km 길이에 최대폭 100m의 우전해수욕장이다. 새의 깃털처럼 사뿐히 내려앉아 있다 해서 붙여진 이름. 무인도들이 점점이 떠 있는 수평선이 매우 아름다우며, 맑은 물과 주변의 울창한 소나무숲 때문에 한층 더 시

둘러보기

증도대교를 건너 증도에 들어서면, 맨 먼저 눈에 들어오는 것이 염전이다. 간척으로 만든 염전과 농지가 조화롭게 펼쳐져 있다. 증도와 대조도 두 섬을 잇는 제방을 쌓고, 그 안에 우리나라에서 두 번째 크기의 태평염전이 있다. 그러나 수입산 소금이 쏟아져 들어오고 인력난 때문에 지금은 염전도 어려워졌다 한다.

▶ 태평염전에서 수차를 돌리는 모습

원스럽다.

해수욕장 왼쪽을 바라보면 백사장 들머리에 별장 같은 건물들이 보인다. 엘도라도라는 전망이 좋은 리조트 시설이다. 엘도라도는 보물섬, 황금도시를 뜻한다. 낙조와 일출을 다 볼 수 있는 최적의 위치에 자리를 잡고 있어 꽤나 유명세를 타고 있다. 유럽의 근사한 리조트를 쏙 빼닮았다. 모든 객실이 바다를 조망할 수 있는 오션 뷰로 이뤄진 것이 특징이다.

해수욕장 끝 부분에서 위로 올라가면 나무로 된 데크 시설이 나온다. 모래밭을 끼고 도는 해안 산책로이다. 모든 시설이 나무로 만들어져 있다. 산책로를 따라 걷다 보면 바닷가 갯바위 위에 설비한 수상레저 탑승장이 나타난다. 그 아래는 선착장 시설이 마련되어 있으며 너럭바위가 있어 앉아서 사색하기에도 좋다. 이 주위를 오징어바위라 부르고 있다. 나무계단으로 된 펜션으로 가는 길 중간에 증도 갯벌생태공원이 조성되어 있다.

엘도라도에서 5분도 채 안 되어 닿은 곳은 우전해수욕장 북쪽 지점. 짱뚱어다리가 있고 서쪽으로 몽골텐트가 있는 곳이다. 해수욕장에는 파라솔과 함께 벤치가 있다. 백사장에 설치된 파라솔과 선 베드는 마치 남태평양의 작은 섬에 휴양을 온 느낌을 갖게 한다. 해수욕장 중간을 가르는 나무로 된 다리가 있다. 파라솔 쪽으로 가는 다리다. 모래밭과 공원을 가르는 둔덕에도 벤치를 설치해 두었다. 옆으로 난 소나무숲 길은 모실길 3코스. 모실은 옛 한글 마실의 전라도 사투리이다. 사투리를 살린 길 이름이 정겹다. 이 길을 따라가면 짱뚱어다리와 갯벌전시관을 돌아볼 수 있는 천년의 숲길로 상쾌한 솔숲의 푹신한 흙길을 밟는 코스다.

입구에 짱뚱어다리에 대한 안내판이 있다. 과거 이곳 갯벌에 짱뚱어가 많아 붙인 이름이다. 이 다리는

해송숲▲
갯벌생태전시관▲
짱뚱어다리▲

지난 2005년 증도의 갯벌 생태자원을 홍보하기 위해 만들었다. 길이 470m의 나무 데크 산책로인 짱뚱어다리에서는 증도 갯벌의 생명력을 관찰해 볼 수 있다. 짱뚱어는 눈이 툭 튀어나온 철목어凸目魚인데 머리는 크고 몸은 타원형이다. 물이 빠지면 구멍에서 나와 갯

▲ 증도 우전리 해수욕장

벌 위를 살살 미끄러지듯 다니며 먹이를 찾는다. 그러나 위험을 만나면 메뚜기처럼 튀어오르기 때문에 손으로 잡기란 매우 어렵다. 양식이 안 되는 어종이라 짱뚱어만큼은 순 자연산이다.

만조 때 이 다리에 서면 바다 위를 걷는 기분이 들고 썰물 때는 염생식물을 관찰할 수 있다는 점이 이색적이다. 갯벌에서 2m 정도 위에 나무로 만들어진 짱뚱어다리를 걷다가 중간에 갯벌로 내려가 다양한 체험을 할 수 있다는 점도 재미있다. 짱뚱어다리는 중간지점이 볼록한 철제구조에 나무널판을 댄 모양새다. 이곳에서 붉은 해가 바다로 잠기는 것을 바라보는 낙조는 가히 환상적이다.

우전 해수욕장 북쪽에 위치한 짱뚱어다리 반대쪽에는 '순교기념전시관'이 있다. 다리 앞은 솔무등공원으로 가운데 정자가 있고 주변에 벤치 등 여러 가지 시설물이 있는 간이 소공원이다.

솔무등공원에서 500m 지점에 '문준경 순교비'가 있다. 사실 증도는 기독교 성지로 알려진 섬이다. 증도는 섬 주민 10명 중 9명이 기독교인이라 절이나 성당은 하나도 없다. 오직 교회만 있을 뿐이다. 순교비를 지나 계속 가다 보면 방축리와 검색리가 나온다.

검색리에는 해저유물 발굴 기념비가 세워져 있고, 이 기념비 앞에는 만들해안의 만들독살이 있는 곳이다. 만들독살은 조선시대부터 얕은 바다의 해안에 설치해 왔다. 석방렴石防簾으로도 불리는 독살은 간만의 차가 심한 바닷가에 쌓은 돌담이다. 밀물 때에는 물에 잠겼다가 썰물 때에는 그 바닥을 훤히 드러낸다. 밀물을 타고 독살 안으로 들어왔다가 썰물 때에 미처

▲ 만들독살

빠져나가지 못한 고기들을 그저 손으로 주워 담기만 하면 된다. 독살로 잡은 고기는 그물이나 낚시로 잡은 것에 비해 고통을 덜 받기 때문에 그 맛 또한 좋다고 하니 그야말로 일거양득이 아닐 수 없다.

만들에는 딱 한 가구가 사는데 60대 김정석씨가 31년 전에 건간망을 벼 300섬을 주고 사서 들여왔다고 한다. 사시사철 각종 고기가 많이 잡히는데 새우, 멸치, 강달어, 밴댕이, 숭어 등을 건진다. 5월과 6월에는 50드럼 정도의 새우를 잡는다고 하였다.

보통 4월부터 11월까지 독살에 가서 일을 한다. 물이 빠지는 시간에 바다로 나가기 때문에 한밤중에도 바다에 나가는 수고를 한다. 뿐만 아니라, 김과 새우 양식도 하지만 농사를 짓는 것보다 훨씬 소득이 높다고 한다. 연간 약 5,000만원의 소득이라니 괜찮은 마을이다. 바닷가에서 물때에 따라 고기를 잡는 모습이 신기할 따름이다.

바로 옆의 조그마한 무인도에 '트레저 700년 전의 약속'이란 카페가 있다. 이곳은 700년간 바다 속에 잠들어 있다 빛을 본 송원대 유물이 발굴된 해역이 한눈에 보이는 곳이다. 증도 해저 보물선 발굴해역 부근이라 송원대의 선박을 원형대로 재현한 배 모양의 카페이다. 1층은 쉼터와 카페, 음식점으로 증도에서 잡히는 계절별 생선회를 맛볼 수 있고, 2층은 자료 전시실로 1976년부터 1984년까지 앞바다에서 건져 올린 청자, 백자 등 유물의 모형 170여 섬이 전시되어 있다.

검색리에서 증도대교 방향으로 가면 소재지인 중동리가 나타난다. 중동리를 지나면 바로 증도대교로 이어진다. 다리 밑으로 길게 선착장이 있다. 바로 광암나루터로 원래 배를 타고 왕래하던 섬이라 그 자리가 지금도 남아 있다.

증도대교를 타기 전 도로를 가로질러 꺾어 들어가면 모실길이 시작되는 지점이다. 총길이 42.7km의 모실길은 증도대교를 건너오자마자 시작된다. 해안선을 따라 섬 전체를 한 바퀴 도는 일주 코스여서 출발점이 곧 종점이다. 어디서 시작해도 무방하지만 1코스부터 차례대로 걷고 싶다면, 이곳 증도대교 끝에서 둑길로 들어서야 한다.

증도는 올 때마다 달라진 모습이다. 관광지로 개발하는 데 있어 자연과 생태계 보전 관광지로 전환하는 것이 중요하다. 증도는 지금도 다시 한 번 찾고 싶게 만드는 매력적인 섬으로 탈바꿈을 해가는 중이다.

떠오르는 보물섬 증도

연륙이 준 혜택은 참으로 대단했다. 목포에서 증도까지 배를 타고 가면 3시간 이상 소요되던 거리가 연

▲ 700년 전의 약속호

류된 길을 이용하여 1시간 30분이면 닿는다. 교통이 불편하여 지리적으로 낙후되었던 증도는 보물섬으로 새롭게 태어났다. 보물섬이란 별칭이 붙은 것은, 목포해양유물전시관과 광주박물관에 전시되어 있는 유물이 이 증도 앞바다에서 인양되었기 때문이다.

1975년 증도면 방축리에 속한 무인도인 도덕도 앞 해상에서 두 명 최영근, 박창석의 어부가 어로 작업을 하던 중에 그물에 걸려 인양된 도자기를 신고함으로써 발굴이 시작되었다. 해방 이후 국내에서 발견된 보물선 가운데 가장 큰 규모의 유물이었다.

이 배는 1323년 중국 닝보에서 일본 교토로 가다가 풍랑을 만나 이곳으로 긴급 피란하던 중국선박이 침몰했던 것으로 보인다. 배는 하늬바람인 서풍과 북풍을 이용하여 일본까지 가려고 하다가 고려땅 가까이에서 큰 풍랑을 만난 것이다. '바다가 조용한 것과 얼굴 예쁜 계집은 믿을 수 없다'는 말은 바다 사나이들이 믿는 보편적인 진리라 했던가. 높은 파도를 피하기 위해 서남해안인 다도해 속으로 범선을 피항시키려다 침몰한 것으로 추정된다.

중국무역선(범선) ▲
신안해저유물발굴기념비 ▲

이 범선은 700년 동안 깊은 바다 갯벌 속에 묻혀 있다가 인양되었다. 700년 전에 난파되었던 모형을 그대로 만들어 증도 검산리 만들해역 무인도에 다리를 놓고 이곳에 배와 유물을 전시해 놓았다. 배 이름을 '트래저 아일랜드 700년 전의 약속호'라 붙여 두었다. 700년 전 풍랑과 싸우던 선원들과 그 가족들의 약속을 오늘 우리가 추모하고자 하는 의미라고 필자 나름대로 해석해 보았다.

유물이 발굴된 증도 앞바다는 목포에서 43km 떨어진 곳으로 해상은 수심이 20~24m이며 조류가 세찬 곳이다. 중국 송원대인 14세기 전반기 것으로 추정되는 도자기와 각종 유물들을 1976~1984년까지 10차에 걸쳐 인양함으로써, 한국해양사 연구에 새로운 지평을 열었다. 당시의 조선술과 해상무역에 대한 학술적 가치는 매우 높다. 700여 년간 바다 속에 고이 잠들어 있던 송원대 도자기 등 23,024점의 유물이 발굴되면서 국내는 물론 세계의 이목이 집중된 바 있다.

유물발굴 이래 증도를 보물섬이라 부르니, 말이 곧 현실이 된다 했던가. 실제로, 증도는 2007년 국제슬로시티연맹으로부터 치타슬로 chittaslow 슬로시티의 국제적 공식명칭 인증을 받았다.

증도는 다시 생태체험지로 떠오르면서 송원대 해저유물 발굴지, 천연 해송숲, 짱뚱어다리, 우전해수욕장, 갯벌생태전시관, 엘도라도 리조트, 태평염전, 태평염생식물원, 소금박물관, 700년 전의 약속호 등 그야말로 이상의 보물섬이 현실의 보물섬으로 바뀌었고 연륙으로 더욱 활성화된 관광의 섬, '떠오르는 보물섬'이 되었다.

이제 증도는 한 해 백만 명의 관광객이 찾는 섬이 되었다. 관광객의 발길이 잦을수록 자연환경 및 생태계의 보존에 대하여 치밀한 계획을 세우고 실행하여 증도를 더욱 아름답게 가꾸어 후손들에게 물려주어야 할 것이다.

대규모의 염전에서 바닷물과 해풍의 조화 속에 꽃처럼 만들어지는 천일염은 미네랄이 풍부한 가장 유명한 특산품이다. 이곳에서 생산되는 함초 또한 다량

엘도라도 리조트 입구 ▶

증도 소금박물관 ▶

태평염생식물원 ▶

▲ 고기잡이 체험

의 영양분을 함유하고 있으며 백합은 담백하며 쫄깃쫄깃하다. 재래식 김양식장에서 생산되는 돌김의 맛 또한 뛰어나다.

설명만 들어도 머리가 어지러울 정도로 교통이 매우 불편하지만 그래도 한 번 회고해 보는 것도 좋을 듯싶다. 그 당시 증도 광암리에는 전설적인 나룻배 사공인 박종인씨가 있었다. 40대이던 1960년대 말부터 8년간 증도 진번나루터와 사옥도 지신개나루터를 오가는 나룻배의 노를 잡았다. 20명 정원의 작은 목선에 장으로 나가는 소와 돼지, 시집가는 새색시 꽃가마도 배에 실었다. 각종 농수산물을 남자들은 지게에 지고, 여자들은 머리에 이고, 증도 진번과 사옥도 지신개를 나룻배를 타고 오고 갔다. 겨울에는 눈보라와 칼바람이 불고, 봄에는 안개, 여름 장맛비가 앞을 가로막았지만 지도로 장 보러 나가는 어른들이 단골이었다. 날씨가 좋을 때 땀을 흘리며 노를 저어 가면 20분 걸려 사옥도 지신개선창에 닿았지만, 바람이 세게 불고 물을 거슬러 갈 때는 어깨가 빠질 정도로 힘들게 노질을 해서 사옥도 지신개까지 한 시간이 넘게 걸렸다. 망망대해 바다 위에서 날씨는 오로지 하늘의 뜻에 맡길 수밖에 없는 뱃사공은 노 젓는 일이 고되긴 했지만 수입이 좋으면 피로도 어느새 잊어버렸다. 휴일도 없이 하는 힘든 일이었지만 해마다 한 가정에 여름철에는 보리 다섯 되, 가을이면 쌀 다섯 되를 삯으로 받았다. 소나 돼지, 시집가는 가마를 태우면 뱃삯을 주머니에 따로 채워 주었고, 소를 판 사람이나, 짐이 많은 사람은 밥도 사고 술도 샀다고 하니 어깨가 들썩이는 날도 적지 않았다. 그걸로 가족의 생계를 꾸리고 4남1녀를 키웠던 것이다.

증도 민속

초분草墳 : 다른 지역에서는 거의 다 사라진 초분이 증도에는 아직도 남아 있다. 초분은 섬 지방 특유의 매장방식으로 시신을 풀이나 짚으로 덮어 임시무덤을 만들었다가, 2~3년 뒤에 뼈를 추려 시루에 쪄서 땅에 매장하는 방식이다. 이는 뼈에 죽은 사람의 영혼이 깃들어 있다고 믿어 뼈로 그 사람의 죽음을 확인하고 뼈와 함께 영혼을 매장하기 위한 풍습이라고 한다. 주민들이 오랜 출어기간에 상을 당하는 경우, 객지에서 숨진 경우 등에도 초분의식을 하였다고 한다.

증도의 이런 풍습은 70년대 새마을운동 등으로 거의 사라지다시피 했으나, 지난 봄 증도에 새 초분이 하나 생겼다. 증도면 증북리의 서 아무개씨 집에서 상을 당해 초분을 쓴 것이다. 그러나 직접 보겠다며 찾아오는 이들이 늘자 유가족들이 초분의 관광상품화를 꺼려해 공개하지 않고 있다. 증도면에서는 관광객들을 위해 항월포와 목넹기 사이 해변 일주도로변 산 쪽에 초분모형을 만들어 놓았다.

▲ 초분

증도 축제

섬갯벌축제 : 매년 7월 말이면 우전해수욕장 일대에서 갯벌축제가 열린다. 행사주체는 신안군과 신안섬갯벌축제추진위원회. 축제 프로그램은 갯벌 체험, 슬로시티 체험, 주민직거래녹색장터, 갯벌센터 방문 등이다. 축제를 통해 섬과 갯벌, 바다를 체험할 수 있는 다채로운 체험거리를 제공함으로써 증도를 찾는 관광객이 매년 증가하고 있으며, 주민과 더불어 새로운 섬문화를 만들어가는 슬로시티로서 자리매김하고 있다.

슬로소금마을축제 : 5~7월 사이 매월 15~23일 우전

▲ 갯벌축제
▲ 갯벌체험장 일대

증도면 133

해수욕장 일대에서 벌어지는 축제이다. 행사주체는 신안군과 섬들채소금마을. 아시아 최초 슬로시티의 대표격인 태평염전에서 천일염과 갯벌 체험, 슬로푸드를 중심으로 개최된다.

기존의 대규모 축제와 다르게 3개월 동안 각각의 테마로 다양한 체험거리와 먹거리를 선보인다. 예컨대, 5월의 제비꽃(삐비꽃), 6월의 소금, 7월의 함초(칠면초의 전라도 사투리) 등이다.

증도 관광과 명소

증도 항월포 파시의 흔적 : 송원대 해저유물발굴 기념비가 있는 검색리 만들해역에서 방축리 뒤 바닷가에 이르는 해안에는 학술가치가 높은 항월포 파시의 흔적이 있다.

이곳은 수 백년간 대규모의 어선들 피항지로서 350여 척의 배들이 바람과 파도를 피해 정박하면서 자연스럽게 항월포 파시가 형성되었던 곳이다. 증도 주민들은 이곳을 '목냉기'라 부르지만 공식명칭은 항월포다. 잡아온 고기를 저장해 놨던 고기창고(곳간) 용 건물 터가 여러 개 남아 있다. 밀물 때 물이 차올라 배들이 정박하면, 고기를 깨끗이 손질하여 이곳에 저장을 하였다. 그래서 자연스럽게 바닷물이 들어올 수 있도록 집과 고기 창고가 만들어졌다. 당시 이 근처에는 6개의 초가집이 있었고 모래사장 뒤쪽 구석에는 색시들을 데리고 술장사를 하는 집이 한 채 있었다. 만선으로 돈을 두둑이 번 어부들이 색시들을 찾고 술을 즐겨 마셨음은 당연한 일. 어부들은 이곳에서 그물 손질도 하고 배를 수리하다가 술을 마시러 가기도 하면서 회포를 풀었다고 한다.

당시 어부생활을 했던 박종화(73세) 검색리 이장은 "자은도에서 증도, 재원도를 잇는 바다에는 철따라 고기가 얼마나 많이 잡히는지 주체하지 못할 지경이었다"며 "항월포에서 거래된 부서·민어 등은 소금간을 해 곳간에 저장했다가 마산으로 가져갔고, 마산에서 다시 부산으로 옮겨지기도 했다"고 회고했다. 항월포에서 마지막까지 남아 장사를 했던 주민은 김귀녀(86년 사망)씨였다. 그의 어머니를 도우면서 살았던 강선태(70세·목포 거주)씨는 "당시 고깃배가 들어오면 각지에서 온 사람들로 발디딜 틈이 없었다"며 "밥과 국수, 술 등을 사먹는 사람들로 마치 잔칫집을 방불케 했다. 지금은 폐허가 됐지만 그때가 그리워 지금도 가끔 낚시하러 이곳에 온다"고 당시를 회상했다.

◀ 항월포 해안에 있는 우물
◀ 증도 항월포 파시의 흔적

송원대 유물매장 해역 : 증도면 방축리에서 서북방향으로 2,750m 지점의 바다 속에서 중국 원나라 때[14세기경] 제작된 청자를 비롯한 유물이 다량으로 발굴되고 있는데, 반경 2km 해역으로 수심 20~40m의 조류가 빠르게 흐르는 곳이었다. 발굴된 유물은 침몰된 배의 조각 445편을 비롯하여 도자기 20,661점, 금속제품 729점, 돌로 만든 제품 43점, 자줏빛 나는 자작 향나무 1,017그루, 동전 28톤 18kg, 기타 574점 등 총 23,024점이다. 이는 세계 해저유물 사상 최고의 고품격이자 최고가의 가치있는 유물이라 한다. 이 유물이 출토된 해역은 사적지로 지정되었다.

태평염전 : 증도와 대조도 두 섬을 잇는 제방을 쌓고, 그 안에 대규모 염전으로 개발한 태평염전은 260ha, 한국에서 단일 규모로는 두 번째로 크다. 우리나라 천일염 생산량의 6%에 해당하는 연간 1만 6,000톤을 생산하는 곳이다. 태평염전의 역사는 반 세기 전으로 거슬러 올라간다. 1953년 한국전쟁 피란민들을 정착시키기 위해, 물이 빠지면 징검다리로 건너다니던 전증도와 후증도 사이 갯벌에 둑을 쌓아 염전을 만들게 되었던 것이 시초였다.

우전해수욕장 : 백사장 길이 4km, 폭 100m인 우전해수욕장 주변에는 90여 개의 무인도들이 점점이 떠 있고 수평선이 매우 아름다운 곳이다. 맑은 물과 함께 울창한 소나무숲이 둘러 있어 한여름 피서지로 그만이다. 특히 이곳 갯벌은 게르마늄 성분이 많이 함유되어 있어 매년 여름이면 게르마늄갯벌축제가 열리고 있으며, 신안군에서는 게르마늄 성분의 신안 머드 화장품을 개발해 판매하고 있다.

짱뚱어다리와 갯벌 체험장 : 증도면의 중심상가와 한반도 해송공원을 잇는 길이 472m의 나무다리가 연결되어 있다. 128만 평의 갯벌을 가로지르는 다리의 모양새가 꽤나 멋스럽다. 사각의 관문을 지나는 단순한 형태가 친근하면서도 절제된 아름다움을 갖추고 있다. 두세 사람이 지날 정도의 좁은 폭이지만 갯벌 위에 놓인 다리를 거니는 기분은 각별하다. 밤이면 가로등 불빛이 또 다른 세상을 보여 준다.

짱뚱어다리 계단을 내려오면 곧장 갯벌이다. 다리의 이름처럼 갯벌에서는 짱뚱어가 쉴 새 없이 몸을 움직인다. 게르마늄이 다량 함유된 증도의 갯벌은 보령 못지않다. 해산물을 캐는 재미도 쏠쏠하지만 천연의 머드팩도 동시에 체험할 수 있다. 여름철에는 다양한 축제가 어우러져 한층 더한 풍요로움을 맛 볼 수 있다.

문준경 순교기념관 : 문준경은 이곳 증도에 기독교를 뿌리내리도록 한 인물이다. 현재 주민의 90%가 기독교인인 것은 그녀의 역할 때문이라 한다. 증도리 교회 뒷산 기슭에 위치한 문준경 순교기념관은 아담하다. 그러나 이 건물 안쪽 모습은 시골 예배당 그대로다. 그녀와 관련된 사진 4장이 피아노 위에 걸려 있고 그녀가 세웠다는 교회들의 예배당 사진들이 쭉 걸려 있다.

증도

화도 花島

꽃이 가득한 금당팔경

개요

증도의 부속섬 화도는 물이 빠지면 증도에서 걸어서 건너갈 수 있는 섬이다. 1.2km의 긴 노두로 이어진 섬이다. 노두는 밀물 때 바다에 잠겼다가 썰물 때에만 물 밖으로 드러난다. 화도로 가는 노두는 증도 덕정마을에서 시작되는데, 돌마지를 지나 들어가는 방법도 있다.

화도리는 섬은 그리 크지 않다. 대신 간척을 통해 농경지 면적을 넓혔다. 총면적 0.150㎢, 해안선 5.4km 세대수 25, 인구수 56명이 살아간다. 섬의 최고 높이는 30m이고 논이 0.03km², 밭이 0.05km²이며, 해안에는 해식애가 발달하였다. 섬 중앙에 약간의 농경지가 있다.

연안에는 간석지干潟地가 넓게 펼쳐져 있고, 북쪽을 향한 갑이 좁고 길쭉하게 뻗어 있으며, 남서쪽과 남동쪽에는 지느러미 모양의 돌출부가 있다. 중앙에 낮고 평평한 경지가 있어 대부분의 주민들은 이곳에서 농사를 짓고 있다.

원래 이 섬은 삭막하고 풀도 나지 않는 바위섬이었다고 한다. 옥황상제의 딸 선화공주가 이곳에 살면서 애원한 결과, 기름진 땅으로 변하여 온 섬이 꽃으로 가득 찼다는 전설이 구전되고 있다. 섬 이름도 그 전설에서 유래했다 한다.

바닷물이 만조가 되면, 섬의 모양이 꽃봉오리처럼 아름답고, 마을에 해당화가 많아 꽃섬이라고 부르다가, 1963년에 화도로 개칭하였다. 대화도大花島라고도 하며, 부근의 중화도, 소화도를 통틀어 일컫는 명칭이기도 하다.

화도에 처음 사람이 들어온 시기는 250여 년 전 한양 조씨였다고 하나 자세한 기록은 알 수 없다. 그 후에 순흥 안씨인 안혁이 신안의 비금에서 이주하여 정착하였다고 전해오고 있다. 마을이 형성된 것은 정조 12년(1788) 무렵이다.

화도가 김양식을 하기에 조건이 좋은 이유는 장소와 조류 때문이다. 화도에서는 재래식 김양식을 고집

지주식 김양식장 ▶

부류식 김양식장 ▶

조개를 캐는 어민 ▶

하는데 바로 지주식 김양식으로 긴 나무를 갯벌에 깊숙이 박아놓는 방식이다. 김양식으로 인해 화도가 관광의 섬 증도와 다른 특징을 갖고 있다.

이곳 김양식은 매일 세 시간에서 다섯 시간씩을 햇볕에 노출시켜 관리하기 때문에 충분한 광합성을 하면서 성장할 수 있도록 한 것이라 김 본래의 맛과 향을 그대로 유지하고 있다. 햇볕에 매일 노출되기 때문에 어민의 손길이 많이 가지만, 친환경적인 양식방법으로 생산되는 자연식품이다.

다른 곳에서 하고 있는 부류식 김양식은 지주식 김양식처럼 매일 햇볕에 노출시키지 않고 3~4일 간격으로 3~5시간씩 햇볕에 노출시킨다. 이 때문에 갯병이나 파래가 더 잘 끼고, 이 피해를 막기 위해 제초제를 사용하여 김을 양식하는 방법이다. 어느 김을 선택해야 할지는 분명해진 셈이다.

화도의 노두가 실제로 바다에 잠기는 경우는 조수간만의 차가 큰 사리, 즉 음력 보름과 그믐 전후의 몇 차례뿐이고 보통날 밀물 때는 잠기지는 않는다. 노두 양 옆으로 화도를 한 바퀴 도는 모실길 4코스가 있다. 모실길은 화도 바닷가를 한 바퀴 돌아서 다시 노두를 건너 중도 본섬으로 이어진다.

이 노두 옆에는 광활한 갯벌이 있어 가족단위로 함께 즐길 수 있기에 매력적이다. 신비의 바닷길을 거닐면서 모세의 기적을 만나고, 화도에서 낙조의 황홀경에도 빠지며 아늑한 해변에서 조개와 고둥을 잡는 등 마음껏 바다를 즐길 수 있는 곳이 바로 화도이다.

중도에 온 수많은 관광객들은 현대판 모세의 기적을 경험할 수 있지만, 예전에 화도 주민들은 노둣길에 얽힌 불편한 일들이 많았다. 중도와 화도는 거리가 어중간하고 수심이 얕아서 도선이 다니기가 불편하여 물이 빠지면 노두를 통하여 중도를 왕래했다. 화도 주민들은 물이 들어오면 배를 타고, 물이 빠지

◀ 화도 서쪽 끝에 있는 석섬과 이어진 나무다리
◀ 물이 차오르는 목교
▼ 화도 서쪽 끝에 있는 석섬과 이어진 목표가 물에 잠긴 모습

면 바지를 걷어 올린 채 갯벌에 발이 쑥쑥 빠지는 것도 아랑곳하지 않고 건너다녔다. 그러다가 돌을 하나씩 놓고 징검다리를 만들어 건넜다. 그런데 징검다리가 돌이다 보니 시간이 지나면 파래가 자라서 매우 미끄러워 위험해지게 마련이라 마을사람들 모두가 바다로 나와 일 년에 한두 차례 파래제거 작업을 해야 했다.

세월이 한참 흐른 뒤에 자갈로 갯벌을 메워 길의 형태를 만들었다. 그렇게 하다 자전거 도로가 겨우 났고, 이어 오토바이가 하얀 연기를 내지르며 달리기 시작했다. 바닷길을 연차적으로 넓히다가, 드디어 10년 전부터는 이 길을 시멘트로 포장하여 자동차가 다니기 시작했다.

둘러보기

노두를 타고 꽃섬 화도로 건너가면 섬 입구 오른쪽에 정자가 있고 옆에 천일염 무인판매대가 있다. 그리고 그 옆으로 공사 중인 건물이 보이는데, 펜션을 짓고 있다. 관광사업에 주력하는 섬의 면모를 보는 듯했다.

마을 입구 경로당 앞이 실질적으로 마을이 시작되는 지점이다. '유네스코 생물권 보존지역 화도 갯벌 이야기 체험장'이 2층에 조립식 가건물로 들어섰지만 정작 2층은 카페로 전락해 있다.

행정구역상 신안군 증도면 대초리에 속하는 화도는 증도면의 6개 유인도 중 하나이다. 전체 면적이 0.2km²에 불과한 화도에는 사실 이렇다 할 절경이나 명소는 없다.

경로당 부근은 마을로 들어가는 길과 세트장 가는 길로 나뉜다. 드라마 '고맙습니다'의 주요 세트장으로 활용됐던 민가가 아직까지 그대로 남아 있다. 기서의 집으로 이용된 이 집에는 드라마 안내판과 함께 민박이라는 글자가 큼지막하게 붙어 있다.

화도에 오는 관광객들은 꼭 이곳을 찾는다. 이 집 뒤로 해안이 있고 언덕에는 소나무들이 있다. 나지막

▶ 천일염 무인판매
▶ 화도 입구 표지판
▶ 화도 드라마 촬영지

한 방조제 위에는 벤치를 만들어 두었다. 이곳의 끝자락에 보이는 곳이 중도의 엘도라도이다.

경로당에서 남쪽, 즉 마을 안으로 들어가면 민박을 주로 하는 곳임을 금세 알 수 있다. 섬 전체가 민박촌이라고 해야 할 듯싶다. 주변에 몇 채의 집들이 있지만 대부분 민박집이다. 길이 좌우로 갈리는 곳이 있는데, 한쪽은 마을로 가는 길이고 다른 쪽은 농로이다.

동쪽을 바라보는 농로 저 멀리 방조제가 보이고 그 뒤로 바다가 있다. 그다지 높지 않은 지형으로 섬 전체의 해발이 채 10m나 될까 싶기도 하다. 실제로 화도라는 섬은 그리 크지 않다. 간척을 통해 농경지의 면적을 넓힌 곳으로 이곳 농경지에서도 벼농사와 더불어 마늘농사, 고추농사를 하고 있다.

제법 넓은 하천이 지나가는데 양 옆으로 농경지가 있을 뿐 염전은 없다. 여기서 마을을 보면 낮은 산 구릉지에 집들이 올망졸망 모여 있는 형국이다. 예전에는 해변이었을 것이다. 농경지가 끝나는 방조제 위로 중도 모실길 4코스가 지나간다.

하천의 남쪽 끝, 바로 앞에 몇 채의 펜션이 모여 있다. 여기는 민박이라기보다는 아예 펜션이다. 전통가옥형의 펜션과 2층 집단시설의 펜션 등이 들어서 있다. 여기서 오르막길을 따라 안으로 들어서면 해안이

▼ 모래해변

하늘에서 바라본 화도 ▲

라 선착장이 나타난다. 배들이 정박하는 호안이며 갯벌이 별로 없는 수로다. 이곳에서 바다를 바라보면, 왼쪽으로 병풍도를 비롯한 대기점도 주변의 섬들이 보인다. 그 밖에 화도와 소악도 그리고 섬 사이로 작은 섬들이 어렴풋이 겹쳐 보이는데 평온함과 정겨움이 느껴진다.

호안을 따라가면 섬의 서쪽에는 길게 이어진 작은 섬들이 있다. 물이 빠지면 바로 건널 수 있는 소나무가 많은 섬들이다. 한 뼘도 되지 않아 보이는 징검다리 섬들의 행렬이다. 이곳은 경사제가 두 개 있다.

섬의 남쪽 해안인 이곳은 동쪽과 서쪽 해안 끝의 중앙에 위치해 있다. 양 옆으로 모래밭이 있고 해안 뒤로 이 섬의 유일한 숲이 있다. 나무들도 밀집하지 않고 산재해 있다. 언덕에 올라서면 고추밭과 함께 주변에 집이 몇 채 보인다.

학교터는 주변에 향나무들이 가득해 그냥 스쳐 지나갈 수도 있다. 증도초등학교 화도분교장으로 2000년에 폐교되어, 지금은 개인집으로 바뀌었다. 운동장 주변에는 온통 잡동사니로 가득하고 그나마 정문 입구에 세워진 예전의 게시판과 철봉 등이 그대로 남아 있을 뿐이다.

이 섬에 초등학생이라고는 딱 한 명이다. 화도교회 목사의 자녀인데 6km나 되는 먼 곳에 있는 학교에 다닌다. 더 많은 아이들이 아름다운 자연을 벗삼아 이 섬에 거주한다면 학교가 다시 부활할 터인데…

서쪽으로 난 길을 따라가면 새우 양식장이 있고 그 너머로 바다가 넘실거린다. 온통 갯벌지대이다. 좌우로 방조제가 길게 이어져 있고, 기억자 형태로 방조제가 구부러져 있다. 마주 보이는 곳이 엘도라도가 있는 증도 우전리다.

관광

화도를 여행할 때 꼭 알아야 할 것이 있다. 물때 표를 보고 시간을 잘 맞추어야 한다는 것이다. 아무 때나 가면 물때가 맞지 않아 자칫 섬에 들어가지 못하거나 섬에 갇힐 우려가 있다. 물이 빠진 노두 위로 달려

▲붉은어깨도요 무리

▼화도의 일몰

가는 차의 모습도 놓치지 말아야 할 명장면이다. 자주 볼 수 없는 진풍경이라 마치 광고 속 한 장면 같다.

　물때에 따라 달라지는 노두를 잘 살펴서 사진으로 담아도 좋을 것 같다. 물이 빠질 때 수많은 도요새 무리들이 노두에 자리를 잡고 있거나 갯벌에서 먹이를 찾는 모습이 퍽 인상적이다. 또 노두에서 일출과 일몰 사진을 찍고 철새들이 군무하는 모습도 놓치지 않아야 할 것들이다. 좀 더 섬세하게 살피면, 낙지와 게 잡는 모습도 볼 수 있고 노두에서 굴을 따는 아주머니들도 만날 수 있다.

　한 해 100만여 명이 찾는 증도이지만, 이제 서서히 부속섬 화도가 그 진가를 드러내고 있다. 지금까지는 증도의 후광으로 살았지만, 증도에 와서 섬의 맛깔스러움을 피부로 느끼고 싶은 사람들은 화도를 찾으면 좋을 것 같다. 필자는 화도만이 갖는 매력에 빠져 다시 찾고 싶은 섬이다.

대포작도 大包作島

지도읍

반농·반어업의 전형적인 작은 섬

개요

포작도라는 이름이 생소하다. 섬의 생김새가 해산물을 보자기에 싸는 모양이라 하여 보작도, 또는 포작도包作島라 했다고 한다. 또 하나의 유래는 두 개의 섬이 나란히 위치하여 섬의 형태가 포알처럼 뾰족뾰족 나와 있어 그 중 큰 섬을 대포작도, 작은 섬을 소포작도라 부르게 되었다고도 전해 온다. 이 섬에 처음 들어온 사람은 인동 장씨로 영광에 거주하다 조선의 연산군 때 이곳으로 이주해 오고, 수원 백씨가 철종 때에 들어와 마을이 형성되었다고 한다.

대포작도의 가장 북쪽 해안으로 가면 소포작도가 시야에 들어온다. 왼쪽은 방조제로 가는 길이고 오른쪽은 소포작도 가는 노둣길로 이어진다. 노둣길을 약 5분 정도 걸어서 건너면 바로 소포작도이다. 거리상으로는 약 500m 정도이다.

대포작도는 비록 육지와 가깝지만 모든 세상과 격리된 듯 문화적인 혜택을 받지 못하고 있었다. 대부분의 섬마을마다 있는 마을회관이나 경로당조차 없다. 너무 안쓰러웠다. 그리고 물 부족으로 오랫동안 고통을 겪어 왔다. 면적이 작은 섬일수록 지하수가 부족하고 또 저수지를 조성할 만한 여건을 갖추지 못하는 실정이다. 이러한 환경으로 인해 도서 주민들은 예로부터 빗물을 모아 생활용수로 사용하였으나, 최근에는 간이 상수도 보급과 해수 담수화 시설로 빗물 이용은 점차 감소하고 있다.

대포작도, 소포작도, 어의도는 소규모 도서로 해마다 물이 부족하여 큰 고생을 하는 섬에 속했다. 집집마다 지붕에서 받은 빗물을 지상 탱크에 저장하여 식수와 생활용수로 이용하고 있었다.

다행인 것은 2011년 12월에 지도읍 참도에서 대포작도, 소포작도, 어의도 간 1.6km에 송수관을 연결하여 이제는 물기근을 피할 수 있게 되었다. 이 작은 섬 주민들의 기본적인 삶을 보장하는 것이 무엇보다 중요하기 때문에 마을회관이나 경로당보다 우선순위로 물 문제를 해결해 준 것이다.

▶ 소포작도와 이어지는 노둣길
▶ 지도 참도항과 대포작도를 운항하는 도선
▶ 대포작도 차도선 신해10호

인구가 너무 적고 낙후된 섬마을이기 때문에 별다른 문화적인 혜택을 누리지 못하고 살아가는 이곳 섬 주민에게 상수도 다음으로 회관 겸 경로당을 하나 지어주면 좋겠다는 바람이 절로 생겨난다.

▌둘러보기

지도읍 참도선착장에서 바라본 대포작도는 나지막하고 편안한 섬이다. 선착장을 중심으로 오른쪽에 길게 이어진 방조제가 보인다. 지도읍 참도와는 나룻배로 왕래한다. 좌우로 길게 형성된 갯벌. 선착장 가운데에 유난히 빛나는 하얀 집이 한 채 있다. 붉은 벽돌에 삼각형의 지붕만 하얀색인 대합실. 그 뒤로 철탑이 있고 여기서 길은 좌우로 갈린다.

참도에서 보는 섬의 전면 오른쪽으로 길게 방조제가 이어지고 그 안에는 농경지가 조성된 도로 옆에 저수지가 있다. 논에 공급되는 농경수가 갖춰져 있는 섬이다. 언덕 아래에 하얀 학교건물이 보인다. 학교 운동장에는 잡초들이 무성하여 발 디딜 틈도 없고 교사는 화단의 향나무들로 가려져 있다. '지도북초등학교 포작분교장'인 이 학교는 1995년에 폐교되었다. 포작분교장의 모교인 지도북초등학교도 지금은 폐교된 상태다. 화단을 넘어가는 계단에는 오랜 인적의 끊어짐 때문인지 거미줄이 막고 있었다.

다른 섬들도 사정은 마찬가지겠지만 이 섬 역시 젊은이들이 하나같이 섬을 등지고 도시로 떠났다. 마을과 좀 떨어져 있는 언덕 위 폐교는 대포작도의 쓸쓸함을 더하는 것 같다. 다 망가진 창문을 통해 안을 들여다보면 양쪽에 칠판과 게시판은 그대로인데 바닥은 다 헤집어져 있다. 천장도 무너질 듯한 상황. 교사 옆 사택건물 역시 온갖 폐기물로 가득하다.

안타까움이 밀려오는 폐교를 벗어나 마을로 가기 위해 언덕을 넘으니 개활지가 보인다. 그다지 높지 않은 언덕이라 넘어가는 길은 그리 힘하지 않았다. 언덕을 넘어가면 밭이고, 밭 사이는 마을로 가는 길이다. 이 섬에는 모두 14가구가 살고 있다. 사람이 사는 집보다 폐가가 더 많은 것은 다른 섬들과 사정이 다르지 않다. 빈 집에 쓸쓸히 익어 가는 감나무, 무화과, 탱자나무가 외로이 집을 지키고 있었다. 올해도 저 과일들은 모두 까치밥이 되고 말 것인지 빈집에서 느껴지는 쓸쓸함이 더한다.

마을길은 오르막길이다. 경운기 한 대 정도 다닐 수 있는 시멘트길이 언덕 너머로 이어진다. 언덕을 넘어서면 저 멀리 또 다른 섬, 바로 소포작도가 보인다.

꽁댕이배 ▲
대포작도 건너 지도의 참도선착장 ▶

이곳에서 바라본 소포작도의 북쪽 지점은 논과 밭이 제법 많다. 섬의 면적이 0.76km²인데 이 중 경지면적이 총면적의 40%인 0.3km²로 주민의 대부분이 반농 반어업에 종사하고 있다. 주요 농산물은 쌀, 보리, 콩, 양파, 마늘 등이다.

여기서 서쪽으로 보이는 섬이 신풍도와 솔섬이라는 무인도이다. 어느 정도 가면 방조제는 끝나고 시멘트로 포장된 해안도로가 이어진다. 섬 안에 3개의 방조제가 있는데 이곳 간척지에서 농사를 짓고 있다.

보릿고개를 넘기 어려웠던 시절에 대포작도 섬사람들의 생명을 지켜 주었던 것은 갯벌뿐이었다. 갯벌을 막아서 농사를 지었고, 또 갯벌에서 소금을 얻으면서 삶을 영위했던 것이다. 지금도 대포작도 사람들은 그 갯벌을 간척한 농지에서 농사를 지어 쌀과 양파, 마늘을 수확하며 살고 있다.

1960년대 한 평의 땅이라도 만들어 농사를 지어야 살아나갈 수 있었던 절박한 상황에서 식량부족으로 허덕였던 이곳 주민들에게 이곳의 간석지는 식량증산에 커다란 도움을 준 고마운 땅이었다. 대포작도는 14가구 24명의 주민이 모두 농사를 지으며 살아가기에 경운기가 집집마다 한두 대씩 있을 정도이다.

오른쪽 해안에는 크지는 않지만 독살어업의 흔적이 보인다. 대포작도 앞바다에서 새우를 잡던 시절이 있었는데, 마을 앞 공터에서는 온통 새우를 말리는데 정신이 없었다고 한다. 당시에는 말린 새우 인기가 좋아서 염장을 하지 않고 말려서 목포에 내다 팔았다. 그때는 객선이 낙월도에서 출발하여 포작도를 거쳐 임자도 진리와 수도 그리고 내양, 자동, 선도, 고이도를 거쳐 목포로 다녔다. 그 배편으로 목포의 도매상에 물건을 보냈다.

이곳 사람들이 아쉬워하는 것은 지도와 무안 해제 사이에 흐르는 임치수로를 막아버린 것이었다. 그래서 거대한 탄도만은 오직 선도쪽으로만 물이 드나든다. 포작도와 가장 가까이 있는 이 수로에서 10여 척의 꽁댕이배가 새우와 각종 고기를 잡았다. 5톤 정도의

◀ 갯벌에 설치한 개매기 그물을 보고있는 어민
◀ 해안에 만들어진 독살
◀ 산모양깔깔새우

작은 배로 선장과 선원 두 명이 새우어장을 했는데, 그마저도 1980년쯤에 사라지고 말았다.

대포작도를 돌아보고 나오는 길에 신안군 농업협동조합장을 역임한 장환기[64세] 선생을 만났다. 그 분은 조그만 이 섬에 최고 42호까지 살았던 시절을 회고하였다. 논 22.5ha, 밭 15ha이지만, 이 근처 바다는 황금어장이어서 무동력선이 10여 척 있었다. 낙지, 새우, 부서, 오징어, 숭어 등이 많이 잡혀 어려웠던 60~70년대에도 대부분의 자녀들을 도시로 유학을 보낼 수 있어 다른 섬에 비해 대학 출신들이 많았다. 그러나 수산자원이 줄고, 어류 남획과 김양식을 하면서 과다하게 염산을 유출시켜 갯벌이 죽고, 낙지와 파래 생산량이 현저히 떨어지면서 75년도부터 이도 현상이 두드러졌다고 한다. 특히 1974년 8월 15일 문세광이 육영수 여사를 저격한 그날 저녁, 해일로 말미암아 대포작도는 물론 신안군 전체 간척지의 둑이 무너지는 바람에 이도 현상이 가속화되었다고 한다.

이 섬 또한 물사정이 워낙 열악하여 각 가정에 빗물을 담는 시멘트 물 탱크를 정부에서 만들어 주었다. 우물물을 페트병에 담아 보면 3일 후에는 누렇게 변색되고, 염분의 유입으로 간간하다고 한다. 물이 수명과 어떠한 관계가 있는 것인지, 이곳 사람들은 보통 60세 전후에 세상을 떠났다. 즉 물사정과 과중한 일, 술, 스트레스 등이 사망 원인이 아닌가 한다. 대포작도는 이래저래 사연이 많은 섬이다.

예전에는 섬이었던 대포작도 건너편 참도 ▼

사옥도 沙玉島

해변을 낀 산골, 농촌마을의 반쪽짜리 섬

개요

목포에서 육로로 약 61.4km 떨어져 있는 사옥도는 총면적 14.860㎢, 해안선 27km이며, 303세대에 578명이 거주한다. 무안군 해제와 연륙된 지도-송도-사옥도-증도로 이어져 있다. 지도와 증도 사이에 끼어 있는, 이제는 섬 아닌 섬인 곳이다. 모래가 많고 옥玉이 나왔다 하여 사옥도라 불렀으나 현재는 서쪽 바닷가에 약간의 모래가 있을 뿐이고 옥은 생산되지 않는다. 사옥도는 지도읍에 속한 작은 섬으로 바다를 낀 육지가 되어버린 느낌이다.

이 섬에는 350여 년 전 정승이었던 제주 양씨가 유배되어 오면서 처음으로 사람이 살기 시작하였다고 한다.

필자가 무려 19년 만에 다시 사옥도를 방문하여 보니 사옥도는 예전의 느낌은 전혀 기억할 수 없을 정도로 많이 달라져 있었다. 2004년에 사옥도와 송도가 연륙이 되었고, 2010년에는 증도와 연륙이 되었다.

연륙이 가져온 변화에 새삼 놀랐다. 어촌이라기보다 농촌으로 변화한 것이다. 실제로 이곳에서 어업에 종사하시는 분들은 전혀 찾아볼 수 없었다. 분명 바닷가이지만 해변을 낀 산골 같다는 느낌을 받았다. 게다가 앞마을에는 증도가 버티고 있어 바다가 아닌 강물이 흐르는 것처럼 보였다.

사옥도와 송도가 연륙이 되기 전에는 송도에서 배편을 이용해야 했다. 지금 놓인 다리 반대편에 있는 탑선이 사옥도의 관문이며 중심포구였다. 탑선은 사옥도의 서울이라고 할 정도로 이 섬의 관문 역할을 수백 년 동안 톡톡히 해냈다.

탑선나루터의 다섯 개의 구멍가게에서 술과 생필품을 팔았다. 수백 년에 걸쳐 사옥도와 증도 사람들의 오가는 길목으로 수많은 이야기를 간직한 추억의 나루터가 지금은 초라하게 변해 있었다. 사옥도 탑선에서 지도 고사포까지 금진호라는 나룻배를 운영했던 방용익56세 선장을 만날 수 있었다. 하루에 6번 다니며 약 10년 정도 도선업을 했는데 전임자들은 그런 대로 괜찮았지만 방 선장은 수지가 맞지 않아서 스스로 나룻배를 폐업한 지 20년 정도 되었다고 회고하였다.

가장 큰 이유는, 목포행 여객선이 이 코스를 운항하기도 했지만, 1982년 지도읍과 송도 사이를 둑으로 막아 물의 흐름이 바뀌어 갯벌이 차면서 더 이상 나룻배가 다닐 수 없게 되었다는 것이다. 그래서 자연스럽게 지금의 다리 밑에 있는 하탑이 제2의 선착장이 되었고 사옥도의 관문으로 변했다 한다. 사옥도 주민들은 20년 전부터 마을 공동자금으로 유일한 육

탑선 나루터 ▲
예전에 나룻배를 운항했던 방용익 선장 ▲

▲ 지도대교
▲ 사옥도에서 본 증도대교

지 나들이 수단인 도선 한길호5.24t를 운항해 왔지만, 승객들이 점차 감소하여 적자 운영을 해 오다가 연륙교가 생기면서 자연스럽게 없어진 것이다.

나루터 하면 떠오르는 것은 기다림과 그리움이다. 이제 송도와 사옥도의 탑선포구를 연결하는 나룻배는 더 이상 존재하지 않는다. 사옥도 하탑포구에 서서 송도를 바라다보니 새삼 예전의 나루터와 나룻배가 그리워진다. 느린 나룻배가 다녔던 바닷물은 예나 지금이나 변함없이 무심히 흐르고 있었다. 탑선이라는 지명은 바로 옆 해변가에 구들장용으로 좋은 돌들이 많이 있어 탑선이라고 하였다. 지금은 그 돌들을 거의 다 가져가버려 흔적만 남아 있다.

사옥도 연륙교는 총 공사 구간 660m, 432억 원이 투입돼 1998년 11월에 착공하여 6년간의 공사 끝에 2004년에 완공됐다. 이 다리 이름은 지도대교이다. 원래는 사옥대교라고 해야 마땅한데, 이름이 잘못 지

다리 밑으로 보이는 사옥도 선착장 ▼

어진 것 같다. 섬을 연결할 때에는 육지와 더 멀리 있는, 연륙될 섬의 이름으로 짓는 것이 순리인데, 이곳은 예상 밖이라 혼란스럽다. 1974년, 무안군 해제와 지도를 연결했던 다리는 지도대교라고 해야 마땅하다. 마찬가지로, 1982년 지도와 송도의 연륙교를 송도대교로 그리고 송도와 사옥도를 잇는 다리를 사옥대교로, 사옥도와 증도를 잇는 다리는 증도대교라고 해야 옳지 않을까.

섬 대부분이 염전이고 청정해역과 해풍으로 만들어져 맛이 좋은 천일염이 특산물로 유명하다. 황토흙에서 자란 양파도 특산물이다. 이곳에서 생산되는 섬드리백년초는 추위에 강한 생명력을 지녔으며 뿌리, 열매, 줄기가 각각 다양한 용도로 사용된다.

▎둘러보기

예전에 북적이던 사옥도 탑선은 25가구까지 살았는데, 지금은 6가구만 남았다. 탑선에서 원달마을은 가깝다. 사옥길과 증도로가 만나는 삼거리이다. 사옥길 삼거리에서 원달마을과 지도대교 방향으로 갈라진다.

이 주위는 온통 염전이다. 즉 원달도라는 섬과 하탑도라는 섬을 연결하여 염전을 만든 곳이다. 이처럼 사옥도는 작은 부속섬 사이의 간석지를 간척하여 염전으로 개발해 해안 곳곳에 넓은 염전이 많다.

원달마을은 그다지 많은 가구가 사는 곳이 아니다. 주변은 밭이고 마을 앞은 염전이다. 사옥도는 최고 높이가 114m 정도에 불과한 낮은 구릉지와 평지가 대부분이다.

원달마을에서 지도대교 방향으로 가면 왼쪽에 하탑마을이 있는데 이곳 역시 예전에 하탑도라는 섬이었다. 도로에서 보이는 것이 전부인 작은 마을인 이

▲ 구들장용 돌은 없고 흔적만 남아있다
▲ 탑선에 있는 구들장용 돌

곳에 사옥도 보건진료소가 있다. 도로 옆으로 일광사 염전이 있고 마을 뒤로는 밭이다. 하탑을 지나 염전이 끝나는 지점에 들판이 있는데 하탑선들이다. 이곳을 지나면 탄동2구^{하탑}가 나오고 그 아래는 사옥도 선착장이 있다. 탄동2구 역시 작은 마을로 10여 채도 되지 않는 집들이 있고, 들녘에는 논과 함께 고추밭이 많다.

지도대교 진입로 입구 오른쪽 공터에 쌈지공원을 조성해 4기의 비석과 함께 2004년에 세운 지도대교 개통비가 있다. 개통비 옆에 사옥도 연혁비가 있고 그 왼쪽으로 4기의 비석군이 있다. 그 중 하나는 보기 드문 철제비석이 한 기 있는데 군수홍대중영세불망비라고 표기되어 있다.

그런데 바로 옆 비석에 낯익은 이름이 보인다. 어

윤중영세불망비라 씌어져 있다. 구한말 신사유람단 紳士遊覽團의 한 사람이었던 개화기 정치가 어윤중이 1877년 전라우도 암행어사가 되어 만 9개월간 전라도 일대 고을마다 샅샅이 돌아다니면서 지방행정을 정밀하게 조사해 탐관오리들을 징벌하고 돌아왔다는 기록이 있는데, 이 불망비 不忘碑가 이것과 연관되어 세워진 것이 아닌지 모르겠다.

당촌리는 사옥도 서쪽에 위치한 마을이다. 다리로 지도와 연결되고 지금은 증도와도 연결되었지만 이곳은 그 옛날 상황 그대로 멈추어 있다. 중간에 끼인 징검다리 섬이라 그런가. 당촌마을 중심에는 들판을 바라보며 '당촌공원'이라는 작은 공원이 조성되어 있다. 기껏해야 화단과 정자쉼터가 전부다. 그 앞은 대부분

▶ 지신개 선착장
▶ 4기의 비석군
▼ 사옥도 서쪽 해안

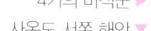

이 간척된 제법 넓은 들판이 있다. 들판 너머에는 당촌염전이 있고, 그 너머 방조제는 당촌방조제다.

당촌마을 입구에 마을회관 겸 경로당이 있고 그 옆으로 난 길을 통해 안으로 들어가면 집이 드물게 있다. 무너진 돌담에 녹이 슬어 붉게 물든 양철 지붕을 이고 있는 낡은 시골집들이다. 행정적으로 당촌2구인 이곳은 사옥도의 중심마을이다. 당촌에서 지도 가는 방향에 마을로 들어가는 길이 묘동길이다. 입구에 마을표지석이 있고 이곳에서 제법 가야 마을이 나타난다. 골목길 수준의 묘동길을 따라 마을 깊숙한 곳으로 가면 학교가 나온다. 지금은 폐교가 된 지도서초등학교 터다. 교문에는 서국민학교로 되어 있지만 사실은 지도초등학교 서분교장이었고 그마저도 2005년에 통폐합되어 지금은 폐교가 되었다.

교사는 아직도 제법 깨끗한 편이었고 운동장과 학교부지가 넓은 편이다. 교사 뒤로는 나지막한 산이다. 언덕을 넘어가면 해안에서 바로 본도인 지도가 바라다 보인다. 스탠드 위 화단에 조성된 두 개의 조형물과 주변의 철봉 등이 아직은 학교다워서 언젠가는 개교를 할 것만 같다. 이번에는 사옥도의 중도대교 바로 아래에 있는 지신개선착장으로 향했다. 이곳은 증도를 가는 차도선을 탔던 선착장이다.

증도대교 다리가 생기기 전에는 이 선착장을 통해 지금의 소금박물관이 있는 증도의 버지선착장으로 배가 다녔다. 다리가 생기기 전 성황을 이루었을 당시는 지신개선착장에서 배를 기다리며 꼬리에 꼬리를 문 자동차가 대열을 이루었다. 그러나 지금은 아무도 찾지 않는 쓸쓸한 선착장이 되어버렸다.

대합실로 사용되었을 건물은 보이지 않고 철부선이 닿는 경사제 바로 앞에 컨테이너하우스가 있고 배 운항시간표가 아직 남아 있었다. 컨테이너하우스를 지나 돌아서면 또 다른 포구 작포 나루가 있고 나루

당촌마을 돌담길 ▲

옆으로 증도대교가 놓여 있다.

사옥도가 송도보다는 훨씬 큰 섬이지만, 지도와 비교하면 내세우기 힘들 정도로 작은 섬이다. 증도대교 접속도로 옆으로 염전이 있다. 일출염전이다. 바다를 메운 방조제 이름이 일출방조제다. 이곳 역시 해안 곳곳에 넓은 염전이 많아 소금 생산량이 많다. 염전 옆으로 하천이 흐르고 그 옆으로는 들판이다. 일명 남일농장 앞들. 사옥도 역시 넓은 들판을 가진 섬이다.

사옥도에서 발견된 고생물 화석

사옥도에서 새와 공룡발자국화석 등 다양한 고생물 화석이 발견되었다. 화석이 발견된 노두는 주로 사옥도 북동쪽 해안에 위치하고 있으며 사암과 이암층으로 중생대 백악기 퇴적층이다. 발견된 화석은 새발자국화석, 공룡발자국화석, 무척추동물화석, 식물화석 등이다. 공룡발자국은 형태가 잘 보존된 조각류발자국과 수각류발자국이 확인되었다. 새발자국은 물갈퀴가 없는 종과 물갈퀴가 발달한 종으로 아직까지 보고되지 않은 형태 등 발자국의 크기와 물갈퀴의 유무, 발가락의 수에서 다양한 형태를 보였다.

▲ 사옥도 염전

이번 사옥도의 발굴로 더욱 다양한 중생대 물새들이 한반도에 번성하였음을 보여 준다.

특히, 이들 새발자국들이 있는 화석에는 발가락과 물갈퀴 흔적이 양호하게 보존되어 있을 뿐 아니라 식물화석과 연체동물화석, 공룡화석이 여러 층에 걸쳐 지속적으로 동시에 산출되고 있어 백악기 동안 왕성했던 생태계를 엿볼 수 있다.

따라서 사옥도를 포함한 주변 도서지역에 대한 지속적인 연구는 새발자국의 체계적인 분류와 백악기 동안 한반도의 생태계 구성, 고생대 척추동물의 진화에 대한 중요한 자료를 제공해 줄 것으로 기대된다.

사옥도는 본래 지금처럼 큰 섬이 아니었다. 사옥도는 지금의 섬이 되기까지 하탑섬, 원달섬, 안섬, 탑섬, 고동섬, 안다리섬, 월정섬, 진섬 등 여러 개의 섬을 연결하는 방조제를 쌓아, 간석지를 매립하고 간척하여 하나의 섬 사옥도가 되었다.

방조제만 해도 10개가 훨씬 넘는다. 일광사방조제, 일출방조제, 탄도방조제, 당촌방조제, 묘동방조제, 두촌방조제, 둥근방조제, 산두개방조제 등이다. 사옥도 주변은 얕은 간석지가 발달해 있어 바다를 막는 간척사업을 통해 상당량의 논과 염전을 개발했다.

간척이 되기 전까지 천일염기술이 발달되지 않아서 전통적인 방법으로 자염(煮鹽)을 생산했다. 자염은 바닷물을 끓여서 소금으로 만드는 것이다. 이 방법은 농도가 짙은 소금을 쉽게 만들 수 있지만, 자염을 생산하기 위해서는 많은 나무를 소비해야 하고 며칠 내내 불을 때야 하니 연료비와 인건비가 만만치 않았음은 물론이다. 그런데 천일염은 연료비가 전혀 들지 않아 당시로선 획기적인 신기술이었다.

이렇듯 천일제염법이 도입되어 소금생산이 많은 섬으로 변모되었다. 사옥도의 염전 역사는 자염 생산부터 천일염에 이르기까지 60여 년 정도가 되었다. 소금값 폭락으로 우여곡절을 많이 겪었지만 지금도 23판의 염전에서 21명의 주민들이 구슬땀을 흘리며 소금을 생산하고 있다.

 섬의 크기에 비해 주민 수가 적은 사옥도는 바다를 막아 상당량의 논농사와 염전을, 그리고 김양식을 하느라 고기잡이배는 거의 보이지 않았다. 불과 20여 년 전만 해도 지주식 김양식을 많이 했지만, 지금은 탑선 마을과 당촌의 몇 사람이 김공장을 직접 운영하며 대량으로 부류식 김양식을 하고 있다. 그러나 이마저도 생산비가 높아 고전 중이라고 한다.

민속

 당촌이라는 지명에서도 알 수 있듯이 사옥도에는 마을마다 뒷산에 당堂을 두고 그 마을에서 지정한 사람이 정월 대보름 3일 전부터 산에 있는 샘에 가서 몸을 깨끗이 한 후 당에 들어가 제사를 지낸다. 마을 전체 행사로 마을사람들과 제사음식을 나누어 먹고, 농악놀이 등을 하며 풍년과 무사고를 기원하였다. 당촌에는 후촌 마을 쪽에 2기의 장승이 있다.

 신안문화원에서 민속문화에 대해 조사한 바에 따르면 당촌리에는 할머니와 할아버지 장승이 있다. 사옥도의 가장 서쪽에 위치한 당촌마을은 바다와 접해 있지만 어업은 활발하지 않고 모두 농업을 주업으로 하고 있다. 당촌마을에서 후촌마을로 가는 마을 어귀의 장승거리라 부르는 곳에 2기의 장승이 90cm 간격을 두고 마주 보고 서 있다. 하나는 할머니 장승, 다른 하나는 할아버지 장승이다. 이 2기의 장승은 1917년에 세워진 것들이다. 정확한 시기는 알 수 없으나, 훨씬 전에는 현재의 자리에 나무로 만든 장승이 서 있었는데, 그 후 세월이 가면서 점차 썩어 갔다. 나무장승이 없어지기 직전 4~5년간 마을에 사망, 가뭄, 흉년 등의 액이 연이어 발생하자 주민들은 이 일련의 사건들이 장승이 없어진 데에 원인이 있다고 생각하여 현재

후촌리에 세워진 할아버지 장승▲
후촌리에 세워진 할머니 장승▲

의 돌장승을 세우게 된 것이다.

 할머니 장승은 높이 178cm, 둘레 122cm에 긴 장방형의 자연석 화강암으로 되어 있다. 거친 돌의 표면을 적당히 다듬어서 눈, 코, 입, 귀 등을 얕게 양각하였다. 55cm나 되는 긴 얼굴에 두드러진 눈썹을 만

들었고 둥근 안경테처럼 눈을 선각하였다. 그 밑에는 세모난 코와 일자로 다문 입이 조각되어 있다. 전체적으로 볼 때, 할머니 장승은 무표정한 얼굴이라 무뚝뚝한 인상을 준다.

할아버지 장승은 높이 200cm, 둘레 127cm의 역시 긴 장방형의 자연석에 주로 얕은 선각기법을 사용하였다. 두부의 양쪽 귀퉁이는 비스듬하게 잘라서 모자를 쓴 것처럼 보이며 평평하고 긴 이마에 갸름하게 눈썹을 선각하였다. 두 눈은 약간 튀어나와 있고 가운데 동공이 음각되었다. 두툼한 양 입술은 꼭 다문 모양을 하고 있다. 턱에는 다섯 갈래의 수염이 선각되어 있고, 그 밑으로 나뭇잎과 꽃을 거꾸로 한 모양의 장식이 새겨져 있다. 할아버지 장승은 전체적으로 근엄하면서도 할머니 장승보다는 더 인자한 느낌을 준다.

울에는 하루 평균 30여 명의 낚시꾼들이 사옥도를 찾는다고 한다.

연륙으로 어촌보다는 농촌의 느낌이 강한 섬 사옥도. 2004년 사옥도가 송도와 연륙이 되면서부터 사정이 달라지기 시작해 2010년에 사옥도와 중도가 연륙된 뒤에는 접근성이 더욱 좋아졌다. 특히, 빼어난 자연환경을 자랑하는 중도, 병어와 민어의 고장인 송도, 그리고 황토에서 자란 농산물의 고장인 사옥도는 지도읍과 함께 상호 간에 서로 부족한 점을 채워 주어 상승효과를 발휘할 것이다. 신안군의 지도를 바꾼 지리적 여건은 섬사람들의 생활과 문화환경을 바꾸고 가치관까지 바꾼 역사적인 사건이다. 앞으로가 가장 기대되는 압해도와 암태도를 잇는 새천년대교 건설공사가 2018년 완공을 앞두고 있다. 중도대교와 함께 신안군의 발전에 획기적인 계기가 되기를 바란다.

민물낚시하기 좋은 사옥도

사옥도는 오래전부터 낚시 마니아들에게 인기가 많은 섬이다. 물이 유입되는 곳도 물이 흘러 나가는 곳도 없는 둠벙형 수로가 있고 연안을 따라 갈대 등의 수초가 발달돼 있어 붕어가 살기에 적당한 장소인지라 낚시꾼들의 발길이 이어지고 있다. 해안선 길이 31km 정도이지만 어업보다는 바다를 막아 섬이 간척되면서 농지가 더 활성화되어 있다. 그래서 곳곳에 둠벙과 수로가 사방에 널려 있다. 교통이 편리하고, 여러 저수지와 수로에서 씨알 굵은 붕어가 많이 잡힌다.

묘동지, 탄동지, 진섬지 등 10여 개의 저수지와 탄동수로, 묘동수로, 진섬수로 등의 수로에서 사계절 내내 붕어낚시가 가능하다. 수로 총 연장길이는 1km에 폭은 상·하류 모두 15m 내외를 보인다. 붕어철인 겨

▲낚시하기 좋은 수로

선도 蟬島

10여 어촌계를 하나로 묶어 공동위판장을 운영하는 곳

개요

 선도는 목포에서 북서쪽으로 51km 떨어진 지점에 있다. 총면적 5.600㎢, 해안선 6.6km, 169세대, 287명이 거주하는 선도蟬島는 지명이 특이하다. 신신할 선 자도 아니고 착할 선 자도 아닌 매미 선 자를 쓴다. 섬의 생김새가 매미같이 생겼다 하여 맵재, 선치도라고도 불리웠던 선도에서 범덕산145m이 가장 높은 산이다. 경사가 완만한 구릉성 산지가 있을 뿐 대부분 평지다. 사질해안이 대부분인 섬 주위에는 간석지가 넓게 발달되어 있어 만입부를 방조제로 막아 농경지와 염전으로 사용하고 있다. 남쪽의 일정도와 청도도 방조제로 연결되어 선도와 합쳐져 있다. 임야면적은 전체 면적의 53%인 2.79km², 경지면적은 46%에 달한다.

 선도에는 선조 21년1588경에 순흥 안씨가 지도에서 지금의 주동마을로 이주해 와 정착한 것이 최초라 한다. 약 350년 전, 밀양 박씨가 매계마을에 터를 잡았고, 그 후에 제주 양씨, 신안 주씨 등이 들어와 마을을 형성하였다고 한다.

 신안군 지도읍에 속한 선도는 168호에 주민 290여 명이 살고 있다. 행정구역으로는 신안군 지도읍에 속하지만 주로 무안군 운남면 신월리를 중심으로 생활한다. 신월리선착장에서 하루 6회 나룻배가 다니는데, 이 배를 타고 10분이면 드나들 수 있다.

 어업보다는 농사에 집중하는 섬이다. 거주인구에 비해서 비교적 많은 농지를 가지고 있어 바다로부터 얻는 소득은 낙지잡이와 김양식뿐이고 대부분이 농

도선▼

▲ 낙지잡이 배

▲ 낙지잡이 통발

사를 짓고 있다.

　많은 주민들이 지주식 김양식으로 소득이 괜찮을 때도 있었다. 1990년대 초반까지 20여 가구가 72ha에 1,440척의 김양식을 하기도 했지만 지금은 몇 가구만 양식을 하고 있다. 선도의 김양식이 이처럼 현저하게 줄어든 이유는 김양식이 대규모화, 기계화되면서 소규모 지주식 김양식이 더는 경쟁력을 갖추지 못했기 때문이다. 선도는 탄도만 입구에 있다. 지도읍-선도-오이도-망운면으로 둘러싸여 있는 갯벌을 탄도만이라고 한다.

　선도를 둘러싼 조류는 곧장 거대한 호수 같은 탄도만으로 갔다가 다시 칠산바다로 흐르기 때문에, 섬 주변에 천혜의 어장이 형성되어 있었다. 지금은 지도와 무안군 해제면을 둑으로 막아서 칠산바다로 흘러가는 물이 강제로 차단되었다. 아직까지 막힌 물길을 트자는 목소리가 없는데 늦었지만 그 필요성을 검토해 볼 때가 된 것같다. 이 탄도만 주변이 주낙낙지의 주산지이며 그 중심이 선도다. 선도가 낙지잡이로 적합한 것은 낙지의 서식처인 광활한 갯벌이 형성되어 있고, 잡는 장소가 멀지 않을 뿐더러 낙지를 육지로 수송하기가 쉽기 때문이다.

　낙지잡이는 봄철에는 3월 중순부터 5월 말까지, 가을철에는 8월부터 12월 초까지로 각각 90~100여 일 작업을 한다. 잡은 낙지는 무안군 신월리를 통해서 육지로 보내 판매한다. 거주인구에 비해서 많은 농지를 가지고 있어, 낙지잡이에 나서기 전에는 지주식 김양식과 농사가 생업이었다. 천혜의 어장을 가까이 두고도 무안과 목포의 어민들이 주낙을 이용해 낙지잡이에 나설 때, 선도 주민들은 농사에 의지했다.

　그러다가 약 15년 전쯤 섬 주민들이 어장에 관심을 갖기 시작했고, 10년 전부터는 선도갯벌 지키기에 나섰다. 물론 선도갯벌이 돈이 될 수 있다는 확신 때문이었다. 고향에서 몇 사람이 낙지잡이로 돈을 번다는 소문이 고향을 떠난 사람들에게 알려지면서 모여들기 시작했다.

　탄도만의 약 300ha에 달하는 갯벌이 마을공동어장으로 보호를 받고 있어서 낙지, 갯지렁이, 해조류, 패류고막, 바지락 등을 잡아 많은 소득을 올리고 있다. 이곳에 거주하면서 주민공동어장으로 면허를 받았기 때문에 다른 지역 주민들이 선도갯벌에는 들어올 수 없다. 낙지잡이를 비롯해 마을공동어장에 참여하기 위해서는 1년 이상 선도에 거주해야 하며 그것도 외지에 주거지가 있어서는 안 된다. 가입을 신청하고 승인을 받게 되면 가입금을 납부해야 한다.

▲ 주낙 낙지잡이
▲ 낙지주낙에 칠게달기

몸줄의 양쪽 끝에는 불을 밝힌 전구를 스티로폼 위에 올려놓고 닻을 매단다. 닻 한쪽은 바다에 내려놓고 주낙을 길게 바다에 빠뜨린 후에 조심스럽게 다른 한쪽을 배에 올려놓고 10여 미터 앞으로 줄을 끈다. 그리고 배 위에 있는 닻을 바다에 넣고 몸줄을 따라가면서 아릿줄에 달린 낙지를 잡아 올린다. 반대편 줄 끝에 가서는 다시 닻을 올리고 10여 미터 앞으로 줄을 끌어 갈 지之자 모양을 그리며 앞으로 이동해 가면서 잡는다.

최근에 신안군이 전국 최초로 낙지부화에 성공하였다. 지난해에 이어 금년에도 갯벌어장의 자원조성을 위하여 세발낙지 치어를 방류하고 있다. 신안군에서는 갯벌자원 증강과 소득증대를 위하여 장산면 오음리에 거주하는 어업인 강대용씨에게 연구개발비를

무안군 신월선착장 ▼
선도 김양식 준비 ▼

낙지주낙을 하기 위해서는 낙지배와 주낙이 필요하다. 낙지잡이 배는 선외기를 많이 이용하며 주낙은 150여 미터의 굵은 몸줄과 가는 아릿줄로 구성되어 있다. 몸줄에 아릿줄을 일정한 간격으로 270개 정도 매단다. 아릿줄 끝에 다불이라고 부르는 미끼칠게를 백색 타일에 고무줄로 감아 묶는다.

낙지잡이에 가장 적합한 물때는 조금음력 초어드레, 스무사흘날을 전후해 사나흘 정도다. 밤에 먹이활동을 하는 낙지는 조류가 세지 않은 조금에 잡기가 좋다. 특히 달이 뜨는 날이면 낙지가 더 많이 잡히는데 이를 달사리라고 부른다. 낙지미끼로는 칠게서렁게를 이용하는데 다불타일에 한두 마리의 서렁게를 고무줄로 고정시켜 준비를 해 두었다기 해가 진 후 갯바다에서 선외기가 물에 뜰 정도쯤 낙지주낙을 시작한다.

▲ 소금 모으기

지원하여 낙지부화에 성공하였다. 2012년 12월 신안군 압해면 장감리 지선에서 연승延繩어민들과 관계자들이 함께 모여 세발낙지 치어 2,000마리를 방류하는 행사를 가졌다. 이후에도 부화된 어린 낙지를 압해면 가란도와 지도, 선도 등의 갯벌낙지 주산지 어장에 방류하였다. 신안군은 전라남도 갯벌면적의 34%인 346.8km² 규모의 갯벌에서 연간 400여 톤의 낙지를 생산하여 100억 원대의 소득을 올리고 있다.

선도는 과거에 지도군 선도면에 속하였으나, 1914년 행정구역 개편 때 무안군에 편입되었다가 1969년 무안군에서 신안군이 분리되면서 신안군에 속하여 오늘에 이르렀다. 행정구역으로는 신안군 지도읍에 속하지만, 가까운 무안군 망운면 신월리를 중심으로 무안군을 생활권으로 하고 있다. 그렇지만 행정적인 일이라도 보려는 주민들은 몇 개 면의 경계를 넘어 지도읍과 신안군청 청사를 가야 한다. 신월항까지는 1.5km, 뱃길로 10분 거리라 가깝지만 이웃 섬 고이도처럼 행정과 생활이 일치하지 않는 대표적인 섬이다.

그래서 선도 섬사람들은 육지인 무안군으로 편입되기를 바라 왔으나, 늘 외면을 당하였다고 한다. 지도읍 선도 주민들은 신안군청이나 읍에 갈 때 먼저 배를 타고 무안군 운남면 신월리로 건너가서, 다시 버스를 타고 3개의 면을 넘어 먼 길을 가야 하는 불편을 감수하고 있는 중이다. 행정의 편리가 중요한지 사람이 중심이 되어야 하는지 생각하게 하는 곳이다. 이곳의 특산물은 검붉은색을 띠며 맛이 고소한 김, 세발낙지와 소금이다.

둘러보기

선도의 선착장은 섬의 동남쪽에 위치해 있고 그 앞에는 가게를 겸하는 몇 채의 집이 있다. 바로 앞바다는 갯벌도 있지만 해당화가 만발한 모래해변이다. 선착장을 나오면 어촌계 사무실 옆으로 갈림길이 있다. 직진하면 해안도로를 따라 매계마을로 이어지고 오른쪽으로 돌아서면 섬의 중심지인 선도1리다. 선도1리는 진변, 주동 그리고 남악마을을 아우른다. 이곳에 마을 안내판이 세워져 있으며, 직진하면 북촌으로 이어진다.

지금의 선도리는 주동, 매계, 석산, 대촌, 북촌 등 5개 마을로 형성되어 있다. 가장 큰 마을은 40여 호의 주동마을이며 진변, 매계, 석산, 대촌, 북촌 등은 20여 호쯤 될 듯싶다.

길은 2차선의 아스팔트길로 잘 만들어져 시원스레

뚫려 있다. 삼거리에서 북쪽으로 가면 오른편에 하얀 건물로 보건진료소가 있고 입구에는 정자쉼터가, 오른쪽으로 낮은 구릉이 형성되어 밭으로 이용하고 있다. 보건진료소 뒤로 지도읍 선도출장소를 지나면 더이상 집들은 구경하기 힘들다. 도로를 중심으로 왼쪽은 논이고 오른쪽은 밭인 전형적인 농촌 풍경이다.

이곳 역시 논이 제법 많은 지역이다. 섬 주위에는 간석지가 넓게 발달되어 만 입구를 방조제로 막아 농경지와 염전으로 사용하고 있으며, 남쪽의 일정도와 청도도 방조제로 연결되어 선도와 합쳐졌다. 임야면적은 전체 면적의 53%인 2.79km², 경지면적은 46%에 달하여 농업에 종사하는 주민이 대부분이고 연안에서 낙지와 김양식을 약간 할 뿐 어로활동은 미약한 곳이었으나, 10여 년 전 군으로부터 선도갯벌을 보호받은 뒤로는 갯벌에서 많은 소득을 올리고 있다.

조금 더 걸어가면 1997년에 정부지원으로 만들어진 농산물 간이 집하장이 있다. 텅텅 비었다. 여기서 조금 더 가면 열녀각이 나온다. 시멘트로 담벼락을 두른 공간 안에는 돌로 각을 만들고, 그 안에 비석을 세웠다. 열녀김해김씨기행비다. 선도에는 이 열녀비 외에도 많은 공덕비와 열녀비가 있다.

여기서 조금 더 걸어가면 왼쪽에 선도의 중심마을인 주동마을이 나온다. 갈림길에서 창고 옆으로 난 길로 들어서면 밀양박씨세장비가 있다. 약 350년 전 밀양 박씨가 매계마을에 터를 잡았던 곳이라 그 후에들이 세운 비다. 이들의 세장비 역시 이 섬에서는 흔히 볼 수 있는 비석 중의 하나이다.

도로를 중심으로 밭과 집들이 갈린다. 집 뒤로는 구릉지 언덕이다. 이 언덕에 있는 밭은 대부분 파밭이다. 2차선 도로를 따라 계속 가면 선도 주동경로당이 나온다. 단층의 슬라브 지붕이라 옥상에 올라가 보면 마을이 한눈에 들어온다. 이곳을 중심으로 하여 주동마을이 형성되어 있다.

큰 도로를 중심으로 주동마을 건너편이 남악마을이다. 집이 몇 채 되지 않는 조그마한 마을이다. 낡은 집과 창고들 그리고 논을 지나면, 언덕으로 오르는 시멘트 포장길이다. 능선의 양쪽이 밭이고 밭 너머는 모두 갯벌이다.

이곳에서는 주로 파농사를 짓고 있다. 조금 더 가면 1960년에 개척한 성결교회 소속 선도교회가 보이는데 고풍스럽게 지어져 있다. 교회 앞은 주동마을에서 이어지는 큰 도로와 합류한 후 여기서 다시 길이 갈린다. 갈림길 중간에 마을 안내판이 있다. 여기가 선도3리로 석산마을과 대촌마을이 포함된다. 석산마을과 대촌마을이 큰 도로를 중심으로 갈라지고, 직진길은 북촌으로 가는 길이다.

대촌마을은 그다지 큰 편이 아니다. 밭 아래 옹기종기 모여 있는 집들이 전부다. 이곳은 평평한 구릉지대라 숨은

▶ 선도풍경

집들이 거의 없다. 마을로 들어가는 길목에 대촌마을이라는 마을 표지석이 있다. 마을 앞은 온통 마늘밭이다. 푸른 마늘들이 넓게 심어져 있고, 일부는 뿌리를 드러낸 채 뽑힌 마늘도 많다.

대촌마을을 지나면 바로 용주들이 나타난다. 제법 긴 도로를 타고 가면 북촌이 나오는데, 길이 구불구불하게 이어져 있고 마을 안내판과 마을은 제법 떨어져 있다. 이곳 역시 평지에 마을이 형성되어 있다. 경사가 완만한 구릉성 산지가 있을 뿐 대부분이 평지이다.

최고 높이는 범덕산 145m으로 북촌마을 맞은편에 있는 산이다. 마을회관을 중심으로 서쪽에 집들이 집중

모래해변 ▲

되어 있고 동쪽에는 밭과 그 사이에 집이 몇 채 있을 뿐이다. 집 모양도 가지각색이다. 폐가도 있지만 조립식 건물도 보이고 슬라브 집도 보인다.

소포작도 小包作島

너무 작아 외로운 섬

개요

섬의 생김새가 물건을 보자기에 싸는 모양이라 하여 보작도 또는 포작도라 했다고 한다. 또 다른 유래는, 섬이 두 개가 나란히 위치하여 섬의 형태가 포알처럼 뾰족뾰족 나와 있기에 그 중 큰 섬을 대포작도, 작은 섬을 소포작도라고 부르게 됐다 한다.

소포작도는 총면적 0.370㎢, 해안선 2.8km, 1세대 3명이 살아간다. 지도읍 봉리마을 참도선착장 맞은편에 있는 소포작도는 대포작도 너머로 나란히 위치해 있다. 대포작도 건너편에 있는 참도항은 대포작도와 소포작도, 어의도 주민들과 밀접한 관계가 있다. 참도는 일제시대에 간척으로 육지가 되었다. 이곳은 여객선의 기항지로 임자도와 낙월도를 이어 주는 포구였으며 참도항은 대포작도와 소포작도, 어의도 주민이 거쳐 가는 곳이다.

소포작도에서 패총이 발견된 것으로 보아 아주 오래 전부터 사람들이 살고 있었던 것으로 짐작된다. 패총이란 선사시대 사람들이 먹고 버린 조개껍질이 쌓인 쓰레기더미를 이르는 말이다.

패총이 발견된 곳은 소포작도 출장소에서 북으로 약 150m 지점인 마을 뒷산의 남쪽 경사면 능선 말단부이다. 패각이 분포된 면적은 1,000여 평에 이르며 간척사업 이전에는 패총 가장자리까지 바닷물이 유입되었다고 한다. 또 마을 뒷산의 북쪽 구릉 말단부와 마을 동편으로 길게 뻗은 구릉지 말단부에 있는 밭에서도 발견되었다. 섬은 작지만 육지와 멀리 떨어지지 않아서 오래전부터 농사를 짓고 고기를 잡으며 살았음을 짐작하게 한다.

20년 전만 해도 섬마다 붉은 벽돌로 5평 정도의 초

▼ 대포작도 소포작도와 이어지는 노두

▲ 폐각
▲ 폐총

소포작도 앞 어장 ▲
소포작도 해수욕장 ▲

소를 지어 경찰들이 근무하였다. 지금은 일반 집들은 폐허가 되고 오로지 관에서 지은 이 붉은 벽돌 초소만이 남아 있는데 주민들이 들어와 이곳을 수리하여 살고 있다. 집 주위에는 개와 염소, 닭과 오리 그리고 어미소와 송아지가 있는데 마치 동물농장 같다.

소포작도는 앞으로 무인도가 될 가능성이 높다. 이에 대해 신안군 도서개발과의 관계자도 생활환경이 열악한 소규모 섬들은 몇 년 안에 무인도로 변할 가능성이 크다며 우려했다. 소포작도와 대포작도를 돌아보면서, 포작도와 어의도를 발전시키기 위해서는 오로지 연륙뿐이라는 생각이 들었다.

잠도와 대포삭도, 소포작도, 어의도 그리고 임자도 전장포를 다리로 잇는다면, 기존의 지도읍 점암선착장과 수도를 거쳐 임자도를 잇는 것보다 예산과 기간이 줄어들 것이라는 예상이다.

이곳과 달리, 경기도 지역에서는 정반대 현상이 벌어지고 있다. 인천시 옹진군의 섬 인구는 지난 10년 동안 1만 명가량 늘었다. 옹진군 측은 선재도와 영흥도 연륙과 드라마 세트장 유치 등 관광산업 개발로 귀도민歸島民이 늘어났다고 설명했다.

마찬가지로, 섬에 대한 앞으로의 전망이 수도권이냐 아니냐에 따라 학자들의 의견이 엇갈린다. 국토연구원의 황성수 연구원은 '수도권처럼 시장성이 있는 섬지역은 인구 U턴 현상도 나타날 수 있다'고 지적한 바 있다. 이와 반대로, 목포대 신수호 지리학 교수는 육지와 먼 도서의 경우 교육 및 문화적인 소외가 더 심해지고 있기 때문에 인구감소 추세는 앞으로도 계속될 것이라며 비관적으로 전망하였다.

둘러보기

소포작도는 대포작도에서 바다의 노둣길을 따라 걸어갈 수 있다. 대포작도와 이어지는 100m 정도의 노둣길은 절반만 포장이 되어 경운기가 어렵게 통과할 수 있다. 노둣길 양 끝 쪽에 낮은 옹벽이 있는데 바로 방조제다. 그리고 그 앞으로는 작은 모래밭이 있다. 그다지 넓은 편이 아니지만 모래가 아주 곱다. 방조제를 지나면 길은 비포장 도로이자 모랫길이다.

어느 정도 걸어가면 마을이 보이는데 규모는 아주 작다. 길 한쪽에 집이 몇 채 있을 뿐이다. 사람이 살 만한 집은 겨우 한두 채 정도다. 실제로 이곳에는 로빈슨 크루소같이 부부가 외롭게 농사를 지으면서 살아가고 있다. 축사에는 소들이 제법 있다. 노둣길 입구에 구제역 출입금지 표시가 쓰여 있는 것을 보면 구제역 때문에 호된 고역을 치렀음이 분명하다. 축사 뒤로 해변이 나타나고 그 뒤로 갯벌이 길게 이어진다. 2012년 가을에 논에서 벼를 베는 주민과 2013년에는 마늘밭에서 아들과 며느리와 함께 땀 흘려 일하는 섬사람들에게, 이렇게 섬을 지켜 주어서 고맙다는 인사를 드렸다.

소포작도 앞바다에 떠 있는 안가루섬 전경 ▼

송도 松島

국내 최고의 병어와 민어, 육젓의 위판장

개요

섬에 소나무가 많이 있어 송도라 불렀다고 한다. 송도라는 지명은 전국적으로 6개의 섬이 있다. 여수에 2개, 진도 1개, 통영, 마산, 인천에 하나씩 있는 이름이다.

면적 2.400㎢, 해안선 6km, 101세대, 인구 187명이다. 예전의 지도읍 송도는 조그만 포구에 불과했지만 그 위치가 섬과 육지를 이어 주는 중심에 자리하였을 뿐만 아니라 사람들이 많이 찾는 섬, 증도와 임자도로 가는 길목에 있다. 그냥 지나쳐버려도 그만인 위치에 있는 섬이지만, 국내 최고의 새우젓, 병어와 민어 등 각종 수산물의 어판장이 있었기 때문에 지나칠 수 없는 섬이다.

송도는 1982년 지도읍과 송도 사이를 둑으로 막아서 섬의 굴레는 벗었지만, 바닷물의 흐름을 차단한 환경파괴자라는 오명을 뒤집어쓰고 말았다. 그때부터 바닷물이 소통되지 못하여 갯벌이 썩어가기 시작했기 때문이다. 환경문제의 심각성이 대두되자 1994년에 둑을 없애고 연륙교로 교체하였다. 바닷물이 원활하게 소통되자 썩은 갯벌이 살아나고 예전처럼 바다가 회복되었다. 송도처럼 바닷물의 흐름을 인위적으로 차단하여 갯벌이 썩은 경우, 원상태로 회복되려면 10여 년의 세월이 필요하다고 한다.

송도는 신안군 임자도와 영광군의 낙월도 부근에서 잡힌 새우나 민어, 병어, 갈치, 꽃게 등 신안군 북부 서남해안 일대의 수산물 집하장이다. 서남해안에서 잡히는 각종 해산물들이 이곳으로 실려와 송도의 수협 어판장에서 팔려 나간다. 이곳의 여름은 발 디딜 틈이 없을 정도로 사람들이 몰린다. 근해 어장에서 잡은 생선들이 이곳으로 집하되기 때문이다.

송도에서는 병어뿐만 아니라 민어도 많이 잡힌다. 예로부터 여름 보양식 가운데 정일품은 민어이고 이품은 도미라고 할 정도로 복달임하는 음식으로 으뜸이다. 민어 역시 이곳 송도 어판장에서 경매된 것들이 전국으로 팔려 나간다.

◀ 수산물 위판장

◀ 수산물 위판장

◀ 수산물 위판장

고기의 어획량은 그렇게 많지는 않지만 슬로시티라 일컫는 휴양섬 증도 가는 길목에 자리한 위판장을 그냥 스쳐 지나가기는 쉽지 않을 것이다. 지도대교(옥대교)를 건너기 직전, 이곳에 들러 횟감을 사서 회를 뜨는 시간이면 위판장을 돌아볼 수 있다.

위판장은 밖에서 볼 때와는 달리 상당히 규모가 크다. 각종 수산물을 경매하는 모습도 볼 수 있고, 여러 가지 해산물을 구경할 수 있어 색다른 맛이 있다. 특히, 서해안 고속도로 개통으로 증도와 임자도를 찾는 관광객들이 이곳 위판장을 많이 찾는다.

송도는 신안군의 임자도, 비금도, 우이도 등과 영광군의 낙월도, 안마도 등지에서 온 200여 척의 어선들이 닻을 내리는 곳이다. 비금도의 송치와 임자도 전장포에 있는 수협이 1993년 송도 위판장으로 새로이 통합되었기 때문이다. 비금도와 임자도는 육지와 멀리 떨어진 섬이기 때문에 접근성이 크게 떨어지고 교통이 불편하여 수산물 유통에 시간과 비용이 많이 들 뿐만 아니라 신선도 때문에 송도 위판장을 필요로 한 것이다.

여러 섬의 연륙으로 차량운송이 가능해져 전국의 상인들이 대거 모여들게 됨으로써 송도 위판장은 가격 경쟁력에서 우위를 점하며 위상이 높아지게 되었다. 전국에서 도매상들이 몰려드는 가장 큰 이유는 새우젓 때문이다. 송도의 새우젓은 맛이 좋고 싱싱하여 상품가치가 높다.

젓새우가 잡히는 시기에 따라 그 이름도 다양하다. 음력 3~4월에 잡히는 새우는 춘젓, 5월에 잡히는 것은 오젓, 산란기인 6월에 잡히는 것은 육젓이라 부른다. 7~8월은 자젓, 9~10월은 추젓, 1~2월 한겨울에 잡히는 것은 동백하젓 등으로 불린다. 특히, 음력 6월에 잡은 젓새우로 최고의 맛을 내는 육젓이 위판장 안을 가득 채우고 있었다. 최상품인 육젓은 1드럼 200kg에 690만 원까지 거래된다.

신안군은 이런 새우젓을 연 12,000톤을 생산한다. 전국 생산량의 80% 이상을 차지하는 양이다. 하지만 생산량의 70~80%가 원료 상태로 다른 지역으로 팔려 나간다. 전북 곰소, 충남 강경, 광천 토굴새우젓 등 이름난 새우젓들도 대부분 신안 젓새우를 사용한

송도 어판장 전경 ▼

다. 젓새우의 주 생산 고장임에도 불구하고 이들 지역의 브랜드에 비해 턱없이 낮은 인지도를 보여 왔다. 한마디로 '죽 쑤어 개주는 상황'을 되풀이해 온 셈이다.

이런 상황을 타개하고자 생산 어민들이 나섰다. 신안, 목포, 영광 등 젓새우 생산 어민들이 신안새우젓 주식회사를 설립했다. 생산 어민들은 '전국 최대의 젓새우 생산 지역임에도 불구하고 그간 지역 특화소득원으로 개발하지 못했다'면서 '이제 생산 어민이 직접 참여한 회사가 설립됨에 따라 실질적인 소득을 가져올 수 있게 됐다'고 환영했다. 신안새우젓 회사는 가장 먼저 그동안 젓새우를 잡아 단순히 위판장에 내다 파는 수준에 머물렀던 방식에서 벗어나 저장, 가공, 판매, 유통에 직접 참여해 옛 새우젓 명성을 되찾겠다고 다짐하고 있다. 나아가 여러 단계의 유통과정을 없애고 소비자와 직거래를 통해 생산자는 소득을 높이고 소비자는 값싸게 새우젓을 공급받을 수 있게 한다는 계획이다. 이를 위해 신안천일염새우젓이란 브랜드를 개발해 상표등록을 마쳤다. 이와 동시에 신안군 지도읍에 최신식 젓새우 저온 저장고와 선별장 시설도 갖춘다. 이 시설이 완공되면 젓새우와 새우젓 유통에 본격적으로 뛰어들 예정이다. 또한 모든 새우젓을 신안천일염새우젓이란 브랜드로만 출하할 계획이다. 원료 상태로 출하하는 젓새우 양을 최소화하겠다는 것인데, 이렇게 함으로써 다른 지역 유명 새우젓의 봉 노릇은 그만하겠다는 것이다.

젓새우만 29년째 잡아 오고 있다는 김인석씨는 새우젓에 대한 전문가들도 수입산과 국산을 구별하기가 쉽지 않다고 한다. 이 점을 악용해 일부 유통업자들이 수입산과 국내산을 혼용해 사용하는 바람에 신안 새우젓이 제대로 된 대접을 받지 못하는 실정이라며 이 점을 가장 우선적으로 해결하는 데 집중하겠다

꽃게 어판장▲
꽃게▲

고 말했다.

20여 년 전, 지도읍의 송도 위판장이 생기기 전에는 전장포의 새우젓파시波市가 유명했다. 새우젓의 전국 유통량 60%가 전장포 파시를 통해 거래되어, 곽재구 시인의 전장포 아리랑이란 시에 등장할 만큼 과거의 화려한 명성을 전장포가 갖고 있었다. 그러나 지금은 전장포 등지에서 출발한 새우잡이 배들이 임자도와 낙월도 앞바다에서 그물로 건져 올린 새우를 배 위에서 즉시 염장해 바로 송도 위판장으로 보낸다.

새우파시가 성했던 전장포는 1980년대 250여 가구에 2,100여 명이 살았지만, 현재는 101세대에 187명이 사는 한적한 어촌마을이 됐다. 그래서 신안군은 임자도 전장포를 되살리기 위해 '옛 명성 복원사

업' 기공식을 열었다. 이곳에 10억 원을 들여 지역 특산물 유통, 판매 시설과 젓갈보관 냉장 시설 등을 건립할 예정이라 한다.

전장포와 더불어 민어파시로 유명했던 재원도가 바로 코앞이지만 파시가 사라진 지 30년이 넘었다. 과거의 화려했던 섬들의 파시 명성은 이제 아련한 추억이 되고 만 것이다. 그렇지만 재원도 일대는 여전히 국내에서 민어가 가장 많이 잡히는 민어 어장이다. 이 민어 또한 모두 이곳 송도 수협 어판장으로 모인다.

요즘은 어획량의 감소로 송도 위판장의 새우젓 유통량이 전년대비 30% 정도 줄어들었다 한다. 어선들은 기름값과 인건비 상승 때문에 어획비용이 늘어 고충이 늘어났고, 이곳 송도 위판장은 거래량 감소로 유통량이 줄어들어 활성화가 시급한 입장이다. 신안수협 관계자는 '인근 서해안의 모래바다에서 자라는 최상질의 새우 서식지를 모래채취 때문에 다 망가트렸다'며 안타까워했다. 한편 송도 위판장에서 판매하는 새우젓은 식약청에서 승인받은 신안군수협 로고가 박힌 비닐로만 포장하여 판매하고 있다. 그만큼 새우젓의 품질이 우수하기 때문이다.

송도 위판장에는 병어, 꽃게, 민어, 낙지, 가재미 등이 유명하다. 매년 6월에는 병어축제가 열린다. 전국적으로 유통되는 병어의 60% 이상을 수집, 판매한다. 신안 병어는 300여 어민이 연간 500여 톤을 잡아 60억 정도의 소득을 올리고 있어 이곳 위판장의 주요품목이다. 전장포의 새우젓을 위시하여 지도의 병어와 재원도 민어가 전국의 명품으로 자리를 잡을 수 있었던 것은 송도 위판장 덕이 크다고 본다.

병어축제

매년 여름 신안군에서 잡힌 병어의 맛을 볼 수 있는 병어축제가 이곳 송도에서 열린다. 병어축제가 6월에 열리는 이유는 임자도와 재원도 해역에서 갓 잡아 올린 병어가 5월과 6월에 맛이 가장 뛰어나서이다. 병어축젯날 이곳을 방문했을 때는 병어가 많이 잡히지 않아서 생각보다 가격이 만만치 않았다.

싱싱한 병어를 회로 만들어 초고추장에 찍어 먹는 것도 환상적이지만, 냉동실에 얼려서 아무 때나 먹어도 맛이 있다. 병어회는 부드럽고 쫄깃쫄깃하며 뒷맛까지 달콤하여 모든 사람들이 즐겨 먹을 수 있는 최고의 횟감이다.

병어축제는 송도 위판장을 중심으로 자연 그대로 바다에서 잡아 올린 싱싱한 병어의 맛을 즐길 수 있는 병어 시식회와 맨손으로 활어잡기, 병어음식 개발 경연대회, 요트 승선 체험 등 다채로운 프로그램도 마련되어 있다. 매년 열리는 병어축제는 성공적인 편이다. 병어축제 덕에 송도가 갖는 경쟁력이 더해지기

병어 축제 ▲

어의도 於義島

두 개의 집성촌이 있는 느리섬

개요

어의도는 전라남도 신안군 지도읍에 딸린 섬으로 목포에서 북서쪽으로 약 61km 지점에 위치하며, 지도와의 사이에 대포작도·소포작도 등이 있다.

어의도라는 지명은 섬의 형태가 길게 늘어져 느리섬이라고 했고, 한자어로 표기하면서 어의도라 불렀다고 전해 오고 있다.

이 섬에는 약 250여 년 전에 진주 강씨가 들어와 마을을 형성하였고, 그 후에 김녕 김씨가 들어와 정착하였다고 한다. 또 다른 설은 김녕 김씨가 세조 때 먼저 들어왔고 현종 때 진주 강씨가 입도했다고 한다. 그렇게 해서 김촌이니 강촌이니 하는 마을이 생긴 것이다.

이곳은 임진왜란 시 이순신 장군의 난중일기에 몇 번 기록된 섬이다. 충무공은 왜구들과 싸울 때 바로 앞에 있는 임치진과 어의도를 전략적인 기지로 이용하였다. 칠전량 해전에서 소멸된 조선 수군을 이 해역에서 재건한 뜻 깊은 곳이다. 해군은 이곳에 비석이라도 세워서 조선 수군의 재탄생을 기념해야 할 것이다.

임자도 전장포와 영광군의 낙월도 근처에 있기 때문에 섬 주민들은 멍텅구리배 등을 갖고 어선어업에 종사하였다. 그러다가 1970년 중반에 새우잡이와 함께 소규모 지주식 김양식도 겸하였다. 그 당시 김의 고장 완도처럼 김을 손으로 채취해서 칼로 잘라 김틀에 한 장씩 떠서 말리다가, 1980년대에 대량 생산이 가능한 부류식 김양식 체제로 바뀌면서 김공장이 들어섰다.

그 당시만 해도 40여 가구가 김양식을 했지만, 지금은 13가구만이 김양식에 종사할 정도로 쇠퇴해 가고 있다. 그러다 보니 김공장도 3개에서 2개로 줄

조용한 마을 ▼

었다. 이곳의 김양식이 가장 큰 피해를 입었던 때는 2007년 12월 서해안 허베이호 기름유출사건이었다. 그 당시 유출된 기름은 조류를 따라 이곳 어의도까지 밀려 왔다. 그렇지 않아도 경제사정이 가뜩이나 어려운 때인데 기름유출이라는 직격탄까지 맞아 1년 김농사를 순식간에 망치게 되었다.

1973년에 83가구 485명(초등학생 112명 포함)이었던 어의도는 지금은 62가구 104명이 살고 있다. 바다를 간척하여 농사를 짓고, 겨울에는 사면이 바다로 둘러싸여 있는 황금바다에서 새우와 고기를 잡고 김양식을 한다.

무안군 임치는 조선의 수군진이 있던 곳이었을 만큼 섬의 위치가 좋아서 어족자원이 풍부한 곳이다. 그러나 무안반도 해제와 지도읍 사이의 바다인 임치수로를 막아 물흐름이 뒤바뀌면서 예전과 다른 상황이 벌어졌다.

탄도만 안으로 들어오는 물이 임치수로 빠져나가고 서해상에서 밀려 내려오는 해수가 임치수로를 통해 탄도만으로 들어가야 되는데 소통이 되지 않아 오염은 물론 어류의 산란에도 많은 지장을 주고 있는 것으로 보인다.

그 당시는 몰랐지만 지금이라도 다리를 놓아서 그 밑으로 바닷물의 흐름을 자연스럽게 회복시킨다면 예전 같은 시절이 오지 않을까 싶다. 한편 이곳은 상습적으로 물기근에 시달리던 중에 지도읍에서 대포작도-어의도 간 1.6km를 50mm 송수관으로 연결하게 되었다. 신안군 낙도 섬지역에 해저관로를 통해 장흥댐 물을 공급받게 된 것이다.

현재 정월 대보름 및 추석 명절이면 매년 강촌과 김촌 마을이 합하여 농악놀이를 하면서 풍년을 기원하는 풍습이 있다. 용 이야기가 구전으로 전해 오는 이곳이 보다 친환경적으로 발전하기를 바라는 마음

▲ 멍텅구리 배
▲ 부류식 김양식장
▲ 김양식장 관리선

이다.

특산물로는 쌀을 위시한 보리, 고구마, 마늘, 고추 등 농산물과 살코기가 많고 연한 병어를 위시하여 민어, 숭어, 새우, 농어 등 어류와 질 좋은 김이 있다.

둘러보기

처음 이 섬을 탐사했을 때는 지도의 참도선착장에서 도선을 타고 갔지만 이번에는 섬사랑호를 타고 들어갔다. 점암선착장을 출발한 지 10분쯤 되니 넓은 바다 가운데 있는 김양식장을 비켜 크게 돌아 나가던 차도선 앞으로 어의도가 보였다. 도착할 때쯤에는 간밤에 내린 비 때문인지 아지랑이가 피듯 옅은 안개가 섬을 덮고 있어 몽환적인 풍경을 만들고 있었다.

어의도는 전남 신안군의 섬 중에서 가장 북단에 위치한 섬이다. 이곳은 간만의 차이가 심하여 선착장이 바다 쪽으로 제법 길게 뻗어 나온 모습을 볼 수 있다. 선착장은 마을과는 떨어진 섬의 남쪽에 위치해 있다.

선착장 끝에 어의마을이라는 표지석이 두 개나 있고, 물양장 주변에는 건물이 몇 채 있다. 큰 표지석은 2009년에 세운 것으로 뒷면에는 마을의 연혁과 위치에 대한 설명이 새겨져 있었다.

선착장 앞 상당히 넓은 물양장 주변에는 창고들이 즐비하다. 새로 만든 김양식용 부표들이 창고 안에 가득 쌓여 있고, 다른 창고에는 부표들을 청소하는 시설이 갖춰져 있었다. 몇 동의 창고건물들 옆에 붉은 벽돌 건물이 보이는데, 바로 목포경찰서 관할 어의도 치안센터로 일명 육경(해양경찰을 해경, 일반경찰을 육경이라 부른다)이다. 그 옆에 있는 대합실 안은 기역자 형으로 된 나무의자만 덜렁 남아 있다.

선착장에서 동쪽으로 해안의 시멘트 포장길을 따라 안으로 방파제가 있고, 그 앞에 철탑이 있는 무인도를 통해 전기를 공급받고 있다. 이 뒤로 언덕을 넘어가면 바로 길게 이어진 마을 앞 방조제가 나타난다.

물양장에서 오르막길을 오르면 왼쪽에 학교가 있다. 계단 오른쪽에 게시판과 함께 교훈이 새겨진 표지석이 있다. 계단을 통해 오르면 양쪽 기둥이 있고

어의도 도선 ▶

어의도 차도선 ▶

지도초등학교 어의분교 ▼

▲ 마을로 들어가는 길

오른쪽 기둥에는 교명이 새겨져 있다. 지도초등학교 어의분교장. 이곳에는 2학급에 3명의 학생이 재학 중인 것으로 알려져 있다.

한때 112명이 다녔던 학교가 지금은 폐교위기에 있다. 고지대에 위치한 탓에 담장이 없는 대신 낮은 화단이 담장역할을 하고 있는 학교다. 잔디밭 운동장 한쪽에 선명한 색의 그네와 철봉 등이 있다. 운동장 끝 스탠드에는 모두 5개의 조형물이 있다. 한 쌍의 사자상과 남자아이들의 조형물, 반공소년 이승복 군 동상, 효자 정재수 그리고 가장 왼쪽에 체력은 국력을 상징하는 조형물이 있다. 부드러운 곡선을 이루는 계단을 오르면 교사 아래 화단에 책 읽는 소녀 상이 있다. 교사 앞에서 선착장을 바라보니 바다가 한눈에 들어오는 조망이 좋은 곳이다.

학교 옆 도로에서 선착장 가는 길목에 비석이 세 기가 있다. 시혜비 한 기와 신안군수에 대한 공덕비 그리고 독지탑이다. 학교 옆 언덕을 넘어서면 바로 마을이 한눈에 바라보인다. 이곳 역시 오른쪽으로 넓은 농경지가 조성되어 있고 섬 자체가 남동쪽으로 깊은 만을 형성하고 있다. 매립한 간척지 주변에 농사가 활성화되고 있다. 학교 아래에 나 있는 샛길을 따라 가면 이 섬의 가장 서남단에 위치한 집과 농지가 펼쳐진다.

언덕에서 조금만 내려가면 넓은 논과 작은 저수지가 있다. 그 뒤로 한 단을 높인 곳에 비석과 함께 묘소가 조성되어 있다. 통정대부 겸 좌부승지의 묘. 그러나 봉분은 이장했는지 아주 낮다.

이곳에서 북쪽으로 길이 계속 이어지고 집들이 드문드문 자리잡고 있다. 정자를 지나 조금 더 가면 제법 높은 곳에 교회가 있는 김촌이라는 마을. 김씨가 많은 김씨 집성촌이라 붙여진 이름이다. 제일 높은 봉우리가 88m, 그 외 대부분이 낮은 산지와 평지로 되어 있는 어의도는 강촌, 김촌이라는 2개의 집성촌을 가진 자연부락으로 이루어져 있다.

오래된 건물은 옛 보건진료소 건물이다. 간판이 아직도 붙어 있고 한쪽 벽에 빨간색의 우체통이 걸려 있다. 1973년에 개척되었다는 어의교회는 이 섬에서 가장 큰 건물로 붉은 벽돌로 돼 있다. 위치도 보건진료소와 함께 마을에서 가장 높은 곳에 있다. 고추밭 한가운데 위치한 이곳에는 2층 옥상에 나무 데크로 휴식공간을 만들어 두어 근사한 모양이다. 그러나 마을의 집들은 전형적인 시골집에다 폐가도 더러 보인다. 샛길 역시 비포장 도로와 시멘트 길이 혼재되어 있다.

김촌에는 크게 교회와 보건진료소가 있는 곳과 마을회관이자 경로당이 있는 두 구역으로 나뉜다. 그날은 마침 5월 8일 '어버이날'이어서 노인잔치가 열리고 있었다. 나그네인 필자에게 푸짐한 음식을 대접해 주었고, 떡과 과일까지 싸 주어 등대호로 가지고 왔다. 보건진료소에서 밭길을 건너면 집들이 모여 있는 곳이 보인다. 그 앞에서 길이 동쪽으로 꺾이는데, 그 가운데에 단층짜리 마을회관이 자리하고 있다.

마을회관 뒤편에 태양열 집열판으로 잘 지어진 집 한 채가 있는데 이곳을 중심으로 골목길이 방사형으로 되어 있다. 이곳에서는 오곡의 하나인 조 농사를 짓는다. 섬이라기보다는 농촌의 분위기가 물씬 풍기는 풍경이다.

마을회관 앞에서 동쪽으로 난 도로 양쪽으로 농경지가 쭉 이어져 있고 남쪽으로 이어진 들판 끝에는 방조제, 북쪽의 들판 너머에는 낮은 산이 보인다. 그 너머에는 작은 해변이 있고 그 앞 바다 한가운데에 낙월도가 있다.

동쪽으로 가다 보면 왼쪽은 강씨 집성촌인 강촌이라는 마을이 나온다. 오른쪽은 바닷가로 이어지는 길이다. 매립된 곳이 아닌 탓에 이 주위에는 밭들이 있다. 왼쪽으로 이어지는 해안길로 쭉 가면 중간지점에 집이 몇 채 있다. 어의도는 통상 2개의 집성촌으로 나누지만 실제로는 이처럼 모두 4개의 마을로 이루어져 있다고 할 수 있다.

도로 끝까지 가면 창고로 사용하는 건물이 있고 주변에 어장의 부표들로 가득한 공간이 있다. 이 마을 사람들이 이용하는 간이 선착장이다.

이곳 역시 김양식을 하고 있어 넓은 공터에 김 활성제 통이 쌓여 있다. 그러나 김양식은 약간만 할 뿐 대부분은 전업농가들이다. 주민의 반 이상이 농업에 종사하며, 나머지는 농업과 어업을 겸하고 있다. 선

마을 주변의 숲에 사는 쇠딱다구리 ▲
갯바위 ▲

착장 입구에는 주택 한 채와 창고가 세 채 있다. 텔레비전 안테나와 태양열 집열판이 있는 것으로 보아 사람이 사는 집이다.

해안 끝에는 물기를 머금고 있는 경사제가 있는데 표면의 시멘트포장 상태가 고르지 않고 경사각도도 낮아 미끄러질 위험은 없어 보였다. 이곳을 통해 배가 드나들 수 있다. 좌우는 모두 갯벌이며 바로 앞에 수로가 있고 그 주변에 작은 배들이 몇 채 떠 있다.

어의도의 북쪽 해변은 온통 갯바위 지대다. 섬의 동·북·서해안에는 높은 해식애가 발달하였고, 남쪽에는 호상弧狀의 깊은 삼이 있었는데 염전으로 개발되었다.

지도 율도 栗島

생태관광, 휴양관광을 꿈꾸는 섬

개요

신안군에는 율도가 2개가 있다. 하나는 장산면 율도이고, 다른 하나는 지도읍 율도이다. 율도는 밤의 모양을 닮아 일명 밤섬이라고도 불린다. 또 다른 유래는 원래 섬 이름이 유평이었는데 이 섬에 살고 있는 주민의 꿈에 가난한 사람이 부자가 되려면 섬 이름을 바꾸라는 계시를 받고 난 후에 꿈속에서 보았던 밤이 먼저 생각나 율도로 바꾸었다고 전해지고 있다. 이곳에 사람이 처음 들어온 시기는 약 80년 전 한양 조씨가 들어왔다고 전해 오고 있다.

율도는 면적 0.52km², 해안선 길이 2.5km, 1가구 1명이 거주한다. 유명한 거제도의 외도보다도 넓은 면적에 외도처럼 만들어 놓았지만, 아직까지 일반 관광객들에게 잘 알려지지 않은 섬이다. 송도나루터나 증도선착장에서 20분가량 배를 타고 찾아가는 섬으로, 2010년 10월 처음으로 관광객을 받기 시작한 율도는 비파랜드라는 이름으로 다시 태어난 휴양형 생태공원을 갖고 있는 섬이다.

그다지 높지 않은 섬 양쪽으로 두 개의 무인도가 연결되어 있어 그런대로 볼 만한 섬이다. 특히, 북쪽에 있는 섬 사이에도 방파제 공사가 한창 진행 중이다. 바닷물이 빠지면 지도 태천리까지 걸어서 왕래가 가능하다는 점도 꿈 같은 사실이다.

율도는 일제강점기에 쇠말뚝혈침을 박아 둘 정도로 풍수지리적으로 명당에 자리하고 있다.

▼ 탐사선을 정박시킨 부교
▼ 율도 선착장에서

율도의 북쪽 전경 ▼
율도의 일몰 ▼

▎둘러보기

배가 닿는 경사진 방파제 옆으로 이어지는 부잔교와 부교가 아주 깨끗한 편이다. 바다 위에 둥둥 떠 있는 사각형의 부잔교. 그 옆으로 또 다른 철제 부잔교가 선착장과 이어진다. 선착장 주변 물양장은 상당히 넓은 편이다. 두 동의 컨테이너 하우스로 된 매표소가 있고, 그 옆으로 돌로 된 두 기의 말 형상 조형물이 있다.

선착장 남쪽 해안에 농막農幕 같은 건물 두 동이 있다. 그 곳에 2가구가 하절기나 농사철 또는 어장철에만 거주하고, 그 외에는 목포에서 살다가 지금은 아예 나가고 없다 한다.

배에서 내려 섬으로 들어가는 길이 예사롭지가 않다. 어딘가 이국적인 모습이어서 우리나라에 있는 여느 섬들과는 좀 달라 보였다. 섬 안으로 들어가는 길에는 기둥 모양의 기다란 돌들이 양 옆으로 늘어서 있어 방문자들을 환영해 주고 있었다. 돌기둥이 늘어선 길을 지나 가을정취가 물씬 풍기는 저수지 옆 오솔길을 걸어 들어갔다. 그리고 섬을 한 바퀴 돌아볼 생각으로 오르락내리락하는 산책로를 따라갔다가 그만 동남아시아 같은 이국적인 정취에 감탄사가 절로 났다.

율도는 중도로 이어지는 길목에 있다. 이곳에는 국내 최대규모 휴양형 수목원이 조성되고 있었다. 지난 2007년 5월, 율도개발은 신안군과 섬개발 협약을 체결하고 수목원 조성공사가 한창이다. 한 그루 가격이 5억 원인 세계적 희귀종 바오밥나무를 비롯해 제주도에 있는 모든 난대성 수목과 활엽수 등 6만 그루를 이곳에 심을 계획이다. 또 세계 최대크기의 나무화석

▼ 율도 입구에 설치한 돌기둥

등 희귀한 돌도 들어왔다 한다.

나지막한 산 정상에는 두 동의 카페와 레스토랑이 들어서 있다. 그 아래쪽에 몇 동의 펜션이 조성될 예정이다. 현재 운영 중인 이 카페에서 바라보는 주변의 섬풍경이 정말 아름답다.

율도의 청사진

카페를 나와서 남쪽을 바라보면 조그마한 무인도가 갯벌로 연결되어 있다. 앞으로 이곳을 염전체험장으로, 선착장 옆은 요트장으로 조성할 예정이다. 조감도에 의하면, 극히 일부분만 조성되어 있을 뿐 다 완성하려면 아직 멀었다. 실제로 율도의 미래를 꿈꾸는 청사진에 의하면 그 규모가 어마어마하다. 율도의 20만 m² 부지에 세계적인 식물원과 300실 규모의 펜션 단지, 퍼블릭 골프장[6홀], 희귀식물연구소 등을 갖춘 비파랜드가 조성된다고 한다.

또 500여 명을 수용할 수 있는 규모의 연수원, 수영장, 승마장 및 해양 스포츠 시설, 태양광 전기를 이용한 인공폭포, 그리스 유적지 재현, 세계최대의 예수상, 해수면 휴게소 등이 들어설 계획이다.

이렇게 외딴 섬에 거액을 투자해 율도 공화국을 만드는 사람은 무안군 해제면 출신인 이명중 아일랜드(주) 대표다. 율도는 지난 2004년부터 200억 원을 투입해 친환경 수목원을 조성 중이다. 거제도의 외도나 통영의 장사도처럼 이곳에 천혜의 휴양지를 만들 계획인 것이다.

"바나나 하나 먹기도 힘든 시절, 열대과일과 나무들을 실컷 구경할 수 있는 것은 어린 시절 저의 꿈이

◀ 나무화석
◀ 바오밥나무

었습니다." 이명중 사장의 말이다. 어릴 적에 꿈꾸었던 작은 소망을 훗날 관광사업으로 실현시킨 이 대표는 10년 전 이 섬을 매입한 뒤 꾸준한 투자를 하고 있다. 이국적인 섬 분위기를 만들기 위하여 열대식물들을 대량으로 조림하고 있다. 우리나라 어디에서도 찾아볼 수 없는 유일무이한 생태섬을 조성해 가고 있는 것이다.

"이 섬은 그야말로 천혜의 생태공원이죠. 특히 우리나라에서는 찾아보기 힘든 희귀한 식물들을 볼 수 있는 식물원과, 아름다운 동물들이 자유롭게 뛰어놀 수 있는 자연의 숲 그대로를 보전하려 하고 있습니다."

이 대표의 말처럼 율도에는 국내에서 쉽게 볼 수 없는 비파나무, 구아바나무, 커피나무, 올리브나무, 아몬드나무, 나무딸기, 코코아나무 등 다양한 온대와 열대 수종들과 아토피에 좋다는 꾸지뽕, 신장과 방광을 다스리는 까마중, 말이 필요 없는 장뇌삼 등 갖가지 산야초가 지천으로 자라고 있다. 한마디로 수천 그루의 희귀식물 천국일 뿐만 아니라 수많은 동물들이 어떠한 간섭도 받지 않고 자연 속에서 야생을 만끽하고 있다.

율도는 자연을 훼손하지 않고 보존하는 시설을 설비하여 조용한 휴식과 사색에 대한 갈증을 만족스럽게 해소할 수 있는 휴양의 섬으로 거듭나고 있는 것이다. 섬의 개발은 생태계를 보호하는 친환경의 개념을 근간으로 삼고 있다. 색다른 여행을 원한다면 율도의 자연과 함께하는 것이 좋을 것이다. 계절에 따라 낙지잡기, 고둥줍기, 농게잡기, 낚시, 해수욕 등 다양한 체험이 가능하다.

지난 2010년 7월 한국관광공사 이참 사장도 이곳을 찾아 누드 해수욕을 즐기며 휴가를 보냈다. 친환경적으로 개발하고 있는 율도는 천혜의 관광휴양지로 거듭날 것이다. 무엇보다 주변의 크고 작은 섬들과 육지 등이 있어 전망이 뛰어나고 접근성 및 활용도가 높아 많은 사람들이 찾는 휴양지로 급부상할 것으로 기대되는 곳이다. 바닷물이 빠지면 지도까지 걸어서 왕래가 가능하다는 것도 대단한 장점이다.

갯벌체험장▼

지도 智島

신안군 최북단의 중도—임자도의 징검다리섬

개요

무안반도 끝자락에는 신안군 지도가 있다. 지도는 지도읍 관할구역으로 7개의 작은 섬인 어의도, 송도, 사옥도, 대포작도, 소포작도, 선도, 율도를 거느리고 있다.

지도는 총면적 56,060㎢, 해안선 60.5㎞, 1940세대, 3,747명이 살아간다. 삼국시대에는 사람이 살지 않았던 무인도로서 무안반도의 최남단 해안 지방이었으나, 인동 장씨 장봉래가 조선 연산군 때 최초로 입도하였다. 그는 함평군 양림리에 거주하던 중 무오사화戊午士禍를 당하자 이곳에 은거하였다고 한다. 그로부터 현재의 마을이 형성되었고 마을을 동과 서로 구분해서 동촌, 서촌이라고 부르게 되었다.

1975년에 무안군 해제면 양월리와 지도읍 자동리가 연륙되어 지도는 육지화된 섬이 되었다. 그 다음에 지도와 송도가 1982년에, 송도와 사옥도는 2004년에 연륙이 되었고 사옥도에서 증도까지는 2010년에 연도교가 개통되었다. 따라서 지도는 '육지 아닌 육지'가 된 섬이라 할 수 있다.

지도는 예전에 정기 여객선이 지나는 중요한 뱃길이었다. 목포를 출발하는 정기 여객선이 지도와 임자도를 거쳐서 낙월도로 향하는 노선은 몇십 년째 계속되었고 이 노선은 새우젓을 나르던 주요 항로였다.

지도를 거쳐 가는 뱃길은 나주평야에서 나온 세곡을 실어 한양으로 나르던 세곡선과 고대 중국으로 가는 국제선의 경로이기도 했다. 임진왜란 당시에는 이 바닷길이 한양으로 진격하는 중요한 길목이어서 지

상공에서 본 지도읍 소재지 일대 ▼

▲ 지도향교
▲ 두류단
▲ 공적선정비

섬들이 갖는 중요성은 시대를 거슬러 올라갈수록 더 컸다고 할 수 있다.

또한 지도는 예부터 신안 북부 섬 지방의 교육과 행정의 중심지로 알려졌다. 유림들의 유배지였던 이곳은 유림들의 교육활동에 많은 영향을 받았다. 구한말 위정척사운동에 앞장섰던 중암 김평묵$^{1819~1891}$이 바로 이곳에서 유배생활$^{1881~1884}$을 했다. 그리고 김평묵, 최익현$^{1833~1907}$ 등 조선 후기 유림의 거장들의 유적이 많아 1901년 두류단이 조성되었다. 지도향교도 그 흔적 중의 하나다.

읍내리 안산 하단부에 27기의 비석들이 있는 것도 특기할 만하다. 만호, 관찰사, 어사, 군수들을 칭송한 비석들이다. 특히 1896년에 신설된 지도진과 관련된 만호들의 공적비가 가장 많다.

지도군 초대 군수 오횡묵은 부임하던 해인 1896년에 41개조의 규약과 17개조의 향약^{鄕約}을 제정하였다. 이 규약에 따라 지도읍에 향교가 세워졌다.

그는 목민관으로서 백성들에게 선정을 베풀었고, 그가 지도군수를 역임하는 동안 정무 및 일상사를 기록한 일지 『지도군총쇄록』은 역사적으로 의미 있는 저술이다. 특히, 단발령과 의병봉기, 아관파천^{俄館播遷}, 광무연간^{光武年間} 등 새로운 지방제도가 시행되는 경위와 운영실태 및 향촌사회의 변화상에 관해 살펴볼 수 있는 좋은 자료이다. 특산물로는 민어, 숭어, 조기, 낙지, 새우 등이다.

돌아보기

요즈음 관광지로 부상한 증도와 임자도로 들어가는 길목에 자리잡고 있는 지도읍은 다른 농어촌과 마찬가지로 5일장이 선다. 가는 날이 장날이라더니, 때마침 지도읍의 장날이었다. 지도읍 장은 3·8일 장인

도와 임자도에는 일찍부터 수군진이 설치되었다. 한말^{韓末}에는 섬으로만 이루어진 군으로서 완도군과 지도군이 창설^{1896}되었다. 따라서 신안군 지역의 수많은

▲ 지도 연륙교 일대 전경

데, 장의 역사가 오래된 곳이다.

 1955년 나루터를 중심으로 형성된 지도읍 장은 신안군에서는 유일한 재래시장이라 옛날의 추억도 되살릴 겸 장구경을 할 수 있는 곳이다. 사람들이 북적대는 가운데 물건을 사고파는 모습은 사람 사는 냄새가 물씬물씬 풍겼다.

 배가 고팠던 어린 시절에 어머니를 따라 장에 갔다 좌판에 풍성하게 쌓인 찐빵, 풀빵, 엿, 떡, 꽈배기 등 각종 먹거리에 정신이 팔려 황홀하기만 했었던 기억이 아련하다. 추억 속의 장은 생각만 해도 재미가 있고 즐거운 곳이다. 예전 같지는 않지만, 지도읍장은 장터의 매력이 나름대로 있는 곳이다. 더욱이 증도, 사옥도, 임자도, 무안군 해제면 등 인근지역 주민들에게 없어서는 안 될 장이라 장날이면 서로 만나고 어울리는 풍정을 이곳에서는 지금도 엿볼 수가 있다.

 지도읍 장에는 해산물들이 많다. 인근 임자도와 증도 해역에서 잡히는 민어, 병어, 조기, 장어, 낙지, 새우, 망둥어문저리 등 각종 수산물이 풍부하다. 바다에서 갓 잡아 온 싱싱한 생선, 바지락 등 해산물은 품질도 좋지만, 값은 도리어 20~30%가량 싸다. 수산물 못지않게 드넓은 황토밭에서 생산된 각종 농산물이 좌판에 널려 있는 것도 특이하다. 목포나 광주에서 1시간 거리에 불과하여 이 장을 보러 오는 사람은 대략 5백~1천여 명 정도라 한다.

 무안군 해제면 양월리와 지도읍 자동리를 이어 주는 연륙교가 개통된 후 교통편이 좋아져 자동차를 이

▲ 장그지 갯벌
▲ 새우젓 축제

지와 염전을 경작하며 살고 있다. 인근의 다른 주민들은 이들을 보고, 지도에서 최고 알부자라며 넌지시 일러준다.

참섬에는 30여 가구가 살고 있는데, 어업은 대여섯 가구가 주로 병어잡이와 통발어업을 한다. 20여 년 전 참도에는 붉은 새우를 많이 잡던 10여 척의 멍텅구리배가 있었다. 이 배의 어부들은 북새우젓을 담거나 말려서 생계를 꾸려 나갔다 한다. 지도에도 최고의 갯벌이 있는데, 낙지와 숭어를 잡을 수 있는 장그지 갯벌이 그곳이다. 이곳은 1박 2일 정도 코스로 가족끼리 혹은 연인끼리 와서 생태 체험을 하고 가기 좋은 곳이다.

연륙이 가져온 세간의 관심은 더 많은 관광상품을 개발하게 한다. 또한 지도는 증도와 임자도의 징검다리 역할을 하니 가히 살 만한 곳으로 변화한 것이다.

용하면 지도에서 목포나 광주까지 1시간 정도 소요된다. 여객선을 이용했던 옛날에는 목포까지 가는 데 4시간이 걸렸다.

연륙교가 개통되기 이전의 지도는 아무도 찾지 않는 외딴섬이었다. 말만 섬일 뿐이지 바다에 연한 산중 오지라 할 수 있었다. 어업활동을 했던 곳은 유일하게 참도에 불과했다. 참도^{참섬}에는 어의도와 포작도로 들어가는 선착장이 있다. 방조제로 막히기 전까지만 해도, 사람이 살지 못할 정도로 척박했다고 한다. 그런데 지금은 지도읍 참섬 주민들은 간척으로 개발한 농

관광

두류단 : 신안군 지도읍 감정리에 위치하고 있으며, 경자년에 호남의 유림들이 세웠다. 최초의 두류단은 경자년[1720]에 주자, 정여창, 김굉필 세 분을 모시는 정자를 지어 제향을 지내 왔다.

190여 년이 지나 전라도에 학문이나 사상에 있어 지주支柱가 된 화서 이항로, 노사 기정진, 중앙 김평묵을 단으로 모시고 삼현단이라 했다. 이때가 1914년 갑인년이었다. 그 후 5년이 지나 면암 최익현 선생을 추가로 모시고 사현단이라 했으며, 본아 나유영 선생

을 1948년에 단비로 모시고 오선생단이라 불렸다.

연계사 : 연계사는 김유신을 기리기 위해 세운 사우^{祠宇}로 지도읍 태천리 연화동에 있다. 김유신이 백제를 치기 위해 진격할 때 이곳을 다녀간 것을 추모하고자 지방유림이 1896년에 건립하였다. 그 뒤 훼손된 것을 김해 김씨 문중에서 1933년에 복구하였고 매년 음력 3월 3일에 김유신 장군제를 지내고 있다. 건물의 형태는 정면 3칸, 측면 1칸의 팔각지붕으로 안에 김유신의 화상이 있다.

공적선정비 : 지도읍 공적선정비는 신안군의 전신이라 할 수 있는 지도군과 지도의 역사를 상징하는 유적으로, 지도읍의 안산숲 공원에 있다. 본래는 지도읍 자동리에 있었으나 최근 안산숲 공원으로 옮겨졌다. 총 27기의 비석들은 만호, 관찰사, 어사, 군수의 선정 기념비들인데, 지도진과 관련된 만호들의 공적비가 많다. 가장 오래된 것은 어사 박태보의 휼민^{恤民}기념비^{1702년}로 호남어사로 순행하였을 때의 공적을 기념한 것이다. 조선 말기 김평묵의 적려유허비도 함께 세워졌다. 1682년 설치된 지도진과 1896년 지도군이 창립되면서 중심지 역할을 했던 지도의 옛 자취를 느낄 수 있는 유적지이다.

지도향교 : 지도향교^{智島鄕校}는 조선 고종 1896년에 이루어진 행정개편으로 지도군이 새로 설치되면서 '하나의 군에 하나의 향교를 둔다'는 원칙에 따라 1898년 뒤늦게 창설된 향교이다. 지도읍 봉정산의 남쪽 산록^{山麓}에 동남향으로 자리하고 있다. 건물로는 대성전^{大成殿}을 비롯하여 명륜당^{明倫堂}, 양사재^{養士齋}, 내삼문^{內三門}, 외삼문 등이 있다. 또, 양사재 뒤편 담장 밖으로는 삼강비각^{三綱碑閣} 1채가 있다. 이곳에서는 공부자^{孔夫子} 오성^{悟性}과 유교의 현인 22위를 봄, 가을 상정일에 향교 유림들 주관으로 석전대제^{釋奠大祭}를 지내는 곳이다.

연계사 ▲
지도읍 일심사 ▲
지도향교 ▲

흑산면

가거도 可居島

돌아보는 것만으로도 아름다움에 취하는 비경의 섬

개요

목포에서 직선거리로 145km, 뱃길로는 233km, 흑산도에서 동지나해를 향해 남서쪽으로 82km 떨어져 있는 절해의 고도孤島이다.

총면적 9.710㎢, 해안선 22km, 343세대, 504명이 살아간다.

쾌속선으로 쉬지 않고 달려도 4시간 30분은 족히 걸린다. 너무 먼 곳에 위치한 덕분에 6·25 한국전쟁도 소식으로만 듣고 지나갔다는 일화가 있다.

과거에는 목포에서 출발하면 흑산도에서 일박한 후 새벽에 출항하는 새마을호를 타고 6~7시간 갔다. 중간에 상태도, 하태도, 만재도를 들르고 갔다. 예전에 들렀을 때 파도가 얼마나 사나웠던지 오래도록 기억에 남는다. 목포에서 남동쪽 방향으로 뱃길 5시간 정도인 필자의 고향 완도보다 멀고 파도가 험했다.

옛날에는 가거도 주민들이 육지 흙을 밟아 보려면 돛단배를 타고 남풍을 받아 이틀 낮밤을 갔다가 돌아올 때는 북풍을 등에 지고 또 그만큼을 돌아와야 했다. 만일 바람이 역방향으로 불거나 안개가 끼면 바다 위에서 일주일이고 열흘이고 닻을 내리고 기다리거나 노를 저어가며 파도를 헤쳐 가야만 했다. 대부분 도초도와 비금도에 정박하여 바람을 기다리는데 보통 7일에서 10여 일은 걸렸다. 정박하는 날이 길어질수록 자연스럽게 하의도와 도초도 처녀들과 친해져서 혼인이 이루어지기도 했다 한다. 지리적으로 여름에는 동지나해에서 불어온 태풍이 직선으로 와 닿고, 겨울이면 대륙을 휩쓸고 온 차가운 북서풍이 정면으로 불어닥친다. 태풍예보가 있으면 초비상인 곳이다.

또한 가거도는 서해안 어업전진기지로서 매우 중요한 섬이다. 한중일 어선들의 각축장이 되어 있는 황금어장으로서, 동지나해는 가거도에서 불과 160여 km밖에 떨어져 있지 않아 태풍이나 뜻밖의 사고가 발생했을 때, 특히 겨울철이면 외국선박들이 많이 몰려든다. 국토의 최서남단에 있기에 지리적, 외교적, 정치적으로 중요한 섬인 것이다. 이와 같은 특성은 전남의 지방문화재로 지정된 가거도 멸치 소리에 잘 반영되어 있다.

가거도는 대한민국과 중국대륙 사이에 위치해 있

◀ 가거도–목포행 쾌속선
▼ 가거도 표지석

다. 가거도에서 목포까지 직선거리의 두 배 정도 가면 중국대륙에 닿는다. 그래서 중국의 닭 우는 소리가 들리는 곳이라는 말도 있다. 가거도 해변에 밀려오는 쓰레기가 대부분 중국 것임을 보아도 알 수 있다. 뿐만 아니라, 가거도 앞바다는 조기가 올라오는 길목이고 동지나해 어장의 북쪽 황금어장 가장자리에 있어서 각국 어선들의 각축장이자 국제적 해상문제의 최일선을 담당해야 하는 곳이다. 가히 국토의 최서남단에서 국가를 엄호하는 섬이라 할 수 있다.

가거도가 알려지기 전에 가거도 하면 고개를 갸우뚱하던 이들도 소흑산도라 하면 고개를 끄덕였다. 소흑산도라는 지명이 일제강점기 때 붙여진 거라 지금은 사용하지 않고 있다. 흑산군도 중에서 가장 멀리 있는 섬으로 최악의 조건에 처한 곳이지만 섬 주민들은 대대로 가히 사람이 살 만한 섬이라 해서 가거도라 불렀다 한다. 옛날에는 아름다운 섬이라는 뜻의 가가도嘉佳島, 可佳島로 불리다가 1896년부터 가히 살 만한 섬이라는 뜻으로 불리게 된 것이다. 두 이름이 다 맞는 표현같다. 가거도 사람들은 옛 지명인 소흑산도로 불리는 것을 좋아하지 않는다. 일제강점기 시절 일제가 자기들의 취향에 맞춰 소흑산도라는 행정용어를 붙였는데 섬사람 어느 누구도 이 지명을 사용하는 사람은 없고 모두 한결같이 가거도라고 부른다.

가거도에 처음으로 입도한 사람은 1580년 무렵 서씨이며, 사람이 본격적으로 살게 된 것은 1800년 무렵 나주 임씨가 건너와서부터라 한다. 그러나 이보다 훨씬 이전인 선사시대부터 사람이 살았을 것으로 추정되고 있다. 가거도 등대 옆 선사 유적지에서는 패총조개무지와 함께 돌도끼, 돌바늘, 토기 파편 등 신석기 유물이 발굴됐기 때문이다. 신라시대에는 당나라를 오가던 무역선들이 중국 땅과 가까운 이 섬을 중간 기항지로 삼았을 것이다. 『신증동국여지승람』

▲가거도 항리해안
▲가거도 항리해안에 자생하는 흑염소
▲선사시대 패총

에는 가가도^{可佳島}로, 『여지도서』에는 가가도^{佳嘉島}로, 『해동지도』와 『제주삼현도』에는 가가도^{家假島}로 표기되어 있다.

1914년 행정구역 개편에 따라 대리, 대풍리, 항리를 병합하여 가거도로 무안군 흑산면에 편입되었다가, 1969년 신안군에 편입되었다.

대한민국에서 남쪽 끝은 마라도, 동쪽 끝은 독도, 서쪽 끝은 바로 가거도이다. 가거도는 망망대해에 점 하나로 떠 있는 고도이다. 중국 산둥반도에서 새벽닭이 울면 가거도까지 들린다는 말이 있을 정도로 국토의 최서남단에 위치한 가거도는 마라도, 독도와 함께 국토를 원거리에서 엄호하는 중요한 섬이다. 국토의 끝에 위치하다 보니 육지로부터 거리도 멀 뿐만 아니라 거세고 험난한 파도를 넘어야만 갈 수 있는 섬이다.

해상교통이 불편하여 갇혀 있다시피 살아온 가거도 섬사람들에게 삶의 활력소를 준 것은 쾌속선의 등장이다. 운항시간이 단축된 것과 함께 섬 주민들에게 선박운임을 파격적으로 할인해 주는 제도였다. 오래 전부터 뱃삯 대부분을 정부가 지원해주는 제도가 시행된 후에는 섬사람들 삶의 패턴이 바뀌었다. 이제 섬사람들은 이웃집 들르듯 육지로 자주 나올 수 있게 된 것이다.

정부의 섬 주민 운임 지원사업은 2000년 3월부터 시행되었다. 섬 주민은 뱃삯이 5,000원 이상이면, 주민은 5,000원만 내고 나머지는 정부가 부담해주는 제도이다. 가거도 주민의 경우, 편도 61,000원 중 5,000원만 내면 목포항까지 갈 수 있다. 이 결과, 섬사람은 지리적 물리적인 소통을 도모하게 되었고 문화적 소통 또한 서서히 활성화될 것을 믿어 의심치 않는다.

특산물은 후박나무^{한약재}, 방목하여 기른 흑염소, 가거도에서만 잡힌다는 뿔소라와 낚시로 잡는 돔, 농어,

▼ 가거도 2구 항리마을

멸치, 전복, 해삼, 돌김, 돌미역 등이다.

둘러보기

가거항에 여객선이 접안하면 부두가 시끌벅적해진다. 배를 타기 위해 기다리는 사람들과 배에서 내리는 사람들을 맞이하기 위한 사람들로 가득하다. 조용한 외딴섬 항구가 이렇게 붐비는 데는 이유가 있다. 하루에 한 번 섬에 들어온 승객들을 실어 나르려는 민박집 차량들이 한꺼번에 몰려들기 때문이다. 나가는 사람들은 대부분 배낭을 멘 등산복 차림이다. 그리고 섬에 들어오는 사람들도 마찬가지의 차림새다.

선착장 앞 옹벽은 거대한 성곽이다. 3단으로 되어 있는데 10m 이상은 되어 보이는 높은 옹벽에는 그림을 그려 놓았다. 가거도의 명승지들을 그림으로 표현한 그라피티를 한 것이다. 원래는 옹벽 위로 올라갈 수 있도록 되어 있으나 잦은 태풍으로 인해 금지하고 있다. 커다란 방파제 규모에 비해 가거도의 배는 모두 34척뿐이다. 방파제 끝은 거대한 암반인데 인력으로 뒤쪽을 깎아낸 바위산이다. 정상부에 잡초와 키 작은 나무들이 있을 뿐 온통 바윗덩어리. 뒤쪽의 절개 부분은 바위산을 깎아내어 가거도항을 만들 때 골재로 사용했다. 깎아낸 곳은 나무 데크를 설비한 암벽체험길 등이 있는 하늘공원으로 만들었다. 공원이름이 독특하다. 김부연 하늘공원. 안내판을 들여다보지 않을 수 없었다. 김부연은 4월혁명 당시 학생신분으로 참여해 순국한 가거도 출신 열사였다.

선착장에서 바라보는 가거도라는 섬은 사방이 온

가거도항

통 깎아지른 절벽이다. 방파제가 들어서기 전까지 이곳은 온통 자갈밭이었다. 그런데 1970년대 말쯤 동중국해가 황금어장으로 떠오른 후 어업전진기지를 만들고자 이곳에 방파제 공사가 시작되었던 것이다.

방파제를 벗어나 골목길로 들어서 보니 식당들 사이로 난 가파른 계단길이다. 겨우 한 사람이 다닐 수 있을 만큼 좁고 구불구불한 길 주위는 대부분 빈집들이다. 밭이 되어버린 폐가와 지붕이 날아가 버려 벽만 남은 집들….

가파른 길 따라 올라가면 마을에서 밭이나 임야로 다가가게 된다. 길 끝 가장 높은 곳에 학교가 있고 그 아래쪽에는 같은 형태의 건물 여러 채가 있는데, 교직원들을 위한 관사다. 관사 뒤편에 옹벽으로 받치고 있는 학교. 교문을 대신하는 세 개의 기둥에는 가거도초등학교와 흑산중학교 가거도분교장이라는 교명의 동판이 붙어 있다. 학교 뒤편 동산에는 동백나무에 둘러싸인 책 읽는 소녀 상이 있어 낯익은 정감을 불러일으켰다. 평평한 곳에 자리한 교사들, 그 옆에는 유치원생을 위한 시설도 있었다. 초·중등 및 유치원에 이르기까지 3개 교육기관이 모여 있어 섬마을 학교치고는 꽤 큰 규모라 할 수 있다.

1949년 소흑산국민학교로 개교했던 가거도초등학교는 1960년에 항리분교와 대풍분교를 개교했으나 지금은 폐교되고 가거도초등학교 하나만 남아 있다. 병설중학교가 개교된 것은 1982년, 이어 1984년에 유치원이 병설되었다. 유치원생이 6명, 초등학생 4학급 15명, 중학생 2학급 10명이 재학 중이다. 다른 섬보다 많은 학생수다. 올해 60회 졸업생을 배출한 가거도초등학교는 그동안 1,513명의 졸업생을 배출했다. 학교

◀ 파도를 막아주는 옹벽
◀ 나무테크
◀ 하늘공원
◀ 김부연 열사 동상

앞에서 보면 가거도 전경이 펼쳐져 전망이 좋은 곳이다. 학교 뒤로는 경사가 45도쯤 되는 구릉이 정상을 향해 가파르게 솟아 있었다.

마을 앞 공원 한쪽에 돛대를 높이 단 배를 형상화한 석재 조형물이 있다. 바로 멸치잡이 배다. 가거도의 가을은 멸치잡이 철이다. 든 물에 한 배, 썬 물에 한 배, 매일 저녁 두 배씩 잡는다 할 정도로 많은 멸치가 몰려드는 8~10월은 멸치잡이 배가 바다에서 그물을 올린다. 주로 밤에 작업하는 어부들은 노래로써 고단함을 이겨냈을 것이다.

▲ 멸치잡이

만경창파 노는 멸치,
우리가 널 모를소냐,
너는 죽고 나는 살자~
만경창파에 흐르는 재물 건진 자가 임자로세,
우리 배 임자 재수 좋아 간 데마다 만선일세
우리 고장에 들어온 멸치 우리 배 망자로 다 들어온다~

멸치잡이 축제 ▼

흑산면 197

가거도에 전승되는 어로요漁勞謠 멸치잡이 노래 한 대목이다. 가거도 멸치잡이 노래는 놋소리, 멜 모는 소리, 그물 넣는 소리, 그물 안 멸치를 배 안에 퍼 담을 때 부르는 술배소리, 그물 올리는 소리 등 모음곡 형식의 9곡으로 이루어져 있는데, 1988년 전라남도 무형문화재 제22호로 지정됐다.

가거도에는 신안군 일대에서 가장 높은 최고봉 독실산이 있다. 독실산은 639m 높이로 우리나라 섬에 있는 산으로는 제주도의 한라산1950m, 울릉도의 성인봉984m 다음으로 높은 산이다.

독실산 정상에는 경찰 감시초소가 있다. 섬 전체를 조망하기 위해 독실산에 오를 적에, 출장소나 경찰지서에 요청하면 독실산 정상까지 차로 태워다 준다. 필자는 첫날 출장소의 도움을, 둘째 날은 경찰의 도움을 받았다.

올라가는 길은 잘 정비돼 있다. 높이 639m의 독실산은 웅장하기가 육지와 다르다. 가히 신안군의 에베레스트라고 일컬을 만하다. 호연지기浩然之氣를 기르기에 손색이 없는 산이다.

독실산 정상은 맑은 가을 며칠을 제외하면 거의 구름에 싸여 있다. 청명한 날 산 정상에서는 제주도가 관측되고 중국 땅이 보인다 한다. 정상 부근에는 하늘별장이 있는데 주변 24마일 해상구역을 책임지는 경찰 레이더 기지이다.

독실산 정상에서 3구 대풍리 가는 산길을 택해 내려가기로 했다. 험하기로 유명한 길이지만 3구마을 대풍리로 갈 수 있는 유일한 코스여서였다. 한참을 내려가도 마을이 나타나질 않는다. 길을 잃는 게 아닌가 싶게 길인지, 물 흐르는 고랑인지를 분간할 수가 없어서 전봇대를 지침 삼아 계속 내려가다 보니 어느 순간 탁 트인 바다가 보이고, 이어서 마을이 나타났다.

바다와 맞닿아 있는 독실산 아래 자리잡은 대풍리의 모습은 홍도 2구 석기미마을을 연상케 하였다. 마치 섬 속에 있는 섬처럼 은둔마을 같은 공통점이 있었다. 경사각이 40~60도에 이르는 가파른 비탈길을 걸어 마침내 대풍리에 도착했다.

가장 먼저 만난 건물이 폐교였다. 대풍분교는 한 폭의 그림처럼 아담한 규모였다. 그런데 바람에 날아갔는지 지붕도 없이 뼈대만 앙상하였고 운동장은 잡초가 무성하여 사람의 발길이 끊어진 지 오래돼 보였다.

푸르른 바다와 높고 아름다운 산, 낚시천국, 풍부

▼ 독실산 정상

가거도 대풍리의 모습 ▼

한 해산물, 어업전진기지, 아침이면 하늘과 바다와 산이 만나는 곳에서 희망의 일출을 볼 수 있는 가거도 대풍리, 여기까지는 좋았다. 그런데 누가 대풍리를 가히 살 만한 섬이라고 했던가? 사람에 따라 생각이 다르겠지만 언뜻 대풍리를 보면 가히 살 만한 섬이 아니라 이 마을은 사람들에게 고통을 안겨 주는 마을이 아닌가 하는 생각이 들었다. 길도 험하고 정박한 배도 보기 쉽지 않다. 그러나 들어와 보면 얼마나 멋진 곳인지 바로 알 수 있다.

홍도 1구처럼, 가거도에도 1구에만 사람들이 몰리고 이곳 대풍리는 아무도 찾지 않는 곳이 됐다. 바람이 얼마나 많이 부는지 이름이 대풍리이다. 동북쪽에 위치하여 이름 그대로 겨울바람이 세다. 겨울이면 망망대해에서 몰아치는 북풍을 고스란히 알몸으로 받는 곳이다. 홍도 최초의 마을도 대풍리인데 그곳은 기다릴 대 자, 바람을 기다리는 마을 대풍리이다. 가거도 대풍리는 바람이 너무 많이 불어서 그런 이름을 가졌다. 홍도의 대풍리는 바람이 불지 않아서 바람을 기다리는 곳으로 자연환경이 이렇게 서로 다르다.

이제 3구 대풍리 가는 도로가 완성되었다. 나그네와 환경을 위한다면 그대로 두었으면 좋으련만, 길은 뚫리고 말았다. 이 외딴 섬의 오지마을이 외부로 속살을 보이기 시작한 것이다.

이곳은 길이 험해 걸어서 다니는 것이 힘들다. 신안군에서 배를 지원하여 주민들이 1구와 왕래하도록 하고 있다. 목포에서 뱃길로 항구가 있는 1구에 도착하고도 다시 배를 타고 30분 정도 가야 하거나, 걸어서 2시간을 가야 하는 정말 오지마을이다. 마을에는 공동으로 해산물을 보관할 수 있는 커다란 냉동 창고가 있고, 배로 실어 온 쌀이나 소금 등 각종 생필품을 마을로 옮길 수 있도록 도르래가 설치된 선착장이 있다. 또 미역철에는 도르래를 이용하여 미역을 채취하

대풍리 해안에 설치된 미역채취용 도르래 ▲
대풍리 해안가 바위에 미역을 말리는 주민 ▲

여 마을로 올린다.

그래도 사람이 살 만한 것은 바다 바위에서 나오는 미역과 돌김, 그리고 갯바위 낚시 덕택이다. 대어가 쉴 새 없이 잡히는 가히 낚시 천국인 섬마을이다. 어선은 한 척도 없지만 갯바위 낚시가 지금까지 마을을 지탱하고 있는 이유임을 알 수 있었다. 소통하는 길이 나고, 아직 문명의 이기에 물들지 않은 이곳을 많은 사람들이 찾아주었으면 좋겠다. 이곳에서 생산되는 해산물을 구매하여 섬 주민들의 소득을 높여 웃는 그들이 되기를 바라면서 가거도 등대를 향해 발걸음

흑산면

▲ 가거도 등대 전경
◀ 가거도 등대입구 해안
◀ 해넘이

을 옮겼다. 대풍리에서 등대까지의 길은 비교적 무난하였다. 한참 가다 보니 아래쪽에 하얀 등대가 눈에 확 들어왔다. 저 바다를 달리는 배들이 안전하게 항해를 할 수 있게 하는 등대는 매우 중요한 것이다.

1907년 12월 처음 불을 밝혔던 이 등대는 가거도 북쪽 해안 끝 해발 84m인 산 중턱에 자리잡고 있다. 1구와 너무 멀어서 좀처럼 관광객들이 올 수 없는 곳에 위치해 있다. 등대 주위를 펜션처럼 예쁘게 시설해 두어 여행자의 눈길을 끈다. 등대지기로부터 커피 한 잔을 대접받았다. 청년 등대지기가 방명록을 내밀기에, '부족하지만 등대처럼 살려고 노력하겠습니다'라고 썼다. 이렇게 먼 섬에서 등대지기를 하면 외롭지 않느냐는 물음에, 요즘은 인터넷을 통해 뉴스를 접하고 육지의 가족들과 메일도 주고받아 외롭지는 않다고 대답한다.

등대에서 2구인 항리까지 가는 길은 난 코스다. 태풍으로 길이 없어지는 바람에 하얀 페인트를 칠한 나무를 지표 삼아 따라갔지만 길이 끊어지다시피 했다. 원시림과 온통 이끼에 덮인 바위들로 이루어진 등산로가 내리막길로 이어지는데 태풍으로 인해 많은 고목들이 쓰러져 등산로가 훼손되었다. 만약 길을 따라 나무에 흰색 페인트를 칠해 놓지 않았다면, 낭패를 볼 여지가 있는 길이었다.

2구인 항리에 도착했다. 등대지기도 이 길을 1시간 반 정도를 걸어 1구에서 배를 타고 육지로 나간다고 하니, 그들의 노고가 얼마나 큰지를 실감했다. 필자는 전국의 섬에 있는 모든 등대를 다 가봤는데 그 중 가거도 등대 가는 길이 가장 멀고 험난한 곳으로 기록될 만하다.

항리는 가거도 서북쪽 해안에 위치한 마을로, 섬등반도가 이곳에 있다. 섬등반도는 총길이 1km쯤 되는 작은 반도다. 초원으로 뒤덮인 이곳이 가거도의 절반 이상이 조망되는 천혜의 전망대인 셈이다. 가거도에서 가장 독특한 절경으로 꼽히는 이 작은 반도는 영화 '극락도 살인사건'의 주요 촬영지였다.

항리마을에서는 우리나라에서 가장 늦게 지는 멋진 해넘이와 저녁노을을 감상할 수 있다. 오메가(Ω) 형상을 한 태양이 수평선 너머로 자취를 감춘 뒤에도 서쪽 하늘에는 태양보다 더 붉고 아름다운 노을이 오래도록 스러지지 않는다.

이 마을이 가거도에서 가장 많은 고기를 잡고, 멸치잡이를 대량으로 할 수 있었던 것은 천혜의 어선 정박지를 갖고 있어서였다. 해안가에는 조그마한 천연동

중국해가 바라다 보이는 항리 섬등반도 ▼

굴이 하나 있는데, 바람이 불면 마을사람들은 목선을 이곳에다 올려놓아 안전하게 배를 보호할 수 있었다. 만약에 이 동굴이 없었으면, 2구 항리마을은 존재하지 않았을지도 모른다. 바람이 워낙 세게 부는 곳이라 달리 배를 피항할 데가 없는 곳이기 때문이다.

방파제 이야기

가거도의 방파제는 길이가 530m에 달할 만큼 큰 규모다. 1979년 공사를 시작하여 30년 만인 2008년에 완공한 이 방파제는, 주민들만을 위한 것이 아니라 국가가 동중국해 어장을 겨냥하고 만든 국책사업이라 규모가 크다. 1996년 태풍 때 이 섬에 대피하러 온 중국 어선만 3,241척이었다고 한다.

1970년대에 이 섬에는 290여 가구에 1,500여 명이 살고 있었으나 지금은 200여 가구에 500여 명으로 줄었다. 이렇게 급속한 이도離島현상이 나타난 것은, 다른 섬과 마찬가지로 불편한 교통과 경제문제 때문이다.

한때 이도 현상이 줄어든 적이 있었는데, 1979년 시작된 방파제사업으로 건설회사에서 30여 명의 직원과 20여 대의 중장비를 파견하면서부터였다. 그러나 방파제를 세우는 일은 녹록하지 않았다. 국내 항만공사 사상 최장기간인 28년이나 걸렸기 때문이다. 공사비만도 1,325억 원이나 들었다고 한다.

착공 이후 셀마[1987], 프라피룬[2000], 라마순[2002], 볼라벤[2012] 등의 태풍으로 공사현장이 번번이 쑥대밭이 되곤 했다. 애초 10년이던 공사 예정기간을 18년이나

▼ 가거항 방파제

▲ 파손된 방파제
▲ 슈퍼방파제 조감도

위해 주변에는 64t짜리 테트라포드와 108t짜리 큐브 블록을 쌓았지만 2012년 9월 태풍 볼라벤의 여파로 방파제 350m가 부서지고 테트라포드 2천500여 개가 유실되어 피해금액은 274억 원에 달했다. 이처럼 태풍이 올 때마다 입었던 방파제 피해를 줄이는 방안이 모색되고 있다. 앞으로는 태풍의 핫 코너인 가거도항에 슈퍼 방파제를 만들 계획이라 한다. 슈퍼 방파제는 아파트 9층 높이 28m의 콘크리트 구조물로 태풍에 맞대항할 것이다.

철새들이 머무르다 가는 섬 가거도

가거도 등대 앞바다에는 천연기념물 제341호인 바닷새의 번식지 국흘도구굴도가 있다. 여름철새인 슴새와 뿔쇠오리가 이 무인도에 둥지를 틀고 번식한다. 백여 종의 철새들이 봄과 가을이면 가거도에서 쉬거

늘려 2008년 5월, 28년 만에 완공했다. 쌓는 족족 부숴버리는 파도와 바람에 대항하여 사투를 벌이며 세운 대역사의 현장이 바로 이곳이다.

네 개의 발 중 하나가 완전히 잘려 나간 테트라포드가 광장 한복판에 그대로 방치되어 있다. 부두 한복판에 떨어져 있는 테트라포드TTP가 보인다. 폭 15.2m, 높이 8m, 64t 무게의 테트라포드가 방파제를 넘은 파도의 힘에 날아온 것이다. 테트라포드는 중심에서 사방으로 발이 나와 있는 콘크리트 블록으로 프랑스에서 발명한 방파제 보호시설이다. 그 거대한 구조물이 2,000개나 파도에 쓸려갔으니 태풍의 위력을 실감할 수 있었다.

그 결과, 가거도항에는 높이 12m, 길이 490m, 폭 15.2m의 방파제가 건설되었다. 방파제를 보호하기

철새들이 머무르는 곳 국흘도 ▼
천연동굴 ▼

나 번식을 한다. 가거도는 먹이가 풍부하고 생태적 환경이 좋다. 이곳에서 황로와 쇠백로가 먹이를 먹고 쉬며, 국제적 보호종인 섬개개비는 알을 부화시키고 새끼를 양육한다. 한반도에서 관측할 수 있는 조류 중 65~70%를 이곳에서 볼 수 있다고 한다.

사람들의 발길이 닿지 않은 무인도로서 원시의 자연이 그대로 보전돼 있는 국흘도. 방송에서 보도한 내용에 의하면, 최근에 약 10만 마리의 바다제비가 국흘도를 찾아 알을 낳고 번식을 한다고 한다. 운이 좋으면 수만 마리 철새들의 군무도 볼 수 있다. 바다제비는 육지의 새와는 달리 한 번에 한 개의 알만 낳고 암수가 공동으로 새끼를 양육한다. 그외에도 희귀조류인 뿔쇠오리, 슴새 등이 서식하며 흑비둘기, 흰날개해오라기, 바다직박구리 등을 볼 수 있다. 모두 천연기념물로 지정된 새들이다. 수천, 수만 마리가 태풍 직전에 나타나 비와 바람을 피한 뒤에 신기루처럼 사라지기도 하는 곳. 가거도는 새들의 낙원이자 생태계의 보고이다. 또한 온몸이 온통 검은 제비나비, 검은 날개 끝머리에 코발트빛을 세련되게 두른 청띠제비나비 등도 이곳에서 볼 수 있다.

낚시천국 가거도

가거도가 오늘날 이름을 알리게 된 이유 중 하나는 이곳을 찾는 낚시꾼들 덕분이다. 가거도는 섬 전체가 포인트라는 말이 있듯이 해마다 1만여 명에 달하는 낚시꾼들이 찾는다. 낚시는 돈이 많이 드는 취미생활로 한 번 빠지면 헤어나지 못하는 마력을 갖고 있다.

◀슴새
◀섬개개비
◀흑비둘기
◀청띠제비나비

◀ 감성돔
◀ 줄돔
◀ 농어
◀ 우럭

이들에게 가거도는 전국에서 가장 인기 있는 낚시천국이다.

특히, 가거도에서 낚시꾼들이 염원하는 장소인 가거초 일대는 그야말로 황금어장이다. 가거도에서 서남쪽으로 47km정도 더 나가면 공해상 접경지인 꿈의 낚시터 가거초에 도착한다. 미지의 낚시터 가거초는 거대한 암초지대이다. 이 일대는 해저에서 가장 높은 봉우리가 해수면 밑 7, 8m에 자리잡고 있으며 해수면 밑 15m 정도에 2~4개 정도의 봉우리가 더 있을 것이라고 예측하고 있다.

일제강점기인 1920년대 일본군함 일향호가 이곳 수중암초와 충돌하면서 침몰하자, 원인을 알기 위해 일본 해군들이 이 해역을 조사하면서 그 실체가 드러났다고 한다. 대략 가로 1km×세로 3km의 면적을 가진 수중 암초대이다. 침몰한 배의 이름을 따서 이곳을 일향초라고 불러오다가, 수년 전 우리 정부에서 가거초라는 공식명칭을 붙였다. 가거초뿐만 아니라 섬 주변의 해안선 36km에 이르는 넓은 낚시터가 펼쳐져 있다. 특히, 항리와 대풍리 일대, 국흘새로 유명한 국흘섬 석광장 주위에서는 팔이 아파 못 잡을 정도로 북돔, 감성돔, 줄돔, 농어, 광어 등이 줄지어 달려드는 곳이다. 가거도 전체가 낚시천국이란 말이 과언이 아니다.

해상관광의 보고 가거도

홍도 못지않다는 가거도 해안풍경을 제대로 감상하려면, 역시 배를 타야 한다. 가거항 선착장에서 회

용산과 장군바위 사이를 빠져나가면 곧바로 기암괴석들이 줄지어 나타난다. 녹섬, 돛단바위, 섬등반도, 납덕여, 망부석모녀바위, 검은여손가락바위, 개린여, 칼바위, 빈주암, 남문 등 절벽과 기암괴석들이 함께 어우러져 절경을 이룬다.

거대한 후박나무 군락지 또한 둘러볼 만하다. 전국 생산량의 70%를 차지하는 가거도 후박나무 수피(껍질)는 한방에서 건위, 이뇨, 해열제로 쓰인다. 이 나무는 묘목에서 10년쯤 자라면 수피를 벗길 수 있으며 20년생 한 그루에서 50여 근이 생산된다. 따라서 주민들의 생활수준은 이 후박나무 소유량에 따라 차이가 난다고도 볼 수 있다.

후박나무 외에도 천연기념물로 지정된 굴거리나무, 천리향이 빽빽이 우거져 있다. 숲속의 등산로를 따라 걸으면 방울새란과 노란 꽃이 매혹적인 금세우란이

▲ 검은여
▲ 기둥바위

돛단바위 ▶
칼바위 ▶

여기저기 보인다. 상황버섯, 음양곽, 현삼, 목단피, 갈근 같은 귀한 약초들이 나무 밑에서 자생한다. 이 외에도 가거도의 산에는 곰취, 더덕, 도라지, 창출, 방풍 등 희귀약초가 자생하며 대엽란, 콩란, 춘란 등이 예쁜 자태들을 뽐내고 있다. 또한 바다 한가운데 떠 있는 섬이어서 일출과 일몰이 장관이다. 그리고 9개의 동굴, 칼바위, 국흘도 풍경, 등대의 모습 등이 황홀함을 제공한다. 확실히 해상관광의 보고로 한반도가 숨겨 놓은 보물이 아닐 수 없다.

가거도를 떠나면서

목포에서 뱃길로 233km여서 육지와 가장 멀리 떨어진 고도孤島라는 점 때문에 한때는 버림받다시피 한 가거도였다. 20년 전 느림보 여객선 새마을호가 사라지고 쾌속선의 운항으로 천혜의 비경과 낚시천국이란 소문이 돌면서 관광객들이 들어오기 시작하였다. 그리고 가거도를 떠난 젊은이들도 하나둘씩 들어와 민박집을 짓고, 낚싯배 대여와 해상관광업을 시작하게 되었다. 섬 주민들에게 삶의 활력소를 준 것은 이에 그치지 않았다. 선박요금의 파격적인 할인은 섬사람들의 삶의 패턴까지 바꿔 줄 정도로 획기적인 일이었다. 이 때문에 섬 주민들은 마실 가듯 육지로 자주 나올 수 있게 되었다. 섬 주민들이 뭍으로 오갈 때 내는 뱃삯 대부분을 정부가 지원해 주는 제도가 시행된 뒤 나타난 모습이라고 한다.

일몰 무렵의 장관 ▼

흑산도와 가거도 등 신안군 섬 주민들의 발걸음이 눈에 띄게 가벼워졌고 만족도도 크게 높아지고 있다. 1980년대에 가거도에서 목포에 나오려면 이틀 이상 걸렸던 이 섬에도 이제는 시속 35 노트로 달리는 최신 쾌속선이 운항하여 4시간이면 목포에 나올 수 있다니 반가운 일이 아닐 수 없다. 이제 우리나라 국민이면 누구나 다 반값으로 어느 섬이든지 갈 수 있게 해 주었으면 한다. 그래야 섬과 여객선회사가 살고 수많은 여행가들이 섬들을 자유롭게 여행할 수 있을 것이다.

가거도 관광명소

◀ 해양과학기지

가거도 패총은 지방기념물 제130호로 지정된 유서 깊은 선사시대의 유물이다. 그리고 국흘도 해조류 번식지는 천연기념물 제130호로 지정된 관광자원이다. 주변 해안은 돔, 농어 등이 잘 잡히는 바다 낚시터로 유명한 곳이라 낚시하기 좋다. 홍도 사람들이 크고 작은 여와 절벽에 갖가지 이름을 붙여 38경을 자랑하듯, 이곳 가거도에서도 8경을 내세운다.

제1경 : 독실산 정상의 조망(신안군 내에서 제일 높은 산)

제2경 : 회룡산과 장군바위(섬 창조설화를 형성하는 곳으로 마을을 품에 안고 있음)

제3경 : 돛단바위와 기둥바위(돛을 단 모습, 기암은 오직 조물주의 신비로운 조화력)

제4경 : 섬등반도의 절벽과 망부석(섬등반도가 망부석을 감싸 주고 있는 듯하며 전설과 경관이 조화를 이루고 있다)

제5경 : 구곡九谷의 앵화櫻花와 빈주바위(조선시대의 〈꿈에 본 도원〉을 연상케 하며 빈주암은 신비한 창조력, 장엄한 절벽과 경관이 어우러져 그림 전시장에 들어선 느낌)

제6경 : 소등昭燈의 일출과 망향바위(아침 해가 떠오르면 이 산비탈이 먼저 밝아 오고 해수욕장으로 적합)

제7경 : 남문의 해상터널(용이 드나들기 위한 석문과 60m 정도의 긴 터널이 있다)

제8경 : 국흘도와 칼바위(대국흘도, 소국흘도, 개린여, 두억여, 기무여를 말함)

다물도 多物島

태풍을 피할 수 있는 천혜의 포구

개요

다물도는 목포에서 서쪽으로 94km 떨어져 있는 섬이다. 쾌속선을 2시간 정도 타고 가는데, 지리적으로 흑산면 11개 섬 중에서 가장 먼저 여객선이 닿으니 흑산면 도서지역의 관문이라 할 수 있다.

흑산도 옆에 있는 작은 섬 다물도는 흑산도 북쪽으로 4km 떨어진 곳에 있다. 면적이 1.62km², 해안선 13.5km, 130 세대, 282명이 살아가며, 흑산도의 1/12 크기의 자그마한 섬이다. 장고 모양을 한 이 섬은 1650년경 김씨가 처음으로 입도하여 유인도가 된 섬이다.

작은 섬답게 섬 전체가 하나의 부락을 이루며 살고 있다. 섬의 형태는 중간 부분이 장고처럼 잘록하여 동서로 깊숙한 만이 형성되어 있어서 자연 방파제 역할을 하고 있다. 파도가 거센 곳이지만 천연 포구로서의 지형을 갖추고 있어 사람들의 생활 터전으로 자리잡게 된 것이다.

그러나 웬만한 섬들마다 설비돼 있는 차도선 접안 시설이 없다 보니 오전에 한 차례씩 들르는 여객선이 이 섬을 지날 때면 그 시간에 맞춰 종선이 나가 손님을 맞이한다. 1960~70년대 종선의 모습을 이곳에서는 아직도 볼 수 있다.

1993년 5월에 이곳을 처음 방문하였고 2012년 봄 19년 만에 다시 찾은 다물도는 섬의 외양부터 정감을 불러일으켰다. 종선으로 갈아타고 섬 안쪽으로 뱃머리를 돌리면 두 팔 벌려 환영하는 듯한 섬의 품 안으로 포근히 이끌려 들어가게 된다.

▲쾌속선
▲다물도 종선
▲다물도 전경

섬의 지명은 대개 그 형상이나 색채 등 형태에서 비롯되는 이름을 붙이는 경우가 많다. 그런데 다물도의 경우는 다르다. 봄과 여름 다물도를 둘러싼 바다에는 난해성 어족이 많이 모여들어 여러 종의 고기가 잡힌다. 천혜의 어장을 갖고 있는 이곳은 해산물이 풍부하다 하여 다물도라고 불리게 되었다니, 이름을 얻게 된 사연치고 특이하다.

포구에 다가갈수록 잘 지어진 집들과 크고 작은 수많은 배들이 정박해 있어 한눈에도 부자섬임을 짐작하게 한다. 실제로 다물도 주위는 어종이 풍부하여 고기가 잘 잡히는 곳으로 유명하지만, 고기를 양식하는 가두리 양식업도 앞서가는 어업 선진 섬마을이다. 양식장이 많아 배가 비집고 들어갈 틈이 없을 정도다. 이곳은 잡는 어업도 기르는 어업도 성행한 곳이다.

다물도는 물산物産에 있어 흑산군도 중 으뜸으로 치는 섬이었다. 이웃 섬 흑산도의 명성에 눌려 일반적으로는 그다지 알려지지 않았으나, 사실 흑산도가 본격 개발되기 이전인 1960년대 초까지만 해도 다물도는 서남해 섬 중에서 가장 잘나가던 부자섬이었다.

흑산항은 허허벌판이어서 겨울철 북풍에 밀려오는 파도를 막을 방파제가 없지만 다물도는 겨울철 북풍을 막아 주는 천혜의 요건을 갖추고 있다. 1960년대 다물도항에는 수백 척의 조기잡이 배들과 안강망배, 그리고 홍어잡이 배들이 모여들었다 한다. 그 덕분에 목포에서 흑산도를 오가는 여객선들이 화물을 가장 많이 하역하는 경유지이기도 했다. 그만큼 다물도는 부자마을이었다. 1960~70년대에 대부분의 섬들은 농토는 적고 인구가 많아 보릿고개가 닥칠 때마다 기아에 허덕이며 살았지만 다물도는 흑산면 11개 섬 중에서 가장 여유있는 섬이었다. 당시에는 흑산도나 홍도는 다물도 덕분에 생계를 꾸릴 만큼 평범한 섬에 불과했다는 회고를 섬 주민으로부터 전해 들을 수 있었다.

예전에는 다물도가 홍어잡이의 근거지였다. 무동력선멍텅구리배 수십 척이 만선을 이루며 내항內港에 홍

다물도 천연포구 ▼

어를 내려놓던 당시에는 흑산도 홍어라 불리지 않고 다물도 홍어로 불렸다. 이런 호황에 힘입어 주민들은 너나없이 목포에다 집을 한두 채씩, 이웃의 큰 섬에 논밭을 사 놓기도 했다.

골목길에는 연세 지긋해 보이는 아낙네들이 바지런한 손놀림으로 고기를 잡는 주낙을 손질하고 있었다. 바구니 하나에 담긴 주낙줄에는 바늘이 2천 개 정도 달려 있는데, 고기잡이를 나가서 한 번 사용하고 나면 줄과 바늘이 엉키기 때문에 바다에서 돌아오면 반드시 손질을 해야 다시 사용할 수 있다. 이곳에서 주낙 한 바구니를 손질하면 천 원을 받는데, 아낙네들은 하루에 열 바구니에서 열다섯 바구니 정도를 손질한다.

그밖에도 섬의 여인들은 자연산 미역이나 돌김을 채취하여 소득을 얻는다. 바닷가의 세찬 바람과 강렬한 태양으로 검게 그을린 그분들의 얼굴에서 단단하면서도 세상근심 떨쳐 낸 평화로움이 엿보였다. 그러나 풍요로웠던 다물도의 힘은 점차 사라져 이제 옛말이 되고 말았다.

홍어 어장이 사라져 가자 섬사람들은 옛 영화를 되찾기 위한 자구책으로 가두리 양식업을 하기 시작했다. 그러나 이 또한 만만치 않았다. 초창기에는 호황을 누렸으나 국내 양식업의 난립과 함께 중국산 활어의 대량 수입으로 큰 타격을 입어 위기를 맞게 되었던 것이다. 내항 바깥쪽으로 드넓게 펼쳐진 가두리 양식장은 섬의 주된 소득원이기는 하나, 지금은 섬사람들의 애물단지가 되었다. 5년 전에는 정부의 가두리 양식장 축소정책에 따라 규모가 예전의 3분의

▼ 안강망 숭어잡이 축제

▼ 홍어(암수)

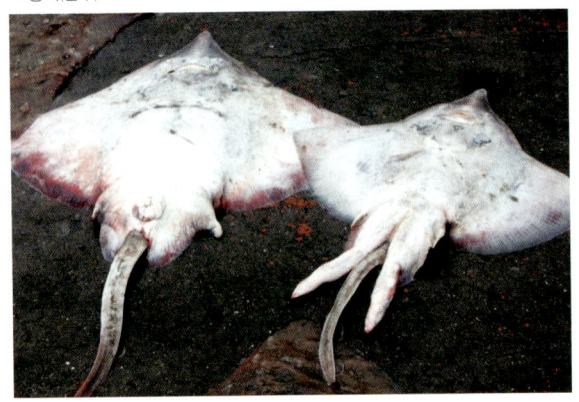

1 수준으로 줄어들었지만 그나마 다행스러운 일이라 한다. 현재는 76가구가 어류 10ha, 조개류 12ha의 양식장을 꾸리고 있다. 열악한 환경이지만 그래도 주민들은 섬을 지키며 살고 있다.

둘러보기

돌담 사이로 만들어진 골목길은 경운기 한 대가 겨우 드나들 수 있을 정도로 좁았다. 마을 자체가 경사진 터에 위치한 탓에 골목길 위편과 아래편 집들의 높낮이가 다르다. 앞짝지와 뒤짝지 사이에 있는 마을은 절경 속에 있다. 원형의 호안을 이루고 있는 다물도 앞바다 선착장은 흐릿하게 둘러싸인 해무에 신비로운 정경을 만들고 싱그러운 바다 내음이 더해져 평화롭고 안온해 보였다.

호안을 따라 주요 건물들이 자리잡고 있다. 교회 아래 짧은 방파제가 있는 곳에서 호안의 왼편으로 보건지소와 정자가 있다. 에둘러진 호안을 따라 좀 더 돌면 경로당과 다물도리사무소가 나란히 있다. 이곳에서 바라보는 계류장 안은 바닷물이 가득한 호수처럼 보인다.

경로당 앞에도 길이 5~6m 정도 되는 짧은 방파제가 있다. 그 앞에 부잔교로 연결된 부교가 있고 고깃배 몇 척이 정박해 있는 한적한 풍경이다. 이곳의 왼쪽에 다물도길 101번길에 자리잡은 흑산초등학교 북분교장이 있다.

운동장으로 들어서니 제법 긴 교사 앞에 일정한 간격으로 세워진 4개의 조형물이 눈에 들어왔다. 체력은 국력을 의미하는 조형물을 비롯하여 아이와 함께 책을 읽는 조형물과 이승복 소년 상이 있었다. 1960~70년대 우리 사회의 시대적 유물이 된 이 조형물을 보니 기억하고 싶지 않은 세월을 돌아보게 했다. 끝에 정재수 효자 조각상이 있는데, 그야말로 흑산초등학교 북분교장에서나 볼 수 있는 재미있는 상징 중 하나로 보인다. 현재에는 2학급에 총 4명의 학생이 다니고 있다.

마을 중간에 나 있는 골목길로 곧장 가면 바로 해안이 나오고 마을 뒤쪽은 해변이다. 장고 모양의 이

낙조(일몰) ▼

섬은 장고의 잘록한 가운데 부분에 해당하는 곳에 포구와 마을이 형성되어 있다. 그렇게 크지는 않지만 만이 깊숙한 편이고 조그만 조갯돌로 덮인 호젓한 해변이다. 이곳에서는 주로 뒤짝지^{파도에 씻기고 닳은 차돌로 이루어진 해변}라는 이름으로 불린다.

마을의 앞뒤로 연해 있는 천혜의 포구. 그 옛날에는 앞짝지와 뒤짝지가 바닷물로 통해 있었다는데, 지금은 그 사이에 마을이 자리잡았으니 앞으로도 바다가 트여 있고 뒤로도 바다가 연해 있는 절경 속의 마을이다. 앞짝지는 동남향이라 겨울철의 북풍이 닿지 않아 온난하고 여름철의 태풍은 바로 앞에 보이는 대둔도가 막아주므로 배들이 어머니 품속처럼 마음 놓고 드나드는 천혜의 항이다. 이런 환경이 크고 작은 고깃배들이 이 포구에 가득한 이유이리라.

그런가 하면, 뒤짝지는 홍도가 아스라이 보일 만큼 큰 바다가 펼쳐져 있어 바람을 막아 줄 섬이 없다. 뒤짝지에 불어오는 북서풍은 많은 여^{암초}에 세찬 파도를 일으키고 파도가 몽돌을 굴려대는 소리에 밤잠을 설치기 일쑤라 한다. 그러나 이 몽돌해변에서 바라보는 일몰은 더할 나위 없이 아름다운 다물도의 절경 중 하나이다. 장고의 양면처럼 나란히 서 있는 나지막한 두 개의 산^{해발 99m}이 섬마을을 정겹게 그리고 더욱 안온하게 품고 있는 것 같다.

▌물이 귀한 섬 다물도

답사 첫날은 종선을 운영하는 김광업 선장 댁에서 하루를 묵기로 했다. 아침에 세수를 하려고 욕실에

◀ 미역을 다듬는 주민들
◀ 주낙을 손질하는 어민들
◀ 몽돌해변

◀ 자연산 돌김
◀ 호수처럼 보이는 계류장
◀ 다물도 앞뒤 짝지 사이에 자리한 마을

만 아니라 인근의 상태도 등에도 해경 경비정과 해군 함정들이 식수공급을 위해 대대적으로 발 벗고 나서고 있다. 섬 안에서는 염분 때문에 지하수를 끌어올리지 못하여 물이 늘 귀하다. 흔히 물이 부족한 섬에서 볼 수 있듯이 다물도의 모든 집들은 슬레이트 지붕 처마에 달아 놓은 플라스틱 홈통을 이용하여 빗물을 받아 커다란 물통에 저장해 두었다가 식수와 생활용수로 사용하고 있다.

육지에서는 어느 곳을 가든지 마을마다 상수도가 있고, 그렇지 못한 곳에는 자가수도나 펌프를 시설하여 물을 공급받고 있지만, 이곳은 물과의 전쟁이 지금도 계속되고 있다. 물사정과 달리 전기는 내연 발전소를 통하여 24시간 공급되고 있어 그나마 다행한 일이다.

자연이 조각한 섬 다물도

다물도 해변의 기암괴석은 조각가의 작품처럼 아

빗물저장통 ▼

들어갔는데 그곳에 있는 물통 안의 물 빛깔이 다갈색이다. 받아 놓은 빗물이 변색된 것이다. 온통 바위로 된 작은 섬이라 물이 귀한 사정 때문이다. 해마다 반복되는 식수난 때문에 고통을 당하고 있다. 다물도뿐름답다. 이 아름다운 자연의 조각품을 보기 위해서는 해상관광을 택하는 것이 좋다.

필자가 2012년 4명의 일행과 함께 등대호를 타고 다물도를 탐사했을 때 주변의 동굴과 기암괴석의 황홀함에 정신을 빼앗긴 적이 있다. 풍년학바위, 김삿갓바위, 촛대바위, 공룡바위, 칠성동굴, 쌍용동굴, 사성동굴, 석주대문, 제2금강산…. 가는 곳마다 입이 벌어지고 눈을 뗄 수가 없었다. 하나같이 남성적이고 우람한 바위들. 그 중에서도 촛대바위는 밑둥만 남은 촛불의 모습이어서 눈길을 끌었다. 푸른 바다 위로 우뚝 솟은 이 바위는 높이가 50m 정도인데, 아래쪽으로 큰 동굴이 뚫려 있다. 신라의 장보고가 당나라와 교역을 할 무렵에는 이 바위가 등대 역할을 했다고 전한다.

동굴도 들러 볼 만하다. 칠성동굴은 높이 20m, 깊이 100m의 해식동굴로 내부에 7개의 가지굴이 있다. 윗간여 옆에는 칼바위와 돛단여가 우뚝 서 자태를 뽐낸다. 돛단여는 아치 모양으로 뚫린 구멍과 어울려 보는 이로 하여금 시선과 마음을 사로잡는다. 이제 다물도도 이웃 흑산도나 홍도처럼 관광의 섬으로 거듭나기를 염원해 본다. 아름다운 암석해안의 볼거리와 함께 인근해역에는 우럭, 장어, 농어, 숭어 등이 많이 잡혀 낚시하기가 좋은 곳이다. 낚시꾼들과 관광객들이 찾을 수 있도록 관광의 섬으로 개발하였으면 하

▼ 동쪽에서 본 촛대바위

풍년학바위 ▼

다물도 소속 무인도 ▲

는 마음이다.

관광

마을 뒤 뒤짝지 해변의 몽돌해수욕장에서 여름철 수영을 즐길 수 있다.

풍년학바위, 김삿갓바위, 촛대바위, 공룡바위, 칠성동굴, 쌍용동굴, 사성동굴, 석주대문, 제2금강산 등 섬 둘레의 기암괴석을 배를 타고 둘러볼 수 있는데, 특히 칠성동굴 및 주변의 칼바위와 돛단여 등이 아름답다.

대둔도 大屯島

세 마을이 모여 이루어진 전복과 우럭의 고장

개요

목포에서 100km 정도 떨어진 흑산면의 작은 섬 대둔도는 뱃길로 1시간 50분 거리에 위치해 있다. 흑산군도 중에도 단연 높은 언덕을 지녔다 하여 대둔도라 불려온 이 섬은 다물도 이웃에 있다. 대둔도는 흑산도 예리항으로부터 4km 떨어진 가까운 곳에 위치해 있지만, 어미섬 흑산도와 관광의 섬 홍도에 묻혀 이름이 전혀 알려지지 않은 섬이다. 다도해해상국립공원의 작고 아름다운 이 섬은 총면적 2.160㎢, 해안선 13.7km, 218세대, 401명이 살아간다.

아침 8시, 목포에서 홍도·흑산도행 쾌속선을 타면 비금도와 도초도를 거쳐 1시간 50분 만에 대둔도와 다물도에 닿는다. 대둔도와 다물도는 서로 마을이 보일 만큼 가까이 마주하고 있어 도착지점도 같다.

대둔도에 갈 승객은 쾌속선에서 다물도 전용 종선으로 바꾸어 타고 다물도와 대둔도에 각각 하선한다. 이 종선은 다물도와 대둔도 주민을 위해 정부에서 직접 만들어 준 것이라 한다. 종선은 오전 8시에 목포에서 오는 여객선 손님을 맞으러 나가고, 오후 3시에는 목포로 돌아가는 승객을 흑산도 예리항까지 태워다 준다. 오후에는 쾌속선이 이곳을 들르지 않기 때문이다. 관광객들의 발길이 잦은 흑산도 및 홍도와는 달리 사람들의 왕래가 뜸한 대둔도의 교통 사정은 불편하다.

1970년 무렵에는 어느 섬이든 인구밀도가 높아 많은 사람들이 살았기에 느림보 여객선이라도 수지타산이 맞았다 한다. 그 시절 열악한 여객선은 겨울철

대둔도 촛대바위▼

그런데 편리한 운항과 함께 섬의 인심과 풍정도 함께 달라져 가고 있어 아쉬움이 남는다. 아이들 울음소리 끊어진 지 오래고 섬에 다가가면 아침저녁으로 피어오르던 굴뚝의 연기도 보기 힘들어 사람냄새가 사라져만 간다. 그러나 인고의 세월을 견뎌 온 섬은 미동도 없이 묵묵히 그 모습 그대로이다. 이곳은 1650년 무렵 광산 김씨가 나주에서 처음으로 입도하여 정착한 섬으로 알려지고 있다.

▌둘러보기

대둔도는 도목리, 오리, 수리 3개의 마을이 있다. 종선이 수리마을을 향해 섬의 오른쪽 호안으로 접어들었다. 수리마을 선착장에 이르니 전복과 우럭의 고향, 대둔도라 적혀 있는 표지판이 있다. 표지판 뒷면에 '바다사랑! 고향사랑! 흑산면수리어촌계'라 쓰여 있었다. 이곳에서 동남아계로 보이는 낯선 얼굴을 만났다. 세간에서 일컫는 부자섬답게 대둔도는 외국인을 고용해서 인력난을 해소하고 있다. 대부분 태국 등에서 온 동남아 사람들이라는데, 서투른 한국말이지만 의사소통은 그럭저럭 하는 편이었다. 이 섬에는 외국인 노동자 외에 페루에서 1명, 베트남 3명, 중국 교포도 3명이 시집을 와서 살고 있다.

'수리'라는 마을 표지석이 꽤 폭이 넓은 방파제를 배경으로 하여 서 있다. 방파제 끝에 있는 부교가 함께 눈에 들어온다. 수리마을 오른쪽에 있는 제법 큰 정자에는 한마음쉼터라는 명판이 붙어 있었다. 그 옆으로 난 오르막길을 따라 올라가니 왼편에 흑산면 수리노인정이 있다. 제법 높은 곳에 자리한 노인정은 단층건물이지만 옥상에서 사방을 조망할 수 있었다. 깊숙이 들어와 있는 만의 지형이 관찰되고 바다 건너 멀리 돌산이 보였다.

▲ 전복양식장
▲ 쾌속선
▲ 여객선과 섬을 이어주는 역할을 하는 종선

거센 파도에 목숨 걸며 망망대해를 항해하고 다녀야 했다. 어느새 그런 어려웠던 시절을 뒤로하고 이제 두세 시간이면 웬만한 섬에 도착할 수 있는 초고속 쾌속선 시대에 살고 있다.

수리마을에는 흑산면출장소와 학교가 있다. 대둔도의 유일한 학교인 흑산초등학교 수리분교는 높은 지대에 있어 옹벽이 운동장을 떠받치고 있으며 계단으로 오르는 윗부분에 교사를 지어 놓았다. 현재에는 교사 2명, 초등학생 13명, 유치원생 5명이 있는 작은 학교이지만 지금도 가을이면 운동회를 한다. 그날은 학생들보다 주민들이 더 많아 시끌벅적한 섬마을 잔치날이 된다. 왜냐하면 주민 대부분이 이 학교가 모교이기 때문이다. 예전에 학생들이 많을 때에는 최고 400여 명이나 되었다고 하니 격세지감이다. 자연을 벗삼아 뛰노는 아이들은 바다와 산의 많은 생물들이 탐구 대상이었다. 교육 여건은 열악하였지만 사교육에서 벗어난 모습이 이런 곳 아니면 어디서 찾아 볼 수 있을까 하는 생각이 들었다.

수리에서 고개를 넘어가면 도목리이다. 오리와 도목리 사이에 도로 공사가 한창이다. 비포장 도로를 걸어가는데 산에는 야생화와 풀벌레들이 수없이 많았다. 포장이 되면 편리해지지만 꽃들의 자리는 없어진다.

마을로 들어가면 큰 예배당이 보이는데 섬마을 예배당치고는 그 크기와 디자인이 특별하다. 도목리마을은 산 아래 구릉지에 집중되어 있지만 몇 채는 해안에 접해 있다. 해안길 오른쪽에 돌로 쌓고 시멘트를 덧씌운 작은 방파제가 있다. 이곳이 관리선 계류장인데 길이 8m에 너비는 3m이다. 이곳에서 맞은편을 바라다보면 가운데가 뻥 뚫린 동굴이 제대로 보인다. 동굴 옆으로 도목리에서는 유일한 굵은 모래해변이 짧게 형성되어 있다. 마을 안쪽으로 들어가면 팔

도목리 마을 순천 사랑어린학교 학생들

각정 쉼터가 있고 효자각이 있다. 돌로 된 각 안에는 효자 광산 김씨 진수 기적비와 사적비가 있다. 효자각의 주인공은 이곳 도목리 출신으로 20년 동안 병든 모친을 지성으로 간호했으나 낫지 않아 좌측 허벅지를 베어내 구워 드시게 하여 소생시켰노라는 효행이 비문에 적혀 있다.

서쪽으로 이어지는 해안길을 따라가니 길 주변에 각종 어구를 늘어놓고 있다. 차가 겨우 드나들 수 있을 정도다. 이 또한 섬마을의 풍경인가 한다. 해안길 끝자락에 가건물이 있어 가까이 다가가 보니 우럭냉풍건조장이다.

섬 서쪽 모래해변의 뒤쪽에 저수지가 있다. 물사정이 열악한 섬 안에 저수지가 있다는 것이 얼마나 고마운지는 섬사람이라면 공감할 것이다. 저수지 오른쪽에 물을 배출하는 배수구도 갖추어져 있었다.

다시 고개를 하나 넘어가면 오리가 나온다. 수리에서 도목리까지 15분 정도, 다시 도목리에서 오리까지 15분 정도이니 대둔도가 그리 큰 섬은 아니라는 생각이 들었다. 세 마을은 서로 산길을 통하여 소통한다. 경사진 해변 언덕은 정말 아름다웠다. 20여 년 전인 1993년도 5월에 대둔도 마을들을 답사했었다. 흑산도에서 오리까지 소형 어선을 타고 가 도목리에 들러 일을 보고 수리로 갔다. 2013년의 오리마을의 도로는 많이 변해 있었다. 3곳의 마을을 자동차로 돌아볼 수 있어 한결 쉬워졌다. 오리에서 내리막길로 접어들다 보면 앞에 바다가 펼쳐지는데 그 쪽은 섬의 북쪽 해안이다.

오리마을에는 두 개의 얼굴을 갖고 있는 바다를 만

◀ 수리마을
◀ 도목리 터널바위
◀ 도목리 소형 어선
◀ 도목리 포구

날 수 있다. 오리 남쪽에는 가두리 양식장과 흑산도로 가는 섬누리호가 닿는 포구이다. 이 포구가 오리의 관문이다. 또 하나는 북쪽에 있는데 바로 마을과 접한 해안이자 피항지로 적합한 선착장이 있는 반원형의 안전한 바다다. 잔자갈로 가득한 해변의 오른쪽 끝에 목섬이라는 무인도와 연결되어 있고 그 옆으로 선착장이 있다. 이 해안은 곳곳에 만과 갑이 발달하여 드나듦이 심한 편이라 역동적인 해안이라 할 수 있다. 태풍이 오면 주변의 전복 가두리를 통째로 끌고 이곳으로 오고, 태풍이 지나가면 다시 제자리로 돌아간다. 태풍을 피해 안전한 장소로 이동해 주기 때문에 오리의 전복 폐사율은 타지역에 비해 아주 낮은 편이다.

섬에 발을 딛기도 전에 가장 먼저 눈에 띈 것이 가두리 양식장이었다. 대둔도와 다물도 사이에 형성된 자연 방파제는 가두리 양식의 최적지로 보였다.

포구 안으로 들어서면 배를 타고 내리는 선착장 방파제가 있고 그 안쪽으로 짧은 간이방파제 하나가 더 있다. 도목리 2층 건물로 지어진 경로당에서 바라다보이는 해안에 제법 많은 배들이 정박해 있다. 안쪽 계류장에는 주로 작은 어장관리선인 선외기선들이, 바깥쪽은 어선들이 정박해 있었다. 안내판에 연안복합어선이 20여 척, 관리선이 40여 척으로 적혀 있다. 방파제에는 소형선박 인양기와 사료 저장창고가 하

▼ 오리마을 앞 해변

나 있다. 1995년에 만들어진, 사료용 꽁치를 냉동시켜 저장하는 창고다. 이 냉동꽁치를 분쇄해 양식용 사료를 만든다.

이곳의 바닷물은 웬만한 깊이에도 바닥이 들여다보일 만큼 맑고 수심도 깊다. 또한 적조가 없을 뿐더러 섬의 지형상 태풍을 피하기에도 좋은 곳이다. 가두리 양식에 있어서 이만큼 좋은 곳도 드물 것이다. 흑산도 예리항만 해도 태풍이 불어닥칠 때마다 가두리 양식장은 번번이 피해를 보지만 이곳 다물도와 대둔도 가두리 양식장은 별다른 피해가 없다고 하니 하늘이 내려 준 천혜의 장소가 아닐 수 없다.

20년 전만 해도 우럭 가두리 양식이 호황을 이루었으나, 외환위기를 거치면서 인건비와 사료값, 물류비 등을 감당하지 못하고 양식장 그물을 거두어버린 곳이 많다고 한다. 활어 1kg에 8~9천 원 하던 가격이 지금은 6천 원 정도로 하락해 물가와 거꾸로 갔다고 하니 얼마나 상황이 악화된 것인지 미루어 짐작할 수 있다.

필자가 대둔도 도목리에 머무를 적에, 때마침 비정기적으로 운항하는 대형 화물선 페리호가 포구에 들어온 적이 있었다. 페리호에는 가두리 양식장에 필요한 사료가 10톤 트럭에 가득 실려 있었다. 이 페리호에 화물을 싣고 흑산도, 홍도, 가거도까지 한 번씩 운항하기 위해서는 그 비용이 만만치 않다고 한다. 보통 완도에서 제주도 가는 정기 운항선의 화물차 1대 적재요금이 15만 원 정도인 데 비해, 비정기적으로 동원하는 다물도나 대둔도까지 화물차 1대 적재요금은 무려 100만 원에 이른다는 것이다. 만만치 않은 물류비용이 섬에서 운영하는 가두리 양식업의 수지타산에 지대한 타격을 주고 있음을 알 수 있었다. 승객과 차를 동시에 싣고 들어오는 울릉도나 목포·완도·고흥·장흥에서 제주 간 정기 여객선처럼 된다면 물류비용을 대폭 줄여 섬 주민들의 소득을 높이는 데 큰 도움이 될 텐데 하는 생각이 들었다.

복숭아골로도 불리는 도목리는 마을 입구에 도목자율관리공동체라 쓰인 알림판이 있었다. 2006년에 복합어업을 신청하였고, 그 결과 2008년과 2009년에 우수공동체로 선정된 사례마을이다. 대둔도가 공동체를 구성하는 데 용이했던 배경은 종교와 무관하지 않다. 대둔도에 교회가 들어선 것은 1959년 승천교회로부터였다고 한다. 부산의 고 장기려 박사의 사촌누이인 장기실 전도사가 이곳에 뼈를 묻기까지 23년에 걸친 헌신이 있었다는데, 주민의 80% 이상이 기독교인이라는 비율은 섬지역이 갖는 재미있는 특성이자,

▼ 도목리 승천교회

성당

돈독한 유대감을 갖는 공동체 구성의 주된 배경으로 유추해 볼 수 있다. 1959년 1월 7일 장기실 전도사^{당시 55세}가 홀몸으로 흑산면 대둔도 도목리에 들어와 승천교회를 개척했다. 그 당시에는 교통이 너무 불편하여 외부인의 출입이 어렵고, 주민들도 뭍으로 나다니는 일이 쉽지 않은 때였다. 미역, 다시마와 고기잡이가 생업의 전부였던 가난한 섬, 논농사가 전혀 없고 고구마를 점심으로 삼아야 했던 그 숙명적인 가난의 멍에를 벗어버릴 수 없는 섬이었다.

장 전도사는 조산원 자격증이 있고 침술에도 상당한 실력이 있어서 이곳 주민들을 많이 돌보아 주었다. 의원도 없는 외딴섬에서 위급한 환자가 생겨 속수무책일 때 응급 처치를 해 주었다. 그는 이 마을에 사는 김현중이라는 소년을 아들처럼 사랑하여 같은 교회에서 자란 김생단 자매와 짝을 맺어 주었다. 이들 부부는 장 전도사를 어머니로 섬긴 것이다. 김현중은 후에 장로가 되었고 이곳에서 가두리 양식장을 시작했다. 바다가 너무 깊고, 태풍 때문에 양식하기가 적절치 않다고 생각하여 아무도 손을 대지 않았던 시기였다. 그러나 김 장로는 여러 고난을 극복하고 양식에 성공하면서 주민들도 함께 동참시켰다. 큰 어려움 없이 많은 물량의 우럭을 전국으로 공급하여 높은 소득을 올렸다. 바다에 넓게 펼쳐진 가두리 양식장이 풍요로움을 가져다 준 것이다. 그 후 부자 마을이 되어 어민들의 생활도 달라졌다. 도목리는 주택들을 깨끗하게 개조했고 소형 어선들을 신형으로 교체했다. 그러다 얼마 후 가두리 양식이 사양길로 접어들었지만 김 장로는 흑산도어업협동조합장이 되어 어민 소득을 높이기 위해 많은 노력을 했다. 장기실 전도사가 뿌린 복음의 열매들이 가난했던 섬마을에서 터 잡아 잘 커가고 있음을 볼 수 있었다.

실제로 대둔도에는 교회가 세 개 있다. 각 마을마다 하나씩 있는 셈이다. 그런가 하면 성당(공소)도 있다. 천주교 광주대교구에 소속된, 흑산성당 관할하에 있는 오리공소이다. 도목리에는 35가구에 105명의 주민이 거주하고 이 가운데 어촌계 회원은 35명이며 공동체 회원 수는 50명이다.

2009년 기준으로 어업가구당 평균소득이 9천만 원. 어업으로만 연 9천만 원의 소득을 올리는 부자마을이다. 어촌종합개발계획에 의해 도목리 전 지역이 어류 및 패류 양식장으로 조성되어 높은 소득을 올려 온 것이다. 그러나 양식업이 점차 사양길로 접어들어 예전의 호황일 때와는 사정이 많이 달라져 지금은 마을공동체 경제사정이 좋은 편은 아니라 한다.

대둔도 역사와 인물

대둔도의 대표적인 인물로는 수리마을의 김이수^{金理守} 선생이 있었다. 흑산도 선착장에 가면 홍어 모양을 한 거대한 흑산도 연혁비가 있는데, 그 뒷면에 새겨진 비문 중 김이수라는 이름을 볼 수 있다. 김이수^{1743~1805}는 조선 후기인 1743년 대둔도 수리에서 태어난 사람이다. 김이수의 활동이 역사학계의 주목을 받게 된 것은 그의 격쟁^{擊錚} 때문이었다. 격쟁이

▼ 김이수 선생 생가

▲ 김이수 선생 묘
▲ 김이수 선생 후손들의 추모식

란 임금의 행차길에 징이나 꽹과리를 치면서 시선을 집중시킨 후, 직접 백성들의 민원을 호소하는 방법이었다.

『조선왕조실록』에 의하면, 정조 15년[1791] 5월 22일, 흑산도 백성이 닥나무 세금 폐단으로 인한 원통함을 징을 쳐 호소하니 이를 시정하였다는 기록이 있다. 이 기록 속의 주인공인 흑산도의 백성은 다름 아닌 김이수였다. 김이수는 지금의 흑산면 대둔도에서 살던 평범한 사람으로 당시 35세였다.

김이수의 격쟁으로 흑산도를 비롯한 인근 홍의도, 태도, 가거도, 우이도 4개 섬에 부과되어 중첩된 세금을 혁파하게 되었고, 이에 관한 기록이 『승정원일기』와 『조선왕조실록』에 남은 것이다. 1813년 섬 주민인 김광은이라는 사람이 김이수의 글을 모아 5개의 테마로 나누어 엮은 책 『김이수전』을 발행하였다. 이 책에 의하면, 당시에 부과된 세금이 서민들에게 얼마나 큰 고통을 주었는지를 알 수 있다.

'대둔도를 위시한 흑산군도 섬사람들은 기와를 만들어 육지로 운반하는 기와세[1767], 밤중에 횃불에 불을 밝혀 낚시로 잡아 올린 고등어세[1772], 보리를 베고 콩을 심은 밭작물에 대한 토지세[1783], 청어잡이 배가 섬에 정박한 이래로 부과되었던 청어세[1789], 흑산도가 닥나무 산지라는 명목으로 부과된 종이세[1791] 등이 있었다. 이 가운데 섬 주민들에게 가장 힘든 부역은 종이세였다.'

종이를 만드는 원료인 닥나무는 서남해역 가운데 흑산도와 안마도에만 서식했다. 섬 주민들은 대대로 닥나무를 채취하여 종이를 만들어 중앙관부에 상납해 왔다. 문제는 종이 상납이 절해고도 섬 주민들에게 결코 가벼운 부역이 아니라는 사실이었다. 섬 주민들에게는 종이를 만드는 기술이 없었으므로, 어려운 여건에도 경비를 들여 영암의 도갑사 승려들을 섬으로 초빙해서 생산할 수밖에 없었기 때문이다. 그런데 세월이 흘러 흑산도에 닥나무가 감소되면서 문제가 더 커졌다. 닥나무를 구하러 육지로 나와야 했고, 현지에서 종이를 만들어 중앙에 상납했기 때문에 체류비 또한 추가 부담이 되었다. 그 결과 섬 주민의 종이세 부담은 날로 커져만 갔다.

김이수는 흑산도 주민들이 겪고 있던 가장 큰 폐단인 닥나무 세금을 시정하기 위해 관청이나 상부에 수차례에 걸친 상소로 시정을 요청했으나 그다지 효과를 거두지 못했다. 그는 최후의 수단으로 바다 건너 한양까지 찾아가 임금에게 직접 호소하는 방법을 택하였던 것이다. 200여 년 전에 흑산도에서 한양까지 가는 것이 결코 쉽지 않은 일이었다. 절해고도 흑산도에서 풍선에 몸을 싣고 가는 그의 모습은 가히 민권운동의 선구자라고 해야 하겠다. 김이수는 섬 주민들의 민원 해결을 위해 천리길을 마다치 않고 한양까지 찾아가 격쟁을 올렸던 것이다. 궁궐로 돌아온 정조는 좌의정 채제공으로 하여금 김이수의 격쟁을 상세히 조사해서 그 해결책을 마련하라고 명했다. 1791년 5월 22일, 약 4개월에 걸친 현장조사 끝에 채제공은 다음과 같은 해결책을 제시했다.

"흑산도는 땅이 척박해 닥나무 뿌리가 없어졌음에도 불구하고, 매년 종이를 상납할 때마다 어른, 아이 가리지 않고 8세부터 40세의 남자에게 닥나무 껍질 1만 2,900근을 부과했으니, 돈으로 환산하면 약 500냥 정도 됩니다. 이는 매우 잘못된 규례입니다. 외딴섬의 민폐를 변통하지 않을 수 없으니 섬 주민의 종이상납을 영원히 혁파하고 중앙관청의 종이세는 호조에서 대신 지급하도록 하면 어떻겠습니까?" 하는 해결방안을 제시하여 시행되었다.

그 결과, 흑산도 주민의 종이세가 혁파되었다. 이에 대한 보답으로 섬 주민들은 격쟁을 올린 김이수에게 흑산도 인근 해상의 중죽도라는 무인도의 해초 채취권을 포상으로 지급했고, 그 후손들이 혜택을 누렸다. 김이수가 세상을 떠났을 적에는 주민장으로 장례를 치렀다. 또한 정조는 그의 헌신적인 노력을 가상히 여겨 왕실족보인 선원보를 간행하는 선원록청의 서사랑청書寫郎廳 직을 제수하기도 하였다. 전국에 흩어져 살고 있는 김이수 선생 후손들은 해마다 시제를 모시기 위해서 이곳으로 모인다고 한다. 아마도 남다른 조상들에 대한 자부심 때문이 아닌가

싶다. 1767년부터 무려 약 40여 년 동안 굶주린 섬 주민들을 위하여 흑산진, 나주목, 전라 감영과 한양의 정조 임금까지 찾아다니며 끝까지 해결하려는 의지가 감동적이다.

이곳은 슬픈여 전설과 달꿍딸꿍이란 노래가 구전된다.

대문도 수리마을에서는 음력 정월 3일 자시에 상당제당할머니·당할아버지 산신제를 지내고 4일에 둑제용왕제를 지낸다. 상당제와 산신제는 제관들만이 참여하여 엄숙하게 진행하며, 둑제는 이와 달리 주민들이 모두 참가하여 지낸다.

관광

바다 한가운데 아치 모양으로 솟은 촛대바위와 파도의 침식으로 이루어진 칠성굴이 명승지로 꼽힌다. 섬 부근의 해역은 제주난류가 통과하여 각종 어족이 풍부한 어장을 형성하고 있어 낚시를 즐기기에 좋은 곳이다.

칠성굴 ▼

만재도 晩財島

자연의 보물을 가득 담은 섬

개요

만재도는 목포에서 남서쪽으로 직선거리 120km의 거리에 위치한 섬으로 신안군 흑산면에 속해 있다. 총면적 0.750㎢, 해안선 5.5km, 48세대, 94명이 살아간다. 예전에는 진도군 조도면에 속하였으나, 1983년 행정구역이 재편되어 신안군 흑산면에 속하게 되었다.

섬에 사람이 처음 들어온 시기는 조선 숙종 26년 1700경으로 평택 임씨인 임충재가 진도에서 이주해와 정착하였으며, 그 후에 김해 김씨가 들어와 마을이 형성되었다고 전해 온다.

바다 한가운데 멀리 떨어져 있다 하여 먼데 섬 또는 만대도라고 했다. 이를 한자로 표기하면 晩島가 된다. 또 다른 지명 유래로는 재물을 가득 실은 섬의 의미로 만재도晩財島, 또는 해가 지고 나면 고기가 많이 잡힌다 하여 만재도라 했다 한다.

태도군도에서 남쪽으로 만재도가 있고 그보다 더 남서쪽으로 가거도가 있으며 가거도보다는 만재도가 목포항과 더 가깝다. 그런데 여객선은 목포항에서 흑산도와 상·하태도를 경유하여 가거도에서 1시간 정도 머무르다가 만재도로 향하는 코스로 운항하고 있다. 뱃길로 무려 5시간이 넘게 걸리다 보니 만재도가 낙도라는 인상을 지울 수가 없다. 아무리 쾌속선이 가져온 1일생활권 시대라 해도 만재도에 가면 꼼짝없이 하루를 묵을 수밖에 없다.

이 작은 섬이 한때는 돈섬, 보물섬으로 불리며 돈이 풍족했던 적이 있었다. 주민들은 만재도의 황금기를 1930~1960년대라고 회상한다. 당시는 만재도 근해에서 전갱이과의 가라지라는 생선이 잘 잡히던 시기였다. 가라지를 잡는 수백여 척의 풍선돛단배들이 성시를 이루었고, 이곳에서 가라지파시가 열려 거래가 이루어지니 자연히 풍요를 누리는 잘사는 섬이 되었다. 돈섬이라는 이름에 걸맞게 마을 앞 해변에 있는 몽돌해수욕장에 진을 친 12동의 가건물 기생집에서는 노랫가락이 밤새도록 멈추지 않았다 한다.

가라지는 고등어보다 조금 큰 고급 어종이다. 유독 만재도 부근에서만 많이 잡혔다. 가라지는 일본인

▶ 전갱이(가라지)
▶ 몽돌해수욕장
▶ 풍선(돛단배)

들이 좋아하는 어종이라서 가격이 높았다. 온 민족이 가난했을 적에 만재도 사람들만은 이 가라지 덕에 넉넉했다고 한다. 가라지가 가져다준 돈으로 풍족했던 주민들은 자녀들을 대학교육까지 시킬 수 있었다. 일제강점기였던 당시 일본 메이지대 유학을 보내기도 했다고 하니 인근의 하태도, 상태도, 가거도의 딸 가진 부모들은 너나 할 것 없이 만재도로 시집보내려 했던 시절을 이해할 수 있을 것 같다.

황금기에는 이 작은 섬에 100가구가 넘게 살았다. 마을 건너편 산 밑에는 타지에서 온 사람들이 살던 집 터의 흔적이 남아 있어 그 옛날의 영화를 말해 준다. 1960년대 초 근해에서 가라지가 갑자기 사라져 황금기가 끝난 것이다. 풍족함은 거품처럼 꺼지고, 섬은 쇠락의 길로 접어들었다. 정부의 이주정책에 부응하여 농사라도 짓기 위해 많은 가구가 진도로 떠났다.

김정호의 '섬, 섬사람들'에 따르면, 1965년에는 87가구 563명이 살았다. 그해 봄에 바람이 심하게 불어 3개월째 교통이 두절되었다. 농경지라고는 고작 밭 2,300평뿐으로 육지 같으면 한 농가의 경지 면적도 안 되는 곳이다. 식량은 해초를 팔거나 고기를 잡아 목포에서 그때그때 사 오는 형편이라 부족할 수밖에 없었다. 그래서 해초와 산나물을 먹고 바람 잘 날만 기다리다가 섬 주민들이 범선돛단배을 타고 진도에 건너가 구호를 요청하였다. 당시 송인섭 진도 군수는 긴급양식을 싣고 현지로 가서 섬 주민들의 아사를 면하게 했다. 현지를 둘러본 송 군수는 주민들이 살아갈 방법이 없어 그대로 이곳에 두는 것은 매년 같은 일이 되풀이될 수밖에 없다는 결론을 내리고, 31가구 191명을 반강제로 진도 본토에 이주시켰다. 그러나 대부분이 1년 남짓 살다가 그 외진 가난한 섬으로 되

만재도 마을 전경 ▼

돌아갔다. 이들은 섬에서 고기만 잡다가 쟁기질, 지게질 등 농사일에 적응하지 못하고 농촌생활을 견딜 수 없었던 것이다. 만재도는 1965년의 식량파동 이후로 주민이 많이 줄어들어 지금은 45가구 95명의 주민이 살고 있다.

지금도 어획량은 인근 가거도나 상·하태도보다 많다. 그러나 어장도 예전 같지 않고 그 양도 감소되어 옛날의 영화를 되찾기는 어려운 실정이다. 여느 농어촌처럼 젊은이는 떠나가고, 아기 울음소리가 더 이상 나질 않으며, 노인들만 남는 섬이 되고 말 것이다.

당시 만재도 사람들은 11월이면 마른 생선과 미역 등을 돛단배에 가득 싣고 진도나 해남 등지로 가서 식량 및 생필품과 바꾸고 지붕을 이을 볏짚을 싣고 들어와 월동을 했다. 지금은 그때와 사정이 다르지만, 겨울이 되기 전에 목포 등지로 나가 살다가 봄이 되면 섬으로 돌아온다. 그야말로 만재도뿐만 아니라 대부분의 섬들이 겨울에는 무인도가 되다시피 하는 실정이다.

만재도 역시 여객선의 접안 시설이 갖춰져 있지 않아 종선이 마중 나와서 사람과 짐을 실어 나른다. 선착장 위로 보이는 마을이 전부인 고즈넉한 섬이다. 선착장은 섬의 오른쪽에 위치해 있다. 100m는 족히 될 정도로 긴 방파제 안에는 고깃배 네댓 척이 정박해 있다. 어른의 키보다도 낮은 높이의 옹벽 옆으로 테트라포드가 쌓여 있고 방파제가 꺾이는 부분에는 몽돌해안이 있다. 주먹만 한 자갈로 이뤄진 해변이 초승달 모양으로 크게 휘어져 있다. 만재도에서 가장 먼저 외지인의 눈길을 빼앗는 것은 아무래도 이 앞짝지해수욕장이 아닐까 싶다.

만재도에는 해수욕장이 모두 세 곳이 있다. 선착장 옆에 몽돌로 이루어진 앞짝지해수욕장과 앞산 아래 건너짝지해수욕장 그리고 마을 남쪽 벼랑 아래에 있

▲ 선착장
▲ 방파제용 테트라포드
▲ 종선

흑산면 231

는 달피미짝지해수욕장이다.

깊은 물속도 들여다보이는 맑은 바다는 에메랄드 빛으로 다가와서 하얗게 부서진다. 해변에 서 있는 흰날개해오라기가 푸른 바닷물을 배경으로 서성거릴라치면 딴 세상에 와 있는 듯 눈이 부시고 잠시 시간이 멈춰진 듯한 느낌 속으로 빠져든다.

앞짝지해변에서 산을 올려다보면, 왼쪽은 앞산이고 오른쪽은 큰산이다. 그 뒤쪽으로 멀리 보이는 산은 물세이산, 즉 물살이 센 산이다. 앞산에는 오랜 세월 동안 만재도를 지키고 있는 지킴이마냥 높고 낮은 바위들이 어우러져 우뚝우뚝 서 있다. 섬의 지형은 서쪽에 남북으로 뻗은 산지와 동쪽에 동서로 가로놓인 산지가 중앙 저지대에서 이어져 서부를 향하여 T자 형을 이루고 있다.

해변에서 바라보면 마을의 집들은 알록달록한 지붕의 윗부분만 보일 뿐, 나머지는 모두 돌담에 숨어 있다. 태풍 때문이다. 돌담이 없으면 집이 바람에 날아가기 때문일 것이다. 지붕까지 높게 두른 돌담은 태풍이라는 거대한 적과 맞서 싸우는 성벽 같아 보였다.

만재도는 잘 알려지지 않았던 외진 섬이었다. 이 섬의 이름이 알려지기 시작한 것은 드라마 「봄의 왈츠」 덕이다. KBS 2TV 드라마 「봄의 왈츠」 중 주인공의 어린 시절을 이곳에서 촬영했다고 한다. 만재도를 배경으로 한 장면은 몇 분에 불과했지만, 공중파 방송의 위력 때문에 섬의 이름까지 알려지게 된 것이다. 드라마 장면 중 어린 시절의 수호와 은영이가 표류해 와서 잠시 머무르던 섬의 배경을 여기서 찍었다고 한다. 어린이들이 표류돼 온 곳이 달피미짝지였고, 소녀가 자갈로 작은 탑을 쌓아 소망을 빌고 소년이 조개껍질을 줍고 놀던 곳이 앞짝지 해변이다.

최근에는 시청률이 높은 프로그램 '1박 2일'과 '삼시세끼'의 촬영지로 채택되면서 만재도의 매력이 전국민에게 소개되었다. 이 프로그램 덕에 만재도를 찾는 관광객도 늘게 되었다. 특산물로는 우럭, 돔, 장어, 전복, 해삼, 홍합 등이 많이 나며 돌김, 미역, 톳 등 각종 해조류가 유명하다.

둘러보기

필자는 이 섬을 탐사하려고 20년을 벼르던 터라 설레기까지 했다. 예전에도 완도에서 탐사선 등대호을 몰고 만재도로 가던 중 이러저러한 사정으로 도중에 되돌아온 적이 네 차례나 된다. 1992년에는 먼 바다를 항해하다 키가 바다에 빠지는 바람에 다른 배에 견인되어 돌아왔고, 1994, 1997년에는 항해 중 풍랑

만재도의 자랑 최고급 미역▼

때문에 뜻을 이루지 못했다. 그러다 2007년 추수감사절을 일주일 앞두고 등대호를 타고 꿈에 그리던 이곳을 방문하여 일박하게 됐다. 그리고 2012년 6월에 동료들과 이 섬을 방문하고 서해안 격렬비열도까지 올라간 적이 있다.

지금은 매일같이 정기 여객선이 드나들지만, 몇 년 전까지만 해도 목포를 잇는 배편은 이틀에 한 번, 짝숫날만 운항하였다. 짝숫날 풍랑으로 출항하지 못한 선편은 다음날 날씨가 좋아지더라도 홀숫날이라는 이유로 배가 가지 않는 교통의 오지에 속한 곳이다. 갑자기 급한 환자나 위급상황이 발생하면 해경이나 119의 도움 없이는 해결하기 어려운 곳이다. 그래도 지금은 조금 나아졌지만 예전에는 그렇게 어려웠다.

만재도는 방파제에서 시작되는 길을 따라 두 곳에 마을이 형성되어 있다. 길 입구에 만재도의 유일한 편의시설인 만재슈퍼가 있고, 이곳을 지나 골목길로 들어서면 만재침례교회로 가는 오르막길이다. 마을로 들어가니, 돌담길이 미로처럼 이어져 있다. 돌담길 사이로 노인 몇 분이 어선의 주낙을 정리하고 손질한 주낙에 미끼를 끼우고 있었다. 섬마을의 평화로운 풍정이다. 도시의 노인들이 은퇴 후 겪는 무위고無爲苦에 비하면, 약간의 벌이도 되는 소일거리가 있는 게 정신적으로 더 바람직하다고 여겨졌다.

어느 섬이나 마찬가지이지만 만재도의 집들도 역시 거의 비어 있다. 젊은 사람들은 뭍으로 도시로 나가고 남은 사람들은 주로 노인층이라는 점이 다른 섬의 사정과 다르지 않다. 특히 춥고 바람이 많이 부는 겨울철이면 노인들은 자식들이 사는 곳으로 가서 한겨울을 보내기 때문에 몇 가구 남아 있지 않게 된다고 한다. 해초를 뜯거나 고기를 잡는 철이 아니기 때문이다.

길 입구에 있는 슈퍼에서 해안을 낀 도로를 따라 남서쪽으로 가면 또 다른 마을이 나오는데 입구에 장흥 고씨 세장산비가 서 있다. 입구에 치안센터가 있는 마을길은 서쪽으로 이어지는데 빈 집이 태반이고 텃밭들이 많은 편이다.

오른쪽으로 새로 지은 단층짜리 회색 건물이 만재도보건소이다. 그 앞은 제법 넓은 마당이 있는데 예전에 흑산초등학교 만재분교였던 곳이다. 그러나 학교였음을 입증할 만한 흔적이 하나도 남아 있지 않고, 지금은 민박 시설이 들어서 있다.

학교 옆의 동백나무 숲이 할머니 당숲이다. 오래전부터 섬사람들은 이 할머니 당숲에서 당제를 지내왔다. 할머니 당숲 안으로 드니, 교장선생님 공덕비가 세워져 있는 풀밭이다. 만재도 사람들이

▼ 만재도 선착장에서 그물을 손질하는 주민

▲ 동백나무 숲
▲ 후박나무 숲

할머니 당숲을 소중히 여기고 숭앙하는 이유는 숲 바로 아래에 섬의 유일한 식수원인 우물이 있기 때문이다. 섬에서 물은 곧 생명의 원천이다.

만재도에는 할머니 당숲과 짝을 이루는 할아버지 당숲이 있다. 등대 옆에 위치한 숲인데, 이 섬에서 가장 높은 산 176m을 할아버지 당숲이라 한다. 할아버지 당숲은 동백과 후박나무가 우거진 숲이다. 땔감이 아무리 부족해도 절대 손을 대지 않은 채 신령스럽게 모셔온 당숲이다.

폐교 앞으로 난 포장길을 따라 곧장 가면 발전소로 이어진다. 발전소 정문에 있는 준공기념 표지석을 보니 1997년으로 새겨져 있다. 내연발전소가 준공된 덕분에 섬사람들은 달라진 세상을 맞게 되었다. 마을주민들은, 호롱불만 켜고 살다 백열등 하나 밝히니 세

상이 달라 보였다며 처음 본 그 환한 빛이 마치 천국의 빛과 같았다고 그때를 회상했다.

발전소 옆에는 데크 시설을 해 두었는데, 이곳에서 능선으로 이어지는 길이 시작된다. 나무계단을 올라가면 이내 계단은 끝나고 산책길이 이어진다. 능선으로 오르는 길에는 척박한 땅이지만 고구마나 감자, 시호라는 약초를 재배하는 곳이다. 이곳이 쇠끝너머 마을너머인데 여기에 지하수를 담수화해 하루 100t가량의 식수를 생산할 수 있는 취수원도 설치해 놓았다.

여기서 계속 올라가면 해변에서 채 10분도 되지 않아 다다르는 능선인데 사방이 뻥 뚫리면서 가슴까지 시원해진다. 마을 뒤편으로는 아찔한 벼랑이고 꼭 코끼리를 닮은 내마, 외마 두 개의 섬이 나란히 붙어 있다. 오랜 세월 파도에 깎인 바위들이 어우러져 절경을 그려내고 있다. 여기서 오른쪽으로는 큰산으로 가는 길이고 왼쪽은 송신탑으로 가는 길이다.

전화가 섬에 들어온 것은 1986년이었고, 2005년에 SK텔레콤에서 섬 능선에 송수신 안테나를 세우면서 핸드폰 통화가 가능했다. 그러나 신호가 약해 잘 끊기고 배터리를 많이 소비한다. 오른쪽은 급경사의 절벽이라 바위 위에 서서 아래를 내려다보면 현기증이 날 정도다. 만재도는 마을이 있는 쪽을 제외한 북서쪽은 아찔한 벼랑이다.

송신탑이 있는 곳에서 동쪽으로 바라보면 왼쪽은 현란한 자태를 뽐내는 암석해변이고, 오른쪽은 단순하면서도 고고한 몽돌해변으로 나뉜다. 그리고 끝없이 펼쳐진 망망대해. 이곳에서 해발 176m의 마구산을 바라보며 완만한 능선으로 이어진 길을 따라갔다.

폐교 앞에서 왼쪽으로는 해안길이 이어지고, 그 앞에는 갯바위와 연결된 아주 짧은 방파제가 있다. 여기서 왼쪽으로는 갯바위 지대이면서 낮은 곳이라 파도가 치면 넘칠 것 같은 그런 지형이다. 왼쪽으로는

▲ 삼각형 모양의 바위해벽

해식동굴 ▼

짝지해수욕장이 이어지고 갯바위를 타고 동쪽으로 가면 끝지점에도 방파제가 있다. 방파제 가는 길목에도 작은 해수욕장이 하나 있다.

만재도가 선편으로 가는 거리로는 우리나라에서 가장 멀리 있어 한 번 가 보기가 쉽지는 않다. 그러나 작은 섬이지만 영원히 잊지 못할 섬이다. 여러 차례 시도한 끝에 마침내 가게 된 것도 감회가 새로웠다. 가기 힘든 섬이지만 만재도는 태곳적 신비한 자연이 그대로 보존되어 있어 보물섬이라 아니할 수가 없다.

관광

가거도나 마라도, 백령도 등은 국토의 끝이라는 상징성 때문에 잘 알려져 있는 데 비해, 만재도는 아직까지 잘 알려져 있지 않은 섬이라 이 섬이 갖고 있는 보물들은 신비감 속에 묻혀 있다.

여객선으로 5시간 남짓 걸려야 도착하는 만재도는 접근성이 좋지 않다 보니 방문객의 발길이 거의 없다. 그만큼 자연 그대로 본연의 생태환경을 잘 보존

터널바위 ▼

하고 있다. 큰 배를 접안할 수 있는 선착장이 없어 차도선이 닿질 않으므로 자동차는 물론 오토바이도 경운기도 없다. 간간이 들려오는 어선의 엔진 소리를 제외하면 온통 자연의 소리다. 바람이 지나가는 소리가 다르고 파도가 닿는 소리가 다르다. 높새바람, 샛바람, 하늬바람, 마파람의 소리가 제각기 다르고 세기에 따라, 방향에 따라 또 다른 소리결을 만들어 낸다.

파도 소리 또한 해변에 따라, 날씨에 따라 다르다. 바위에 세차게 부딪쳐 내는 역동적인 소리, 몽돌에 닿는 뭉근한 소리, 모래알에 닿는 깨알 같은 소리. 뭍에서는 볼 수 없는 많은 새들이 숲의 소리를 만들어 내고 파도 소리에 장단을 맞추는 갈매기 소리는 물때에 따라, 어선의 드나듦에 따라 합창의 멜로디와 강약이 달라진다. 돌담길 사이로 새어 나오는 노동요勞動謠나 타령은 자연이 만들어 내는 소리와 어우러져 조화를 이루는 곳이다. 원시의 소리를 간직하고 있는 것만으로도 섬은 온갖 소음 속에서 살아가는 도시인들에게 평화로운 휴양, 진정한 휴식을 누리게끔 배경을 만들어 준다.

아름다움을 간직한 만재도의 보물을 찾아 배를 타고 둘러보기로 했다. 이곳의 해안은 다양한 형태의 해식애海蝕崖가 일품이다. 처음 접한 해안의 절경은 서들개이다. 삼각형 모양의 해벽이 거대하여 웅장함에 압도당하고 만다.

앞산자락의 녹도를 스쳐 지나가면 주상절리의 규모가 더욱 커지고 모양도 다양해진다. 주상절리 기둥이 마치 초가지붕을 이고 있는 듯하다는 지붕바위 앞에서 감탄이 절로 나온다. 새어 나오는 감탄사를 거두기도 전에 벌어진 입을 다물지 못한다. 붉은 용의 얼굴이 선명하게 그려진 용바위가 나타나고, 그 옆 거북바위를 거쳐 구멍이 뚫린 남대문바위가 이어지며 해상유람의 절정을 보여 준다.

맑은 바닷물이 일품인 해변에는 자잘하고 구슬 같은 돌들이 파도가 칠 때마다 스르르스르르 소리를 내며 굴러다니고 그 해변의 뒤편엔 암벽등반을 하는 등산가들이 탐을 낼 만한 거대한 절벽이 바다로부터 하늘로 솟아 있다.

▲ 암석해변

상태도 上苔島

외진 바다에 오손도손 세 쌍둥이 중 막이섬

개요

상태도는 홍도와 흑산도의 중간쯤에서 한참 남쪽으로 내려와 남해와 서해가 교차되는 곳에 있는 외딴 섬이다. 세 쌍둥이처럼 남북으로 붙어 있는 태도군도 상태도, 중태도, 하태도 중 가장 북쪽에 있는 섬이 상태도이다.

총면적 0.860㎢, 해안선 10.2km, 45세대, 76명이 살아간다.

목포에서 남서쪽으로 120km. 뱃길로는 만만치 않은 거리다. 상태도에 가려면 목포에서 가거도행 쾌속선을 타야 한다. 중간 기착지인 흑산도에 잠깐 멈추었다가, 다시 1시간쯤 타고 가면 태도군도 중 가장 먼저 상태도에 닿는다.

배에서 바라다 보이는 상태도는 가파른 절벽과 낭떠러지라, 왠지 황량하고 척박한 인상을 지울 수가 없다. 섬에 여객선 접안 시설이 없어 종선으로 옮겨 타고 섬으로 들어가야 한다.

돌김이 풍부한 3개의 섬 중에 맨 위쪽에 있는 섬이라 하여 상태도라 했다. 이곳에 처음 입도한 사람은 선조 33년 1600년경에 흑산도에 살던 김해 김씨였다고 하며, 그 뒤 1800년경 박씨가 들어와 정착하였다고 한다.

마을은 섬의 남쪽해안 일대에 모여 있으며, 주민들은 주로 어업에 종사한다. 근해에는 제주난류의 북상으로 각종 어족이 풍부하다. 감성돔, 농어, 홍어, 우럭, 광어, 멸치, 붕장어 등이 잡히고 전복, 톳, 미역, 다시마, 돌김이나 우뭇가사리를 채취한다. 파도가 거세어 양식이 어렵다 보니 대부분 자연산이다. 그리고 이곳은 씨알이 굵은 대형 어종들이 잘 잡히는 곳이라 매년 낚시꾼들이 증가하고 있다.

섬의 대부분은 임야이고 농경지는 5%에 불과하며

상태도 선착장▲
종선▲
상태도 해녀들▲

약간의 논농사와 고구마, 콩, 마늘 등 밭작물이 소량 생산된다. 임야에는 식용과 약용으로 쓰이는 원추리가 대량으로 자생하고 있다.

상태도의 여인들은 대부분 해녀들이다. 납덩이

를 허리춤에 매단 채 바다에 몸을 던지는 해녀 아주머니들. 수심 5m 내외를 자맥질하여 해삼과 전복, 다시마 등을 따 올린다. 한 사람이 하루에 보통 20~30kg은 거뜬히 건져 올리는데, 파도가 높거나 물속 시야가 흐릴 경우는 작업을 중단한다. 또한 수온이 높은 5월 말부터 10월 말까지 작업을 하므로 일 년 중 절반을 물속에서 일하는 사람들이다.

40대에서 70대에 이르는 해녀들은 대부분 30~40년 이상 물질을 한 탓에 만성 관절염과 두통, 근육통 등에 시달리고 있다. 한 번 잠수할 때마다 두통약과 진통제를 한 줌씩 입에 털어 넣고 잠수하는 그녀들의 안타까운 생활에 경의를 보낸다.

이곳 출신 김금지[68세] 할머니는 "잠수병을 달고 살구요. 바다 속에 가면 청소할 게 너무 많아요. 그물, 통발, 불가사리들이 많아서 그런지 수산자원이 많이 줄어드는 거 같아요"라며 고충을 호소하였다.

이들의 잠수병을 예방하기 위해서는 적어도 한 달에 1~2회씩 고압산소 치료를 정기적으로 받아야 하나, 그렇지 못하는 현실이라 하니 안타까움이 더해진다.

불가사리라는 이미지가 우리에게 가장 먼저 떠오르며 각인된 것은 해적생물이다. 그러나 불가사리도 전체 해양생태계 내에서는 그들이 갖는 중요한 역할이 있다. 하지만 이들과 마주치는 연안 어민들의 입장에서는 어업활동에 방해가 되는 귀찮은 생물일 뿐이다. 불가사리들은 고기를 잡기 위해 설치해둔 어구에 포획됨으로 이것을 제거하는 데 시간이 필요하다. 또한 어민들이 조개류나 전복 등 양식생물들을 불가

별불가사리 ▼

▲ 아팰불가사리
▲ 짧은가시거미불가사리
▲ 뱀거미불가사리

사리로부터 지켜내기 위해 많은 노력을 필요로 한다. 그러니 어민들의 입장에서 보면 대단히 귀찮은 존재일 뿐이다.

상태도의 수심은 육지와의 먼 거리만큼이나 깊고 바람과 파도의 세기도 마찬가지다. 그래서 가두리 양식이나 김양식은 꿈도 꿀 수 없다. 그 흔한 갯벌이 한 군데도 없다. 수심이 깊은 곳이라 여객선을 안전하게 접안할 수 있는 선착장을 만들기가 너무 어려워 종선을 이용하는 주민들의 나들이가 너무 힘들어 보였다.

이 섬에 있는 배는 주낙과 통발어업 등에 이용된다. 겨울에는 돌돔과 감성돔이 잘 잡혀서 낚시객을 위한 민박집은 있지만 관광객들은 거의 없다. 주민은 노인들뿐이다.

둘러보기

상태도는 섬 전체가 산지로 되어 있으며 해안은 높은 해식애로 둘러싸여 있다. 곳곳에 돌출부가 발달하여 해안선이 복잡한 편이다.

두 개의 방파제가 있는 상태도의 작은 선착장은 섬의 서남쪽 방향에 위치해 있다. 오른쪽에는 물양장物揚場이 있었으나, 지난 2011년 태풍 곤파스에 의해 유실되어 보수공사 중이다. 큰 바위를 낀 물양장을 벗어나 오르막길을 가다 보면, 마을 입구에 상태도 경로회관이 있다. 이 길로 계속 가면 섬의 동북쪽 끝자락에 있는 발전소까지 이어지지만 해안길은 따로 없다. 길 오른편에 시멘트 옹벽을 치고 이 부분에 철제로 바닥을 만들어 그 위에 시멘트를 깔아 길을 만들었다.

길 아래 해변은 갯바위이고 왼쪽 갯바위에 집이 두 채 있다. 원래 세 채가 있었으나 한 채는 태풍에 의한 파도에 휩쓸려 버렸다고 한다. 집까지 휩쓸어 갈 정

▲ 이용석 열사 동상

도란다. 의지할 곳 없는 섬에는 치명적이다.

해변으로 가는 경사진 계단을 내려가면 발전소가 있다. 상태도에는 내연발전소가 1997년에 준공되어 전기사정은 좋은 편이다. 이곳에서 생산된 전기는 가까운 중태도에까지 공급되고 있다. 발전소 왼쪽에 하천이 흐르고 그 옆으로 오르막길이 시작되는데 길 끝에 철제 울타리를 친 물탱크가 있다. 이 섬의 식수를 공급하는 담수화 시설로 식수문제 역시 자급자족하고 있다.

이어서 경사가 급한 산길이 나있는데 오르기 시작한 지 10여 분이면 능선에 닿는다. 이곳에서 남서쪽으로는 아주 짧은 거리의 내리막길이고, 동북쪽으로 제법 긴 오르막 산길이다. 마을 자체가 섬의 서쪽 끝자락에 위치한 탓에 그리 높지는 않다. 오른쪽 능선

을 타고 오르면 나무나 숲이 없는 개활지로 잡초가 무성하여 방목하기 좋은 임야지대다. 실제로 이 섬에는 20여 마리의 소를 방목해서 키우고 있다.

이 섬에 나무가 적은 것은 나름대로 이유가 있었다. 땔감을 자급자족해야 하는 섬사정 때문에 무차별적 벌목으로 나무가 자랄 여유가 없었던 것이다. 상태도 주변에 세 개의 작은 무인도가 있는데, 이 섬들 역시 나무가 없는 민둥산으로 전락해버렸다. 등산로 입구에서 내려가는 길을 따라가면 이 섬에서 가장 큰 건물인 학교가 보인다. 초등학교 분교였던 이곳은 2000년에 폐교가 되어 운동장에는 잡초들만 무성하였다. 이곳에서 남쪽을 바라보면 중태도가 한눈에 들어온다.

학교 아래 좁은 산길을 내려오면 시멘트 포장길이다. 길을 중심으로 밭과 마을이 마주하고 있다. 마을의 텃밭에는 여름 과일 수박과 참외가 먹음직스럽게 달려 있다. 20년이 넘은 상태도교회를 지나면, 포장길이 끝나고 산길과 마을길로 갈린다.

공사 중인 방파제 옆, 큰 너럭바위에 청동으로 된 표지석이 하나 있다. 상태도에서 태어나 너럭바위를 그리워한 비정규노동열사 이용석을 기리며―2007. 8. 10. 이용석 노동열사 정신계승사업회라고 새겨져 있다.

특산물

최고의 미역 산지인 태도군도의 돌미역은 우리나라에서 최상품으로 인정받는다. 외해 중에서도 외해인 이곳의 미역은 공해 하나 없는 섬, 청정해역 맑은 바닷물에서 양식장 하나 없이 자연이 키워 냈으니 어찌 맛이 없겠는가.

태도 사람들은 미역철이면 바닷가로 나가 낫으로

미역을 벤 후, 바위에 펴서 말리는 작업을 하는데, 이 일은 몸이 불편한 해녀나 노약자에게도 예외는 없다. 미역 생산이 섬사람 누구에게나 효자 노릇을 하는 셈이다. 이 때문에 미역은 상태도의 가장 안정적인 소득원이다. 미역으로 일 년 기본생활비를 확보하는 제법 쏠쏠한 수입이 되는 것이다. 이때를 맞춰 뭍에 있는 가족들이 휴가를 내어 일손을 돕기 위해 들어오기도 한다. 진도의 조도군도와 같은 풍경이 연출되고 있다.

가장 물이 많이 빠지는 때 갯바위 바닥에 붙은 미역을 채취하는데, 육지와 가까운 곳에 위치한 섬은 봄에 미역을 채취하는 것이 보통이지만 상태도처럼 먼 바다에 위치한 섬들은 7월에서 8월이 미역채취에 적절한 시기이다. 청정해역에서 생산되는 품질 좋은 미역은 진한 국물이 우러나온다. 미역이 특산물이다 보니, 피서철에 돌미역 따기 및 널기 체험 등으로 관광객을 유치하면 어떨까 싶은 생각이 들었다. 사람들의 관심에서 멀어져 있는 이 곳 상태도에 활력을 줄 수 있을 것 같기도 하지만 암벽에서 미역따기 등의 일을 하는데 도시인은 방해만 되지 않을까 하는 의구심도 든다.

영산도 永山島

영산 8경의 아름다운 절경

개요

영산도는 흑산도 동쪽 해안에서 4km 가량 떨어진 해상에 있는 섬으로 면적 2.2km², 해안선 길이 7.9km의 섬으로 44세대, 70명이 살고 있다. 흑산도에서 도선으로 10분 정도 걸리는 가까운 곳에 있다. 예전에는 지도군 흑산면에 속하였으나, 1914년 행정구역 개편에 따라 무안군 흑산면에 편입되었다가 1969년에 신안군에 편입되었다.

흑산군도를 이루는 섬 중에 흑산도 서쪽에는 장도가 있고 동쪽에는 영산도가 있어 흑산도의 입장에서는 든든한 지형을 이루고 있다. 이렇듯 영산도는 흑산도의 동쪽 바다를 관장하고 있는 섬이다.

영산도라는 지명은 산세가 신령스러운 기운이 깃든 곳이라 하여 영산도靈山島라 부르기도 하고, 영산화가 많다고 해서 지어진 아름다운 어원도 갖고 있다. 흑산도의 새끼섬이라는 영산도의 별칭과 달리 그 동안 흑산도에서 영산도까지 정기적으로 운항하는 선편이 없었다. 영산도 주민이 한 번 나들이를 하려면 어선을 이용해 흑산도 대목예리항에서 남쪽으로 떨어져 있는 항구에다 닻을 내리고 예리항까지 가서 여객선으로 갈아타야 했다.

이러한 불편함은 최근에야 해소되었다. 군에서 7톤짜리 배를 기증해 주어 매일 오전에 한 차례씩 운행하는 정기운항 배편이 생긴 것이다. 이 도선을 타고 과거의 불편함을 뒤로한 채 흑산도와 영산도를 왕래할 수 있다. 영산도 포구로 들어서면 마을이 보인다. 최고점220m은 섬의 남쪽에 있으며, 그밖에도 100m 내외의 낮은 산들이 많고 마을은 북서 해안의 만입부에 집중되어 있다. 움푹 들어간 지형이라 방파제는 서북

영산도 포구 ▼

쪽에 하나 있을 뿐이다. 방파제 안쪽에는 아담한 모래해변과 선착장으로, 안전하게 배를 정박시킬 수 있는 호안護岸이 있다. 조용한 포구 안에는 몇 척의 고깃배가 있다. 섬 주민들은 대부분 어업에 종사한다.

영산도는 2000년대 프라피룬, 2010년 곤파스라는 태풍이 가두리 양식장을 휩쓸어 버린 뒤에 극심한 이도 현상이 있었다. 영산도에 빈집이 많은 것은 이곳의 궁핍한 생활상을 보여 주는 것과 같다. 그러나 한 가지 다행한 것은, 정부의 주도하에 다도해해상국립공원에 속하는 신안군 흑산면 영산도가 명품마을로 조성된다는 것이다.

정부는 2010년 국립공원 제1호 명품마을로 진도군 관매도를 지정하였고, 이어 2012년 사업대상지로 신안군 영산도를 추가 선정하였다. 명품마을 조성사업은 2020년까지 전국 국립공원 내에 있는 122개 마을 중에서 50개 마을을 선정하여 실시되는 연차사업이다. 국립공원의 고유한 자연생태계와 문화적 특징을 살릴 수 있는 사업을 시행하여 국립공원에 거주하는 지역 주민들이 아름다운 자연환경을 활용해서 소득을 높일 수 있도록 지원하는 사업이다.

이번에 선정된 신안군 영산도는 국립공원으로부터 총 10억 원의 사업비를 지원받게 됐다. 박용규 다도해서부사무소장은 명품마을 조성사업은 마을의 독특한 자연환경과 문화적 다양성을 연계해 마을의 가치와 주민들의 자긍심을 높여갈 계획이라고 말했다. 이제 영산도는 국립공원의 명품마을로 거듭나 섬이 갖고 있는 절경들을 더욱 빛내 미래를 개척해 나갈 것이다.

◀ 흑산도를 오가는 도선
◀ 돌미역 등의 해조류로 덮여 있는 해안
◀ 영산도 명품마을 표지석
◀ 나주 영산포구 전경

영산도는 고려시대 이전까지만 해도 어미섬인 흑산도보다도 더 많은 사람이 살았다고 한다. 그만큼 섬 주변에 해산물이 풍족했던 곳이었다. 그런데 고려시대에 몽고에 대항한 삼별초의 항전을 겪고, 왜구가 들끓어서 나라에서는 공도空島정책을 실시하게 되었다. 이 일대의 섬에 사는 주민들을 육지로 이주시켜 섬 전체를 텅 비게 만드는 정책이었다. 이에 따라 흑산도 사람들은 배를 타고 목포를 거쳐 영산강을 거슬러 나주羅州에 많이 정착하였다.

　나주의 영산포는 영산도 사람들이 피난을 가서 배를 대던 포구浦口였고 흑산도를 비롯한 섬사람들이 집단적으로 거주하던 곳이었다. 몇 년 동안 영산포에서 살다가 왜구들의 출몰이 잠잠해지면 다시 흑산도로 돌아가곤 하였다 한다.

　그 당시, 흑산도에서 나주의 영산포까지 풍선風船을 타고 들어가는 데에는 보통 일 주일 정도 걸렸다고 한다. 섬사람들이 흑산도 근해에서 잡은 홍어를 싣고 영산강을 거슬러 올라가는 배들의 길잡이 역할을 했던 영산포 등대가 지금도 남아 있다. 영산포가 홍어로 유명한 것은 이러한 배경을 갖고 있어서이다.

　특산물로는 멸치, 우럭, 장어, 농어, 전복, 미역 등이 많이 난다. 산후조리용으로는 영산도 미역을 최고로 친다. 특히 미역은 출산 직후 산모의 붓기를 빼주고 피를 맑게 해 줄 뿐만 아니라 식이섬유와 칼륨, 요오드, 칼슘 등을 많이 함유하고 있어 산후조리용으로 좋은 식품이다.

　영산포와의 연관 때문에 영산도는 다른 섬보다 유

양지바른 곳에 자리한 마을 전경 ▼

독 가 보고 싶은 섬이다.

둘러보기

영산도 북서쪽 해안은 소규모의 곶과 만이 연이어 있어 드나듦이 심한 반면, 남동쪽 해안은 단조롭다. 북서쪽 해안을 제외한 대부분의 해안이 암석해안이며 해식애가 발달되어 있다.

영산도에는 3개의 마을이 있다. 학교가 있는 마을과 교회가 있는 마을 그리고 그 중간지점의 마을. 그러나 각 마을마다 많은 가구가 있는 것은 아니고 3개 마을을 합해 봐야 총 45세대, 주민 81명에 불과하다.

산책로에서 나무계단을 따라 올라가면 전망대가 있고 그곳에서 서쪽을 바라보면 흑산도가 보인다. 남쪽을 바라보면 커다란 바위봉우리가 있는데 이곳이 팔경 중의 하나인 문암귀운門岩歸雲이다. 발전소와 아름다운 마을 전체가 한눈에 들어온다. 전망대에서 동북쪽으로 나 있는 길이 산책로인 탐방로다. 이 탐방로는 마을을 감싸고 주변 능선으로 이어진다. 동서를 가로지르는 중심길은 숲과 마을을 가른다. 이 길을 따라 치안센터와 흑산초등학교 영산분교장이 있다. 학교건물 한 동과 운동장만 덩그러니 있는 학교 안에서 3학년이라는 한 아이가 놀고 있었다. 수줍음을 많이 타는 아이에게 이름이 뭐냐 물었더니 최바다라 한다. 이름이 참 좋다. '너는 이 섬에 희망이로구나' 하면서 칭찬해 주었다.

몇 년 전에도 이 학교를 방문한 적이 있었다. 당시 학생이 모두 7명이었는데, 그 중 결손가정 아이만 5명이었다. 바다에 외롭게 떠 있는 섬에서 부모도 없이 얼마나 외로웠을까를 생각해 보면 두고두고 안타까웠다. 선생님 사랑의 손길이 절실하고도 중요한 아이들. 섬마을에는 학생수가 적으니 그만큼 선

단 한명뿐인 영산분교생 최바다 ▲

생님들의 배려가 클 것 같아서 그나마 다행스러운 현상이 아닌가 싶다. 이 학교 운동장은 아주 단순하다. 양 옆으로 미끄럼틀과 철봉대만 있을 뿐 학생용 놀이기구는 없다. 그리고 그 흔한 동상 등의 조형물도 보이지 않는다. 스탠드 뒤로 단층짜리 하얀 건물. 오른쪽에 출입구가 있고 왼쪽으로 교실과 체육실 등이 있으며 입구에는 3학년 1반이라는 학급안내판이 있다. 선생님 인물사진과 학생과 함께 찍은 사진 두 장이 벽에 붙어 있다. 교실에서 오른쪽으로 나오면 바로 관사로 이어지는 길이 있고 또 다른 길은 치안센터 밑에서 만나게 되어 있다.

비스듬히 경사진 마을 골목길 주변은 텃밭과 집들인데, 여느 섬과 마찬가지로 빈집이 더러 보인다. 텃밭에서는 보리, 콩, 고구마 등이 소량 생산된다. 영산도는 경작면적이 매우 작을 뿐 아니라 해풍도 강해서 곡물이 제대로 자라지 않는 열악한 환경이다. 농사라기보다는 반찬거리 정도를 자급자족하는 차원에 불과하다.

골목길을 내려오다 보면 재실이 한 채 있다. 1650년 영산도에 입도하여 정착한 사람이 경주 최씨이니, 360여 년을 뿌리내려 온 경주 최씨의 사적인 것이다. 집성촌이다 보니 단합이 잘 된다고 한다.

▲ 탐방로 입구에 있는 당집
▲ 영산도 당집 내부

고 시원한 샘도 있고 백사장 위 언덕에는 텐트를 치기 좋은 풀밭도 있다. 영산도 우체부인 김통철62세 씨는 액기미마을을 이렇게 표현하였다. "액기미를 뒷고을이라고도 하는데 액이 있는 사람은 들어오지 말라고 액기미라 했다" 한다. 예전에는 최고 9가구가 살면서 주로 미역과 돌김 등 해초를 채취하거나 고기를 잡았지만 지금은 사람이 살지 않은 지 20년 정도 되었다고 한다.

영산도 팔경

영산도 마을 입구에 나무로 된 계단이 있다. 이곳에서부터 산을 한 바퀴 돌아볼 수 있는 산책로가 시작된다. 계단 옆 오른쪽에 마을 표지석과 함께 영산팔경비가 세워져 있다. 홍도는 33경이고 영산도는 8경이다. 그러나 석주대문 같은 것은 홍도의 남문이나 독립문을 압도한다. 그 가운데 제8경인 문암귀운만 육상에서 볼 수 있다. 나머지는 배를 타야 한다.

영산팔경의 사자성어를 구체적으로 풀어보면, 당산의 고송이 두 채의 기와집에 둘러싸인 채 아름다운 풍경을 이룬다는 당산창송, 태초에 측량할 때 측량판을 놓은 흔적이 동쪽의 높은 봉우리 있는 돌에 박혀 있다는 기봉조회, 물이 몸에 맞으면 능히 만병을 치료한다는 비류폭포, 석탑 아래에 있는 우물물을 세 번만 마시면 행운을 얻는다는 천연석탑, 용이 뚫고 나와 승천했다는 용생암굴, 수면 위에 떠 있는 바위가 사람의 코처럼 생겼고 바닷물이 코로 들어가면 코고는 소리가 고함 소리처럼 들린다는 비성석굴, 흑산도 전체의 상징물인 석주대문은 수면 위로 조그만 배들이 드나들 수 있을 만큼 큰 문이다. 또 문암귀운은 문암산의 높은 구름이 둘러칠 때면 신선이 구름을 타고 오르내리는 것처럼 보인다고 한다.

재실 뒤로 나무로 된 계단이 탐방로를 이어 준다. 그러나 얼마 가지 않아 목재계단이 끝나고 일반 산길로 이어지다가 이마저도 곧 끊긴다. 돌섬인데도 주변에 숲이 무성하고 큰 나무들이 많다. 100~200m 내외의 높이를 가진 산들이 많아 섬을 푸르게 하고 푸른 노송이 바다와 어우러져 멋스러움을 연출한다.

교회가 있는 마을에는 후박나무 군락이 있고 섬의 남쪽 해안길 끝자락이다. 이곳에서 남쪽 문암산을 넘어가면 문암이 있고, 이어 액기미해변을 만날 수 있다. 용이 난 굴이라 하여 용난굴이라는 이름이 붙은 석굴 앞을 지나면 동화적 분위기의 액기미해변이다. 자그마한 모래사장은 보기 드물게 성갈하며, 작은 만큼 포근한 맛이 각별하다. 백사장 한 모퉁이에는 맑

흑산면 **249**

▲ 영산도 마을 앞 포구

영산도 포구에서 흑산도로 넘어가는 해넘이 ▼

영산도는 주위에 있는 다른 섬들보다 전통제례를 충실하게 지내는 마을이다. 나무계단을 타고 산책로를 따라 올라가면 중간지대에서 오른쪽으로 당집이 한 채 있다. 바로 아기씨를 모신 당이고 이 주위가 당산이다. 아기씨뿐만 아니라 이곳에서는 5명의 신을 모시고 있다. 당 안을 보면 아기씨 영정이 있고 양 옆으로 다섯 신을 새긴 신위가 걸려 있다.

해마다 정월 초에 영산도 사람들은 당산제를 지낸다. 영산 제1경으로 꼽히는 당산창송堂山蒼松의 그 당산 기슭에 있는 당집에서 당산 할아버지께 복을 빈다. 최근에는 몇 년에 한 번씩만 지낸다 한다. 정월 초이튿날 아침에 쇠머리를 준비하여 둑제를 지낸 후, 조그마한 허재비배에 짚인형을 넣어 바다로 띄워 보낸다. 잡귀를 바다 멀리 쫓아낸다는 뜻의 의식이다. 당산제를 미신으로 치부하기보다 샤머니즘의 민속문화이자 전통을 현대에 구현하는 민속행사로 간주하고 보전하는 것이 좋을 듯하다.

▌영산도 해상관광

영산도는 선상에서 볼 수 있는 명소가 많은 곳이다. 그래서 흑산도 예리항에서 영산도 유람선을 운행한다. 다도해해상국립공원을 유람선을 타고 관광할 때, 대개는 다물도의 칠성굴이나 하죽도의 촛대바위 일대를 유람하고 돌아오는 1코스로 끝난다. 2코스에 속하는 영산도 일대 관광은 다수의 승객이 원할 때 이루어지는 선택관광에 해당하는 것이다.

필자가 배를 타고 영산8경 중 7경을 한 바퀴 돌아

기암절벽 ▶
등대 ▶
비류폭포 ▶
천연석탑 ▶

보니 섬 전체가 신이 만든 조각품이라는 생각에 빠져 버렸다. 바다에서 솟구치고 산에서 떨어진 기암절벽은 그야말로 한 폭의 그림이었다.

영산도 동쪽 바다에서 북쪽으로 돌면 등대가 있는 부속섬이 있는데 풀이라고는 전혀 없는 말 그대로 바위섬이다. 바위가 한쪽으로 기울어진 형태의 높은 쪽에 영산등대가 서 있다. 영산등대 역시 영산팔경 중 하나인 제2경으로 기봉조휘箕峰朝輝에 해당한다. 등대 앞 바다에는 작은 바위섬이 하나 떠 있다.

비성석굴 : 파도가 철썩이는 어느 순간, 크게 코 고는 것 같은 소리가 나고 바위구멍에서 세차게 바닷물이 뿜어져 나오는 구멍이다. 수면 위에 사람의 코를 닮은 바위에 구멍이 뚫려 있어 일어나는 현상이며, 어떤 때는 물보라가 10m 이상 뿜어져 나오기도 한다. 영산8경 중 제6경이다.

석주대문 : 영산팔경 중 제7경인 석주대문은 자연이 만들어 낸 신비로운 돌대문이다. 웅장한 바윗돌 대문인 석주대문은 영산도뿐 아니라 흑산군도의 상징물로 대신전의 기둥 같은 장엄함마저 서려 있는 절경지다. 크기가 홍도 남문의 배쯤 돼 보이는 거대한 석문으로, 영산도 끝자락에 연결돼 있어 굳건한 멋이 더하다. 옛날 청나라와 교역할 때, 이곳을 지나는 배들이 풍랑을 만나게 되면 이 대문 안으로 대피했다고 한다. 주위의 바다가 거센 파도로 요동을 쳐도 이 대문바위 안에만 들어오면 거짓말처럼 파도가 잔잔해진다. 이곳에서 파도를 피한 후 안전한 항해를 할 수 있었다고 한다.

액기미해변 : 용이 난 굴이라 하여 용난굴이라는 이름이 붙은 석굴 앞을 지나면 동화적 분위기의 액기미해변이 있다. 깨끗한 모래사장이 아담하게 펼쳐져 있으며 해안절벽과 어우러져 아름다운 모습을 보여 준다. 백사장 모퉁이에는 맑고 시원한 샘도 있다.

▲ 비성석굴
▲ 석주대문
▲ 용생암굴

당산창송 : 당산의 고송이 두 채의 기와집에 둘러싸인 채 아름다운 풍경을 이룬다.

기봉조휘 : 태초에 측량할 때 측량판을 놓은 흔적이 동쪽의 높은 봉우리 돌에 박혀 있다고 한다.

비류폭포 : 물이 몸에 맞으면 능히 만병을 치료한다는 이야기가 전해진다.

천연석탑 : 석탑 아래에 있는 우물물을 세 번만 마시면 행운을 얻는다고 한다.

용생암굴 : 용이 뚫고 나와 승천했다는 석굴이다.

문암귀운 : 석주대문 위에 문암산의 높은 구름이 둘러칠 때면 신선이 구름을 타고 오르내린다는 이야기가 있다.

문암귀운▲

장도 長島

람사르 협약 습지로 등록된 생태계의 보고

개요

장도는 목포에서 남서쪽으로 110km 떨어진 거리에 위치하고 있다. 총면적 1.570㎢, 해안선 11㎞, 49세대, 101명이 살아간다.

사람이 사는 대장도와 사람이 살지 않는 소장도, 쥐머리섬, 내망덕도, 외망덕도 등으로 형성돼 있다. 북동에서 남서 방향으로 뻗은 모양이 길어서 긴 섬, 장도라는 이름이 붙었다.

섬에 사람이 처음 들어온 시기는 조선 인종 원년 1520경으로 한양 조씨인 조국현이 해조류를 채취하기 위해 잠시 거주하다가 풍부한 수산자원 때문에 정착하였다고 한다. 장도는 전형적인 어촌으로 대부분의 주민이 어업에 종사하고, 특히 해녀가 많아 해녀마을이라 부르기도 한다. 주변에 낚시터가 형성되어 있어 많은 낚시꾼이 찾고 있다. 또한 장도에는 초지가 많아 한우사육에도 적합하여 어린소를 들여와 방목한 적도 있었다.

흑산도의 예리항에서 홍도로 가는 여객선은 20분 정도 걸리는데 그 뱃길의 시작 지점에 위치한 장도까지는 일반 어선으로 15분 정도 걸리지만 정기 여객선은 없다.

20년 전에 장도를 탐사한 적이 있었다. 여객선인 새마을호가 가거도를 가던 중에 장도에 도착했는데도 종선이 나오지 않아 애가 탄 기억이 지금도 생생하다. 여객선에서 마이크로 종선을 불러내어 장도에 겨우 들어갈 수 있었다.

흑산도에서 홍도 가는 뱃길 초입에 위치한 장도는 흑산도 서쪽에 가까이 있는 섬이다. 얼마 전까지 장도 주민들은 개인배를 흑산도 예리항에 정박시키고 여객선으로 목포를 다녀오곤 했다. 흑산도 예리항에서 장도로 가는 배를 이용하기가 원활하지 않을

▲ 장도와 흑산도를 운항하는 도선
▲ 가두리양식장
▲ 전복양식용 미역채취

경우에는 예리항에서 버스를 타고 비리로 가서 배를 빌리면 5분 만에 장도를 갈 수 있다. 다행스럽게도, 2010년 신안군에서 기증한 9톤짜리 대장도호가 하루에 한 번 흑산도 예리항을 다녀온다. 오전 8시 10분

에 출발하여 10시 반에 다시 돌아오는데, 월수금에는 오전 오후 두 번씩 운행하며 화목토에는 한 번만 운행한다.

20년 전쯤 이곳을 방문했을 때는 가두리 양식장이 없었다. 지리적으로 외해 중 외해이고 태풍의 길목이라서 가두리 양식이 어려운 곳이었지만, 지금은 장도와 흑산도 사이를 천연방파제로 삼아 전복 양식과 가두리 양식을 하고 있다.

낭장망 어업으로 잡은 멸치를 가두리 양식 먹이로 사용하기 때문에 사료값이 절약되고 청정해역이라 적조가 없어 가두리 양식업은 경쟁력이 있다. 이곳은 최고의 멸치어장터이다. 멸치를 잡아 양식장 사료나 멸치액젓으로 가공하여 소득을 올린다. 장도에는 25가구의 주민들이 가두리 양식과 통발업에 종사하며 어선은 총 30여 척이 있다.

그러나 태풍에는 취약한 지역이어서 2000년대 프라피룬, 2010년 곤파스로 인해 큰 피해를 보았지만 보상은 제대로 받지 못하였다. 섬에는 아직 젊은이들이 있고 자녀들이 학교를 다니기 때문에 폐교가 되지 않고 있어 다행이다.

섬에 사는 노인층은 미역을 채취하거나 높은 산에서 약초와 나물을 캐면서 살아간다. 장마와 태풍이 오기 전 약 2달 동안 채취하는 미역은 1인당 100만 원 정도의 소득을 올릴 수 있는데 미역 양식업이 활성화되면서 미역은 그냥 방치하는 편이다.

특산물로는 돔, 우럭, 장어, 전복, 성게 등이 많이 나며, 돔과 우럭은 양식을 통해 많은 양을 공급하고 있다. 청정해역에서 나는 돌김, 미역, 톳 등 각종 해조류가 특산물이다.

이 마을 부녀회장에게 궁금한 사항을 몇 가지 물어보았다. 교통사정이 최악인데 어떠냐고 물으니 박행님씨는 "예전에 도선이 없을 때와 달리 하루에 한 번만 흑산도를 다녀와도 얼마나 좋은지 모릅니다" 하였다. 장도에서 살면서 관광지인 홍도나 가거도를 가 본 적이 있는가 물었다. 홍도는 배로 근처만 가 보았고 가거도나 그 외 흑산면 지역 섬들은 아직 가 보지 못하였다 한다. 그리고 하는 말이 "관광객들이 와서 어느 섬이 좋은가 물으면 대답을 잘 못합니다" 한다. 그만큼 이웃 섬에 살아도 전혀 교류가 없으니 마을 발전이 더디고 생각이 보수적일 수밖에 없을 것이다. 또, 이 섬에서 무엇을 하느냐고 물었다. 남편이 장도에서 가두리 양식을 하다가 2010년 곤파스 태풍으로 양식장

▼ 위문 공연

이 파괴되어 속병을 앓다 목포로 나가고 자기가 대신 부녀회장을 하면서 1.4톤 선외기를 직접 몰고 다니며 미역과 다시마를 따면서 전복 양식을 한다고 하였다. 지금 이 분은 이장이 되어 여자 어촌계장인 김매자씨61세와 합동으로 마을 발전을 위하여 헌신하고 있다.

장도 습지의 면적은 약 3만 평으로, EBS TV방송에서 '하나뿐인 지구'라는 프로그램 중 장도 습지가 상세히 소개된 적이 있었다. 습지의 동쪽은 낮고 서쪽은 높은 형태이며 천길 절벽 위에 펼쳐진 습지 서쪽에는 조릿대 군락이 넓게 펼쳐져 있다. 철새가 머물렀다 가는 철새 정거장으로도 유명한 장도 습지는 우리나라 작은 도서지역에서 발견된 최초의 산지습지이다.

2003년 7월에 한국조류보호협회 목포지회에서 처음 발견하였고, 2004년 8월에 습지보호지역으로 지정되었다. 2005년 3월에 우리나라에서는 대암산용늪, 우포늪에 이어 3번째, 세계적으로는 1,423번째로 람사르 협약 습지로 등록되었다. 장도 습지는 이렇게 섬사람들을 위한 식수원과 솔개, 조롱이, 보춘화 등 야생 동식물과 습지식물 수백 종이 서식하는 소중한 자연자산이고, 말화부리, 슴새 등 철새들이 머물러 가는 철새 정거장이다.

람사르^{Ramsar}는 이란의 도시로 1971년 지구적 차원의 습지보호를 위한 국제습지회의가 열린 장소이다. 물새 서식처로서 국제적으로 중요한 습지에 관한 협약을 이 도시명을 따 람사르 협약이라고 칭한다. 람사르 협약은 습지의 보호와 지속 가능한 이용에 관한 국제협약이다.

람사르 협약 당사국들은 1996년 10월에 람사르 협약 결성 25주년을 기념하고 습지의 중요성을 국제적으로 알리기 위하여 매년 2월 2일을 세계 습지의 날로 지정했다. 람사르 협약에는 현재 150개 국가가 가입해 있고 1,558개의 습지가 람사르 사이트에 등록돼 보호받고 있다. 우리나라는 1997년 101번째로 람사르 협약에 가입했고, 강원도 대암산 용늪^{1997}과 창녕 우포늪^{1998}, 전남 신안군 장도 습지^{2005}, 전남 순천만 갯벌^{2006}, 전남 보성 벌교갯벌^{2006}이 람사르 사이트에 등록되어 있다.

장도 습지가 지금까지 훼손되지 않고 보존되어 온 것은 마을 주민들의 사유지이기 때문이라는 것이 첫째 이유이다. 마을의 식수원이기도 한 습지를 보전하기 위해 50여 년 전부터 자체적으로 논농사나 가축의 방목을 전면 금지시키기로 합의하여 지금의 습지가

장도 습지 생태문화탐방 ▶

장도 습지 홍보관 ▶

흑산면 **257**

▲ 장도 습지 탐방로 안내판
▲ 습지보호 표지석

형성되는 데 공헌했다. 습지보호의 일차적인 공로는 섬 주민들에게 있었던 것이다.

장도 습지를 관광지로 개발하지 않은 주민들의 의지가 습지를 보호하는 차원에서는 기여가 된 것이다. 이렇게 멀고도 험한 길을 다니기 편하게 길을 내어 관광객들의 발길이 빈번해지면 섬사람들의 경제적 이익은 상승하겠지만 장도 습지는 훼손의 길을 걷게 될 것이다.

장도 습지를 보려는 사람들이 점점 늘고 있다고 한다. 군에서 마을에 25평 규모의 습지회관도 지어 주었다. 우리의 소중한 자연환경의 기본 생태계가 건강하게 보존되고 훼손되지 않는 차원에서 관광자원으로 만들기 위해서는 하루바삐 보호책을 강화해야 할 것이다.

둘러보기

바다에서 바라다본 장도 마을은 가파른 산비탈에 옹기종기 모여 있다. 전형적인 섬마을 모습이다. 이 곳에는 51세대, 81명의 주민들이 거주하고 있다. 경사제가 있는 북방파제와 반대쪽 남방파제와의 사이 중간쯤에 돌로 만든 짧은 방파제가 하나 더 있다.

방파제 끝으로 넓은 물양장이 있고 갈림길이 있는데 어느 쪽으로 가든 만나게 되어 있는 길이다. 옹벽 윗길에는 장도 습지에 대한 안내판과 영문으로 표기된 유네스코 지정 람사르 협약 표지석이 있다. 장도 습지를 가기 위해서는 마을에서 북쪽으로 가거나 학교 옆길로 들어서야 한다. 창고 옆으로 난 오르막길에서 바라본 물양장은 매우 좁아 보였다. 그래서인지 대부분의 어선들은 선착장 밖에 정박해 있다.

오른쪽으로는 소장도 가는 길이 나 있고, 길 중간 갯바위가 있는 곳에서 대장도와 소장도는 해안으로 연결되어 있다. 바닷물이 들어올 때는 각각의 섬으로 있다가 물이 빠지면 두 섬으로 나뉘게 된다. 예전에 사람이 살았던 소장도는 최고 높이 155m로 섬 전역에 걸쳐 산지가 발달하였다. 소장도 중간쯤에 큰 바위섬이 있는데 그곳까지는 다리로 연결되었다. 다리 왼편으로 경사진 포장도로가 나 있고 그 옆으로 길게 경사진 옹벽은 발전소의 담이다.

발전소 앞에서 길을 따라 남쪽으로 더 가면, 보건소와 1986년에 세워진 교회가 있다. 이 길 따라 계속 남쪽 방향으로 가면 높은 지대로 오르게 된다. 장도의 길은 단순하다. 남북으로, 동서로 각각 두세 개씩 있고 마을이 한곳에 몰려 있다. 집에 딸린 텃밭은 보이지 않는다. 골목길이 정연히 나뉘어 있어 찾기가

▲ 장도분교 전경

▲ 습지가는 길

쉽다. 안쪽으로 갈수록 폐가가 많아진다. 마을을 벗어난 곳부터 밭이 보인다.

장도라는 섬을 흑산도에서 바라보았을 때는 붉은 지붕들이 가득해 가구수가 많아 보였지만 막상 마을을 둘러보니 폐가가 제법 많다. 그래도 젊은이들이 좀 있어서 학교가 폐교되지 않고 운영되고 있었다. 급경사진 마을의 집들 사이에 아담한 학교가 있는데 작은 운동장까지 마련되어 있었다. 여러 동의 교사며 그 앞에 있는 두 개의 조형물까지 있어 갖출 것은 다 갖추고 있는 학교였다.

이곳은 1955년 장도분교로 설립되어 지금은 6명의 학생이 2명의 선생님 아래 재학 중이다. 카메라를 대면 손가락으로 V자를 만들며 포즈를 취할 줄 아는 천진한 아이들이 한없이 귀엽다. 학교 좌우로 나 있는 계단은 마을 골목길로 연결된다. 마을 뒤쪽으로 성당이 있지만 성직자가 근무하지 않는 공소이다. 교회보다 더 오래전에 만들진 성당은 40년이 넘는 역사를 갖고 있어서인지 천주교인이 더 많은 섬이다. 바로 옆에 있는 흑산도의 영향을 받아서일 것이다.

마을 뒤쪽에서 바로 보이는 산 너머에 습지가 있지만 길이 제대로 조성되어 있지 않아 찾기가 쉽지 않다. 임야 한가운데에 해안에서 본 람사르 협약 표지석 안내판이 세워져 있다. 이 안내판이 있는 곳까지 가는 데에도 온갖 잡초에 길이 묻혀 있어 헤치면서 가야 했다. 습지로 가는 길은 마을 북쪽으로 가는 길과 이곳 장도분교 옆으로 올라가는 길이 있다. 마을에서 북쪽으로 가는 길은 경사가 완만한 때밭 사이를 지나간다. 이 길을 이용하여 고개를 넘으면 물이 모이는 습지의 하부에 이르게 된다. 이곳에는 물을 모으는 시설이 있고, 여기에 모인 청정수는 마을의 식수로 이용되고 있다.

장도습지는 이탄층이 발달해 수자원 보존과 수질 정화 기능이 뛰어나며, 천혜의 자연경관과 다양한 생태자원을 보유하고 있다. 흑산초등학교 장도분교장 옆으로 난 길은 경사가 심하고 봉우리를 바로 치고 올라가는 길이다. 이 길을 따라 올라갔다가 그만 길을 잃고 헤매다 우거진 숲속에서 안경마저 잃어버리고 말았다. 돌아오는 길도 찾을 수가 없어 난감하고 아찔했던 시간이었다. 길을 잃어 헤매고 있던 중에, 다행스럽게도 박행님 부녀회장이 산 정상까지 찾아와서 안내해 주어 그분의 도움으로 무사히 습지를 다녀올 수 있었다.

희귀 고층습지가 있는 생태계의 보고 장도

장도는 생태학적으로 대단히 귀중한 섬이다. 섬의 남쪽 봉우리234m와 북쪽 봉우리260m 사이에 90,414m² 에 이르는 큰 습지가 형성되어 있다. 이 습지는 해발 180m에 있으며, 멸종위기에 처한 수달과 매, 솔개와 조롱이, 도롱뇽 등 희귀종을 포함한 400여 종의 동식물이 서식하고 있어, 자연생태적 보존가치가 뛰어난 곳이다. 밀화부리, 슴새, 울새, 솔딱새, 흰등새 등이 다양하게 발견돼 철새가 머물렀다 가는 곳으로도 유명하다. 가히 생태학적 보고가 아닐 수 없다.

환경연구원 박의준 박사에 따르면 이 습지에 곤충이 풍부하고 수생식물이 다양하게 분포돼 먹이사슬이 잘 조화되어 있으며, 고도상으로는 300m가 채 되지 않기 때문에 고산이라기보다는 전형적인 고층습지가 섬에 있는 케이스라고 한다. 또한, 습지가 섬의 정상부에 있으므로 물을 장시간 저장해 주민들이 평상시는 물론 가뭄 때도 물걱정 없이 지낼 수 있는 수자원 역할도 하고 있다고 평가했다.

이에 따라 환경부는 장도 습지를 보전지역으로 지정하기 위해 대대적인 현지조사를 한 바 있으며, 국립환경연구원은 육지에서 100km 떨어진 낙도에 물이 흐르고 고·중·저 식물대층이 고루 분포한 이 습지는 매우 가치 있는 생태계의 보고라고 밝혔다. 2004년 환경부가 습지보호지역으로 지정한 이 장도 습지는 유네스코가 지정한 람사르 협약 습지로 1,423번째로 등록된 귀중한 생태공원이다. 섬 주민들뿐만 아니라 온 국민이 보호해야 할 귀중한 자산을 품고 있는 섬이다.

울새▲
흰등새▲
밀화부리▲

하태도

중태도 中苔島

돌김이 발에 차일 만큼 많이 자라는 섬

개요

중태도는 목포에서 남서쪽으로 120km 떨어진, 하태도와 상태도 사이에 있는 섬이다. 목포에서 가거도 가는 쾌속선을 타고 끝없는 망망대해를 지나 흑산도를 경유하여 3시간이 지나면 푸르고 투명한 에메랄드 빛 바다 한가운데 외롭게 떠 있는 섬들이 보인다.

홍도와 가거도 사이에 있는 섬 상태도에서 하선하여 종선으로 바꾸어 타고 들어간다. 교통편이 나쁜 편이어서 인구가 적은 것인지, 상태도나 하태도의 주민수가 더 많아서 여객선이 멈추질 않은 것인지는 모른다. 여하튼 다른 두 태도에 비해 소수의 인구가 살고 있는 중태도는 여객선이 경유하지 않는다.

세 쌍둥이 섬으로 이루어진 태도군도는 지도에 표기된 이름이다. 섬 이름이 태도인 것도 김픔이 많이 나는 섬이라는 뜻이다. 태도의 중간섬인 중태도는 면적 1.02km², 해안선 길이 13.5km다. 섬 크기는 상태도나 하태도와 엇비슷하다.

입도시기는 1800년경 하태도에 살았던 조씨가 처음 들어와 살았다 한다. 주민들의 수가 적다 보니 상태도나 하태도보다 중태도 사람들은 자연의 혜택을 더 많이 받아서 좀 더 여유롭게 생활하지 않을까 하는 생각이 들었다.

제주난류가 근해를 통과하기 때문에 어종이 풍부하다. 남해와 서해가 만나는 모서리에 위치하기 때문에 바닷물의 유속이 빠르고 수심이 깊어 양식 같은 것은 꿈에도 생각할 수 없다. 이렇게 척박한 자연환경에 대하여 보상이라도 하는 듯 태도에는 자연산 돌

▼해안에 자리한 마을

▲ 중태도 객선과 종선
▲ 종선

김들이 섬 주위의 갯바위에 발에 차일 만큼 많이 자라고 있다. 태도라는 섬 이름에 걸맞게 돌김인 석태가 많이 난다. 돌김뿐만 아니라 돌미역, 다시마, 톳, 전복, 소라, 문어 등이 풍부하게 있어서 해녀들도 많은 것 같다. 이들은 물이 빠진 썰물 때에 해조류를 채취한다. 해녀들의 물질과 해초채취가 섬 수입의 대부분을 차지한다고 한다.

육지로부터 멀리 떨어져 있고 심한 바람과 높은 파도로 사람들의 발길이 닿지 않은 중태도의 자연은 훼손되지 않은 아름다움이 고스란히 남아 있는 곳이다. 우리나라에 이런 곳도 있을까 싶을 정도로 태곳적 신비로움을 갖고 있는 곳이 중태도이다.

중태도는 흑산면 11개 섬 중에서 교통과 의료, 교육이나 문화혜택의 기본마저 누리지 못한 몹시 불편한 섬이다. 육지와 멀수록 고립될 수밖에 없는데, 이러한 환경이 조금이나마 개선되고 섬사람들이 덜 소외될 수 있도록 정부와 국민들이 관심을 기울여 주었으면 하는 마음이 절로 드는 곳이다. 그래도 이 섬을 지키며 살아가는 섬사람들에게 고맙다는 생각을 전하고 싶다.

둘러보기

중태도는 섬 전체가 산지이며 급경사면이 해안까지 이르러 높은 해식애海蝕崖로 둘러싸여 있다. 상태도와 마찬가지로 산 능선이 유일한 교통로이다. 이곳 방파제는 약간 꺾인 경사제 형태다. 오래되었고 길이도 짧다. 방파제 옆 물양장物揚場에는 크레인이 서 있다. 크레인은 미역철에 미역을 끌어올리기 위한 설비이다.

탐사선 등대호를 타고 중태도 선착장에 도착하니 가장 먼저 나온 사람이 중태도 어촌계장인 조대걸씨였다. 이 먼 바다에 낯선 배가 들어오니 이상하다 싶어서인 모양이다. 조씨 아버지가 오랫동안 중태도 이장을 지냈고 그 아들이 대를 이어서 중태도를 이끌어가고 있었다. 조씨는 청정 해역에서 스쿠버 다이버를 하면서 피싱과 작살로 돌돔과 광어, 전복 등을 잡는다. 산소통이 51개나 준비되어 있다. 해산물이 풍부하여 이곳에서 휴가를 즐기는 사람들이 종종 들어온다고 한다.

물양장 동쪽 모서리에 콘크리트로 된 시설물이 있고 멸치젓갈 통이 주변에 한가득이다. 물양장 안쪽에는 작은 배 두 척이 있는데 멸치잡이 배라고 한다. 이곳 역시 상태도 주민들처럼 4~5월에는 돌김을, 6~7월에는 미역과 톳을, 9월에는 다시마를 채취하

▲ 멸치액젓
▲ 멸치액젓 통

만 마을의 상단에 위치해 있어 앞바다가 훤히 보이고 상태도도 마주 보인다. 마을도 한눈에 들어오는 전망이 좋은 곳이다. 학교터 앞으로 난 좁은 시멘트계단을 따라 갔더니 멸치통과 솥 등 멸치액젓 만드는 시설이 어지럽게 널려 있다. 사람이 사는 집은 문이 열려 있고 빨랫줄에 생선을 말리고 있었지만, 사람이 살지 않는 집들은 부서진 문과 잡초만 무성했다.

마을의 숲길을 따라간 섬의 북쪽 개활지에는 상태도로부터 전기를 공급받는 철탑이 들어서 있다. 그곳은 주위가 온통 높게 깎아지른 듯한 바위절벽이라 말할 수 없이 아름다운 경관이었다. 육지와 가까운 곳에 있다면 좋은 관광지가 될 곳인데 너무나 아쉽다는 생각이 들었다.

며 살아간다. 해조류 채취가 가능한 3월에서 10월까지는 전 주민이 이곳에 거주하지만, 11월에서 2월까지는 소일거리가 없어 목포 등 인근도시로 나가 다른 일에 종사하며 생활한다.

중태도의 동쪽 해안에는 평지가 있어 밭과 마을이 모여 있으며 이곳 역시 돌담집들이 많다. 돌담이 생각보다 커서 마치 성벽을 쌓아 놓은 듯한데 돌담 안의 집은 작고 밭이 넓은 구조다. 이러한 집들이 꽤 높은 곳까지 들어서 있지만 빈집이 적지 않다.

마을로 올라가는 가파른 길을 몇 번 꺾어 들어가니 넓은 마당을 가진 학교터가 있다. 운동장으로 사용된 공간은 잡초가 무성하고 스탠드 위에 세워진 네 칸짜리 교사는 유리창이 깨진 채 방치되어 있었다. 하지

산소통을 관리하는 조대걸 어촌계장 ▲
중태도 해안의 바위절벽 ▲

하태도 下苔島

태도군도 중 유일하게 해수욕장을 가진 섬

개요

하태도를 가려면 목포에서 서남해안의 최남단에 있는 가거도 가는 쾌속선을 타야 한다. 중간 기착지인 흑산도를 거쳐서 상태도를 들른 다음에 하태도에 간다. 소요시간은 3시간 20분 정도. 1993년 5월 13일 필자가 이곳 하태도를 방문할 때에는, 가는 데만 이틀이 걸렸다. 목포에서 출발하여 흑산도에서 일박한 후, 새벽에 출항하는 여객선 새마을호를 타고 다시 3시간 정도 가야 했다.

면적 2.31km², 해안선 길이 11.8km의 하태도는 82세대, 154명이 거주한다. 목포에서 남서쪽 120km 지점에 있으며, 주변의 상태도, 중태도, 외도, 국흘섬 등과 함께 태도군도를 이룬다. 하태도에 사람이 살기 시작한 것은 1650년경 밀양 박씨 박행서가 흑산도에 거주하다 처음으로 섬에 들어와 살았다고 한다.

2012년 이곳을 다시 방문하면서 많은 생각들로 마음이 설렜다. 하태도 가는 뱃길이 편리해짐에 따라 섬의 문화가 어떻게 변화되고, 또 옛 모습을 얼마나 잃었으려나 하는 생각에 착잡해졌다. 그런데 1960~70년대의 유물로만 생각했던 종선이 아직도 등장하는 것이 아닌가. 도리어 정겹기까지 했다. 여객선이 하태도에 다다르면 선착장이 아닌 종선으로 옮겨 타야 섬으로 들어갈 수 있다. 아직까지 현대적

▼ 상공에서 본 백사장 일대

선착장 시설이 만들어지지 않아 종선을 이용해야 하는 섬은 신안군의 만재도, 상태도, 다물도, 진도군의 옥도이다.

사람의 손길이 덜 미쳐서 아직도 청정함을 잃지 않은 섬이었다. 하늘을 그대로 담은 듯한 푸르고 투명한 바다, 공기도 사람도 청정한 섬 하태도는 옛 모습을 대부분 잃지 않은 섬이다. 자연이 훼손되지 않아 태곳적 아름다움을 여전히 잘 간직하고 있었다.

하태도는 생김새부터 특이하다. 북서쪽으로는 돌출부가 길게 뻗어 있고, 남쪽으로는 깊게 만입되어 있다. 지도나 하늘에서 보면 마치 악어 머리처럼 생겼다. 섬의 북서쪽은 길게 뻗은 악어의 코끝이고 포구가 들어선 선착장은 벌리고 있는 악어의 입 부분이다. 승선장이 있는 방파제는 톡 튀어나온 것이 마치 악어이빨 같다. 큰 이빨과 작은 이빨…. 해안의 대부분은 암석으로 이루어져 있고, 서쪽과 남쪽은 해식애가 발달해 있으며 섬의 대부분은 산지로 이루어져 있다.

반도처럼 길게 뻗어 나온 산자락에는 나무가 드물어 마치 대관령 목장을 옮겨 놓은 듯한 초원 언덕이다. 우묵하게 휘어져 들어간 지형에 장부래해수욕장이 있다. 태도 세 섬 중 유일한 해수욕장이 이곳 하태도에 있고 해수욕장 주변을 따라 돌담을 두른 집들이 올망졸망 모여 있다.

북쪽 해안에 돌출한 2개의 갑(岬) 사이로 깊숙한 만이 형성되어 V자 모양의 선창과 그곳에 터를 잡은 마을은 안온한 느낌을 준다. 선창이 만들어지기 전에는 북서풍이 불면 기프미에 배를 피신시켜 보호했다고 한다. 두 개의 방파제가 있는데, 그 사이에는 물양장이 있다. 바깥쪽 방파제에는 테트라포드로 방파제를 보호하고 그 안에 부교와 부잔교가 있는데, 주로 안쪽 방파제가 이용된다.

쾌속선▲
짐을 가득 실은 종선▲
선착장에 설치된 부교와 부잔교▲

둘러보기

안쪽 방파제에서 동쪽을 바라보면 내연 발전소가 있고 그 뒤로 하얀 등대가 보인다. 방파제에서 오른편으로 길게 이어진 섬의 북쪽에는 모래사장이다. 그 뒤로 한눈에 들어오는 마을은 이곳 선착장이 있는 북쪽 해안의 만 안쪽에 집중되어 있다.

양쪽으로 길게 형성된 물양장物揚場 주변은 그물과 부표 등 각종 어구들로 복잡하다. 몇 채의 창고가 있고 멸치저장용 드럼통과 전복양식 도구들도 보인다.

경사진 옆으로 조그마한 재래식 방파제가 있다. 채 5m도 안 될 것 같은 길이에 돌을 쌓아 사이사이에 시멘트를 바른 방파제 위에는 배의 줄을 맬 수 있는 돌이 하나 꽂혀 있고 그 옆으로 약간의 모래사장이 있다.

능선으로 이어지는 언덕은 가파르다. 나무는 별로 없고 온통 잡초뿐이다. 능선을 타거나 중간에 보이는 길을 따라 돌아볼 수 있을 것 같다. 마을이 있는 왼쪽 부분은 그래도 나무들이 제법 있다. 그 앞 바닷가에는 작은 배들이 산만하게 정박해 있다. 바다 속이 훤히 들여다보일 정도로 바닷물이 참으로 맑고 깨끗하다.

마을은 윗길과 해안길로 갈리는데 어느 방향으로 가든지 길은 다시 만난다. 오른쪽 해안길을 가다 보면 또다른 방파제가 나오는데 길이는 짧지만 상당히 넓은 방파제다. 길 따라 왼편으로 꺾어 들어가면 바로 마을과 태도군도 중 유일한 해수욕장이 있다. 마을로 가는 계단을 오르면 두 개의 기둥이 맞보이는데 이 기둥은 흑산초등학교 하태분교장의 교문을 대신한다. 이 학교는 1951년 11월에 두 학급으로 개교했으며 그때는 분교가 아닌 하태초등학교였다. 한때 160여 명이 다녔고 필자가 처음 방문한 1993년에는 18명이었다. 1982년에 하태분교장으로 되어 지금은 학생 3명인 초미니 학교다.

모래흙 운동장에는 교사로 올라가는 계단이 있고 계단 앞에 조회대가 있었다. 계단 양 옆에 두 개의 조형물이 있는데, 책 읽는 소녀 상과 함께 이승복 소년 상이었다. 섬 학교에 가면 보편적으로 볼 수 있는 조형물들이다. 시간을 한 30년쯤 전으로 되돌려 놓은 것 같았다. 화단 옆 계단을 타고 올라서면 바로 교실로 이곳에서 뒤로 돌아서면 바다가 보인다. 전복 양식장과 섬의 북쪽 산이 보이는데, 그 오른쪽에 있는 섬이 중태도다. 재학 중인 학생은 3명에 불과한데도 학년 차이가 나서 두 명의 선생님이 있다 한다. 거의 개인지도 차원의 바람직한 교육을 받고 있을 것 같았다.

학교로 가기 전 오른쪽으로 큰 길이 있는데, 주요 관공서가 있는 길이다. 흑산도태도출장소와 보건진료소가 있다. 태도출장소에는 철새지원센터가 입주해 있는 것으로 보아, 이 섬은 생태학적 보존가치가 높은 지역이라는 생각이 들었다. 그리고 보건진료소는 찜질방을 겸하고 있었는데 아마도 고령의 주민들이 많아서인 것 같았다.

하태도는 옷말, 고랑, 석멀이가 합쳐져 한 마을을 이루고 있다. 예전에는 옷말에만 100여 가구에 많은 사람들이 살았지만 지금은 6가구에 불과하다. 배가 닿는 선착장에는 10가구 정도가, 해수욕장을 끼고 있는 장굴에 20가구, 골창은 장굴로 내려오는 골짜기마을로 8가구가 있다.

높은 곳까지 집이 들어서 있어 윗마을과 아랫마을로 자연스럽게 구분이 되어 있다. 곳곳에 집이 산재해 있지만 폐가가 더 많았다. 일시적으로 뭍으로 떠난 사람들의 집도 적지 않아 마을은 고즈넉하다.

계단을 타고 높은 곳까지 오르니 하늘이 확 뚫리면서 마을 뒤편에 위치한 동쪽 해안이 보인다. 여기서부터 좌우로 산길이 나 있다. 그 입구에 KT에서 설치한 거대한 송신탑이 있고 여기서 북쪽으로 난 길은 등대로 이어지는 길이다.

윗마을 올라가는 길 중간 갈림길에서 오른쪽으로 등산로가 나 있는데 포장이 되어 있었다. 억새가 넘실거리는 등산로는 S자형으로 구불구불하며 가다가 뒤돌아보면 마을이 한눈에 들어올 정도로 조망이 좋다.

능선에 닿으면 포장도로가 끊기고 흙길이 이어진다. 그 한쪽에 담수화 시설이 있고 그 반대편에 통신 시설이 보인다. 능선에 올라서면 길은 오히려 완만하다. 먼 바다를 바라보며 잠시 쉬어 가기 좋은 곳에 벤치가 놓여 있다. 나무라고는 찾아볼 수 없는 초원지대. 아니나 다를까 흑염소 몇 마리가 풀을 뜯고 있다.

능선을 타고 좀 더 서쪽으로 오르면 왼쪽은 망망대해, 오른쪽은 마을과 함께 바다 건너 중태도가 보인다. 이 섬에서 가장 높은 곳은 해발 157m이며 정상까지 가는 길이 편하여 누구라도 오르기에 부담이 없을 것 같다.

서쪽으로 이어지던 길은 중간에 오른쪽으로 약간 꺾어져 돌아간다. 빙 둘러서 올라가면 산마루가 말안장처럼 움푹 들어간 지형이다. 왼쪽이 가장 높은 곳이고 오른쪽으로 길이 나 있다. 직진하면 섬의 가장 북쪽까지 이어진다. 길 양쪽은 급한 경사지대이며 좌우로 바다와 마을이 내려다보인다. 간간이 보이는 흑염소는 방목 상태라 사람이 지나가면 급하지 않은 표정으로 이리저리 피한다.

길이 끊어지면서 숲이 나타나고 건너편 북쪽의 나지막한 산으로 가는 길은 벌목으로 넓혀져 있는 상태이다. 오른쪽으로는 경사가 심하고 밟히는 흙도 모래 성분이 많아 방심하면 미끄러진다. 조심스럽게 내려오면 상수도 관정(管井)이 있는 곳이다.

이곳의 해안가에 펼쳐진 모래사장은 300m 정도이다. 모래가 고와서 여느 해수욕장에 비길 데 없는 처녀림 같은 순수한 아름다움을 간직하고 있다. 여름밤 하태도의 백사장에 누워 별이 쏟아져 내리는 밤하늘을 보며 모래사장을 부드럽게 쓰다듬는 파도소리를 들으면 세상을 잊는 자연 속 힐링을 누릴 수 있을 것 같다.

길은 해안을 따라 선착장까지 이어지고 승선장이 있는 방파제 옆으로 1996년에 준공된 발전소 가는 길이 있다. 이곳은 바로 바다를 접하고 있는 지점이다.

▶ 양지바른 경사면에 자리한 마을

▶ 흑산초등학교 하태분교

▲ 선착장

발전소 뒤로 그리 높지 않은 하얀 등대가 있고 그 옆에는 기상청에서 설치한 자료수집기와 전원공급 장치가 함께 있다.

최고의 낚시터 하태도

하태도의 인근해역은 북상하는 제주난류가 통과하는 지점으로 남해와 서해의 빠른 물살이 수시로 교차하기 때문에 갯바위 낚시나 선상 낚시를 모두 할 수 있는 환상적인 낚시터이다. 그래서 섬 전체가 포인트라고 해도 과언이 아닐 정도로 유명한 낚시터

장부래해수욕장 ▼

가 많다. 맑고 깊은 청정해역에 풍부한 어종이 모여들어 한 해 500여 명의 낚시 애호가가 이곳을 다녀간다고 한다. 간여, 큰여섬, 강섬이 하태도의 유명한 낚시 포인트이다.

초여름부터 10월까지 돔과 농어가, 추석 전후인 10월 초순부터는 열기와 우럭이 잘 잡힌다. 11월 중순부터 3월까지는 감성돔이 많이 잡히는 본격적인 낚시 시즌이다. 입이 떡 벌어질 만큼 큰 감성돔이 잡히는 하태도는 낚시 마니아들이 선호하는 곳이다. 낚시로 유명한 곳인 만큼 조황과 안전을 고려하여 주민들은 자치적으로 섬의 200m 이내에서는 주낙과 삼중망 등 불법어업을 삼간다고 한다.

본도에서 떨어진 간여나 조류가 빠른 곳에서는 12물부터 2물까지 낚시가 잘 되며, 본섬의 만곡진 해안에서는 보편적으로 5~10물에 잘 된다. 낚시터에 따라 썰물이 좋은 곳도 있으나 대체로 밀물 초기가 좋은 편이다.

▮ 하태도 민속

백사장 옆에는 숲에 싸인 당이 있다. 대자연에 대한 고마움을 소중히 여길 줄 아는 섬사람들이 자연을 깍듯하게 숭배해 온 오랜 샤머니즘의 흔적이다. 해마다 하태도 사람들은 설날부터 초사흘까지 당제를 정성껏 지낸다. 제물을 올려놓고 하태도에 어류와 해조류의 풍년이 들기 바라며 온갖 재앙이 없기를 기원하는 이 제사는 마을 전체가 벌이는 전통 민속행사와도 같다. 당제를 끝내면서 허수아비를 바다에 띄워 보내는 의식을 행하는데, 섬에서만 볼 수 있는 독특한 제례풍습이다.

▮ 하태도 특산물

하태도의 특산물로 낚시하기 좋은 수많은 어종과 함께 홍어를 빼놓을 수 없다. 홍어는 흑산군도뿐만 아니라 태도군도 주변에서도 조황釣況이 좋기 때문이다.

200년 전, 우이도에 살았던 문순득씨가 이곳에서 잡은 홍어를 사러 왔다가 표류하는 바람에 오키나와와 필리핀까지 갔다가 3년 만에 고향으로 돌아왔던 실화가 있다. 이 이야기가 정약전의 『표해시말』에 수록되어 있을 만큼 예나 지금이나 홍어는 이곳에서 빼놓을 수 없는 특산물이다.

또한 이곳에는 해조류가 발에 차일 만큼 지천으로 널려 있어 양식이 아닌 순자연산 미역과 톳, 돌김들을 섬 주위 갯바위에서 채취한다. 미역 하면 진도의 맹골도와 독거도의 진도곽이 잘 알려져 있지만, 흑산면의 먼 서해바다에서 나는 미역의 실상은 잘 알려지지 않았다. 청정해역에서 채취한 자연산 미역은 양질이고 맛이 특히 좋은데 홍보가 되질 않아 안타깝다.

이곳에서 주로 잡히는 어종은 멸치, 갈치, 장어, 돔, 우럭 등 다양하다. 해녀가 많은 섬이어서 한때 50명이 넘었지만 지금은 20명도 채 되지 않는데 연령도 60대 이상이라 점차 줄어들고 있다. 한 사람이 하루 평균 전복과 소라, 해삼 등을 40~50kg씩 채취하고 있다.

이곳 하태도는 상·중태도와 마찬가지로 외해의 거센 바람과 파도 때문에 양식이 어려운 환경이지만, 북쪽 해안은 중태도가 파도와 바람을 막아 주는 덕분에 약간의 전복과 돔 등을 양식하고 있다. 최근에는 전복 양식장이 점차 늘어가는 추세이다.

우뭇가사리나 파래 등도 조금씩은 거둬들이고 있으며 약초를 먹고 자란 방목 흑염소도 빼놓을 수 없는 특산물이다.

홍도 紅島

빼어난 절경, 섬 전체가 천연기념물

개요

목포에서 115km, 흑산도에서 서쪽으로 22km 떨어진 홍도는 1구 대밭밑(죽항)마을과 2구 석기미(석금)마을이 있다. 총면적 6.630㎢, 해안선 19.7km, 265세대, 585명이 살아간다.

1구에는 해수욕장과 동백군락지가 있고 2구에는 등대와 자연림이 있다. 홍도는 섬 전체가 천연기념물로 지정된 신비의 섬이다. 일찍이 행정안전부와 한국관광공사가 휴양하기 좋은 섬으로도 선정, 국내 최고의 해상 관광지로 지정한 명소이다.

홍도는 사암(砂岩)과 규암(硅岩)의 수직절리(垂直節理)에 의해 만들어진 섬이며 약간의 역암(礫岩)과 혈암(頁岩)도 존재한다. 사암과 규암의 층리(層理)와 절리가 잘 발달되어 섬 전체가 홍갈색을 띠고 있다. 파식애(波蝕崖)와 파식대(波蝕臺) 등 해식단애(海蝕斷崖)로 깎아지른 듯한 절벽과 기암괴석이 즐비한 해안은 독특한 자태를 자랑한다. 수많은 해식동(海蝕洞), 크고 작은 바위섬(岩島), 2개의 바위문(岩門), 분재와도 같은 소나무, 맑고 푸르른 바다가 어우러져 아름다운 풍광을 보여준다. 서해바다를 불태우는 듯한 홍도의 낙조는 정말 아름답다.

500년 전에 김해 김씨가 고기를 잡다가 섬을 발견, 석기미마을에 정착했다고 전해져 오고 있다. 이 섬에 본격적으로 사람이 살기 시작한 때는 숙종 4년(1679) 제주 고씨였고, 사람이 정착한 곳은 홍도2구였다. 지금도 홍도1구 마을에는 고씨의 12대손이 살고 있다.

홍도라는 지명을 얻기까지 몇 가지의 유래가 있다. 돛단배를 이용하던 시절에는 국제항로의 중간기항지였다. 항해하던 선박들이 북서풍을 피해 정박하였다가 동남풍이 불기를 기다리는 섬이라 하여 대풍도(待風島)라 불리었다. 이후에 일본인들이 바다 위에 떠 있는 아름다운 매화라는 의미의 매가도(梅加島)라고 부른 적도 있었지만 해방 후에는 지금의 이름 홍도로 계속 불리어 왔다.

홍도(紅島)라는 이름은 붉은 동백꽃이 섬을 뒤덮고 있어, 해질 녘 노을에 비친 섬이 붉은 옷을 입은 것 같다 하여 홍의도(紅衣島)라고 불리다가 규암으로 된 이 섬의 바위가 홍갈색을 띠고 있어 홍도라 붙여졌다고 전해 오고 있다.

1940년대까지 숯 공출을 당했던 홍도는 해방 이후 1960년대까지 어업이 발달하지 못했다. 모든 섬들이 그랬던 것처럼 노 젓는 배와 통통배로 해초와 고기를 잡아 생계를 이어가는 아주 가난한 섬이 홍도였다. 반듯한 항구도 없고, 파도 때문에 양식도 못하고, 논도 없고, 손바닥만 한 밭뙈기에서 채소를 길러 반찬거리를 할 정도였다. 해초를 많이 건져 올려도 워낙 육지와 멀었다. 고기를 많이 잡아도 판매가 어려워 소득을 올리지 못하고 마을 뒷산에서 나무를 해다가 고깃배들에게 팔아 생계를 꾸려 가던 섬이었다.

1960년대의 홍도는 통신 시설이 없는 해상감시초, 기계문명과는 연이 먼 주민들은 풍란의 향기만으론 실로 고단한 삶이었다.

그러나 홍도는 제2의 해금강이라 일컬어도 손색이 없을 정도로 아름다운 섬이다. 1973년에는 165가구 936명이 살았는데, 학교가 2개나 있었으며 227명이 공부를 했다. 50도나 되는 경사지에 마을을 이루고 살았다. 농산물은 기껏 보리와 고구마가 각각 80가마 정도 생산될 뿐이라 그들은 평생을 바다와 싸워야 했던 것이다.

이 섬에서 제일 귀한 것은 식수다. 홍도 주민들은 보통 2년 내지 5년까지 먹을 물을 저장해 두었는데 이상하게도 수질이 변하지 않았다 한다. 종전에는 저수 시설이 없어 항아리 속에 담아 두었는데 고 김영춘(金永春) 군수 재직 시에 시멘트를 배급하여 각 가정에 저수탱크를 만

▲ 규암층리
▲ 해식동
▲ 무인등대

들게 되었다. 그러던 홍도가 우리나라를 대표하는 아름다운 섬 중 하나로 사시사철 관광객들의 발걸음이 끊이지 않는 섬이 되었다. 성수기에 홍도를 오가는 쾌속선에는 앉을 자리가 없을 정도다. 토요일이나 휴일에는 5백 명 정도가 머문다고 하니 가히 대단한 섬이 되었다.

둘러보기

목포항에서 쾌속선을 타고 출발하여 첫 번째 경유지인 비금도, 도초도까지는 안쪽 바다여서 물결이 잔잔한 편이다. 이곳을 벗어나면 바로 망망대해인 외해外海로 접어든다. 이내 파도가 일렁이기 시작하며 외해로 나갈수록 배가 요동을 친다. 파도가 드셀 때이면 300톤급의 큰 배인데도 롤러코스터를 타는 듯했다. 공중으로 올라갔다가 내려오면, 여기저기서 지르는 괴성이 마치 놀이기구에서 들을 만한 소리다. 처음에는 재미있어 하다가 나중에는 잠을 청하는 승객과 심한 배멀미에 시달리는 승객으로 소리가 잦아든다.

이 바닷길은 고대부터 중국 대륙과 한반도를 연결하는 국제 해양항로라 한다. 큰 바다 뱃길이다. 이곳에 자리하고 있는 홍도와 흑산도, 가거도는 풍랑주의보가 내리면 사흘 정도 발이 묶이는 것은 기본이다. 잠깐 다니러 가는 경우에도 일정과 비용을 여유 있게 챙겨야 하는 곳이다.

흑산도를 경유한 배는 드디어 절해고도 홍도에 도착했다. 필자가 1992년에 방문했을 때는 종선이 그 많은 관광객들을 실어 날랐지만, 지금은 접안 시설을 갖추어 새롭게 단장한 선착장에 직접 배를 정박시킨다.

홍도에 발을 내딛는 순간 습한 바람결에 갯냄새가 물씬 풍겼다. 항구에 이어진 홍도1구 마을로 들어오는 길목까지 관광객들로 가득했고, 길 양쪽으로는 해

홍도의 일몰 ▲
일몰 전망대 ▲

들이 정렬되지 않은 채 난립해 있다. 골목을 지나자 바로 흑산초등학교 홍도분교장이고 이곳에서 오른편 남쪽으로 나 있는 길은 깃대봉으로 오르는 길이 시작되는 곳이다. 학교 아래는 홍도 서쪽 해변인 빠돌해수욕장이다. 돌이 파도에 씻기고 씻겨 동글동글해진 몽돌을 홍도사람들은 빠돌이라고 부른다. 몽돌이 워낙 커서 걷기가 좀 불편하지만 사시사철 관광객들이 즐겨 찾는 해변이다.

길이 600m, 폭 70m인 이 해수욕장은 기암절벽을 병풍처럼 두른 비경 속에서 해수욕을 즐길 수 있는 아름다운 곳이다. 상가가 형성되어 있어 현장에서 잡은 활어나 전복 등으로 싱싱한 회를 맛볼 수 있다. 워낙 관광지로 이름난 곳이라 숙박시설이 잘 되어 있고 물사정도 좋다. 사실, 몇 년 전만 해도 물이 부족하여 다른 섬들처럼 빗물을 받아 식수로 사용하는 등 관광객들의 불편이 이만저만이 아니었다.

홍도는 바위섬이라는 지형 때문에 농지가 전혀 없다. 설사 있다 하더라도 물이 너무 귀해서 농사짓기가 어려웠을 것이다. 그래서 이곳 사람들은 배추를 금치라고 부를 정도로 농산물이 귀한 곳이다.

그러다 1995년에 지하 800m의 암반수를 개발하여 식수로 사용하고, 1998년에 해수담수화 시설이 가동되어 생활용수로 사용하게 되면서 관광지로서 면모를 갖추게 되었고 또한 섬 주민들의 물 고충까지 해결되었다. 70m 지하에서 끌어올린 물을 공급하는 호스들을 마을길에서 쉽게 볼 수 있다. 그러나 각 가정에는 예전처럼 여전히 집안에 커다란 저장탱크를 만들어 빗물을 받아 사용하고 있을 만큼 물을 귀하게 여기는 곳이다.

남북 6.7km, 동서 2.4km의 길이인 홍도는 허리가 잘록한 누에고치 모양이다. 다르게 보면, 남북으로 길게 누운 여인의 자태 같기도 하다. 볼록 들어간 허리

삼, 멍게, 돌김, 미역 등을 판매하는 작은 노점상들이 죽 늘어서 성시를 이루고 있었다. 여객선이 들어오고 나갈 때만 일시적으로 열리는 이곳만의 풍정이라 한다. 마을에는 홍도생태전시관과 홍도관리사무소 그리고 우체국이 있다. 1구에만 교회 두 곳과 성당이 있는 것도 특이했다.

마을로 올라가는 길은 오르막이지만 그다지 가파르지는 않았다. 길 따라 아담하고 깔끔하게 정돈된 아기자기한 건물들이 들어서 있고 식당과 숙박업소

춤에는 천혜의 포구를 형성하고 있는 홍도 1구가 자리잡고 있으며, 여인의 얼굴 쪽에는 2구가 있다. 1구에는 해수욕장이 있고, 2구에는 해안의 전망이 한눈에 내려다보이는 아름다운 등대가 있다. 홍도는 두 마을에 255가구가 삶의 터전을 이루며 살고 있지만 폭 400m에 불과한 허리 부분에 자리한 1구마을에 대다수의 가구가 몰려 살고 있다.

성수기에는 주민수보다 관광객의 수가 더 많은 날도 있어서 이 섬의 인구밀도는 늘 다르다. 아름다운 섬에서 사는 덕분에 1구 주민들의 극소수만이 어업에 종사하고, 대부분은 관광객과 낚시꾼들을 수송하거나 배를 빌려주는 해상관광업을 하고 있어 비릿한 어촌의 냄새보다는 상업적인 냄새가 짙은 섬이다.

1구와 달리, 2구의 한적한 마을 주민들은 낚시꾼을 상대로 배를 운행하기도 하지만 여전히 어업을 하는 사람들이 많다. 2구를 갈 적에는 여객선 터미널 반대편인 빠돌해수욕장 선착장에서 여객선 시간에 맞추어 하루에 두 번 운항하는 마을배로 옮겨 탄다. 군의 지원으로 운항되는 이 마을배는 2구 이장이 선장을 맡으며, 2구 마을사람들과 소수의 관광객들을 위해 운항한다.

대부분의 관광 코스는 1구에서 관광선을 타고 섬 일주 관광을 마친 후, 다시 1구로 돌아가는 일정이다. 그러나 필자는 처음부터 이 마을배로 옮겨 타고 홍도

▼ 홍도 제1경 남문바위

2구로 들어가는 여정을 택했다. 방문한 그날은 1구와 2구를 이어 주는 마을배 서진호가 태풍 때문에 흑산도로 미리 피신한 터라 다른 배가 대신 나와서 3명의 관광객을 싣고 2구로 향하였다.

2구 마을 포구에서는 바다에 쳐 놓은 그물을 걷어 와서 고기를 떼어 내 손질하는 아낙네들과 주낙을 정리하는 주민들을 볼 수 있어 정겨웠다. 숙박 시설과 횟집, 음식점이 밀집된 1구와 달리, 2구 석기미마을은 50여 가구가 모여 사는 평화로운 어촌이었다. 1구와는 배를 이용한 왕래는 용이하지만 육로인 깃대봉을 넘어오기가 힘들기 때문에 두 마을의 교류는 쉽지 않아 같은 섬에 있는 마을이라도 문화가 많이 다르다. 이곳은 두세 곳의 민박과 여관, 노래방 등이 있지만 손님은 없어 보였다. 1구 마을에 여행객들이 넘쳐나는 여름 한철만 잠시 문을 연다고 한다.

2구 마을 포구는 북풍이 몰아치면 파도가 높아 배의 정박이 어려운 지형이라 마을 앞에 있는 닻 거는 여라는 조그마한 무인도에 방파제를 만들어 작은 어선들의 피신처로 포구를 만들어 두었다. 석기미마을에는 이상수47세씨가 홍어잡이를 하며 홍도에서 유일하게 그 명맥을 이어가고 있다. 이곳에서 어업에 종사하는 남자들은 한 달이면 보름은 바다에 나가 있다. 중국의 닭 울음소리가 들린다는 먼 바다에서 홍어를 잡고, 나머지 보름은 마을의 바닷가에서 주낙을 손질하는 일을 한다. 그리고 홍어잡이를 하지 않는 사람들은 그물과 주낙으로 고기를 잡는다. 홍도는 가장 외해에 속한 지역이기 때문에 흑산도나 다물도, 대둔도처럼 가두리 양식은 상상도 할 수 없는 곳이다.

홍도에도 제주도처럼 해녀들이 많이 있는데 1980년 이후 그 수가 점점 줄어들고 있다. 그래도 2구 마을에는 아직도 해녀들이 많아, 작업이 있는 날이면 마을 방송을 통해 모이게 하여 배를 타고 물때에 맞춰 바다로 나가 전복, 해삼 등의 해산물을 채취하는 공동작업을 한다. 2구의 해녀들이 물질을 해서 잡은 해삼과 소라, 전복 등을 잘 보관해 두었다가 1구에서 관광객들에게 내다 판다. 이들이 먼 바다 청정해역에서 건져 올린 해산물은 그 어디에서도 맛볼 수 없는 홍도만의 자랑이다. 관광객들이 홍도를 많이 찾는 것도 좋지만, 2구만이라도 옛날 홍도가 가진 특유한 고유성을 잃지 않았으면 좋겠다는 생각이 들었다.

홍도 2구의 아름다운 등대 ▶

성당 ▶

흑산면

홍도 2구 석기미마을 ▲
몽돌해수욕장 ▲

등대로 가는 길은 두 곳이다. 등대로 곧바로 올라가는 숲길은 수백 년 된 후박나무와 동백나무들이 터널을 이루어 가기가 편했다. 또 우측 마을을 관통하여 가는 길은 해안가를 따라 억새풀과 야생화가 멀리서 온 여행자를 환영해 주는 듯하였다. 하얀 등대의 운치가 간혹 관광객을 향해 손짓하기도 한다. 상업적인 때가 덜 묻어 있는 곳을 선호하는 관광객들의 눈길을 끌기 때문이다.

홍도의 등대는 1931년 처음 불을 밝혀 지금까지 항해하는 선박들의 길잡이가 되고 있다. 푸른 바다를 배경하여 서 있는 하얀 등대는 원형이 그대로 보존된 가히 한 폭의 그림 같다. 맨 처음에 새겨진 점등 기념비는 '쇼와 6년 2월'이라고 새겨져 있어 1931년에 이 비석이 세워졌음을 알 수 있다. 홍도 등대는 누구나 쉽게 찾아올 수 있도록 낮은 지역에 있어서 좋았다. 등대 아래에 있는 직원들 숙소 앞에는 잘 다듬어진 나무들이 오랜 세월 동안 바닷바람을 맞으면서도 꿋

홍도 여객선터미널 ▼

꿋하게 버티고 있다. 등대에서 망망대해를 바라보며 외로이 홀로 살아가는 등대지기의 모습을 가슴에 느끼면서 등대지기 노래가 생각났다.

이제 등대를 뒤로하고 1구의 깃대봉을 향하여 발길을 옮겼다. 가파른 산기슭을 타고 올라가는 길은 생각보다 험하여 힘들었다. 예전에 바람이 세고 파도가 높을 때에는 여객선이 1구만 대고 2구에는 대지 못하는 경우가 많이 있었다. 그때 2구 사람들은 1구에 내려서 2구까지 걸어서 갔다. 이제는 2구 주민들이 전혀 다니지 않는 '옛길'은 생각보다 험했지만 주민들의 옛 추억을 더듬으며 걸어갔다. 20년 전만 해도 이 길을 통하여 산에 있는 나무를 베다 연료로 사용했으며 생필품과 술, 쌀 등 먹거리를 지게에 지고 넘었다니 대단히 힘들었을 것이라 생각했다. 그러나 정확한 일기예보 덕분에 바람이 불지 않는 때에 맞추어서 1구에서 배를 타고 오기 때문에 지금은 좀처럼 이 산을 넘지 않는다고 한다. 두 마을을 10여 분 만에 달려가는 서진호를 타고 가는 것은 시간이 절약될 뿐만 아니라 편리하다. 게다가 주민들이 점점 나이가 들어가기 때문에 이 길은 추억의 옛길이 되어 버렸다. 지금은 여행객들이 운동 삼아 산길을 간다.

관광객들 대부분이 깃대봉까지는 오르지 않아 산으로 가는 길은 한적하기만 하다. 그러나 산길에는 동백나무, 잣나무, 후박나무, 백소사나무, 졸참나무, 팽나무 등이 군락을 이루고 있어 등산객들의 눈을 즐겁게 해 준다.

홍도의 정상, 해발 368 m 깃대봉에 이르렀는데 안개 때문에 흑산도와 하태도 등을 자세히 보지 못하여

선착장 ▶
1구에서 주낙에 미끼를 끼는 주민들 ▶
그물에서 고기를 떼내는 석기미 주민들 ▶
깃대봉 정상 ▶

참으로 아쉬웠다. 최고봉인 깃대봉에서 남서쪽으로 양산봉이 솟아 있다. 홍도는 기복이 큰 산지로 이루어져 있고 해안선은 드나듦이 심한 편이라 남쪽과 북쪽이 깊게 만입되어 있다. 해안은 대부분이 암석해안으로 해식애가 잘 발달되어 있으며 해식동, 시스택$^{sea\ stack}$ 등 해안이 발달하여 뛰어난 경관을 이루고 있다. 동쪽에는 흑산도가 대안^{對岸}을 이루고 있지만 서북방으로는 끝없이 넓은 바다가 펼쳐져 검푸른 수평선만이 아른거릴 뿐이다.

2구에서 1구까지는 3.5km로 그다지 먼 거리가 아니지만 험한 산길이라 1시간 반이 소요되었다. 그래도 이 코스를 걸어가보니 옛 정취가 가득하여 기분이 좋았다. 흔히들 홍도여행을 왔다가 흑산도를 둘러보지 않으면 반쪽짜리 여행이라 말한다. 마찬가지로 홍도에 와서 홍도 2구 석기미마을과 홍도의 정상인 깃대봉에서 홍도의 또 다른 아름다움을 느끼지 않고서는 반쪽짜리 홍도여행이지 않겠는가 생각해 본다.

역사

2구 해변가에서 주낙을 정리하시던 김광식씨^{65세}에게 홍도 전체에 대한 이야기를 들을 수 있었다. 그 분의 말에 의하면 등대의 오른편 언덕에 자리한 대풍리는 홍도 최초의 주민들 삶터였다고 한다. 오래전부터 대풍리에는 사람이 살고 있지 않은 곳인데 질그릇이 출토되거나 집터의 흔적이 남아 있어 선사시대의 역사를 지닌 곳이라 한다. 호기심이 생겼지만 가 보지는 못하다가 2013년 6월 등대호를 타고 와서 대풍리를 찾아 옛 선인들의 발자취를 더듬었다. 사람이 살 수 있을 정도로 움푹 들어간 터가 있었는데 이곳은 사철 물이 마르지 않는 곳으로 물이 계속 흐르고 있었다.

가거도의 대풍리는 바람이 너무 많이 불어서 대풍리이지만, 홍도의 대풍리는 기다릴 대^{待} 자를 쓰는 바람을 기다리는 마을이다. 옛날에는 모든 배가 돛단배라 바람이 불어야만 항해가 가능했다. 남서풍이나 동남풍이 불어야만 멀리 중국으로 갈 수 있었기 때문에 역풍이 불거나 바람이 불지 않으면 중국으로 가는 무역선이 대풍리에 배를 정박시켜 놓고 바람이 불기를 기다렸다고 한다.

2년 전 가족과 함께 홍도 유람선 관광을 했다. 대풍리 앞바다에 이르러 보니 높은 벼랑 양옆을 막고 있는 깊숙한 곳이 호수처럼 잔잔하여 유람선이 잠

◀ 태풍을 피해 어선을 육지로 옮기는 2구마을 주민들

시 머무르고 있는 순간에 어선이 다가와 유람선에 닿았다. 어선에서 갓 잡아 온 생선회를 유람선에 파는 사람들은 2구 어민들인데 별다른 소득이 없는 2구 주민들의 소득을 올릴 수 있는 방법으로 고안된 아이디어라고 한다. 2구에 있는 대풍리는 KBS 인기 드라마 해신海神에서 장보고가 바람을 기다렸다가 청나라로 향하는 장면에 나오는 곳이다.

숯가마터의 아픈 역사 : 정상인 깃대봉에서 홍도1구로 내려오는 길목에 비교적 원형이 잘 보존되어 있는 숯가마터가 있었다. 잠깐 둘러보니 일제강점기에 기차와 무기의 원료로 사용된 참나무 숯을 구워서 공출했던 아픈 역사가 있는 곳이었다.

이곳 주민의 정보에 의하면, 홍도의 깃대봉 아래 설풍리雪風里 쪽으로 4~5기의 숯굴이 더 있었고 내연발전소 위쪽 옻골에 견산艮山 숯굴이 10여 기나 더 있었다고 한다. 현재 남아 있는 숯가마터는 깃대봉 해발 320m 부근, 죽항에서 석촌으로 이어지는 길가에 있다. 주민들은 이 숯가마터를 정숙숯굴이라고 말한다. 일제하 1925~1935년 사이에 정숙이라는 사람이 숯을 구워 공출했던 유명한 원형 가마 정숙숯굴은 2구 석촌 주민들이 노역을 했던 가마였고, 견산의 숯굴은 1구 죽항 주민들이 노역을 했던 가마였다.

이 숯굴이 있는 곳은 도토리나무 등 낙엽활엽수에 속하는 참나무가 많이 자생하여 숯을 굽기에 적합한 자연여건을 갖고 있었다. 현재 남아 있는 정숙숯굴은 직경 300~330cm, 높이 80cm 정도의 가마벽을 자연석과 흙을 섞어 원형으로 쌓아 올린 형태이다. 전면에는 아궁이가 뚫려 있고 반대쪽에 굴뚝역할을 했음직한 구멍이 보인다. 원형의 숯가마 주위에는 외벽으로 둘러싸여 있다. 외벽 시설로 왼편에 돌담을 쌓고, 오른편에 흙두둑을 조성하여 가마 내 불길이 밖으로 새어 나가 산불이 발생하는 것을 막고자 만든 것이다. 숯은 가마 내부에 참나무를 쌓고 아궁이에 불을 지펴 태우다가 장작이 어느 정도 타면, 가마 상단부를 흙으로 덮어 불길을 잡는다. 흙을 덮고 3~4일 기다리면 장작의 열이 식고 보통 일주일이 지나면 숯을 가마에서 꺼낼 수 있다. 이런 방식으로 홍도에서는 1940년대까지 숯을 구워 공출해 갔고 그 후에 폐쇄되었다고 한다. 홍도뿐만 아니라 흑산도와 진도, 지리산, 한라산 등 산에 종자목만 남기고 모조리 베어 숯을 구워 공출해 갔으니, 일제 만행의 흔적을 섬에서 또 한 차례 확인해야 했다.

천연기념물 홍도

썰물 때 물 위에 드러난 바위에 무수히 붙은 흑따개비와 거북손이 온 섬에 띠를 둘러 있고 물속에 잠긴 부분에는 해초가 무성하다. 보라화산해면, 주홍화산해면이 지천이고 분홍말미잘, 황록색의 말미잘이 촉수를 펴서 꽃이 만발한 것처럼 보이기도 한다. 신비의 섬 홍도에서는 풍란을 비롯한 540여 종의 희귀식물과 231종의 동물곤충포함이 서식하고 있어 생태학적으로 귀중한 보물섬이 아닐 수 없다. 홍도는 섬 전체가 천연기념물 제170호로서 다도해해상국립공원 제478호로 지정되어 보호 관리되고 있다.

홍도는 남해의 해금강이라고 불릴 만큼 절해絶海의 짙푸른 바닷물과 기암괴석, 희귀식물들이 어우러져 있어 그 경관이 빼어나게 아름다운 곳이다. 기둥바위, 원숭이바위, 탑바위, 독립문바위 등 수많은 기암이 섬의 해변 전체에 둘러져 있다.

이렇듯 섬 전체가 천연기념물인 홍도에는 희귀종인 동식물 또한 많다. 희귀식물 중 그 첫 번째로 꼽을 수 있는 것이 풍란이다. 절벽에 붙어 하얀 꽃망울을 터뜨리는 풍란은 세찬 바닷바람에도 아랑곳없이 생

▲ 2구 대풍리 근처에 정박한 유람선
▲ 선상 횟배
▲ 숯가마터

명력을 유지하는 신비로운 식물이다. 지금은 절종위기를 맞은 희귀종으로 신안군 홍도출장소에서 난관

리사무실을 설치하여 특별보호를 한다. 무엽란, 나도풍란, 석곡풍란, 새우난 등 많은 난과 홍도원추리, 홍도까치수염, 백량금, 섬모시풀, 흰동백, 식나무, 누운향나무, 덩굴사철 등의 희귀식물이 자라고 있다.

빽빽하게 들어찬 동백숲, 후박나무, 구실잣밤나무 등이 자생하는 홍도 산림은 사람의 발길이 닿질 않아 원시림처럼 자연이 원형대로 보존된 식물생태학의 보고라 할 수 있다. 절벽 끝에서 이슬을 먹고 사는 대엽풍란은 그 향기가 10리까지 풍긴다 하며, 인간의 손길이 미친 분재와는 견줄 수 없는 자연 분재형 해송이 바위 끝에서 해풍을 맞고 있다. 희귀동물 또한 많아 곤충류, 조류, 파충류 등 231종의 동물이 서식한다. 홍도의 새 중 흑비둘기, 염주비둘기는 희귀종으로 보호받고 있다. 흑로, 가마우지, 괭이갈매기, 쇠가마우지, 원앙 등이 있고, 홍도산 나비 중 남색남방공작나비는 동양 열대지방에 널리 분포되는 종이지만 우리나라에서는 보기 드문 희귀종이다.

홍도 바다는 오염이 되지 않아 물이 맑고 풍부한 생물상을 갖고 있어서 훌륭한 야외수족관이라 할 수 있다. 연근해에는 어류 233종, 무척추동물 117종, 해조류 24종이 서식하고 있다. 이처럼 홍도의 서쪽 해안에는 사람의 발길이 닿지 않아 아직 발견되지 않은 희귀종이 많이 자생하고 있어 동·식물학자들의 관심을 끌고 있다.

천혜의 빼어난 절경, 맑고 푸른 바닷물의 신비로운 빛깔…. 신이 조각한 섬 홍도는 두고두고 간직했다가, 힐링이 필요할 때면 마음속에서 꺼내어 생각해보고 싶은 곳이다.

1구는 상가만 95호에 이를 정도로 관광사업에 의존하지만, 그래도 51가구는 어업에 종사할 만큼 홍도 바다에서는 고기가 잘 잡힌다. 그러나 대체로 2구에서 잡은 해산물을 1구에서 소비하는 실정이다.

2012년 9월 13일, 필자가 갔던 그날은 때맞춰 태풍 산바가 북상하던 중이었다. 태풍소식은 일단 비상이다. 홍도의 유람선과 어선들은 하나둘씩 1시간 거리인 흑산도로 피항을 가고 있었고, 2구의 작은 배들은 뭍으로 하나씩 도르래에 걸려서 올려지고 있었다. 그들의 생명이나 다름없는 배들을 애지중지하는 모습이 얼굴에서 역력히 묻어났다.

그런데 관광업에 종사하는 홍도 주민들에게 태풍은 휴가를 의미한다. 장사를 하지 못한다는 근심 걱정과는 달리 아이러니하게도 주민들은 얼굴 표정이 밝았다. 일 년 내내 손님맞이로 분주했던 홍도 사람들은 태풍이 오면 관광객이 들어오지 않아 미뤘던 일을 하거나 교육상 목포에 떼 놓은 자녀를 돌보러 가기도 한다. 섬에 남아 있는 사람들도 휴식을 취한다. 태풍소식은 이곳 주민들에게 모처럼의 여가를 누릴 수 있겠노라는 기대가 담겨 있어 다른 지역과는 사뭇 다른 풍속이다.

신의 작품 홍도는 이제 우리나라를 대표하는 아름다운 섬 중 하나로 사시사철 관광객들의 발걸음이 끊이지 않는다. 아름다운 섬인 만큼 가는 길도 어렵다. 홍도는 조금만 바람이 불어도 파도가 거세어지므로 계절풍에 따라 여객선 선착장이 매번 달라진다. 겨울에는 잘록한 부분의 동쪽에 대고, 6월에서 8월 말까지는 남동풍이 심하게 불기 때문에 반대편 빠돌해수욕장이 있는 서쪽 방파제 선착장을 이용한다. 이처럼 수시로 바뀌는 정박지의 사정을 개선하기 위해 최근에 1구 죽항마을에 방파제를 새로 만들어 전천후 정박지로 이용할 계획이다.

필자의 세 번째 방문길은 다행스럽게도 날씨가 좋아서 아름다운 경치를 충분히 만끽할 만큼만 파도가 출렁거리는 기분 좋은 출발이었다. 예상대로 여객선은 홍도 1구 죽항마을에 정상적으로 정박했다. 잠시 휴식을 취한 후, 홍도 주변을 일주하는 유람선을 탔다. 홍도는 본섬을 비롯한 20여 개의 새끼섬들이 둘러 있어 섬의 주변 해상을 둘러보는 홍도 33경의 유람은 홍도관광의 절정을 이룬다. 섬 주위에 펼쳐진 크고 작은 무인도와 깎아지른 절벽은 실로 예술로는 설명하기 힘든 모습이었다. 도승암, 촛대바위, 병풍바위, 남문바위, 주전자바위 등 각기 다양하고 기이한 형상을 한 기암괴석은 신이 바람과 파도로 조각한 자연이라는 이름의 작품이었다. 유람선을 함께 탄 승객들도 하나같이 탄성과 함께 벌어진 입을 다물 줄 몰랐다.

이뿐만이 아니다. 남쪽 해안에는 벼랑과 끊임없이 이어진 크고 작은 해식애海蝕崖들을 관람할 수 있었다. 섬 전체가 홍갈색을 띤 규암질의 바위섬으로 이루어져 다양한 전설과 기묘한 형상을 간직한 기암, 그리고 섬 주위에 펼쳐진 크고 작은 무인도와 깎아지른 듯한 절벽들은 억겁의 세월 동안 닳은 풍파로 형언할 수 없는 절경을 이루고 있었다. 섬을 한 바퀴 도는 데 2시간 정도 걸린다. 도중에 선상에서 생선회를 떠 주는데 그 맛은 어디에도 비길 데 없는 별미였다. 아름다운 절경과 어우러진 특별한 경험이었다.

홍도해수욕장 : 해수욕장은 섬의 잘록한 허리 부분 양쪽 해안에 두 곳이 있다. 하나는 해변이 전부 빠돌 몽돌로 형성되어 있어 빠돌해수욕장이라고도 부른다. 맑고 깨끗한 무공해 해수욕장으로 바닷물이 맑아 수심 10m 이상도 육안으로 볼 수 있다. 해안은 경사가 있으며 자갈밭으로 형성되었다. 다른 하나는 잘록한 섬 허리의 서쪽 죽항리에 모래가 아득히 펼쳐 있는 백사장 해수욕장이다.

홍도를 떠나면서

이제 홍도를 떠나야 한다. 시간이 조금 남아 좁은 골목길로 걸어서 1구 마을을 한 바퀴 도는 데 불과 20여 분 걸렸다. 이곳은 밀려드는 관광객들을 위해서 여기저기 현대적인 숙박 시설을 신축하고 있었다. 너무 변해가는 모습에 기대와 실망이 교차되는데 그래도 홍도 2구가 아직은 예전의 모습을 가지고 있어 다행이었다. 홍도뿐만 아니라 울릉도와 거문도, 청산도 등 모든 관광지는 다 그렇다. 세상만사 양면이 있듯이 개발에는 장점과 단점이 있는 법이다. 이왕 관광지로 기듭났으니 국내뿐만 아니라 전 세계적으로 유명한 관광지가 되어서 굴뚝 없는 산업으로 이름을 날리기 바란다.

◀ 풍란
◀ 나도풍란
◀ 석위
◀ 홍도원추리

흑산도 黑山島

홍도 • 가거도를 이어 주는 아름다운 절경

개요

삼면이 바다로 둘러싸인 한반도가 외세들에게 끊임없이 시달림과 침략을 받은 것은 지정학적 위치 때문이다. 옛날부터 오늘날까지 흑산도가 수많은 섬들 중에 큰 주목을 받고 있는 것도 역시 지정학적 위치 때문이다. 흑산도는 목포에서 남서쪽으로 93km 떨어져 있는 섬으로 면적 19.7km²에 해안선 길이 41.8km에 달하는 제법 큰 섬으로 1,182세대 2,075명이 거주한다. 흑산도는 섬의 95%가 상록수로 이루어져 멀리서 바라보면 검게 보인다 하여 흑산도라 일컬어졌다.

흑산도 하면 우리에게 여러 가지를 떠오르게 한다. 파시, 흑산도 아가씨, 톡 쏘는 홍어의 산지, 홍도 등 잘 알려진 것이 꽤 많은 섬이다. 흑산도에 처음 오는 사람은 예리항에 닿는 순간 두 번 놀란다 한다. 섬 하면 누구나 작다는 상상을 한다. 공을 차면 금세 바다에 빠지는 정도의 크기를 상상하는 것이 보통이다. 그러나 흑산도에 와 보면, 먼저 섬의 크기에 놀라게 된다. 그 다음에는 예리항의 어선들과 북적거리는 사람들을 보며 또 한 번 놀란다.

흑산도는 목포에서 출발하는 관광지 홍도와 가거도를 이어 주는 징검다리 섬이면서 흑산면의 크고 작은 섬들의 구심적 기능을 한다. 영산도, 대둔도, 다물도, 장도 같은 섬들이 흑산도를 빙 둘러싸고 있으며 더 멀리로는 상태도, 중태도, 하태도, 만재도, 홍도, 가거도 등의 섬들이 모여 흑산면을 이루고 있다. 흑산도는 이들 11개 섬의 해상교통 중심지로서의 역할을 한다. 근해에서 조업하는 어선들이 이곳에 와서 배와 그물을 수리하고, 기름과 얼음, 생필품과 물을 싣고 선원들이 휴식을 취하는 모습이 일상인 곳이다.

파시가 성행했던 때는 개도 천 원짜리를 물고 다녔다는 말이 있을 정도로 흥청대던 예리항은 파시가 사라진 지금은 모습이 달라졌다. 오히려 태풍이 오기를 기다리는 항구가 된 것이다. 예리항의 한 거주민은 태풍을 피해 오는 어선들이 예리항의 주요 수입원이라 한다. 7~9월 태풍이 기승을 부릴 때면 예리항에 배들로 가득 차게 된다. 어선들뿐 아니라 홍도를 비롯한 흑산면 주위 섬들의 모든 배가 예리항으로 몰려들기 때문이다. 그래서 태풍이 오면 예리에서 진리까지 배 위로 걸어서 갈 지경이라는 우스갯소리를 덧붙인다고 한다. 지금은 선박의 기능이 좋고 기상정보가 정확하여 미리 목포항으로 피항하는 선박이 많아졌지만 그래도 흑산도는 여전히 북적거린다.

흑산도는 다른 섬들과 달리 사람들이 살기에 좋은 조건을 가진 곳은 아니다. 육지와 멀리 떨어져 있어 교통이 불편하고 농경지가 적어 식량이 부족하여 그 옛날에는 보릿고개가 닥칠 때마다 배를 곯아야 했다. 교육과 보건 및 의료 서비스 등도 열악하여 군에서는 육지로 이주계획을 세운 적도 있었다. 한동안 흑산도는 파시의 성행에 따른 어업 전진기지로 부상했었지만 파시의 쇠락으로 홍도 관광길에 거쳐 가는 경유지로 전락하고 말았다. 파시의 쇠퇴로 섬 경제가 몰락해 가는 안타까운 상황이 지속되자 흑산도 젊은이들이 모여 방안을 모색했다. 그들의 대책은 흑산도 새로 알리기 운동이었으며, 다행스럽게도 젊은이들의 이러한 노력 끝에 1990년 이후 흑산도는 홍도와 함께 관광의 섬으로 탈바꿈하였다.

그러나 흑산도까지 목포에서 쾌속선을 타고도 2시간을 가야 하는 것은 결코 쉬운 일이 아니다. 중간 기착지인 도초도와 비금도까지는 내해內海에 속하여 잔잔하지만 나머지 구간은 외해外海여서 바람이 조금만 불어도 파도가 높아 멀미가 심하게 나는 구간이다. 파도가 높은 날에 배를 타면 멀미에 약한 사람들은 금세 얼굴이 노랗게 뜨고 속이 울렁거려 흑산도고 뭐고 집으로 다시 돌아가고 싶은 마음만 간절해지는 상태에 이른다. 그러나 이 모든 것을 조금만 참는다면 아름다운 흑산도의 비경을 마주할 수 있다. 흑산도는 제법 큰 섬이라 곳곳에 숨어 있는 비경도 많을 뿐만 아니라 선조들의 역사를 되돌아볼 수 있는 유적들도 적지 않다.

흑산도의 대표 특산물인 홍어는 홍갈색을 띠며, 찰지고 연한 연분홍빛 속살은 도톰하며 감칠맛이 있다. 한국인이 날것인 상태로 발효시켜 먹는 대표적인 어류인 홍어는 흑산 홍어를 최고로 친다. 흑산도 근해에서 잡히는 홍어를 총칭해서 흑산 홍어라 하는데, 날것을 어회魚膾하거나 국을 끓여 먹는다. 홍어요리는 껍질을 벗기고 엷게 썰어서 초장을 찍어 먹는다. 막걸리 안주로 먹는 것을 홍탁이라 하고, 삶은 돼지고기를 엷게 썰어 잘 익은 배추김치와 함께 먹는 것을 삼합三合이라 한다.

둘러보기

흑산도로 가기 위해 배에서 보내는 시간은 대략 1시간 50분 정도이며 중간 경유지인 비금도와 도초도를 거쳐서 간다. 흑산도를 거쳐 가는 여객선은 홍도행 외에도 더 먼 바다에 있는 상태도와 하태도, 가거도, 만재도까지 가는 여객선이 있다. 목포연안여객터미널에서 흑산도로 가는 배편은 하루에 네 번 있다.

여객선을 타고 흑산도 예리항에 들어가면 양쪽으로 긴 방파제가 보인다. 그 방파제 끝자락에는 빨간 등대와 하얀 등대가 마주 보고 있다. 흑산도에 도착하니 맨 먼저 커다란 흑산도 표지석이 눈에 들어온다. 토우회 명의로 세워진 이 표지석은 2002년에 흑산성모중학교 5회 졸업생 일동이 세웠다 한다.

연혁비에는 828년 입도, 1413년 나주목 소속, 1678년숙종4년에 흑산진을 설치하였고, 1896년에 지도 소속, 1914년에 무안 소속, 그리고 1969년에는 신안군 소속이라고 새겨져 있다. 섬의 역사가 기록돼 있는 연혁비 곁에 다도해해상국립공원 표지석이 나란히 서 있다.

흑산항은 상당히 넓은 편이다. 방파제까지 연결하여 거의 원형에 가까운 형태를 하고 있는 흑산항은 북쪽의 두 섬, 내·외영산도까지 이어 방파제를 만들었지만 정작 사용하고 있는 곳은 예리항 쪽이다. 모든 선박들이 이곳에 정박한다.

흑산항 부근은 상가와 숙박업소로 형성되어 있다. 선착장 앞 해안도로는 북서쪽 방파제까지 계속 이어진다. 파출소 옆 쌈지공원에 위치한 단층짜리 전망대는 높지는 않아도 그런 대로 조망이 좋다.

해양파출소 뒤에 연건평 250평 규모의 자산문화회관이 있다. 자산어보 전시실과 해양도서실, 관광정보실, 영상문화실이 갖추어져 있다. 뒤로 이어지는 일주도로를 따라가면 부대 앞을 지나게 된다. 문화재인 지석묘支石墓가 있는 곳이다. 흑산도는 신라 덕흥왕 3년828에 중국과 해상교역을 하던 중 상인에 의해 발견되어 처음으로 황씨가 들어와 살았다는 기록이 남아 있다. 그러나 이 남방식 지석묘와 패총이 발견된 것으로 보아 섬의 역사는 서기 3~4세기로 거슬러 올라간다. 이곳의 지석묘는 칠락산에서 뻗어내린 구릉의 끝 부분에 자리하고 있다. 네모나 타원형의 덮개돌을 서너 개 정도의 지석이 받치고 있는 형상이며 남동에서 북서 방향으로 6기가 놓여 있다. 육지에서 가장 멀리 떨어진 선사시대의 유물이다.

예리에서 진리쪽으로 가다보면 오른편에 흑산천주교회와 진리교회가 자리잡고 있다. 진리에는 흑산면사무소가 있고, 면사무소 옆에는 조선시대 수군진터가 있어 진리라는 유래를 만들게 하였다. 진리에는 아담한 송림과 울창한 대나무, 동백나무 등이 우거진 동산이 나타난다. 입구에는 '신들의 정원(Garden of the gods)'이라는 표지판이 있다.

신들의 정원에서 나오면 바로 밑에 배낭기미해수욕장이 보인다. 배낭기미는 '배가 닿는 곳' 혹은 '배가 머무르는 곳'이라는 뜻이다. 신라 흥덕왕 시절 당나라와 교역했을 당시에 해상왕 장보고 대사의 중간기착지로서 이곳에 닻을 내리고 잠시 머물지 않았나 추정해 보기도 한다. 지금은 예리항이 흑산도를 대표하지만 그 당시는 진리가 국제적인 항구였다.

목포대 도서문화연구원의 강봉룡 원장에 따르면, '국제 해양도시'의 흔적을 온전히 가지고 있는 곳은 흑산도 읍동마을이다. 읍동마을은 통일신라~고려시대에 각광받던 '국제 해양도시'였다. 그곳에 동북아 3국의 뱃사람들과 사신들이 기착하여 항해의 지친 심신을 풀고 안전항해를 기원하던 흔적들이 고스란히 남아 있다. 그들이 머물던 관사의 터들이 남아 있고, 수많은 기와와 도자기와 보도블록의 파편들이 즐비하다. 그들이 머무르며 안전 항해를 기원하던 절터(무심사 선원)와 상라봉의 제사터가 남아 있고, 해양도시 읍동마을을 수호하기 위해 축조한 상라산성도 남아 있다. 그간 사람들에게 시달림을 받지 않은 관계로 천년의 세월 동안 훼손되지 않고 유지되어온 그 흔적들이 최근 들어 급속히 훼손되어 가고 있다. 그 의미를 부각시키고 더 이상의 훼손을 막아야 할 것이다.

진리마을에 있는 진리당에서 언덕을 넘어가면 배낭기변해변이 나온다. 자칫하면 지나칠 수 있는 위치라 유의해서 찾아야 한다. 해변은 물이 유리알처럼 맑고 경사가 완만하며 백사장이 자갈 반 모래 반으로 섞여 있는 아름다운 해수욕장이다. 백사장 뒤로 소나무 숲이 있고 그 아래 원형의 탁자와 벤치를 설치해 두었다. 이곳에서 바라보는 일출은 마치 한 폭의 그림처럼 아름다워서 사진작가라면 한번은 찾았을 법한 곳이다. 물이 맑고 깨끗한 배낭기변 앞바다에서는

▶ 예리항
▶ 부두 포장마차
▼ 태풍을 피하기 위해 예리항에 정박한 어선들

미역과 다시마를 양식한다.

　이 해변 뒤 건너편에는 배낭기미습지가 있으며 호수 쪽 데크에서 관찰할 수 있도록 전망대를 만들어 두었다. 면적으로 보면 그리 넓은 편은 아니지만 늪지 뒤로 민물이 흘러드는 저수지가 있어 생태학적으로 다양한 동식물을 볼 수 있다. 읍동마을 입구에서 밭을 끼고 가다 보면 서서히 오르막길이 되어 굽이굽이 구절양장九折羊腸의 상나리고개에 접어든다. 열두 고갯길로 이 길은 상라산 전망대까지 오르는 흑산도의 명소이다. 역동적으로 용틀임하는 길 옆에 나지막이 자생하는 동백나무가 운치를 더해주어 나그네의 눈을 즐겁게 해주는 아름다운 길이다.

　열두 고개의 운치를 즐기고 나니, 길 끝에 가수 이미자의 당대 히트곡인 흑산도 아가씨 노래비가 우뚝 서서 맞이한다. 이 노래비는 지난 1997년에 세워졌는데, 노래비 아래에 스피커가 설치되어 언제든지 노래를 들을 수 있도록 장치해 두었다. 산책로 입구에 노래비와 함께 박도순 시인의 상나리재라는 시가 새겨진 시비도 볼 수 있다. 산책로는 목재 계단으로 되어 있다. 봉수대가 있었던 곳, 상라봉 정상에 오르니 탁 트인 전망에 감탄사가 절로 나온다. 굽이굽이 고갯길이 발아래 펼쳐지고 그 앞쪽으로 예리항이 한눈에 들어온다. 고개를 약간 돌리면 푸른 바다 위로 넓게 펼쳐진 예리항과 점점이 박힌 고깃배가 한데 어울려 있어 이 또한 비경이다.

　해돋이와 해넘이를 한꺼번에 감상할 수 있는 곳이기도 하다. 우리나라에서 태양이 가장 늦게 지는 곳이라 하여 세기가 바뀌는 시점인 1999년 말 해넘이 행사와 2000년 새천년을 맞이하는 빛과 물 축제가 열리기도 했다.

　상라산 정상 건너편에 따로 상라봉 전망대를 만들어 놓았다. 흑산항을 비롯한 주변 바다와 새끼섬들, 흑산도 내륙의 험준한 산악들을 조망할 수 있는 이곳 역시 사진작가들이 탐내는 포토 존이다. 특히, 장도

◀ 흑산항에서 고래를 해체하는 모습
◀ 탐사선 등대호
▼ 60년대에 태풍을 피하기 위해 예리항으로 모여든 조기잡이 어선들

▲ 60년대 흑산시장 모습

를 배경으로 지는 낙조풍광을 일품으로 친다.

급경사진 상라봉 굽이도로를 따라 내려가다 보면 마리라는 표지석이 나온다. 마을 뒤에 있는 천마산千馬山: 말 천 마리가 운집한 형상의 정기를 이어받는 곳이라 하여 지어진 지명이다. 상라봉 전망대에서 가장 가까운 곳, 내리막길에 조성된 마리마을이다.

마을의 선착장 주변에는 가오리를 말려 두어 작은 섬마을의 정취가 물씬 풍긴다. 그렇게 크지 않은 네모 모양의 선착장이며 마을은 안쪽으로 한참 들어가 있다. 좀 멀리 떨어진 장도 주민들도 접안이 편리하여 이 선착장을 이용한다고 한다. 이곳에서는 장도보다는 내망덕도와 그 왼쪽에 있는 소장도가 더 가까이 마주 보인다. 선착장 바로 앞에는 전복 양식장이 있다.

마리에서 경사가 급하고 굽이치듯이 휘도는 도로를 따라 남쪽으로 가면 흑산진黑山鎭의 산 너머 마을이라는 뜻의 전디미, 곧 비리라 불리는 마을에 이르게 된다. 마리와 비리 간의 해안도로를 따라 중간쯤 가면 바닷가 쪽에 한반도 지도바위가 있다. 파도에 의해 형성된 해식동굴로 바다 위에 솟은 기암괴석에 난 구멍이 한반도 모양과 흡사하여 붙여진 이름이다. 통일을 기리는 해식동굴 구멍으로 비리마을의 당산堂山이 비친다. 가까이 다가가면 동굴 모양이 호주 대륙처럼 바뀌어 보이는 것이 더욱 신비롭다.

비리마을을 지나면 허공에 떠 있는 형상의 하늘도로가 시작된다. 해안 절벽을 따라 교각이 없는 다리를 길게 놓은 형태의 이 길은 마치 하늘 위에 떠 있는 듯하다고 해서 붙여진 이름이다. 흑산도 최고봉인 문암산 깃대봉해발 377m에서 급하게 흘러내린, 문자 그대로 천인단애인 이곳은 길을 내기가 도무지 어려운 지형이다. 그래서 절벽에 'H'빔을 가로로 박은 뒤 그 위에 다리를 축조한, 이른바 켄틸레버 공법으로 시공했다.

잠시 걸음을 멈추고 도로 아래에 일렁이는 바다를 내려다보면 아찔하다. 그런데 눈을 들어 먼 바다 쪽을 바라보면 마치 하늘을 날고 있는 것만 같다. 흑산도 관광명소인 이 하늘도로는 홍합치까지 이어져 있다. 하늘도로 옆으로 길이가 480m나 되는 벽에 신안의 명물과 문화유산을 그려 놓았다.

조금 더 가면 오른쪽에 장도 습지를 바라볼 수 있는 조망지와 곁에 안내판이 있다. 이곳에서 장도를 건너다보면 섬의 오른쪽에 마을이 있고 두 개의 봉우리 사이에 장도 습지가 있다. 장도에는 해발 267m에 이르는 제법 큰 산을 기점으로 하여 약 180~200m 정도의 산등성이가 병풍처럼 둘러쳐 있는데, 그 중앙에 분지형태의 습지가 5만 평가량이나 펼쳐져 장관을 이룬다.

이곳에서 뒤로 돌아보면 흑산도 최고봉인 문암산 깃대봉이다. 깃대봉을 위시하여 선유봉, 상라봉 등이 섬의 산지를 이루는데, 곤촌리 뒤 야산까지 포함하여 산림유전자원보호구역이다. 문암산 계곡 사이로 뻗어 내린 끝자락에 문암산약수터가 있다. 이 약수터는 가뭄에도 마르지 않고, 약수에 더덕, 산삼을 비롯한 약초 성분이 함유되어 약수를 마시면 젊어진다는 전설이 있다. 물이 부족한 섬에서 약수는 그야말로 생명수이다.

　여기서 조금만 더 가면 곤촌리라는 마을인데 온통 전복 양식장인 포구가 보인다. 고깃배 하나 겨우 드나들 수 있을 정도의 수로만 남겨 두고 양식장을 만들고 있다. 해안일주도로를 따라 돌다 보면 차창을 통해 보이는 마을 앞바다에는 전복 양식장으로 가득 차 있다.

　곤촌리 다음 마을은 심리다. 상라봉 전망대에서 심리마을까지 12km 정도의 일주도로는 줄곧 푸른 바다를 오른쪽에 끼고 이어진다. 흑산도 서쪽 해안 중 가장 깊숙이 들어간 만에 있다 해서 붙여진 이름인 심리는 흑산도 서남쪽 해안에 자리하고 있다. 마을로 가는 길을 따라 계속 내려가면 반원형으로 되어 있는 심리포구에 닿는다. 심리포구는 깊숙이 들어간 해안 내에 북쪽으로 움푹 들어간 지점에 포구를 만들었고, 그 뒤로 마을이 에워싸고 있어 바다가 열린 서쪽을 제외하고는 산으로 둘러싸여 있다. 마을 뒤로 몇 개의 암봉이 있고 그 중 한 곳에 군 레이더 기지가 있다.

　심리에는 후박나무 군락이 있다. 해변을 끼고 있는 도로변에 무성하게 자라고 있는데, 그 앞을 공원처럼 조성하여 후박나무 이야기라는 간판도 붙여 두었다. 박정희 대통령 시절, 육영수 여사가 이곳 심리초등학교 어린이들을 수학여행 차 청와대로 초청을 했던 적이 있었다. 해군 군함을 이용해 어린이들을 초청한 미담이 신문기사에 실리면서 만들어진 노래가 흑산도 아가씨이다. 흑산도가 주는 검은 섬 이미지에다 그리움에 애타는 섬여인들의 한을 결합시킨 이 노래의 탄생배경을 제공한 바로 그 학교다.

　심리보다 작은 마을 암동을 지나면 가파르고 구불구불한 오르막길을 만나게 된다. 구불구불한 길을 올라 한다령이라는 고개를 넘으면 사리마을로 갈 수 있다. 한이 많은 고개라는 이름이 고갯길의 모양새와

흑산도 표지석 ▲
지석묘 ▲
조개무지 ▲

왠지 어울려 보인다. 20년 전 이곳에 왔을 때는 예리에서 버스로 암동마을까지, 다시 걸어서 한다령 고개를 넘어갔다. 이곳에도 공원이 조성되어 있는데 날개를 단 천사의 모습으로 표현한 해안일주도로준공기념비가 조형물과 함께 세워져 있다. 신안군의 이미지인 천사의 섬을 그대로 표현한 작품이다. 동서양이 함께하는 의미의 천사를 표현했다는 설명이 안내문에 쓰여 있다. 부근에 박도순 시인의 시 한다령이 새겨진 시비詩碑가 있다.

바다를 끼고 섬 전체에 둘러 있는 25.4km의 흑산도 일주도로는 1984년 첫 삽을 뜬 이후 27년 만인 2010년 3월에야 비로소 개통되었다. 개통을 기념하여 이곳 한다령에 공원을 조성한 것이다. 한다령을 넘어서면 흑산도에서 유명한 사리마을에 들어선다. 마을에 들어서자마자 도로에서 멸치를 말리고 있는 모습이 보였다. 도로 한쪽으로 길게 늘어놓았거나 길 양쪽에 지그재그로 널어 두었다. 그 앞에 교회와 유허비 한 기가 세워져 있다.

사리마을은 모래미라고도 불리는 남쪽의 바닷가 마을이다. 40년 전 사리마을은 부촌이었다. 멸치가 가장 많이 잡혔고 연승어업으로 조업을 하였다. 그래서 마을에 상고선商賈船이 3척이나 있을 정도로 소득이 높았던 마을이었다. 또한 여타 마을과 달리 섬 내에서 농사를 짓는 몇 안 되는 마을 중 한 곳이다. 섬마을의 농사라고 해 봐야 대부분 가족들이 먹을 것 정도 짓는 것이 고작이었다. 농토가 비좁고 주업이 어업인 이곳 섬사람들에게는 어느 정도의 농사를 짓는다는 것은 대단한 풍요로움이다. 정약전 선생이 이곳에 자리잡은 이유가 이런 연유가 아닌가 싶다. 농토가 있는 곳답게 하천과 몇 개의 작은 다리가 있다. 하천 따라 내려가는 길에 사리보건진료소, 사촌서당으로 접어드는 돌담길, 그리고 학교가 있다.

사촌서당은 손암 정약전 선생께서 후학을 양성하던 서당이다. 사리마을이 한눈에 들어오는 산비탈에 이중으로 담장을 두른 사촌서당을 복원해 놓았다. 아담한 돌담길은 산에서부터 흐르는 도랑을 따라 나 있었다. 낮은 돌담 너머로 사촌서당沙村書堂이라는 현판이 들여다보이는 복성재라는

◀ 상나리고개
◀ 상나리고개 야경

서원이다. 하천의 반대편에 흑산초등학교 서분교장이 있고 학교 뒤로 산이 에워싸고 있어 참으로 안온한 느낌이 들게 한다. 조형물들과 함께 있는 교사는 모두 세 동. 이곳에는 현재 4명의 학생만이 재학 중이다.

천주교인이 강세를 보이는 섬답게 사촌서당 바로 앞에 성당 공소가 있고 아래쪽 넓은 터에는 공원이 조성되어 있다. 바로 유배문화공원이 자리잡고 있으며 당시 유배지의 생활상을 볼 수 있도록 만들어져 있다. 흑산도가 예로부터 유배의 섬, 귀양지가 된 연유는 육지와 멀리 떨어져 있고 뱃길이 험했던 까닭이다.

『자산어보茲山漁譜』의 내용과 유배된 사람들의 모습 등이 돌 하나하나에 새겨져 있다. 정약전을 비롯하여 최익현과 김홍록, 김귀주 등 모두 17명의 개별 비석이 있고 박문홍 등 이 섬과 관련된 인물 5명의 기록, 그리고 『자산어보』에 등장하는 8종류의 흑산도 특산 어류를 위시한 해양생태에 대한 내용이 쓰여 있다.

이곳에서 내려와 계속 걸어가면 해안이 나오는데 여러 개의 돌섬들이 가로막고 있는 사리포구다. 이 포구 앞에 칠형제바위라고 불리는 7개의 작은 돌섬이 방파제 구실을 하는 덕분에 동남풍이 불어도 어선들이 안전하게 정박할 수 있다. 포구 안쪽으로 고깃배들이 오롱조롱 떠 있는 풍경은 그림처럼 아름답다.

사리에서부터는 가파른 고갯길이 이어지고 고갯길을 넘어서면서부터 다시 바다와 접하며 섬의 서편으로 접어든다. 여기서 조금 더 올라가면 칠형제바위에 대한 안내판이 세워져 있고 이곳 전망대에서는 사리 포구 전경이 한눈에 들어온다. 사리재 방향의 S자 길도 함께 볼 수 있다. 여기에도 박도순 시인의 시가 새겨진 시비가 있다. 조망대에서 조금 더 올라가면 도로 왼쪽으로 돌탑과 함께 팔각정자 가산쉼터가 있다. 거기에서 몇 미터 더 가면 길은 왼쪽으로 급하게 꺾어진다. 산을 깎아 도로를 만들었기 때문이다. 왼쪽 산은 솔데미라는 곳이다.

사리마을 다음에 닿는 곳은 소사리마을이다. 마을 앞에 모래등성이가 있어 소사리라 하였는데 사리마을과 함께 가장 좋은 어장을 가지고 있고 또한 멸치 마을로도 유명하다. 이 마을 뒤쪽에 높이 솟아 있는 문암산으로 가는 등산로 입구가 있다. 북서에서 동남으로 이어지는 길이다. 길이 하천을 따라 바다로 이어지므로 이곳 소사리마을은 길 따라 길쭉하다. 마을 앞바다의 구문여는 거센 파도가 칠 때 구멍 사이로 물줄기가 뿜어져 나오는 장면이 장관이라고 한다.

소사리를 벗어나면 천촌리와 소사리 사이에 있는 모래해변 샛개를 만난다. 흑산도의 2개 해수욕장 가운데 하나인 샛개 해수욕장은 바다 쪽은 모래, 육지 쪽은 자갈로 되어 있다. 모래알이 분말 같아서 손으로 만지면 먼지처럼 부서질 정도로 곱다. 하지만 대중교통이 불편하고 편의 시설 하나 없으니 숨어 있는 명소라 할 수밖에. 예리에서는 차로 25분 정도 소요된다.

소사리에서 자동차로 3~4분 정도만 가면 천촌리 여티미에 닿는다. 천촌리는 산이 높고 마을이 길게 뻗었다 하여 천촌리 불리었다 한다. 바위 위 큰 소나무가 무성하게 자란 아래쪽에 초라한 비석 하나가 눈에 들어온다. 면암 최익현 선생 유허비인데 최익현 유적지라는 커다란 안내판에 비해 비석은 매우 작고 비석을 두른 돌난간도 부실하기 짝이 없다. 조촐한 면암 유적지에는 근래 세워진 비석 하나에 면암이 암벽에 새겼다는 기봉강산 홍무일월其封江山 洪武日月이라는 글자뿐이다. 고조선 이래 이곳은 조선의 땅이라는 의미로, 1876년 체결된 병자수호조약에 대한 강력한 반대 의지를 표현하고 있다.

천촌리마을 위쪽에 커다란 저수지가 하나 있다.

흑산도 전체의 식수를 공급하는 중요한 수자원이다. 섬 인구 4천여 명, 연 관광객 20여만 명이기에 식수 부족으로 십수 년째 제한급수를 하는 등 만성적인 물부족을 겪어 왔었는데 이 댐을 보니 앞으로는 물 걱정을 덜게 되겠다는 생각이 들었다. 그 저수지에서 넘쳐나는 맑은 물이 바다로 흘러간다. 마을이 워낙 작아서 도로 위에 두세 가구와 교회 하나가 있고, 도로 아래 해안 쪽으로 몇 가구가 있어 가구수는 손가락으로 충분히 헤아릴 정도다. 해변 왼쪽에 선착장이 있고 작은 고깃배 몇 척이 무심히 떠 있을 뿐인 고적한 해변이다. 천촌리에서 북동쪽으로 구부러지는 완만한 해안도로를 따라가면 청촌리가 나온다. 마을 주변 산림이 울창하고 사철 푸르다 하여 청촌이라 하였다. 움푹 들어가 포근해 보이는 지형 안에 형성되어 있는 마을은 넉넉하고 부유해 보인다. 대부분 분홍색 지붕을 이고 있는 현대식 건물들로 마치 펜션처럼 보였다.

이 마을 사람들은 멸치잡이가 주업이지만 조업을 할 만한 젊은 사람이 없어 멸치잡이 철이 되면 육지의 직업소개소에서 사람을 구해와 어장에 나간다. 옛날에는 일 년 내내 멸치잡이를 했지만 지금은 잘 안 잡힌다 한다. 마을을 가로질러 언덕을 지나면 예리항으로 가는 길이자 해안 일주도로를 만나는 지점이다. 일주도로의 종점인 셈이다. 이곳에는 배를 타고 내리

▼ 흑산도 관문 예리항

는 선착장 시설만 있다. 선착장은 바위섬을 연결한 듯 방파제가 바위섬을 관통한다. 바로 앞 마주 보이는 섬, 영산도로 가는 배를 타는 선착장이다.

흑산도를 돌아보고 난 다음에 마을마다의 발전상을 종합해 보니 조그만 섬이지만 마을의 위치와 접한 해양 환경에 따라 생업이 많이 달랐다. 예리항은 상업화가 되었고, 동쪽에 위치한 사리와 소사리, 청촌리 등은 어선어업이 발달하였다. 태풍이 와도 영향이 없는 서쪽의 비리와 마리, 진리 등은 전복과 우럭, 돔 등의 양식업을 하고 있다. 바람과 파도는 무서운 존재이지만 바다와 육지의 해변가를 정화시키고 바다를 풍요롭게 해 주는 두 얼굴을 가진 자연자원이라고 할 수 있겠다.

흑산홍어 이야기

홍어는 삭혀 먹어야 제맛 : 홍어를 발효시켜 먹는 요리 방법이 있다. 남도 사람들은 오래전부터 삭힌 홍어의 독특한 맛을 이용해 홍어회, 홍어무침, 삼합, 홍어애탕 등 다양한 방법으로 조리해서 먹어 왔다. 남도 지방에서는 홍어요리가 잔치음식으로 널리 이용돼 왔다. 근래 들어 건강식과 기호식품으로 자리잡으면서 전국화가 되었으며 도시에서도 많이 소비되고 있다.

홍어요리에는 어떤 것들이 있나 : 삭힌 홍어 요리는 홍어회, 홍어회무침, 홍탁삼합, 홍어찜, 홍어애탕 등이 있다. 일반 물고기와 달리 홍어회는 상온에서 숙성시켜 먹는다. 숙성도에 따라 육질과 향이 다르다. 홍어회무침은 싱싱한 야채와 초장 등 양념과 홍어회를 버무려 만든 음식이다. 홍어의 발효 정도에 따라 양념의 양이나 재료 등이 달라진다. 홍탁삼합은 잘 익은 김치와 삶은 돼지고기, 그리고 홍어회, 세 가지 음식을 한입에 먹을 수 있도록 만든 음식이다. 여기에 탁주(막걸리)를 곁들여 먹는다. 김치는 반드시 묵은 김치로 발효된 것이어야 하며, 삶은 돼지고기도 뜨거울 때보다 촉촉하게 식혀 먹어야 세 가지 음식이 어우러진 삼합의 맛을 느낄 수 있다. 홍어찜은 전라도 지방에서 가장 으뜸으로 치며 숙성도를 극대화시킨 요리이다. 그 맛이 강하여 눈물이 핑 돌 정도이며, 삼키고 난 다음에도 숨 쉴 때마다 목구멍에서 느껴지는 자극과 함께 특유한 맛이 콧바람에 배어난다. 먹기 좋게 결 따라 찢어서 먹으며 쫄깃쫄깃한 맛을 즐길 수 있다. 홍어애탕은 홍어내장과 홍어를 넣고 어린 보리싹과 된장을 넣고 끓인 국이다. '홍어앳국'이라고도 한다. 숙취를 잊게 해주는 효능에 애주가들이 찾지만 쉽게 맛보기 힘든 음식이다.

방법과 효능 : 홍어를 삭히는 방법은 지역과 개인마다 조금씩 다르다. 일반적으로 항아리에 볏짚을 깔고 물에 씻지 않은 홍어를 통째로 넣은 후 상온의 음지에서 여름에는 1~2일, 겨울에는 6~7일 놔둔다. 볏짚은 홍어의 수분을 흡수하며 볏짚 속 고초균이 홍어의 육질을 연하게 만드는 역할을 한다. 삭힌 홍어의 고약한 냄새와 톡 쏘는 맛은 요소 때문이다. 깊은 바다에 사는 홍어는 체내의 삼투압을 외부 압력보다 높게 유지하기 위해 삼투압 조절 물질인 요소를 다량 함유하고 있다. 홍어를 삭히는 과정에서 이 다량의 요소가 암모니아로 변하면서 독특한 냄새와 맛을 만든다.

홍어는 원래 풍부한 영양과 효능을 지닌 물고기로 알려졌다. 조선 후기 실학자 정약전의 『자산어보』에는 '홍어를 먹으면 장이 깨끗해지고 술독이 풀린다'고 기록되어 있다. 홍어의 살과 내장인 애에는 EPA와 DHA가 다량 함유돼 있어 관상동맥질환을 예방하고 혈전의 생성을 억제한다. 관절염과 골다공증 예방에도 좋다. 홍어물렁뼈의 주성분인 콘드로이틴황산 덕분이다. 콘드로이틴은 노화 방지와 뼈 형성 등의 효능을 지닌 단백질의 일종으로 화장품의 원료로도 사용된다. 삭힌 홍어는 강알칼리성을 띠며 몸을 알칼리 체질로 개선하는 데 도움이 된다. 또한 홍어를 삭히면 항암성이 높아진다. 특히 내장과 살에서 이러한 효능이 높게 나타난다.

역사적 유래 : 삭힌 홍어를 언제부터 먹기 시작했는지 기록에서 확인하기는 어렵다. 홍어에 대해 『본초강목』에서는 태양어邰陽魚라 하였고, 모양이 연잎을 닮았다 하여 하어荷魚, 생식기가 괴이하다 하여 해음어海淫魚라고도 하였다. 『자산어보』에서는 분어鱝魚라 하였다. 속명을 홍어洪魚라 하고 형태와 생태 및 음식으로서 나주羅州지방의 홍어에 대한 기호嗜好를 소개하고 있다. 『식감』에서는 소양어라 하였다. 전북에서는 간재미, 경북에서는 가부리, 나무가부리, 전남에서는 홍해, 홍에, 고동무치, 함경남도에서는 물개미라고 부른다.

삭힌 홍어를 먹게 된 유래는, 홍어 조업기지로 유명한 흑산도에서 목포나 영산포에 도달하기까지 거리가 먼 까닭에 운송 중에 자연적으로 삭혀진 홍어를 먹게 되면서부터라고 전해 오고 있다. 생산지와 소비지 거리가 멀어 운반 도중에 저절로 삭혀진 홍어를 뭍에서 먹기 시작했다는 것이다. 흑산도에서 유배 생활을 한 정약전은 홍어의 특성을 자세하게 기록하고 나주 사람들이 홍어를 즐겨 먹는다고 기록하였다.

남도 지방에서는 전통적으로 잔칫집에서는 홍어 요리를 빼놓지 않았다. 잔치를 앞둔 집에서는 홍어를 사다가 숙성을 시켜 잔치음식으로 내놓을 정도로 귀

유배의 마을 사리▼

하게 여겼다. 일상적으로도 수시로 홍어 요리를 먹었으며 특히 겨울과 봄철에는 별미로 즐겼다.

남획과 어족 고갈로 인해 국내 해역에서 홍어가 많이 잡히지 않게 되면서 외국산 홍어를 수입하고 있다. 나주 영산포와 목포 등지에는 홍어를 가공해서 전국적으로 유통시키는 전문 업체들이 있다. 최근 들어 택배가 보편화되면서 소비자들이 업체에 직접 주문하고 있다.

사회적 기능 : 홍어요리는 잔치음식으로 중요시된다. 특히 호남지역에서는 크고 작은 대소사에서 삭힌 홍어요리가 빠지지 않고 등장한다. 이런 까닭에 홍어요리 유무와 그 맛에 따라 잔칫집에 대한 평가가 달라지기도 한다. 요즘에는 건강식품으로 떠오르면서 도시에서 널리 소비되는 기호식품으로 자리잡았다.

흑산도와 영산포 등지에서는 매년 홍어축제가 열리고 있다. 이 홍어축제를 통해 홍어요리를 홍보하고 관광자원으로 활용하고 있다. 국내산과 외국에서 들여오는 수입산 홍어는 품질과 맛이 달라 가격차가 많이 나, 국내산 홍어라는 것을 보증하기 위해 품질 인증제도를 도입해서 운영하고 있다. 특히 흑산도 홍어의 경우 바코드를 붙여서 판매함으로써 값싼 수입산과 차별화하고 있다. 국산 홍어 생산 어민을 보호하기 위한 장치라고 할 수 있다.

흑산도 키워드, 파시

수산청에서 1964년에 흑산도를 어업전진기지로 선정한 것은 흑산도 예리항이 갖는 파시波市의 기능이 실제로 커서였다. 파시란 풍어기에 일시적으로 고기 잡이배와 운반선 사이에 고기의 매매가 이루어지는 배와 배에서 형성되는 거래시장을 말한다. 먼 바다에 있는 흑산도는 파시가 설 정도로 엄청난 양의 고기가

▲ 해안일주도로 준공기념비
▲ 사리마을 멸치를 말리는 풍경
▲ 사리에 있는 사촌서당

잡히는 황금어장의 중심지였다. 홍어뿐 아니라 조기, 고등어, 삼치 등 파시의 종류도 다양했다.

하지만 흑산도 예리항 이외에는 근처에 배를 정박할 만한 곳이 없었고, 태풍이라도 불어오면 중국과

▲ 사리에 있는 유배문화공원
▲ 소사리에 있는 구문여

일본 어선까지 몰려와 국제적인 피항지 역할까지 해야 했으므로 항구의 확장에 대한 지원이 절실했던 것이다. 지금은 사라진 파시가 당시에는 수시로 열려, 흑산도 예리항은 고기를 실은 배들, 특히 조기잡이 배들로 장관을 이루었다. 동중국해에서 겨울을 보낸 조기들은 봄이 되면 산란을 위해 이동하는데, 3월에서 7월까지 흑산도와 재원도, 칠산바다를 거쳐 연평도로 무리지어 올라갔다가, 8월이 되면 다시 제주 남쪽의 따뜻한 바다로 내려간다. 조기의 여정 중 가장 맛이 좋은 때가 서해를 지날 때이다.

그에 따라 자연히 흑산도 파시가 커질 수밖에 없었다. 1960~70년대까지 조기의 회유回遊에 따라 서는 파시는 흑산도를 위시하여 자은도 사월포와 증도 상월포, 재원도와 위도, 연평도 등에서 열려 각 섬의 지역경제를 활성화시켜 주는 역할을 하였던 것이다. 1960년대 성황이었던 파시는 1970년대부터 내리막길을 걷기 시작하여 지금은 옛말이 되고 말았다. 1974년 5월 7일자 동아일보 7면에 이런 글귀의 기사가 있다.

파시는 60년대 말을 절정으로 내리막길을 걷고 있었다. 한일국교정상화와 어업협정 체결 이후 어획고는 장비 기술면에서 일본의 상대가 되지 않아 한국의 완패로 빠르게 귀착돼 갔다. 게다가 69년에는 북한의 무장간첩선 침투 루트를 막는다며 서해 어로한계선을 남하한 탓에 파시는 이름만 남긴 채 추억 속으로 사라졌다. 70년 서해바다의 조류가 바뀌며 조기보다 삼치가 더 많이 잡히는 기현상이 일어나 조기파시의 명성을 찾아보기 어렵게 됐다. 그럼에도 불구하고! 파시여, 다시 한 번!

실제로, 흑산도에서는 1974~1976년에 거의 끝물 파시가 열렸다. 어획량이 급감하자 당국이 어로자금을 풀어 어선의 현대화와 대형화를 유도했고 덩치가 커진 배들이 먼 바다 남지나해까지 진출해 고기잡이를 했지만 그마저도 오래가지 못했다. 1979년 언론은 파시는 옛말이 됐고 조기는 금값이라는 탄식을 보도하곤 했다. 배들이 커지고 고기잡이 기술과 장비가 좋아지면서 알밴 조기를 일망타진하니 연안의 고기가 사라졌다. 게다가 지구온난화 등 환경변화로 수온과 조류조차 들쭉날쭉해 그 많던 고기들이 자취를 감추었던 것이다. 파시가 성행했던 자리는 일반 어선과 관광선이나 외지인을 위한 낚싯배 부두로 변한 지 오래되었다.

역사를 품은 섬 흑산도

고고학의 자료에 의하면 흑산도에는 선사시대부

터 사람들이 살았던 것으로 추정된다. 먼저 1966~1967년에 걸친 서울대학교 연구소의 지표조사 결과, 흑산도와 우이도, 태도, 가거도 등에서 돌도끼와 토기가 파묻혀 있는 조개무지와 고인돌 등의 고고학 자료가 발견되었다. 또한 1999년 목포대 도서문화연구원의 지표조사 결과, 흑산도 읍동마을 일대에서 무심사선원无心寺禪院의 절터, 상라산성, 상라봉의 제사터, 그리고 도자기 및 기와편 등 통일신라~고려시대의 유적과 유물들이 대거 발견되었다. 이러한 점들을 유추해 보면 신석기시대부터 흑산도에 주민들이 살기 시작했으며, 통일신라와 고려시대에 국제 해상교역의 주요 거점으로 기능했음을 암시하고 있다.

문헌 자료에 의하면 통일신라~고려시대에 흑산도가 한·중 해상교통로의 거점이었음이 잘 드러난다. 먼저 장보고의 후원으로 중국 유학생활을 수행한 후에 847년에 귀국했던 일본의 고승 자각대사 엔닌圓仁은 『입당구법순례행기』에서 귀국길 여정 중에 들었던 흑산도에 대한 정보를 기록으로 남긴 바 있고, 1123년 고려를 방문한 송나라 사신 서긍이 『고려도경』에서 흑산도에 대하여 사신선이 머물렀던 곳으로 관사가 있었다고 기록하였다.

한편 송나라의 사서인 『송사宋史』에서는 명주明州 정해현定海縣으로부터 순풍을 만나면 3일 만에 대양大洋에 들어가고 5일 만에 흑산도에 이르며, 그 나라 경계에 들어간다는 기록이 있을 뿐 아니라, 18세기 중반에 저술된 이중환의 지리서 『택리지』에는 신라~고려시대에 '영암-구림-흑산도-홍도-가거도-영파'에 이르는 바닷길이 크게 활성화되고 있었음을 기록하고 있다.

이밖에 『동국여지승람』 나주목羅州牧 편에 의하면

사리의 칠형제바위 ▼

흑산도에 대하여, 물길로 9백여 리이며 주위는 35리이다. 옛날에는 흑산현이라고 불렸는데, 그 터가 아직도 있다고 기록되어 있다. 조선조 말 1864년에 김정호가 쓴 『대동지지』에는, 신라 때 당나라에 가려면 모두가 영암靈巖에서 출발해서 하루 만에 흑산도에 이르고, 다시 동북풍을 만나면 홍의도洪島와 가거도, 소흑산도를 거쳐 사흘 만에 태주에 도착한다고 기록되어 있다.

이상의 글들로 보아 당시에는 중국을 오가는 배가 반드시 흑산도를 거쳤음을 알 수 있다. 실제로 흑산도는 중국 대륙과 한반도를 잇는 국제 해양항로의 중요한 거점으로 활용되면서 고대 해양문화를 꽃피운 곳이다. 그러므로 선사시대부터 현대사에 이르기까지 흑산도는 가히 역사를 품은 섬이라 할 수 있다.

흑산도가 크게 번성하게 된 것은 828년 신라 흥덕왕 3년 장보고가 완도에 청해진을 설치하고 당나라와 교역하기 위해 흑산도를 중간기점으로 삼으면서부터라고 한다. 그 이후 고려시대까지 번성을 누린 흑산도는 교역의 거점항에 해당하는 읍동마을에 해적의 침입을 막을 목적으로 상라산성이라는 산성을 쌓았다.

유배의 땅 흑산도

흑산도는 많은 인물이 유배생활을 했던 섬이다. 옛날에는 유배와 절망의 땅이라 여겨 바닷물도 푸르다

▼ 천촌리 최익현 유허비
▼ 최익현 유적지

흑산 홍어 ▼

못해 검게 변한 곳이라는 표현을 했던 곳이지만, 실제로는 선비들의 정신적 쉼터로서 강인한 삶의 체험지라 할 수 있다.

흑산도 서안西岸의 사리마을에는 유배문화공원이 조성되어 있다. 정약전을 비롯하여 최익현과 김홍록, 김귀주 등 모두 17명의 개별 비석이 있는 것으로 보아 흑산도로 귀양살이를 다녀간 유배자들의 수가 적지 않았음을 알 수 있다. 이 중에 천주교 박해 때 흑산도에 유배된 정약용의 형 정약전丁若銓은 이 섬에 머물면서 『자산어보慈山漁譜』를 썼다.

유배생활 중 저술한 『자산어보』는 우리나라 최초의 어류도감으로 생태보고서이자 수산물 백과사전으로서 오늘날까지 기여한 바가 큰 책이다. 15년에 걸쳐 조사하고 정리한 자산어보에는 쑤기미와 홍어를 비롯한 8종의 흑산도 특산 어류와 155종의 어류를 포함한 총 227종의 바다생물들에 대한 내용을 담고 있다. 정약전은 물고기의 이름과 생김새는 물론 특징과 습성 그리고 쓰임새까지 자세하게 기술했으며 더불어 상어에 대한 상세한 내용을 담은 것도 놀라운 일이다.

진리와 천촌리는 면암 최익현 선생의 유배지였다. 병자수호조약1876이 체결되자 궐문 앞에 도끼를 메고 조약을 체결하려거든 이 도끼로 내 목을 먼저 치라고 상소를 올렸다가 이곳으로 2년 정도 유배되었는데, 유배생활 동안에도 진리에 일심당一心堂이란 서당을 세워 후학을 양성하였고 천촌리로 옮긴 후에도 서당

흑산홍어 위판장 ▼

을 지어 후학을 양성하였다. 이곳으로 유배를 온 사람들의 공통적인 특징은 유배 중에도 교육사업으로 섬에 기여했다는 점이다. 섬사람들의 입장에서는 훌륭한 스승으로부터 교육을 받을 수 있었던 귀중한 기회였을 것이다.

을사늑약이 체결되자 최익현 선생은 전라도 태인에서 의병을 일으켰고 순창싸움에서 패해 일본 쓰시마로 압송되었다가, 결국 그곳 감옥에서 적이 주는 음식에는 입을 댈 수 없다며 단식한 끝에 1906년 11월 17일 굶어 죽었다. 행동하는 양심이자 진정한 애국자로서 최익현 선생의 정신이 한때나마 이 섬에 머물렀음은 흑산도로서는 자랑스러운 일이다.

흑산도 아가씨

흑산도는 대중가요 흑산도 아가씨의 배경지다. 당대 히트를 쳐 국민가요가 되다시피 한데다 노래의 탄생배경이 특별하여 이곳 상라봉 언덕에는 흑산도 아가씨 노래비까지 서 있다.

1965년 흑산도 섬 소년들의 소원인 서울 수학여행이 기상 악화로 취소되자 청와대의 도움으로 해군함정을 타고 가 이루어졌다는 신문기사를 본 정두수 작사가에 의해 작시되었다 한다. 이 가사에 박춘석 작곡가가 곡을 붙여 1967년 가수 이미자의 노래로 세간에 나오자, 한 시대를 풍미할 만한 인기 대중가요가 되었다. 노래의 인기 못지않게 당시의 흑산도는 파시가 한창이었고 2천여 척의 어선들이 항구에 꽉 차서 배를 댈 수가 없을 정도로 바다시장이 성황이던 때였다. 4월에는 조기파시, 7월에는 고등어파시, 10월에는 삼치파시, 12월부터는 홍어가 성행해 예리항은 항시 뱃사람들로 들끓었다. 이에 따라 여인숙, 선구점, 술집 등 400~500명에 이르는 종사원들이 외지에서 이곳으로 들어와 장사를 했고, 수천 척의 배가 태우고 온 수천 명의 뱃사람들로 흑산항은 늘 흥청거렸던 것이다.

1962년 5월 28일자 동아일보 3면 기사에 의하면, 선착장에 갈매기와 여인네가 얼마나 보이느냐로 파시의 규모를 알 수 있었는데, 76년 흑산도 예리항구의 상주인구는 3백12가구 1천7백여 명이었으나 5월 파시 때는 어부와 철새족 아가씨 등 3천여 명이 늘어나 5천여 명이 복작거렸다하니 그 풍족함을 가늠해 볼 수 있을 것 같다. 명동보다 더 붐비고 물가도 비싸다는 이곳 선창가에는 밤새 여는 다방이 7군데, 술집과 음식점, 여관이 80개소, 이발소만도 네 군데나 됐다.

예리항에 배가 들어오면 한복을 빼입은 술집 아가씨들이 우르르 달려가 호객행위를 하던 그 시절의 풍정風情을 상상하기는 어렵다. 그러나 파시가 사라진 지금, 그 흑산도의 파시를 젊게 물들이던 아가씨들은 흔적을 찾아볼 수가 없다.

흑산도 종교

유적지 지석묘군支石墓群을 지나 조금 더 가면 흑산중학교가 있고, 얼마 가지 않아 흑산성당이 보인다. 흑산성당은 바로 앞 흑산진리교회와 마주하고 있다. 유서 깊은 성당이라 박물관까지 있었다. 성당 안에 박물관이 있다는 것은 그만큼 이 성당의 역사가 깊다는 것을 뜻한다.

일찍이 천주교 신자 조수덕이 고향 흑산도로 귀향하던 해인 1951년 8월 죽항리에 공소를 만든 것을 시작으로 이곳의 천주교는 여느 섬보다 교세를 확장하였다. 브라질 신부가 1958년 성당을 신축하여 터를 잡은 이후, 1960년에 흑산성모중학교를 설립하여 1973년 공립 흑산중학교가 설립되기 전까지는 이 지역 중등교육을 담당하였고, 1969년에 준공한 대건조선소에서는 선박수리와 건조는 물론 이곳에서 나오는 전력으로 예리, 진리 등에 전기를 공급하였다. 1969년에는 흑산신용협동조합을 설립하여 금융지원을 하는 등 천주교가 섬에 이바지한 바가 컸다.

이곳에서 해안을 바라보면 진리해안이 한눈에 들어온다. 진리해안 곁에 있는 진리 처녀당을 가는 길에 있는 철새연구센터는 우리나라 최초의 철새 관련 상설연구기관이다. 철새연구센터를 지나 오르막길을 오르다 보면 중간쯤에 신들의 정원Garden of the Gods이라는 안내판이 보이는 이곳이 바로 흑산도 성황당의 본당인 진리당이다. 진리당과 당숲으로 조성된 신들의 정원은 다소 아담하면서 소나무숲과 대나무, 동백나무 등 상록수가 사계절 푸른 옷을 입고 있는 동산이다.

이 당산에는 소박하게 지어진 진리당과 용신당이 있다. 우리나라에서는 흑산도와 제주도에만 자생한다는 초령목招靈木이 이곳 당산에 자생하고 있다. 천연기념물로 지정됐던 어미나무는 여러 해 전 고사했고, 지금은 43그루의 새끼나무가 주변에서 자라고 있는 중이다. 목련과에 속하는 초령목은 사시사철 푸른 상록수로서 목련과 가운데 가장 먼저 흰 꽃이 피는 나무이다. 진리당은 이중의 돌담으로 둘러싸인 중앙에 있다. 앞건물은 문이고 뒷건물이 본전本殿이다. 안쪽 돌담을 한 바퀴 돌고 나오면 바로 옆에 탐방로가 있다. 탐방로는 진리당 오른쪽부터 시작해서 용왕당을 돌아 다시 진리당으로 이어진다. 이렇듯 흑산도에서는 천주교와 기독교 그리고 오랜 무속신앙까지 합쳐져 먼 바다로 나가 생사를 장담할 수 없었던 때 안전과 행운을 기원하고 살았던 흔적을 볼 수 있다.

홍어잡이 배 ▲
홍어 축제 ▲

흑산도 관광명소

진리 처녀당과 초령목 천연기념물 제369호 : 선착장 근처 진리마을 당산에는 처녀당이라 불리는 성황당이 있고 그 아래 50m 지점에는 초령목이 있다. 수령이 320년쯤 되는 것으로 추정되는 이 초령목은 가지를 꺾어 불전에 놓으면 귀신을 부른다 해서 일명 귀신나무로도 불린다. 면적 100m², 수량 1그루, 추정수령 150~300년, 지정사유 노거수희귀수종, 개인 소유. 나무 높이 20m, 가슴높이의 줄기 둘레 3.1m이고, 가지퍼짐은 동쪽 10m, 서쪽 15m, 남쪽 15m, 북쪽 10m에 이른다.

배낭기미해수욕장 : 물이 유리알처럼 맑고 경사가 완만한 이 해수욕장은 백사장이 자갈 반 모래 반으로

구성되어 있다. 바다를 분홍빛으로 물들이며 떠오르는 일출과 그 그림자 아래로 지나가는 고깃배가 마치 한 폭의 그림처럼 아름다운 곳이다. 내륙쪽으로 배낭기미습지가 있어 생태학적으로 희귀한 동식물을 관찰할 수 있다.

세께해수욕장 : 아는 사람만 찾는 절경으로, 밀가루처럼 고운 백사장, 아기자기한 해변과 바다 그리고 주변환경이 어우러져 환상적이다. 바위 주변을 돌아가며 고둥을 잡는 재미도 쏠쏠하다. 예리에서 차로 25분 정도 소요된다.

상라산성반월성 : 도 기념물 제239호인 상라산성은 읍동마을 뒷산 정상 8부 능선에 반달 모양의 성이 구축되어 있어 반월성이라 부르고 있다. 이 성은 신라시대 장보고가 해적을 방어하기 위해 축조한 것이라 한다. 성 뒤편이 바다이기에 자연적 요새로서 적의 공격을 방어하기 좋은 성터였다고 한다. 길이 2,300m, 높이 0.5~2m이다. 그 옛날에 적을 막아낸 전투의 흔적으로 불리는 암벽 피바위가 있다.

석주대문 : 바다 수면에 바위로 만들어진 대문이다. 이 대문을 해초선이 드나들며 낚싯대를 드리우고 석주에 앉아 있는 강태공들도 적지 않아 한철 좋은 풍경이다. 모양새가 코끼리와 같다 하여 코끼리바위라고도 불리며, 구멍바위라고도 한다.

상라봉 : 흑산 일주도로의 동백꽃길을 따라 굽이굽이 상라봉 정상에 오르면 예리항의 아름다운 자태와 자연이 빚은 최고의 걸작인 홍도를 비롯한 다도해의 전경이 한눈에 가득 찬다. 정상에 오르는 길에는 중국과의 해로를 감시하기 위해 통일신라 후기에 축조되었을 것으로 추정되는 상라산성과 봉수대가 자리잡고 있으며, 한없이 외로운 달빛을 안고 홀로 흑산을 지키는 섬마을 처녀의 애환이 서려 있는 흑산도 아가씨 노래비가 자리하고 있다.

예리항 : 많을 때는 2천여 척의 어선이 부두에 모여들어 어선 자체만으로도 장관을 이루며, 특히 1천여 척의 배들이 일제히 불을 밝혀 놓은 밤이면 마치 거대한 해상도시가 생겨난 듯하다. 예리항은 뭍으로부터 멀리 떨어진 뱃길의 서러운 사연을 간직한 항구이다. 마치 그 사연을 감추려는 듯 섬의 사면은 깊고 사뭇 지조와 결기가 깃들어 있다.

흑산도를 떠나면서

전통과 민속, 문화와 역사가 살아 숨 쉬는 땅 흑산도! 유배와 절망의 땅이었던 흑산도는 바닷물도 푸르다 못해 검게 변한 곳이다. 이제 쾌속선이 수시로 드나들어 전통과 현대가 함께 어우러져 있는 해양문화를 찾아 수많은 사람들이 흑산도를 찾고 있다.

파시로 오랫동안 흥청거리던 섬, 해변에 즐비하게 서 있는 생선가게, 식당, 술집, 선구점, 여관, 다방 등 잡다한 점포들을 지나 흑산도를 떠나기 위해 부두로 나왔다. 지금은 한가롭기 그지없는 항구지만 파시로 흥청거리던 오래된 항구답게 잔재들이 여기저기 널려 있다. 조기와 고등어, 고래, 삼치, 홍어가 떠난 흑산도! 그들의 회유를 기다리며, 수천 척의 어선들과 술집과 식당 등의 수백 명의 종업원들이 다시 흑산도로 돌아오기를 기다리면서 뱃고동이 울어대는 여객선을 향하여 발걸음을 재촉하였다.

조기가 떠난 자리에 관광객들이 드나들기 시작하여 다행이다. 앞으로 더욱 많은 관광객들이 이곳에 오기를 바라면서 흑산도를 떠난다.

흑산 예리항으로 들어오는 쾌속선 ▲

탐사 항해일기

30년 동안
사람이 살고 있는
크고 작은 유인도
총 446개의 섬을 찾아
고독한 항해를 하면서
그 아름다운 섬 모습에 반하고
투박하지만 선량하기 그지없는
섬사람들을 만나면서
그들의 순한 외로움과
맑고 선량한 마음을
함께 나누었다.
슬프지만
낭만이 깃들어 있는
섬사람들의 삶의 사연들을
가슴에 수놓으며
탐사선 등대호에서 겪은
수많은 위험의 순간들을 추억하며
섬사람들의 질펀한
삶의 이야기를
여기에 싣는다.

차 례

1. 낙도 선교사로 파송 받다
2. 전국 섬 탐사항해 결심에 대한 동기
3. 탐사선 등대1호 첫 사고
4. 두 번째 사고
5. 1991년 12월 국내 최초 섬 탐사항해 출항
6. 두 번째 탐사 – 여수 고흥 42개 섬
7. 서울에서 전재산 270만원 들고 여수 화양면 세포리 전가족 이주
8. 2차 탐사 후 귀항 중 큰 사고 발생
9. 하의도 근해에서 등대1호 표류 사고
10. 섬의 천국 – 신안군 섬들의 탐사
11. 무안 복길항에서 등대2호 침몰 사고
12. 등대2호 조난 – 하루에 해경 3번 출동
13. 태안 격렬비열도 탐사 후 귀항 중 등대2호 좌초
14. 가장 두려웠던 서해안 탐사 – 전북의 고군산군도
15. 서해안 충청남도 섬들의 탐사
16. 인상이 깊은 인천 섬들의 탐사
17. 먼 섬 인천 울도에서의 대형 사고
18. 소중한 장비가 들어 있는 가방 분실 사고
19. 경상남도의 섬 탐사
20. 여수 추도와 고흥 첨도의 슬픈 이야기
21. 오늘의 나를 있게 한 여수 백야교회
22. 선교선 등대1호와 등대2호의 활약
23. MBC 프로그램 '느낌표'에 5개월간 방송 출연
24. 다랑도 할머니 눈 뜬 이야기
25. 충남 외도에 내연발전기 설치한 이야기
26. 탐사항해일기를 마무리 하면서

1. 낙도오지 선교사로 파송 받다

나는 1989년 12월 내 나이 만 37세 때 서울 바나바선교회에서 낙도 오지 선교사로 임명을 받아 내 고향 완도군 노화도로 내려갔다. 아내와 두 아들은 서울에 두고 나 혼자 선교사 신분으로 내 고향 완도군 노화도 미라리로 내려온 것이다. 다음 해 1990년 7월에 1.7톤짜리 선교선 등대1호가 진수되면서 나는 이 배의 선장 겸 항해사가 되어 노화도 주위에 14개 무교회 섬을 다니면서 선교 사업을 시작했다. 나는 기독교를 접하면서 이웃 사랑을 실천하기 위하여 아무도 찾지 않는 곳을 향하여 달려 갔던 것이다.

나는 섬사람이 몇 명에서 몇 십 명밖에 되지 않는 조그만 섬을 찾아다니며 선교 사업을 시작하였다. 이 섬들은 다음과 같다. 구룡도, 장사도, 당사도, 구도, 동화도, 서화도, 마안도, 마삭도, 어룡도, 대장구도, 소장구도, 재원도, 죽굴도, 후장구도 총 14개 섬이었다.

이들 섬은 대부분 전기가 없고, 집배원도 들어오지 않았으며, 객선도 다니지 않는 섬이 많았다. 분교가 폐쇄되었고 선착장이 부실하고 식수, 의료, 교통, 교육, 가게 등 복지 시설도 없고 주업도 마땅치 않아 대부분 가난에 허덕이며 살고 있었다. 일주일에 2일 동안 등대1호를 몰고 선교 사업을 하며 섬의 속사정을 자세히 알게 되면서부터 그분들의 삶에 대하여 관심을 가지기 시작하였다. 그 당시에 노화도나 보길도는 큰 섬에 속하였고 문화 시설이 갖추어져 있지만, 이보다 작은 섬들은 각종 생활 편리 시설이 전혀 갖춰지지 않아 많은 불편과 어려움 속에 살아가고 있었다. 내가 맨 처음 섬에 관심을 가진 것은 선교였지만 그들의 너무 열악한 생활 모습을 보고 생활에서 꼭 필요한 물품 지원 활동도 조금씩 할 수밖에 없었다.

1년 동안 무교회 섬들을 순회하면서 그 섬과 섬사람들의 역사와 민속, 고유한 문화, 생업, 삶의 애환에 대하여

관심을 갖기 시작했다. 그리고 나도 모르게 호기심이 발동하여 전국의 모든 유인도에 사는 섬 주민들의 모습은 어떠할까? 생각하면서 궁금해 하며, 섬사람들의 다양하고 풍부한 문화와 독특한 환경 등 이국적인 모습을 접하고 전국의 모든 유인도 섬을 탐사하여 경험해 보고 싶은 강렬한 꿈을 꾸게 되었다.

2. 전국 유인도 탐사 항해 결심에 대한 동기

내가 전국 유인도 섬 446개를 탐사항해 하겠다는 결심을 한 동기는 여러 가지가 있지만 지면 관계상 두 가지만 말하겠다. 첫 번째 이유는 기원후 60년 경 유대인이었고 로마 시민권자인 바울은 종교 문제 때문에 동족에게 고발을 당하여 로마 황제 가이사에게 배를 타고 재판을 받으러 간다. 그러나 타고 가던 배는 가는 도중에 거대한 풍랑과 파도를 만나 2주일 동안 표류하면서 지중해 멜리데(몰타)에 도착한다. 죽었다 살아난 바울이 겪는 이 죽음의 항해기는 사도행전에 자세히 기록되어 있다. 이 당시 276명 가운데 한 명도 죽지 않았고 배만 파선되었을 뿐이다. 나는 이 기록을 여러 번 읽어보면서 전국 446개 섬 탐사의 가능성을 보았다.

두 번째 이유는 대항해 시대 지리상의 발견이 나에게 준 영향이다. 15세기 대항해 시대 탐험가들이 범선으로 세계 일주를 하였고 새로운 시대를 열었기 때문에 여기서도 우리나라 유인도 섬 탐사의 가능성을 보았다.

스페인의 '크리스토퍼 콜럼버스'는 신대륙을 발견하고 세계사를 바꾼 위대한 탐험가이다. 1492년부터 4번 대서양을 항해한 세기의 탐험가이며 신대륙을 발견하여 진정으로 인류역사의 새로운 길을 선사 하였다. '페르디난드 마젤란'은 16세기 초 에스파냐 항해가이다. 그는 인류 최초의 지구일주항해의 총지휘자이다. 마젤란 탐험대는 스페인에서 출발 후 110 일 동안 남아메리카를 통과한 다음 필리핀에 도착하였고 아프리카 희망봉을 지나서 다시 스페인으로 돌아옴으로써 세계 일주를 완성했다. '아메리고 베스푸치', '제임스 쿡' 선장 등도 위대한 대양 시대의 탐험가들이다.

수많은 탐험가들이 죽음을 무릅쓰고 범선을 타고 지리상의 발견을 통해 오늘 날 우리가 최고의 문명을 누리고 있는 것이며, 그들의 희생 덕분에 우리 인류가 오늘 이렇게 엄청난 부를 누리고 있는 것이다. 그 당시만 해도 수천 년 동안 유럽, 아프리카, 아시아 대륙만 교류를 하였고, 아메리카나 호주 대륙은 존재하는 줄도 몰랐다. 이 당시 항해는 일기 예보나 GPS가 없었고, 동력선이 아니기 때문에 풍선은 무수한 사고를 당했으며 수많은 선원들이 희생을 당하였다. 지구가 평평하다고 믿고 있던 그 시절에 산더미 같은 풍랑, 무풍지대, 안개, 괴혈병, 선원들의 반란, 해적선 출현, 두려움, 고독, 원주민들과 전투 등이 있었다. 그 많은 어려움 속에서도 세계 곳곳에 해상 네트워크를 건설하고 교역을 하면서 오늘날의 새로운 시대를 열게 하였다.

나는 대항해 시대에 나온 책들을 섭렵하면서 고민하고 연구 한 결과 풍선을 가지고도 세계의 지평을 넓히는 역할을 했는데 동력선을 가지면 삼면이 바다로 둘러싸인 우리나라 유인도 총 446개 섬을 탐사하는 것이 가능하다고 믿었다. 그러나 가족을 포함한 주변 사람들은 싸늘한 반응이었다. 사실대로 말하자면 이 일은 불가능한 일이었고 내가 뱃사람도 아니고 항해사도 선장도 아닌 내가 이런 도전을 하는 것은 너무나 무모한 일이었다. 그리고 나는 공교육도 제대로 받지 못했으며 공부도 다양하게 많이 하지 않아서 글재주나 사진기술도 없었고 가장 중요한 후원자도 없었다. 그래도 도전해 보고 싶은 마음이 너무나 강렬해 마음속으로 고민하면서 잠시 때를 기다리기로 하였다.

3. 맨 처음 당한 등대1호 사고

가는 순간 여러 번 사고가 일어났다. 맨 먼저 사고는 1991년 7월 24일 노화도와 보길도 사이 바다에서 일어났는데, 박0복이란 고향 후배의 배가 뒤에서 등대1호를 들이받는 바람에 사고가 발생하였다. 박0복 후배는 혼자서 배를 몰고 면소재지인 이포리로 가면서 전방 주시를 하지 않고 기관실에 들어가 일을 보다가 자신의 배가 등대1호를 뒤에서 들이받는 줄도 모르고 있었던 것이다. 이 충돌 충격으로 등대1호는 60도 가량 기울어져 전복되기 직전에 박0복후배가 자신의 배를 급정지시켜서 등대1호가 전복되는 것을 아슬아슬하게 모면하였다. 그때 나의 신발 한 짝과 물통이 바다로 튕겨 나갈 정도로 급박한 순간이었다. 일행 2명은 너무 급한 나머지 바다로 뛰어들 준비를 하고 있을 정도였다.

이 사고로 배가 전복되었으면 틀림없이 깊은 바다에 침몰한 등대1호는 기름 유출로 환경오염을 일으킨 책임을 져야하고 당연히 벌금을 물고 망신을 당했을 것이다. 그렇게 되면 당연히 이 선교 사업도 포기하고 서울로 돌아갔을 것이다. 또한 섬 선교를 위해 등대1호를 마련해 준 분에게는 뭐라고 할 것인가! 다행히 큰 사고로 이어지지는 않았는데 나는 오! 하나님! 하면서 가슴을 쓸어내리는 첫 사고를 경험한 것이다.

4. 두 번째 사고 – 안개 속에 하룻밤을 바다에서

바다에서 항해 중에 가장 무서운 것이 안개이다. 안개가 자욱이 끼면 한 치 앞도 볼 수 없는데 안개 속에 갇히면 얼마나 두려운지 모른다. 나는 두 번이나 바다에서 안개를 만나 큰 사고가 날 뻔하였다. 첫 번째는 1991년 6월에 일어났다. 노화도 근처 횡간도라는 조그만 섬에 사는 전도사 부부가 노화도 면소재지에 왔다가 나에게 연락이 와서 이들 부부를 태우고 횡간도로 가던 중에 짙은 안개를 만났다. 지금까지 안개가 끼면 해도와 나침판에 의지하며 항해하고 다녔다.

그날 오후에 계속 안개가 낀 바다에서 방향 감각을 잃어버리고 이리저리 돌아다니다가 해가 지고 어둠이 밀려들자 우리는 점점 불안과 공포를 느끼기 시작했다. 할 수 없이 김 양식 부표를 잡고 안개가 걷힐 때까지 기다렸지만 안개는 쉽게 걷히지 않았다. 추위와 함께 밀려드는 공포심과 싸우며 꼬박 하룻밤을 지새웠다. 그날 저녁에 내가 다니던 미삼교회와 미라리 동네에서는 난리가 났다. 횡간도에 갔다가 돌아올 시간이 한 참 지났지만 등대1호가 돌아오지 않자 교회에서는 무슨 사고라도 났는지 걱정하면서 해양경찰서에 신고하고 횡간도 몇 분에게 전화를 걸어서 등대1호의 행방을 찾았지만 도무지 소식을 알 수 없었던 것이다. 다음 날 오전에 마을로 돌아왔지만 그때 여러 사람이 천만다행이라며 가슴을 쓸어내렸다.

5. 국내 최초로 섬 탐사 시작 – 진도 조도
(1991년 12월)

낙도 오지 선교사로 파송된 지 2년 만에 1991년 어렵게 바나바 선교회 회장 김기홍 목사에게 허락을 받고 마침내 섬 탐사를 시작하였다. 1992년 12월 17일 월요일 나는 국내 최초로 전국 유인도 446개 섬을 직접 탐사하는 역사적인 첫 항해를 시작했다. 기간은 일주일을 예상했지만 10일 정도 걸리는 여정이었다.

맨 먼저 간 곳은 진도군 조도면 지역으로 혼자서 등대1호를 몰고 해도를 보면서 10일 동안 조도군도와 맹골군도를 탐사하기 시작하였다. 등대1호를 섬 선착장에 접안하고 섬을 방문할 때마다 가장 먼저 찾아간 곳은 교회였다. 전도사인 나는 한 번도 가보지 않은 낯선 섬에서 목사님을 통하면 쉽게 주민들을 만날 수 있고 섬에 대한 다양한 정보를 얻을 수 있었다. 숙박 장소와 식사를 무료로 교회에서 제공해 주었기 때문에 섬 답사는 교회의 도움이 절대적이었다. 목사의 소개로 이장과 어촌계장과 일반 섬사람들을 만났다. 노트와 카메라를 메고 주민들을 만나면 가장 기초적인 것들을 물어본다. 전기, 식수, 선착장, 집배원, 여객선, 행정 기관, 통학선, 보건소, 학교, 이 섬 출신 인물, 교회, 사찰, 주업, 당산제, 애로 사항, 생활권, 자녀 교육 등 가장 기본적인 것들을 파악하였다. 그때 나에게 숙박과 식사를 제공해 준 곳이 조도면 조도중앙교회 이영신 목사였다. 나는 무사히 첫 탐사항해를 마치고 다시 내가 살고 있는 노화도로 돌아와서 한국 교회와 미국 교회들에게 우리나라 유인도 총 446개 섬을 탐사해야 할 필요성과 섬에 대한 기록을 남기기 위하여 재정 지원을 요청하는 편지를 보냈다.

6. 두 번째 탐사 – 여수 고흥 42개 섬

두 번째 탐사항해 닻을 올린 날짜는 1992년 5월 4일 월요일 내가 살고 있는 노화도에서 혼자 출항하였다. 나는 겨울철을 피하여 이번에는 봄철에 여수와 완도 동부 지역, 고흥 지방의 섬 탐사를 위하여 2주 동안 탐사 계획을 세웠다. 여수 거문도에서 1박을 하면서 거문도를 중심으로 동도와 서도를 탐사하였다. 여수와 제주도의 중간 지점에 위치한 거문도는 지정학적으로 매우 중요한 섬으로, 구한말 1885년 영국군이 무단 점령하여 2년 간 주둔해 있었던 섬이다. 거문도, 동도, 서도 등 3개 섬이 모여서 천혜의 항구를 이루고 있는 거문도는 우리나라 섬을 대표하는 유명한 섬으로 나의 발걸음을 한참이나 붙들어 놓았다.

다음 날은 거문도 근해의 손죽열도를 탐사하였다. 손죽도에서 1박 하면서 김송주 씨를 만났는데 이분은 평생 나와 교제를 나누면서 인연을 맺었고 서로 많은 도움을 주고받았다. 이어서 초도와 소거문도, 평도, 광도를 탐사하였는데 마침 김송주 씨가 동행해줘서 가벼운 마음으로 4개 섬을 탐사 할 수 있었다. 그 뒤에도 김송주 씨는 통영 지방에 1주일, 신안군 지방 1주일을 탐사항해 때 동행 해 주었다. (김송주 씨는 2004년에 내가 사재를 털어 장만한 4.5톤짜리 등대2호가 풍랑으로 침몰 했을 때 목포까지 자신의 배를 몰고 와서 등대2호를 견인하여 목포 앞바다 장도의 '여천선박해체' 회사로 끌어다 주기도 하였다. 지금은 고인이 되었지만 내가 탐사항해 중 어려운 일을 당할 때마다 늘 가까이서 물심양면으로 도와주신 고마운 분이었다.) 이 당시 여수 섬들과 임진왜란 당시 이순신 장군이 최후의 전투를 벌이던 노량 앞바다를 지나서 광양만의 섬들을 탐사하였다. 삼간도에서 1박 하면서 수심이 얕은 이 지역 섬들의 형편을 알아보았는데 지금은 변해도 너무 많이 변하였고 율촌 공업단지와 여수산업단지의 확장공사와 오염으로 더 이상 사람이 살 수 없는 곳으로 변해 버렸다.

7. 2차 탐사 후 귀항 중 큰 사고 발생

여수와 고흥, 완도군 동부 지역의 섬들을 탐사하고 노화도로 귀가 항해 중에 큰 사고가 발생하였다. 2주 동안 여수와 고흥 완도 동부 지방의 섬들을 탐사한 숫자는 총 43개 섬이었는데 광양만과 여자만 가막만 지역을 탐사하였다.

완도로 돌아오면서 금당도, 비견도, 등을 탐사하고 귀가하던 중에 독립운동으로 유명한 섬 소안도 남쪽 부상리 앞바다를 지나다가 큰 사고가 발생하였다. 등대1호 스크루에 멸치잡이 그물인 낭장망에 감기고 말았다. 나는 즉시 날이 무딘 낫을 들고 망설임 없이 바다에 뛰어들어 스크루에 감긴 그물을 완전히 잘라 내려 했지만 도저히 그물을 다 제거할 수가 없어서 스크루에 감긴 그물을 얼마 정도 잘라낸 다음 기진맥진한 상태로 다시 항해를 시작하였다. 스크루에 그물이 감겨 있으면 배 속도는 절반 이하로 줄어버린다. 노화도를 향하여 천천히 항해하는데 40분 정도 후에 소안도 맹선리 근처를 통과하는 중 깜짝 놀랄 일이 일어났다. 등대1호 바로 전방에 큰 암초가 막 물 위에 모습을 드러내고 있었던 것이다. 깜짝 놀라 배 방향을 급히 틀어 다행히 암초를 피해 통과하였다. 여기서 문득 깨달은 것이 있었다. '만약에 스크루에 낭장망 그물이 걸리지 않고 빠른 속도로 이 근처를 항해했으면 틀림없이 저 암초와 등대1호가 충돌하여 파선되었을 것이다.' 나는 생각만 해도 끔찍했다. 만약 암초와 충돌사고가 났다면 등대1호도 나도 모두 사라지고 나의 인생도 여기서 끝장났을 것이다.

그 암초는 끔찍한 대참사 사고 기록을 가지고 있는 암초였다. 1974년 11월 4일 소안면 사람들이 노화도에서 5일장을 보고 귀가하던 중 충돌하여 39명이 사망 또는 실종되는 대참사가 발생하였다. 소안도 남쪽에 사는 마을인 서중리, 동진리, 소진리, 부상리에 사는 주민들이었다. 사고 선박인 광진호(4,7톤) 선장은 정원이 14명인데 4배나 많은 54명을 태우고 항해를 하다가 대참사가 난 것이다. 지금은 그 자리에 무인 등대를 설치하여 누구나 이곳이 암초라는 것을 알 수 있게 하였다.

그런데 여기서 문제는 훼손되어버린 멸치 잡는 낭장망 그물 주인을 찾아서 그물 값을 배상해 주어야 하는데 그 주인을 알 수가 없었다. 어렵게 수소문하여 그물 주인을 찾았는데 부상리 마을에 살고 있는 분이었다. 그물 값 배상으로 120만 원을 요구하였는데 그때 내가 받는 한 달 월급은 50만 원이었다. 정중히 사정하여 60만 원에 합의를 보았다. 그래도 이 그물이 스크루에 감긴 사고 덕분에 등대1호가 암초와의 충돌을 피하고 파선되는 큰 위기를 넘기고 살아난 것은 감사할 일이라고 생각하였다.

8. 서울에서 전재산 270만원 들고 여수 화양면 세포리 전 가족 이주

1989년부터 완도 노화도로 섬 선교사로 파송되었을 때 나는 아내와 두 아들은 서울에 두고 나 혼자 파송 생활을 하였다. 3년 간 14개 무교회 섬 선교와 복지 사업을 겸하면서 선교사로 사역을 하다가 이번에는 바나바선교회에서 여수 백야교회로 파송을 받았다. 그때가 1992년 10월이다. 그 때도 나 혼자 백야교회에 왔지만 다음 해인 1993년 2월 25일 김영삼 대통령 취임식 하는 날 아내와 어린 두 아들을 데리고 서울에서 화양면 세포리로 이사를 왔다. 너무 가난하여 집도 없었고 단 돈 270만원 가지고 내려왔다.

서울 강남 일원동 목련 미용실에서 미용사로 일하던 아내는 남편을 따라 초등학교 다니는 두 아들을 데리고 여수 시내도 아니고 화양반도 끝머리인 어촌 세포리로 이사를 오면서 얼마나 서럽게 울던지 너무나 미안하고 안쓰러웠다. 미장원에서 7년 동안 일하면서 깊은 정이 들었는지 미장원에 모인 사람들이 다 눈물을 흘렸다. 나는 꼭 죄인 된 마음으로 얼굴을 들 수가 없었고 미안한 마음뿐이었다. 지금도 그 때를 떠올리면 가슴이 먹먹하고 코끝이 찡하다. 자녀 교육을 위하여 모두 시골에서 도시로 가는데 나는 정 반대로 서울에서 가장 오지인 곳으로 이사를 하기 때문에 마음이 천근만근 무거운 심정이었다.

이 당시에도 등대1호를 타고서 15개 무교회 섬들을

순회하며 완도에서처럼 선교와 복지 사업을 동시에 실시하였다. 그때 다닌 섬들은 다음과 같다. 여수의 추도, 송여자도, 금죽도, 수항도, 대부도, 나발도, 소횡간도, 평도, 광도, 고흥의 수락도, 첨도, 진지도, 원주도, 보성의 해도, 주지도 등 총 15개 섬이었다. 비록 가난하였고 자녀들을 학원 한 번 보내지 못하고 살았지만 그래도 나는 내가 좋아하는 섬 탐사항해를 했기 때문에 좋았고 보람이 있었다.

9. 하의도 근해에서 등대1호 표류 사고

1993년 여름 신안군 하의도 해역 섬들을 탐사하던 중 스크루 고장으로 배가 동력을 잃고 표류하기 시작하였다. 물때는 7물이어서 물이 가장 많이 빠지는 시기인 사리 때였다. 이때 밤새도록 배가 목포 근처로 밀려가면서 죽을 고비를 넘긴 적이 있다. 저녁때 등대1호가 사정없이 밀물을 따라서 밀려가는데 할 수 없이 적당한 장소에 닻을 내리고 구조를 요청할 참이었다. 당시에는 핸드폰도 없고, 신안군은 완도 지역과 달리 어업보다 농업이 성행하여 바다에 배들이 거의 다니지 않았다. 날이 어두워지자 닻을 올려 억지로 육지인 장산도로 가려고 애를 썼지만 배는 목포 쪽으로 사정없이 밀려만 갔다. 어느덧 시아도 유인 등대까지 밀려갔다가 다시 조류가 바뀌면서 밀려 내려왔다. 그때가 자정 무렵이었다. 마침 진도 해남 사이의 울돌목 방향으로 가지 않고 진도 서쪽으로 등대1호가 표류하면서 율도란 섬에 도착하였다.

율도에서 배를 육지에 접안한 다음 마침 지인의 도움으로 배를 수리도 하고 섬 탐사를 계속하였다. 그날 밤에 목포로 향하는 큰 배들이 많았다. 그런데 지나가는 배와 등대1호가 충돌할 위험이 많았지만 그때 마다 지나가는 배들이 내 배를 비켜서 가기에 참 신기하다고 생각하면서 그 이유를 잘 몰랐었다. 나중에 알고 보니 그 배들은 레이다가 장착되어 있어서 상대방의 배는 레이더 앞에 나타난 등대1호를 보고 피해 갔던 것이다. 이날 이후 나는 혹시 기관고장에 대비하여 약간의 먹을 것과 손전등을 준비하고 다니게 되었다.

10. 섬의 천국 – 신안군 섬들의 탐사

나는 우리나라 유인도 446개 섬들을 여러 번 탐사했지만 그 중에서 인상이 깊은 섬은 흑산도와 가거도이다. 신안군은 우리나라에서 가장 많은 섬을 거느린 대표적인 지자체이다. 신안군은 유인도가 72개이다. 먼 섬은 여객선을 타고 가서 탐사했으며 나머지 섬들은 등대1호를 몰고 다니며 탐사하였다. 최초의 흑산도 방문은 1992년 4월 여객선을 타고 처음 방문하였다.

가거도는 흑산도에서 새벽에 정부의 명령 항로인 새마을호를 타고 들어갔다. 그리고 중간에 있는 상태도, 중태도, 하태도, 만재도를 거쳐서 내리 6시간을 달려갔다. 이 항로는 아주 먼 바다이기 때문에 파도의 크기가 엄청나게 크다. 물론 갈 때마다 이런 파도를 만나는 것은 아니지만 한 달에 몇 번 높은 파도를 만나는 것은 당연하고 겨울에는 수시로 풍랑주의보 때문에 새마을호가 가거도 항로를 가지 못한다.

가거도는 해발 639m의 독실산이 안개 속에 우뚝 서서 험한 바닷길을 안내하듯 서 있는 섬이다. 독실산은 매우 경사가 급해서 논도 없고 밭도 거의 없는 상태이다. 가거도 1구에서 여객선이 닿는 큰 동네는 대리 마을이다. 정부에서 많은 예산을 투입하여 어업전진기지를 만들어 놓았기 때문에 태풍주의보나 풍랑주의보가 내리면 이 항구로 어선들이 몰려와 바람과 파도를 잠시 피하는 장소이다. 가거도는 교통의 오지여서 자녀 교육과 문화에 대한 갈증 때문에 계속 도시로 이주가 계속되던 중에 1979년 3종 어항 방파제 사업이 시작 되었다. 이때부터 섬을 떠나는 것이 다소 주춤한 상태가 되었다. 1980년대까지는 목포에 나들이하려면 이틀이나 소요되었다. 지금은 시속 35노트로 달리는 최신형 쾌속선이 다니기 때문에 4시간이면 목포에 도착한다. 가거도는 전국 최고의 낚시터로 사계절 낚시꾼이 몰려오는 섬이다. 가거도와 흑산도를 탐사한 후에 흑산도 주위에 있는 장도 영산도 홍도 하태도 상태도 중태도 등을 탐사하였다.

11. 무안 복길항에서 풍랑으로 등대2호 침몰 사고

2007년 11월 9일 금요일 신안군 해역 당사도, 매화도 등을 탐사한 후 목포로 귀항하던 중에 압해도 근처에서 등대2호가 갯벌 위로 올라가 버렸다. 다시 배가 뜨려면 밀물이 들어올 때까지 기다려야 하는데 억지로 무리하게 후진을 하다가 그만 키가 휘어지고 말았다. 밀물이 들어올 때 까지 기다려서 새벽 1시에 배가 떴다. 주위에 마침 낙지잡이 하는 어선에게 도움을 요청하여 바로 앞에 있는 무안군 복길항으로 배가 예인되었다. 그때 등대2호를 선창 안쪽으로 접안해야 하는데 선창 바깥쪽으로 끌다가 준 뒤 낙지잡이 배는 가버렸다.

등대2호를 복길 항에 정박해 두고 목포에서 버스를 타고 여수 집으로 돌아왔는데 이틀 후 목포 해양경찰서에서 전화가 왔다. 등대2호가 거센 풍랑에 휩쓸려 침몰했다는 것이다. 급히 현장에 왔는데 뾰족한 방법이 없어서 물속에 잠겨 있는 등대2호를 주위에 있던 좀 더 큰 배가 목포 북항 부근에 있는 조선소로 예인해 주었다.

수리비 400만원을 마련할 길이 없어서 2주일 동안 조선소 앞바다에 등대2호가 바닷물 속에 잠겨 있었는데 내 자신이 물속에 잠겨 있는 것처럼 가슴 아프고 억장이 무너지는 느낌이었다. 그때 불현듯 생각해 낸 기억이 일전에 여수에서 목포 바로 앞에 있는 장도라는 조그만 섬에 탐사를 갔다가 기관 고장으로 배를 수리한 적이 있었다. 그 공장 사장에게 전화를 하여 사정 이야기를 했더니 등대2호를 예인해 오면 수리해 주겠다고 하였다. 그래서 무료로 수리해 주었는데 그 회사 이름이 여천해철 이명수 사장이다.

12. 등대2호 조난
- 하루에 해경 3번 출동한 사고

2011년 5월 7일 토요일 나는 하루에 한 번도 아니고 몇 번의 사건 사고가 연속으로 일어나 천당과 지옥을 번갈아 경험하는 일이 있었다. 5월 4일부터 부산 홍성권 작가와 김OO 교수 등 3명과 함께 신안군 섬들을 탐사하던 중 4일째 되는 7일 새벽에 비금도 근해 수치도에서 큰 사고가 발생 하였다. 이 지역 바다 사정을 잘 모르고 배를 선착장에 정박했다가 썰물 때 등대2호가 선착장 끄트머리에 걸려서 바닷물이 빠져버리니까 전복될 뻔했는데 극적으로 배를 구해냈다. 선착장 방파제 끝머리에 등대2호를 정박시켰는데 바닷물이 빠지면서 등대2호가 방파제에 걸려 배는 45도 이상 기울어졌는데 재빠르게 대처하여 침몰사고를 가까스로 막았다. 그러나 배에서 가장 중요한 신형 GPS와 탐사용 카메라 핸드폰 등 여러 가지 물건들이 그만 바닷물에 잠기고 말았다. 그때 홍성권 작가와 김OO 교수가 등대2호에 들어온 물을 퍼내고 다행히 모터펌프가 작동되어 등대2호가 침수하는 것을 겨우 막아 냈다.

그 후 즉시 목포해경에 구조 도움을 요청하였더니 고장 난 등대2호를 오전 11시경 목포 해경 P96정이 안좌도 읍동항으로 예인해 주어서 엔진 수리를 할 수가 있었다.

이 사고로 홍 작가와 김 교수는 할 수 없이 모든 일정을 취소하고 목포로 향했다. 나는 기관 수리를 마치고 오후 5시에 여수로 항해하였다.

그런데 목포에서 여수로 가는 야간 항해 중 또 사고가 발생하고 말았다. 처음 출항할 때는 안개가 별로 끼지 않았는데 이순신 장군의 명량해전 해역인 진도 울돌목 쪽으로 오면서 자욱한 안개를 만났다. 바다에서는 파도보다 안개가 더 무서운데 순간 두려움이 몰려왔다. 그런데다가 GPS가 오작동하고 있다는 사실을 모른 채 항해하다가 결국 바다에서 표류하고 말았다. 그래서 다시 122 비상전화로 조난신고를 했다. 낮에 등대2호를 예인해 준 목포 P96정이 다시 밤 8시경에 출동하여 등대1호를 찾아오는 동안 안개가 잠시 걷히는 바람에 그냥 돌아가게 하였다.

안개가 걷혀서 울돌목을 통과하여 완도 쪽 만호 바다로 들어가면서 다시 안개를 만났고, 그 후 나는 다시 122로 구조 신호를 요청했는데 이 지역은 목포해경 관할이 아니라 완도 해경 관할이었다. 나는 김 양식 부표를 잡고 불안에 떨고 있었다. 등대2호의 위치가 완도 해경 관할 바다인 해남 상마도 근처에 있다는 사실을 알고 밤 11시경에 완도 해경 P75정(정장 박0철 경위)이 짙은 안개 속에서 사이렌을 울리며 비상등을 켜고 출동하여 밤 12시 경에 등대2호와 만나게 되었다.

바다에서 안개 속에 헤매는 등대2호 구조를 위하여 한밤중에 달려온 P75정은 나에게 말 그대로 구세주였다. 완도 해경 P75정을 따라서 해남 땅 끝 근처 바다 안전한 곳에 정박하고 등대2호를 경비정에 묶어놓고 새벽 2시 경에 해경으로부터 식사와 커피를 대접받고 경비정에서 1박 하였다. 8일 일요일 아침 9시경에 P75정을 따라서 안개가 자욱했지만 완도항까지 무사히 도착하였다. (참고로 지금까지 30년 동안 섬을 탐사 항해를 하면서 등대2호가 고장이 나서 해경 경비정이 출동한 것은 총 9번이나 된다.)

13. 태안 격렬비열도 탐사 후 귀항 중 등대2호 좌초

2013년 5월 31일부터 6월 4일 까지 여섯 명의 일행과 함께 최종 목적지인 태안군 격렬비열도를 탐사하고 귀항 중 큰 사고가 일어나고 말았다. 이때 함께 간 일행은 목포대학교 이윤선 교수와 홍성권, 이효웅, 권혁주, 이은광 님 등 6명이었다. 여수에서 출발한 등대2호는 진도 팽목항에서 일행들과 합류하여 격렬비열도 탐사에 나섰다.

등대2호는 여수에서 출발, 진도 서망항에서 진도 맹골군도, 흑산군도, 어청도, 외연도, 신진도, 격렬비열도, 군산 비응항, 여수 순으로 탐사를 하였다. 총 거리는 1092km 정도의 항해였다. 이번 탐사 일정에서는 날씨가 좋아 일행들과 함께 여러 곳에 하선하여 탐사를 하였다. 모든 탐사를 무사히 마치고 귀가하면서 일행들은 군산의 비응항에 내리고 이윤선, 김환용, 채00, 나, 이렇게 4명은 목포 쪽으로 계속 항해를 하였다.

오후에 신나게 귀가 항해를 하면서 바다를 달려가는데 목포에 거의 다 와서 그만 방심한 사이에 배가 압해도 근해에서 갯골('갯고랑'의 준말, 만조 간조 시에 주로 해수의 유로 역할을 하는 곳)에 올라가 버렸다. 마침 물이 빠지면서 배는 좌초하고 말았다. 나의 분신과 같은 탐사선 등대2호가 침몰하여 모습이 보이지 않았을 때, 내 마음은 처참하게 무너져 내렸다. 그 당시 압해도 복룡리 마을 청년이 나를 많이 도와주어서 참 고마웠다. 그때 정말 등대2호의 대형 사고로 자포자기 심정이었다.

그 다음 날 목포 해경에 불려가서 사건 조사를 받았고 그 뒤로도 두 번 더 불려갔다. 마침내 벌금이 300만원 나왔지만 공익을 위한 일을 했고 나라로부터 상을 받은 것도 있었기에 1심 재판에서 100만원을 깎아 주었다. 그 당시 나는 벌금 낼 돈도 없고 해서 벌금을 마련할 시간을 벌기 위해 2심 재판을 청구했지만 1심을 그대로 확정하였다. 얼마 후 순천 법원에서 벌금 납입 독촉 전화가 왔다. 나는 속으로 엉뚱하게 이런 생각을 하고 있었다. '나는 스스로 자칭 작가이기 때문에 이럴 때 일주일간만 감옥 체험을 해보면 무엇인가를 배우고 깨우칠 것만 같다.' 라고 판단하고 벌금을 내지 않고 5일간 감옥살이를 체험했다. 그 때 감방수리 때문에 두 군데 감방에 머물러 보았는데 식사가 우리 집보다 더 잘 나와서 과연 우리나라는 복지 국가인 것을 실감했다. 그런데 끼니마다 밥과 국과 반찬이 많이 남아돌아 버리는 것을 보고 놀라지 않을 수 없었다. 그리고 대형 형광등 3개가 24시간 켜 있었다.

감옥을 나와서 법무부 장관에게 두 가지 시정을 위하여 편지를 보냈는데, 식사량을 줄이고 형광등은 LED로 교체 하겠다는 답이 왔다. 지구상 곳곳에서는 날마다 먹지 못하여 굶어 죽어 가는 아이들이 많고, 또 기름이 한 방울도 나지 않는 나라인데 감옥에 전기낭비가 있는 듯 하여 이런 것을 시정하게 하려고 내가 감옥에 갔지 않나 하고 쓴 웃음을 지었다.

14. 가장 두려웠던 서해안 탐사
- 전북의 고군산군도

고려와 조선 정부의 세곡선(稅穀船)이 자주 좌초되었던 무덤이 바로 서해상이었다. 태안군 외도 근처에는 '쌀 썩은 여(礖)' 라는 암초가 있다. 이 암초가 썰물 때는 바닷물 위에 드러나고 밀물 때는 바다에 잠기는데 세곡미를 한양으로 나르던 배들이 여기서 자주 침몰하여 쌀이 썩어서 냄새가 난다고 하여 붙여진 이름이 '쌀 썩는 여(礖)'이다. 서해안의 파도가 너무 높아서 안쪽인 천수만을 통과해서 가려고 굴포 운하 건설을 하다가 실패하였고 1638년 우여곡절 끝에 안면도 지역에 운하를 건설하여 세곡선들이 이곳을 통과하여 한양으로 올라갔다.

나 역시 수심이 얕으며 암초가 많고 파도가 거센 서해안 섬들의 탐사를 가장 두려워하였다. 탐사 중에 전북의 고군산군도 탐사 도중 풍랑주의보를 만나 선유도에서 3박4일 동안 머무르게 되었다. 이때 나에게 식사와 숙소를 제공 해 주신 분이 선유도 교회 오홍덕 목사였다. 지금은 선유도가 연륙이 되어 교통이 편해졌지만 그 당시만 해도 군산에서 여객선으로 2시간 거리였다. 선유도는 임금이 임시 거처한 행궁이 있었으며, 송나라 사신 서긍 일행을 삼국사기 저자 김부식이 맞이할 정도로 유명한 섬이었다.

15. 서해안 충청남도 섬들의 탐사

등대2호가 고군산군도 섬들을 탐사하고 먼 바다를 항해하여 맨 먼저 들린 곳이 충남의 녹도란 섬이다. 녹도는 예전에 독립운동을 하던 분들이 숨어 들어올 정도로 고기가 잘 잡히는 풍요로운 섬이었다. 아무런 정보도 없이 나는 등대2호를 몰고 사람이 사는 섬이면 무조건 방문 탐사하여 자료를 수집하였다. 녹도는 교통은 좀 불편하지만 어업 활동은 매우 활발하였다. 주민의 협동심이 강하고 단결이 잘 되는 마을로 유명하다. 녹도의 특징은 오래 전부터 인근 섬들에 비해 교육열이 높았다고 한다.

이 섬에는 사람이 죽으면 시신을 땅 속에 묻지 않고 일정기간 동안 땅 위에 안치하는 초분(草墳)이라는 독특한 풍습이 있었다고 한다. 그 이유는 고기를 잡을 때 땅을 파면 불길하다고 하여 수개월 또는 수년이 지난 뒤에 본장을 하였다.

내가 녹도에 배를 접안하고 맨 처음 찾아 간 곳은 마을의 가장 높은 곳에 위치한 녹도 교회였다. 이 교회에는 두 분이 계셨는데 한 분은 석영화 목사이고 한 분은 이영자 전도사였다. 두 분은 1980년대에 부임하여 10년 넘게 시무했다고 한다. 봄에 까나리가 많이 나오는데 버리는 것이 너무 아까워 그것을 젓갈로 담아서 육지와 연결해 판매하여 마을 경제에 큰 도움을 주었다고 한다. 한겨울을 나기 위하여 일 년에 한 번씩 연탄배가 들어오는데 1,200장의 연탄을 교회로 올리는 일이 가장 힘들다고 하였다.

1993년도 탐사방문 이후 2번을 더 탐사하였고 2008년도 봄에는 허베이호 기름 유출 사고가 발생하여 방제선을 타고 방문한 적이 있다. 아쉽게도 시간 관계상 기름 제거 자원봉사는 하지 못했지만 녹도 주위 여러 섬의 현장을 둘러보고 녹도에서 주민들을 만나 보았다. (자세한 기록은 한국의 섬, 시리즈 13권 중, 충남 편 참조)

16. 인상이 깊은 인천 섬들의 탐사

인천 지역 섬은 지금까지 네 번 탐사하였는데 1993년에 등대1호를 몰고 당시 옹진군이었던 육도까지 왔다가 개인 사정으로 그냥 귀가 하였고, 다시 가을에 혼자서 올라와 덕적도를 중심으로 탐사를 했다. 그때 나를 도와주신 분이 김충지언님이다. 그 후 2005년 11월 23일 등대2호를 몰고 안익현 선교사와 인천까지 올라가다가 또 사고를 당하여 망망대해에서 표류하게 되었다.

오후 5시 경에 태안 신진도에서 울도를 가기 위해 향해 하고 있는데, 갑자기 엔진이 평소보다 소음이 심해지더니 출력이 떨어지고 무엇인가 타는 냄새가 났다. 배를 멈추고 엔진을 점검해 봤더니 엔진 앞부분의 풀리가 완전히 깨져서 벨트를 때리고 있는 것이 아니겠는가! 그 벨트도 다 끊어져가고 바다 한 가운데서 엔진을 멈추니 배는 사정없이 표류하기 시작하였다. 엎친 데 덮친 격으로 피로가 누적된 탓인지 동행하던 안 선교사가 심하게 배멀미까지 하였다. 122 해경에 구조를 요청했는데 칠흑같이 어두운 바다에서 1시간 30분 정도 표류하고 있을 때 해경 구조선의 불빛이 보였다. '이젠 살았다' 싶었다. 엔진이 고장이 나고 충남 해경 107호 해경경비함정에 구조돼 신진도 항까지 예인되어 오는데 2시간이 소요되었다. 안익현 선교사는 나와 함께 1년 정도 같이 섬 탐사를 하다가 2006년도에 사이판 선교사로 파송되어 활동 중이다.

17. 먼 섬 인천 울도에서의 대형사고

2013년 8월 15일 일행들과 함께한 서해안 탐사는 평생 잊을 수 없는 일들이 연속으로 발생하여 다시 한 번 지옥으로 떨어졌다가 천당으로 올라오는 체험을 하였다. 3주일 동안 우리 일행들이 다녔던 섬은 전북과 충남 그리고 인천과 경기도 섬 등 총 52개였다. 8월 15일 일행 5명과 저녁 7시 경 인천의 맨 바깥섬인 울도로 가던 중 울도 입구에서 60밀리미터 굵기의 대형 밧줄이 등대2호 스크루에 감겨서 오도 가도 못하고 꼼짝없이 정지 상태에 놓이게 되었다. 할 수 없이 122 해경으로 구조를 요청하였는데 마침 근처에 있던 해양경찰 516함정이 출동하였고, 작은 보트를 타고 해경 3명이 등대2호에 올라왔다. 굵은 밧줄 제거를 위하여 잠수부가 필요한데 인근에 잠수부가 없어서 큰 낭패였다.

그때 마침 탐사일행 중 강원도 현직 초등학교 선생이신 이효웅님이 울도에 잠수부처럼 일을 잘하는 분을 알고 있다고 하면서 그 분에게 연결을 하니 마침 집에 있었다. 그 분은 현장에 도착하여 잠시 후 등대2호 밑으로 들어가 바로 밧줄을 잘라내었다. 수고비는 저렴하게 30만원을 주었지만 불행 중에 다행이었다. 우여곡절 끝에 무사히 울도에 입항하여 1박을 하고 먼 섬 연평도와 소연평도 그리고 우도를 탐사하기 위해서 인천해역방위사령부와 2함대사령부의 허락까지 받았지만, 다음 날 나는 고민 끝에 취소하였다. 이유는 연평도, 소연평도, 우도가 너무 멀고 배가 사고가 나서 징조가 좋지 않았기 때문에 포기를 한 것이다. 그래서 2주일 동안 서해안과 덕적군도의 섬들을 탐사하고 목포로 내려왔다.

18. 소중한 장비가 들어 있는 가방 분실 사고

울도에서 대형 사고가 난 다음날 옹진군의 지도 백아도 굴업도 선미도를 탐사한 다음 덕적도에서 1박을 하였다. 덕적도 북리에서 배들이 출항 준비하는 모습을 촬영하는 중에 카메라 가방을 잃어 버렸다. 여기에는 수첩, 핸드폰, 신용카드, 300미리 카메라 렌즈, 자동차 키, 외장하드가 들어있는 가방이다. 엄청나게 소중한 장비와 자료가 들어있는 가방이라 정신이 아득하였다. 아무리 찾아보아도 가방은 보이지 않았다. 말 그대로 나는 하늘이 노랗고 정신을 잃어버린 맨붕 상태가 되고 말았다. 경찰과 통신사 등에 연락하여 모든 조치를 취한 후 기분이 상하여 점심도 먹지 않고 일정을 소화했다.

그런데 하나님의 도움인지 오후 5시경 이작도를 탐사할 때 동행하던 이효웅 선생에게 나의 아내가 연락을 해왔다. 어느 여행객이 덕적도 북리 해변에서 가방을 주워 인천 연안파출소에 맡겨 놓았단다. 경찰이 가방을 살펴보던 중에 그 가방 속에 목포대학교 도서문화연구원 연락처가 있어서 도서문화연구원과 연락이 되어 아내에게 연락이 된 것이다. 그날 가방의 소재를 파악하고 난 다음 얼마나 기쁘고 좋았는지 모른다.

그때 나는 말 그대로 천당과 지옥을 오고 갔다. 다음 날 인천에서 덕적도행 여객선 승무원을 통해서 분실한 나의 가방을 돌려받았다. 가방을 열고 핸드폰과 자동차 키, 렌즈를 꺼내들고 뽀뽀해 주면서 혼자 만세를 불렀다. 잃었다가 다시 찾은 기분은 상상 할 수 없을 정도로 상쾌하였다.

19. 경상남도의 섬 탐사

1993년부터 94년까지 경남 지역의 유인도 총 77개를 여러 번에 나누어 탐사하였고 여객선을 이용하여 섬들을 둘러보기도 하였다. 경남은 여수와 바로 옆에 있는 관계로 가까워서 탐사하기가 좋았다. 경남의 하동군 1개, 남해군 3개 고성군 2개, 사천시 9개, 통영 43개, 거제시 9개, 창원시 9개 등 총 77개 섬이었다.

경남의 섬들을 탐사하면서 가장 감명 깊게 만난 사람은 노대도에서 신용협동조합을 개설하고 성공적으로 목회를 하면서 잘 사는 섬 마을로 만든 박일상 목사이다. 노대도는 당시 인구가 1995년도에 3개 부락에 116가구 379명이 거주하고 있었다. 기관은 유일하게 보건진료소가 있다. 1976년 6월에 부임한 박 목사는 마을 주민들의 가난함 속에서 도박과 술주정, 미신에 빠져 있는 마을을 목격하고 1982년도에 신용협동조합을 만들어 1인 1구좌 통장 갖기 운동을 전개하였다. 5년 만에 전 주민들이 조합원이 되고 3억의 재산을 모으는 기록을 남겼다. 그 후로 자금은 무려 7억 원에 직원 2명을 두고 있었다. 이외에도 무공해 마을, 채소, 굴 등을 도시 사람들과 직거래하여 주민 소득이 높아졌다. 갖가지 사연들이 있는 섬들을 탐사하면서 비록 어렵고 힘이 들었지만 내가 좋아서 한 일이기에 보람과 자부심을 느끼며 경남의 섬들을 탐사하였다.

20. 여수 추도와 고흥 첨도의 슬픈 이야기

여수의 추도는 3가구 5명이 살고 있는 그야말로 작은 섬이다. 여객선도 집배원도 오지 않는 버림받은 섬이었다. 샘에서 물을 길어다가 밥을 지어 먹고 빗물을 받아서 설거지와 빨래를 하였다. 나무로 불을 지펴 구들장을 달구고 목욕과 이·미용은 연례 행사였다. 추도만 생각하면 마음이 무겁다.

이렇게 외로운 고도에 유배된 사람, 아니 정확히 말하자면 현대판 고려장을 당한 한 가족이 살고 있었다. 25년 전에 군산에서 고기잡이 배 선장을 하다가 사고로 머리를 다치고 다리를 잃고, 아내와 두 아이들과 강제로 헤어진 다음 어머니가 계시는 추도에 와서 사실상의 유배 생활을 하고 있는 사람이 있었다. 그래서 나는 추도 섬에 일주일에 한 번씩 방문하여 낚시에 빠져있는 그를 붙잡고 사연을 물어 본 즉 대단히 슬픈 이야기를 해 주었다. 추도에서 태어나 살았고 젊었을 때 군산에 가서 배를 타다가 사고로 머리를 다쳐서 아내와 자녀 1남 1녀와 강제로 헤어진 다음 추도에 와서 어눌한 모습으로 외롭게 지내고 있다는 것이었다.

그렇게 낚시가 좋으냐고 물어 보니 '낚시를 하면 5년 동안 그렇게도 보고 싶은 딸과 아들을 잠시 잊어버리기 때문에 이렇게 매일 낚시를 한다.'고 하였다. 그래서 나는 다음에 아내와 자녀들을 한 번 찾아보자고 하였다. 얼마 후 파출소에서 가서 찾아보니 정확한 주소가 나왔다. 전주에 사는 자녀들의 주소를 알게 되어 어느 날 내가 조종남씨를 데리고 찾아 갔는데 중학생인 딸과 초등학생인 아들을 만나 하염없이 울면서 헤어질 줄을 몰랐다. 아내는 만나 주지도 않아 만나지 못하고 추도로 내려 왔는데 그 뒤에도 한두 번 만나려고 노력을 했지만 결국 만나지 못하고 말았다.

2006년 5월 20일 MBC 가족 찾기 프로그램 까지 출연했는데 자녀들의 거절로 지금까지 만나보지 못하고 살고 있다. 이렇게 탐사 중에 만나는 가슴 아픈 사연들은 나에게 갈수록 사명감을 키워주고 있었다.

고흥군 첨도와의 인연은 1993년부터이다. 아내와 함께 등대1호를 타고 이곳을 드나들었다. 나룻배도, 전기도, 선착장도 없는 이곳에서 사는 분들은 하나 둘씩 떠나 가고 이제는 나이 드신 다섯 분의 할머니가 섬을 지키며 살아가고 있었다. 제일 어른인 유홍례(87) 할머니를 비롯하여 김근례, 박화방, 성운임 할머니 등이다. 가장 잊지 못할 사연은 발전기 때문이었다.

어느 날 이 섬에 와서 선착장도 없는 곳에 배를 세우고 마을로 들어가 혹시 도와 줄 일이 없느냐고 물었다. 그러자 발전기가 고장이 났다고 하소연하였다. 날마다 물때가 한 시간 정도 늦어지는데 어쩔 때는 저녁에 들어와 몸을 씻고 밥을 해 먹으려면 호롱불을 켜서 겨우 요리를 해야 하기 때문에 이런 좋은 세상에 전깃불도 없다면서 신세 한탄을 하였다. 첨도 섬은 전기가 들어오지 않는데 군청에서 발전기를 사 주고 휘발유를 공급해 주어서 전기를 공급 받는 섬이었다.

내가 그 섬에 방문했을 때는 3개월 전에 발전기 고장으로 저녁에는 전깃불도 켜지 못할 정도였다. TV는 물론 냉장고도 사용할 수 없는 상태였다. 그래서 내가 발전기를 손수 지게에 지고 등대1호에 싣고 나와 내차를 이용하여 광주광역시에 가서 수리 서비스를 받아 정상작동하게 해 주었다. 돈도 한 푼 받지 않고 고쳐 가지고 온 발전기를 시험적으로 돌리는 순간 엔진이 돌아가면서 불이 켜졌다. 마을 주민들이 나에게 어디서 이런 천사가 왔느냐고 박수를 치면서 좋아들 했다. 이것을 인연으로 이분들과 친해졌고, 대구의 어느 후원자의 도움으로 이분들을 모시고 고흥 외나로도 근해의 수락도와 여수의 추도 섬 주민들 8명이 2박3일 동안 제주도 여행을 하게 되어 잠시나마 위로를 해드린 추억이 오랫동안 가슴에 남아 있다.

이 동네 박0방 할머니의 슬픈 사연이 두 가지가 있어서 소개하고자 한다. 하나는 외나로도에 살면서 기선저인망(고대구리)을 하다가 한 밤중에 사고가 나서 어선은 물론 사람 시신도 찾지 못하고 영원히 이 사고는 묻히고 말았다. 또 다른 사건이 하나 더 있다. 그 당시는 냉전시대가 극에 달하여 모든 섬에는 경찰들이 1명씩 상주해 있었다. 첨도도 경찰관이 한 명 상주해 있었다. 다들 바다에 나간 사이에 박0방 할머니 며느리를 이 경찰관이 덮치는 바람에 너무 놀란 나머지 이 아주머니는 그만 농약을 먹고 자살해 버렸다.

처음에는 바다에 빠져 죽었다고 여러 척의 배들을 동원하여 찾았지만 찾지 못하고 있다가 산에서 시신을 발견하고 장례식을 치러 주었다. 이 경찰관은 조사를 받았지만 증거가 없다고 무혐의로 풀려나서 경찰관 생활을 계속하였다. 힘이 없고, 돈도 없고, 배경이 없는 가난한 섬사람들은 억울한 일을 당하여도 속수무책으로 당 할 수밖에 없다는 사실이 너무나 안타까웠다.

21. 오늘의 나를 있게 한 여수 백야교회

1996년도는 나에게 행운을 가져다 준 한 해였다. 오랫동안 섬을 탐사하고 고생한 결실이 1996년 2월에 한 권의 책으로 나왔고, 1996년 11월에는 여수 백야교회에 담임 목사로 초빙을 받는 반가운 소식을 접했다. 이 교회는 60년이 넘는 면소재지 교회로 장로 2분이 계셨고 자립교회였다. 백야도는 여수 섬의 중심지로 섬 선교와 섬 복지 그리고 전국의 섬을 탐사하기에 최적의 장소였다.

1990년도 여름에 진수한 등대1호는 배가 1.7톤으로 너무 작았다. 그래서 나는 두 번째 섬 탐사를 위하여 2003년 가을 사재를 털어 장승포에서 1,900만원을 주고 4.5톤급 탐사선('등대2호'라고 명명)를 구입하였다. 1.75톤짜리 등대1호에 비해 새로운 배인 등대2호는 등대1호보다 2배 정도 커서 안전을 담보 할 수 있었다. 다행히 2차 탐사에서는 1차와는 달리 항해 여건이 많이 좋아졌다. 칼라판 GPS가 장착되면서 안전 항해에 큰 도움을 주었다. GPS는 바다의 깊이, 암초, 섬과 섬 사이의 거리, 야간항해, 안개가 자욱할 때 항해에 큰 안전과 편리함을 제공해 주었다.

2차 탐사 목적은 일반적인 책과 선교적인 책자를 펴내기 위한 것이었다. 안익현 선교사가 조수로 왔고, 약간의 후원자도 있었다. 백야교회에서 고맙게도 이런 활동을 전적으로 지지해 주었기 때문에 나는 본격적으로 전국의 유인도 446개 섬을 2차 탐사 할 수 있었다. 백야교회는 고맙게도 목회도 하고 섬복지도 하게하고 전국의 유인도 섬을 탐사하도록 허락을 해 주었다. 참으로 고마운 일이며 나는 평생 이 고마운 백야교회를 잊을 수 없다.

22. 선교선 등대1호와 등대2호의 활약

1989년 10월 서울의 바나바 선교회에서 파송된 낙도 오지 선교사인 나는 완도군 노화도에서 3년, 여수 백야도에서 3년 동안 등대1호를 타고 낙도를 다니면서 선교사업과 함께 복지 사업을 하면서 동시에 전국 섬을 탐사하여 1996년 2월 15일 '낙도선교'라는 책을 한 권 집필하여 2판까지 나왔다. 이 책은 섬의 개요, 섬의 유래 및 실태, 선교적 상황 등 3부분으로 나누어 집필하였고 전국의 섬 교회에 한 권씩 나누어 주고, 나머지는 서점에서 판매하였다.

그 후 나는 우리나라의 유인도 모든 섬에 대하여 전국민 특히 학생들이 볼 수 있는 책을 펴내야겠다고 다짐하였다. 특히 학교와 교육기관에서 학생들에게 섬의 특징과 가치, 그리고 보존해야할 소중한 문화유산을 올바르게 인식하고, 섬을 가꾸어 나가는 인재를 양성하기 위해서라도 전국 유인도 전체 섬에 대한 탐사 기록을 책으로 만들어 교육 자료로 활용할 수 있도록 해야겠다는 다짐을 거듭하였다.

운명 같은 내 일생의 과업을 실행하기 위해 나는 2003

년 사재를 털어 장승포에서 1,900만원을 주고 4.5톤급 등대2호를 구입하였다. 여기에 190만 원짜리 최신형 칼라 GPS도 장착하였다. 그 후 더욱 세밀한 탐사항해를 하면서 죽을 고비를 수차례 넘겼고 2003년 10월부터는 안익현 선교사, 홍성권 작가, 교수, 사진작가, 여행가들과 함께 등대2호를 타고 섬 탐사를 한 다음 2001년 10월에 '한국의 섬' 여수편이 '아름다운 사람들' 출판사에서 출간되었고 2011년 7월에는 완도편이 나왔다. 이 두 권의 책이 마중물이 되어서 포털 사이트 네이버와 협상하여 네이버 지식백과에 등재된 다음 새롭게 재정 후원을 받아 2015년부터 2017년까지 '한국의 섬' 시리즈 13권이 출간되었다.

23. MBC '느낌표'에 5개월간 방송 출연

탐사 중에 잊을 수 없는 일은 2008년 3월 17일 MBC '산 넘고! 물 건너! 바다를 건너다' 프로그램에서 내가 섬 전문가로 5개월 동안 매주 토요일에 나오는 방송에 출연하였던 일이다. 제작진과 섬을 찾아 탐방하고 방송을 하는데 가장 적임자로 초빙되어 전국의 섬을 소개하는 게스트로 출연하게 되었던 것이다. 이 프로그램은 남희석, 이윤석, 박정아 씨 등 3명의 공동 MC와 함께 진행되었다.

이 방송 촬영을 위해 최악의 오지인 섬들을 돌아보는 일은 힘들고 위험한 일이었다. 그렇지만 아무도 돌아보지 않는 버려진 섬들을 찾아다니며 섬 주민들의 건강을 점검하고, 생필품을 나누어주며 지상파 TV에 등장하는 본인들의 모습에 마냥 행복해 하는 섬 주민들의 모습을 보노라면 덩달아 힘이 솟아나는 신나고 보람찬 일이었다.

그 중에서 추억으로 남은 방송은 진도 가사 혈도 방송에서 석양이 붉게 물든 선착장에서 가난하여 결혼식을 올리지 못한 할머니의 평생소원인 감동의 결혼식이 있었던 일이다. 말 그대로 감동 그 자체였다. 아들과 딸 그리고 사위들을 초청하고 주인공인 할아버지와 할머니에게 족두리를 씌우고 결혼예복을 입혀서 결혼예식의 이벤트를 아름다운 선착장에서 진행하였다. 주인공 할아버지와 할머니는 좋아서 눈물을 흘렸다. MBC '느낌표'에서 마련하여 낙조 속에서 치른 전통 결혼식은 정말이지 멋지고 흐뭇하기만 했다. 아마도 혈도는 입도 이래 최고의 경사를 맞은 것이 아니었나 싶다.

24. 다랑도 할머니 눈 뜬 이야기

다랑도는 완도군 금일읍 소속 섬으로 섬은 작지만 멸치가 많이 나는 섬이다. 2007년도 4월 MBC 공익프로인 느낌표 '산 넘고 물 건너 바다를 건너다'를 통하여 주민들의 삶의 모습이 고스란히 방영이 되었다. 전방예 (당시 84세) 할머니의 이야기가 전파를 탔는데 시력을 잃은 할머니를 수술을 통해 회복시켜 주었다는 것이 주된 내용이다. 주인공인 전방예 할머니는 5년 전부터 눈이 멀어 앞을 보지 못하였다. 이 섬에 살면서 뱀에 두 번 물렸는데 그것 때문에 눈이 멀었다고 생각하고 어두운 세상 속에서 살았다. MBC의 협조로 서울 경희의료원에서 진찰한 결과 백내장인 것을 알고 수술하여 새 삶을 찾았다.

같이 방송에 나왔던 남편 김이동(90세) 할아버지는 결혼 후 자녀 2명을 낳고 바다에서 고기를 잡던 중에 1927년 7월에 일본 놈들에게 붙잡혀 끌려가 일본 북해도 탄광에서 일을 하였다고 한다. 하지만 할아버지는 일을 하는 도중 다쳐서 병원에서 2년 간 치료를 받다가 귀국하여 가정을 제대로 돌보지 못하고 지금까지 살았지만 아직도 치료를 받지 못하고 있는 상태이다. 두 부부는 비록 나이는 많고 험한 세상을 살았지만 늦게야 의료 혜택을 받고 나서 어린 아이처럼 좋아들 하셨다. 이 섬을 떠나오면서 비록 가난하고 소외된 섬이지만 이런 공익 프로를 통해 병든 사람이 혜택을 받게 되어 마음이 흐뭇했다.

다니 감개무량하였다. (한국의 섬 시리즈 13권 - 충청남도 편, 외도 참조)

25. 충남 외도에 내연발전기 설치한 이야기

태안군 외도는 섬을 출입하기가 어려웠던 시절 '섬 밖의 외딴 섬'이라고 해서 '외도'라고 이름이 붙여졌다. 특히 겨울철에는 불어오는 북풍 때문에 유배지와 같은 처지가 된다. 2007년도 4월 MBC 공익프로인 느낌표 '산 넘고 물 건너 바다를 건너다' 프로그램 게스트로 활약하면서 이 섬을 전국에 알리면서 인연을 맺었다.

11가구 25명의 주민이 거주하고 있는 외도는 섬의 면적이 좁고 바다와 인접해 생활하는 탓에 수산업에 종사하는 경우가 대다수다. 외도는 해산물이 풍부한 섬으로 섬 넓이의 3배에 달하는 암초대가 발달해 있어 해삼 전복이 잘 자란다고 한다. 이를 알고 처음에는 제주 해녀들이 이곳까지 원정을 와서 물질을 했다고 한다. 그런데 제주 출신 해녀인 박순열(50세) 씨가 이 마을의 황원영 어촌계장에게 시집을 오면서 상황이 달라졌다. 박씨가 마을 아낙들에게 물질을 가르쳐준 것이다. 그리하여 수영도 제대로 못하던 마을 아낙들이 현재는 능숙한 해녀가 되어 각종 해산물을 건져 올리고 있었다. 워낙 품질이 좋고 채취량도 많아 외도 주민들의 수입은 육지 사람들이 부럽지 않을 정도라고 했다.

그러나 주민들이 살아가기에 매우 불편한 사항은 전기가 들어오지 않는다는 점이었다. 인연을 맺은 후 지난 2010년 3월 18일 외도 내연발전소 준공식에 초청을 받고 아내와 2명의 일행과 함께 다녀왔다. 2007년 MBC '느낌표' 촬영이 끝난 다음 날 외도에 돌이키서 내연발전소를 지을 수 있도록 탄원서에 주민들의 서명을 받아서 접수시켜 주었는데 이제 결실을 맺어 3년 만에 준공식을 한

26. 탐사항해일기를 마무리 하면서

37세 때 섬사랑에 빠졌던 나는 대기만성이란 말처럼 조금씩 빛을 보게 되었다. 2011년 4월 17일 KBS 저녁 9시 뉴스에 나의 섬 사랑 이야기가 방영되었다. 이 뉴스를 보고 해양수산부 추천으로 바다의 날 행사에서 산업포장 훈장과 여수 시장상을 수상했다. 그 뒤에도 해수부의 장보고 대상을 받았다. mbc, sbs, 지방방송, 중앙일간지 등 많은 언론에서 취재하여 나를 소개해 주었다. 그리고 졸저 '한국의 섬 시리즈 13권'이 출판되어 많은 독자들에게 좋은 평을 받고 있지만 나는 여전히 갈증을 느낀다. 너무나 위험이 따르는 일, 후원자도 지원자도 없는 고독한 일, 돈도 안 되는 일, 정부에서도 관심조차 없는 일을 감행하면서 미친 사람이라는 말을 들었다. 많은 어려움 속에서 나는 이 방대한 일에 도전하여 소정의 기록물 '한국의 섬 시리즈 13권'을 세상에 펼쳐보였지만 아직도 나는 섬사랑에 대하여 배가 고프다.

다시 한 번 탐사선 등대3호를 마련하여 뜻을 함께하는 사람들과 전국의 유인도 섬을 한 번 더 탐사하고, 장보고의 길을 따라서 중국 주산군도를 항해한 다음, 조선시대 신사유람단이 일본으로 갔던 그 길을 따라서 통 큰 탐사항해를 해보고 싶다. 그 후 탐사선은 전국의 소외되고 가난한 섬을 순회하면서 복지선으로 사용하고 싶다. 아직도 대부분의 섬 지역은 기초적인 복지 혜택도 받지 못하고 있다. 내 스스로에게 '가치 있는 일, 보람된 시작'이 되지 않았는가! 라고 위로해 보지만 많이 부족하여 아쉬움이 불러오는 무거운 책임감을 피할 수 없는 것 또한 사실이다.

'한국의 섬 시리즈 13권'

이 책이 세상 사람들과 만나게 되기까지 수많은 사람들의 도움과 격려가 있었다. 지리와 역사 출판사 주성필 사장, 포털 사이트 네이버, 목포대학교 도서문화연구원과 강봉룡 원장, 목포과학대학교 정은채 교수, 부산 홍성권 작가, 한국교회, 후배 박경식 법원 서기관, 목포 영화중학교 김정희 교감 등 감사의 인사를 드려야 할 분들이 너무나 많다.

나의 평생 섬 탐사항해 때문에 말할 수 없는 어려움을 감내한 아내에게 고마움을 전하고 싶다. 내가 잘 살피지 못했지만 두 아이들도 잘 자라주어서 기쁘다. 첫째 아들은 외교관으로 재직하고 있고, 둘째 아들은 호주 시민권자로 사업을 하며 잘 살고 있다.

내 나이 70세, 마지막 소원이 있다면 외교관인 큰 아들이 섬이 많은 일본이나 필리핀, 인도네시아, 그리스 등에 근무한다면 거기에 가서 그 나라 섬들을 여행하고 우리나라 섬들과 비교 연구를 해보고 싶다. 그리고 외교관으로서 열심히 국가를 위해 봉직하다가 혹여 대사가 되기를 희망하며, 나는 그때까지 살고 싶은 소망이 있는데 그 소원이 이루어지기를 바란다.

마지막 나의 바람은 삼면이 바다로 둘러싸인 우리나라의 섬과 바다가 국민에게 더욱 가까이 다가 갈 수 있도록 정부와 지자체의 세심한 정책이 펼쳐지기를 기대한다. 우리 정부는 세계 최초로 2019년 8월 8일 '섬의 날'을 제정 시행하였고, 2021년 8월에 국립 '한국섬진흥원' 출범을 앞두고 있다. 대한민국 정부는 섬 자체와 섬에서 살고 있는 국민들을 더불어 보살피는 따뜻하고 항구적인 정책과 예산집행을 시행해 주기를 기대한다. 그렇게 함으로써 섬에서 살아가는 국민들이 자긍심을 갖고 살아갈 수 있도록 바다보다 더 넓은 마음으로 효율적 정책을 시행해 주기를 기대한다. 그리하여 국민 모두가 섬의 풍광과 가치를 향유하면서 희망의 섬 시대가 열려가기를 희망한다.

"독자와 함께 섬사랑은 영원하다."

여수 초도에서 드론으로 섬을 촬영중인 저자▼

이재언(섬탐험가, 필명 이섬)

섬에서 나고 자란 저자는 우리나라의 섬 탐험 전문가이다. 바나바선교회 섬 선교사로 파송되어 선교활동을 하던 중 섬의 중요성을 깨닫고 전국의 446개 섬을 3번이나 순회하였다. 저자는 많은 섬을 찾아다니며 섬의 기본 현황과 역사, 문화, 민속, 주업, 삶의 애환 등 수많은 관련 자료를 수집하고 사진을 촬영하여 기록을 남겼다(드론 사진 포함). 2009년부터 2019년까지 목포대학교 도서문화연구원에 재직하였고, 2020년 1월부터 목포과학대학교 해양레저사업단 섬해양 선임연구원으로 재직 중이다.

저서

낙도선교 (1996)

섬, 1박2일로 떠나는 웰빙 여행-인천편 (2008)

한국의 섬-여수편 (2010)

한국의 섬-완도편 (2011)

'한국의 섬' 시리즈 1
한국의 섬
신안군 1

2021년 4월 30일 1쇄 발행

(이 도서는 2015년 5월 25일 '지리와 역사에서 초판 발행한 책을 수정보완하여 펴낸 책입니다)

지은이 • 이재언

교정 · 교열 • 박경식 · 최홍길 · 홍성권 · 김정희

편집 • 주성필

표지디자인 • 정은채

펴낸이 • 임향숙

펴낸곳 • **이어도**
　　　　　전라남도 목포시 고하대로630번길 3, 종원청해 101-1406 (산정동)

전화 • 061-243-9945　　팩스 • 061-243-9945

e-mail • koeraisland3400@naver.com

ISBN 979-11-974382-1-9 04980

정가 25,000원

파본은 구입처에서 교환해 드립니다.

> 이 저서는 2009년도 정부(교육부)의 재원으로 한국연구재단의 지원을 받아 수행된 연구임(NRF-2009-361-A00007)